经管核心课程系列

国际贸易实务

International Trade Practice

第五版

主 编 袁建新

复旦大学出版社

第五版前言

本次修订是为了适应《国际贸易术语解释通则2020》正式发布和实施。目前,我国外贸大国的地位虽已经确立,但离外贸强国的战略目标还有不小的差距。近年来,我国面临的国际贸易形势不断发生急剧变化,全球贸易保护主义、单边主义日益抬头,国际贸易领域的竞争更加激烈。这就需要我国社会各界通力合作、共同努力,克服错综复杂的形势对我国外贸发展所带来的负面影响,外贸实务界人士更是义不容辞。为了适应《国际贸易术语解释通则2020》变化和外贸实际工作中出现的新情况,我们组织进行本次教材的修订工作。

本次修订,仍然保持本书一贯追求的特点。参与本次修订工作的有袁建新教授、王俊教授、蒋珠燕副教授、顾建清副教授、毛群英副教授、陶丽萍讲师。全书由袁建新统一定稿。

限于我们的能力与时间,书中出现的错误和不足,敬请广大读者和专家批评指正!

编 者
2020年6月

目　　录

第一章　货物的品质 …………………………………………………… 1
第一节　货物品质的含义和作用 / 1
第二节　货物品质的表示方法 / 2
第三节　合同中的品质条款 / 5
思考题 / 7
案例分析 / 8

第二章　货物的数量 …………………………………………………… 9
第一节　货物数量的计量 / 9
第二节　合同中的数量条款 / 12
思考题 / 14
案例分析 / 14

第三章　货物的包装 …………………………………………………… 15
第一节　货物包装的含义与作用 / 15
第二节　货物包装的种类及要求 / 16
第三节　货物包装的标志 / 21
第四节　中性包装和定牌 / 25
第五节　包装条款 / 27
思考题 / 28
案例分析 / 29

第四章　贸易术语 ……………………………………………………… 30
第一节　贸易术语性质和作用 / 30
第二节　有关贸易术语的国际贸易惯例 / 32

第三节 六种主要贸易术语 / 39

第四节 其他五种贸易术语 / 51

第五节 贸易术语的运用 / 54

思考题 / 57

案例分析 / 58

第五章 货物的价格 …… 59

第一节 进出口货物的价格构成 / 59

第二节 进出口货物的作价办法 / 60

第三节 佣金与折扣 / 63

第四节 合同中的价格条款 / 65

第五节 出口货物成本核算和盈亏分析 / 68

第六节 进出口货物价格的掌握 / 69

思考题 / 71

案例分析 / 72

第六章 货物的交付 …… 73

第一节 运输方式 / 73

第二节 交货时间 / 89

第三节 交货地点 / 91

第四节 分批装运和转运 / 93

第五节 运输单据 / 94

思考题 / 100

案例分析 / 101

第七章 货物运输保险 …… 102

第一节 保险的基本原则 / 102

第二节 货物运输保险保障的范围 / 103

第三节 我国海洋运输货物保险的险别与条款 / 105

第四节 我国陆、空、邮运输货物保险的险别与条款 / 110

第五节 伦敦保险业协会海运货物保险条款 / 114

第六节 进出口货物运输保险业务 / 116

第七节 买卖合同中的保险条款 / 123

思考题 / 123

案例分析 / 124

第八章　货款的支付 ··· 125

第一节　支付工具 / 125

第二节　汇款 / 129

第三节　托收 / 131

第四节　信用证 / 136

第五节　银行保证函与备用信用证 / 151

第六节　各种支付方式的结合使用 / 155

第七节　合同中的支付条款 / 157

思考题 / 159

案例分析 / 159

第九章　货物的检验 ··· 161

第一节　检验时间和地点的确定 / 161

第二节　出入境货物检验 / 164

第三节　检验检疫证书及其作用 / 167

第四节　检验条款的规定 / 168

思考题 / 170

案例分析 / 170

第十章　争议、索赔、仲裁和不可抗力 ································· 171

第一节　争议和索赔 / 171

第二节　仲裁 / 175

第三节　不可抗力 / 181

思考题 / 183

案例分析 / 184

第十一章　进出口交易洽商 ··· 185

第一节　进出口交易洽商概述 / 185

第二节　询盘 / 188

第三节　发盘 / 190

第四节　还盘 / 195

第五节　接受 / 196

思考题 / 198

案例分析 / 199

第十二章　贸易合同的订立 ………………………………………… 201
第一节　书面合同的签订 / 201
第二节　电子商务 / 205
第三节　电子合同 / 211
思考题 / 213
案例分析 / 213

第十三章　出口合同的履行 ………………………………………… 215
第一节　备货与报检 / 215
第二节　落实信用证 / 218
第三节　装运货物 / 222
第四节　缮制单据 / 225
第五节　出口结汇 / 227
思考题 / 230
案例分析 / 230

第十四章　进口合同的履行 ………………………………………… 231
第一节　办理付款保证 / 231
第二节　接货 / 233
第三节　验收与索赔 / 236
思考题 / 238
案例分析 / 239

附录一　《联合国国际货物销售合同公约》………………………… 241

附录二　《跟单信用证统一惯例(UCP600)》……………………… 254

附录三　《跟单托收统一规则》第 522 号 …………………………… 266

附录四　主要单证范本 ……………………………………………… 272

参考文献 ……………………………………………………………… 283

第一章 货物的品质

任何货物都有一定的品质。国际贸易中货物的品质关系到买卖各方的切身利益。所以,货物品质是买卖双方交易洽商的重要交易条件,也是国际贸易合同的主要条款。根据《联合国国际货物销售合同公约》(本书中简称为《公约》)规定,一旦交货品质违约,即构成根本性违反合同。因此,国际货物买卖双方在贸易合同中必须明确规定成交货物的品质。

第一节 货物品质的含义和作用

一、货物品质的含义

货物品质(quality of goods),是指货物和品名和质量。国际贸易中货物的品名应当尽量使用国际通行的品名,以免引起麻烦。货物的质量一般是指货物内在本质属性和外观形态的综合。货物的本质属性表现为货物的化学成分的构成、物理和机械性能、生物特征等;货物的外观形态则主要是指货物的形态、结构、色泽、味觉等。在国际贸易中,买卖双方往往是按照每种货物的不同特点,选择一定的质量指标去表示不同货物的品质,如:机床以性能、用途、功率、自动化程度等指标来衡量;服装以面料和辅料、款式、颜色等指标来衡量;煤以发热量、挥发分、灰分、含水量、含硫量、粒度等指标来衡量;大豆以含油量、含水量、杂质、不完整粒等指标表示。不同质量的货物具有不同的使用价值,可以满足消费者不同的需要。因此,货物品质是购买者最关心的问题,是国际贸易合同中首先必须明确规定的条款。

二、货物品质的作用

货物品质的优劣,不仅关系到货物的使用价值和售价高低,而且关系到市场销量和企业声誉。在当前国际市场竞争十分激烈的情况下,提高货物品质已成为各国厂商最关心的问题,因为货物品质在国际贸易中起着重要作用。

(一) 货物品质是国际货物买卖合同的重要条款

按照《联合国国际货物销售合同公约》规定,卖方交付的货物必须与合同所规定的数量、质量和规格相符;如果所交货物与合同不符,即构成根本违反合同(fundamental breach of contract)。有些国家的法律规定,合同的品质条款是买卖合同的一项要件(condition),如卖方所交付货物的品质与合同不符,买方有权拒收货物、有权宣布合同无效,并要求赔偿损失。可见,品质是国际货物买卖合同中必不可少的条款。

1

(二)货物品质问题是引发贸易争议的主要原因

国际货物买卖双方在履行合同中常常会出现争议,尽管产生贸易争议的原因是多方面的,但大多数争议是由货物品质问题所引起的。因货物品质不良导致的争议,常常导致索赔或拒收,甚至引起仲裁或诉讼。

(三)货物品质问题关系到生产和消费的质量和安全

货物的最终去向是投入到生产或消费领域。货物品质的优劣直接关系到生产过程是否能顺利进行,生产的预定目标是否能够实现;关系到消费者的福利是否得到满足,人身财产安全是否能够得到有效保障。

(四)货物品质的提升是提高国际竞争力的重要手段

在国际贸易保护主义盛行、市场竞争日益激烈的形势下,谁的货物品质好、价格便宜、服务周到,谁的货物就会受到国际市场的欢迎,在竞争中就会胜出。因此,如何提高货物品质已成为加强国际竞争能力的一种重要手段和扩大出口的重要措施之一。我国绝大部分外贸企业都意识到品质与竞争力的关系,正在千方百计地引进国外的先进技术或自己积极开发新技术,提高技术水平和工艺水平,研究和加强质量管理工作,以提高自己出口货物的品质,增强出口产品的国际竞争能力。

总之,国际贸易中货物的品质具有十分重要的意义。出口货物的品质必须具有竞争性、稳定性、适应性、创造性和经济性,以便树立我国出口货物的信誉,提高我国货物在国际市场的地位和竞争能力,扩大产品销售。进口货物的品质必须符合我国经济建设的需要和人民生活、健康的需要。

第二节 货物品质的表示方法

国际贸易中的货物种类繁多,交易过程中表示货物品质的方法也多种多样,主要分为样品表示法和说明表示法两大类。

一、样品表示方法

用样品(sample)表示货物品质的方法通常称为凭样品买卖(sales by sample)。所谓凭样品买卖,是指买卖双方约定以样品作为表示、衡量交货品质依据的买卖行为。

凭样品买卖通常是由卖方提供样品,称为凭卖方样品买卖(quality as per seller's sample);但有时也可以由买方提供样品,称为凭买方样品买卖(quality as per buyer's sample)。无论是凭卖方样品买卖或凭买方样品买卖,买卖双方约定的用来表示、衡量货物品质的样品通常称为标准样品(type sample),该样品应视为买卖合同不可分割的部分。卖方须承担交货时货物的品质与标准样品品质一致(或基本一致)的责任。《公约》第35条规定:"货物的质量与卖方向买方提供的货物样品与样式相同。"

凭样品买卖一般适用于一些难以规格化、等级化、标准化的农副产品和工业产品,其基本特征是难以用文字描述、规定其品质。因此,在我国出口贸易中使用凭样品买卖时,应该注意以下几个问题。

(一) 必须谨慎而合理地选择原样

所谓原样(original sample),就是标准样品(type sample)。对外寄送的样品必须具有代表性,应该在大批货物中选择典型的实物作为样品,使之能代表整批货物的品质,避免给履行交货工作带来困难,避免由于样品与实际交货的货物品质不一致而引起纠纷或造成经济损失。

(二) 必须明确所寄送样品的性质

在交易磋商时,为了使买方进一步了解货物的实际品质,增加感官认识,卖方有时会寄送参考样品(reference sample)。参考样品与标准样品的法律性质完全不同,它只是作为卖方宣传之用,仅供对方决定购买时参考,不作为交货时的品质依据。因此,为了防止日后可能发生的纠纷,寄送样品时一般应标明样品的性质,是参考样品还是标准样品。

(三) 对外寄送样品应该留有复样

所谓复样(duplicate sample),是指与所寄送样品在品质上一致或基本一致的实物。选择或制造样品时,都应留存复样,以备交货或处理品质纠纷时作核对之用。复样除了由外贸公司自存一份外,对于须经检验机构检验的货物,一般还应另备一份送货物检验机构备查。

(四) 应该争取按对我方有利的凭样品买卖方式成交

由于目前国际市场对货物的花色、品种、造型的要求瞬息万变,市场竞争激烈,为了提高我国货物的适应性,我方可以利用"来样成交"方法。为了避免交货时发生品质争议或客户故意挑剔,我方作为卖方时可以按客户来样复制或选择品质基本相同的我方样品,作为回样(return sample)再寄给买方确认。回样又称对等样品(counter sample)。如果买方确认了回样,交易的性质由凭买方样品买卖变成了凭卖方样品买卖,卖方提供的对等样品就成为交货时衡量货物品质的依据,从而使卖方处于比较有利的地位。

(五) 应该争取在合同中订立有利于己的条款

由于凭样品买卖多属品质难以规格化、标准化的货物,要求交货品质与样品完全相符,有时的确难以办到。因此,在签订出口合同时,应该力争在合同中规定"交货品质与样品大体相符"(quality to be considered as being about equal to the sample),避免被动。

二、说明表示方法

除部分货物采用凭样品买卖外,在国际贸易中大部分货物买卖是采用说明的方法来表示货物的品质,即凭说明买卖(sales by description)。所谓说明表示法,就是用文字、数据、图表等来规定和表示即将成交的货物品质。具体可分为以下几种。

(一) 凭规格、等级、标准买卖

凭规格、等级、标准买卖,是指买卖双方商定以货物的规格、等级、标准来确定货物品质

的方法，通常分别称为凭规格买卖(sales by specification)、凭等级买卖(sales by grade)和凭标准买卖(sales by standard)。凭规格、等级、标准的买卖，卖方交付的货物必须与买卖合同规定的规格、等级、标准相符。如果不符时，买方有权拒收货物，要求赔偿损失或扣减品质差价。

货物规格，是指用来反映货物品质的某些主要指标，如成分、纯度、含量、强度、拉力、重量、大小、尺寸、粗细等。例如，我国大同煤的出口规格是：干态发热量 6 900 大卡/千克以上，最低 6 600 大卡/千克，含水分 8% 以下，干态挥发分 25% 以上，干态灰势 10%—12%，干态含硫分 1% 以下，粒度 0—50 mm 100%。又如，东北大豆出口规格是：含油量 16%，水分最高 15%，杂质最高 1%，不完整粒最高 7%。

货物等级，是指同类货物，按其规格的不同，分为不同的等级，通常用大、中、小、重、中、轻、甲、乙、丙、A、B、C、1、2、3 等文字、数码或符号来表示。例如，东非的西沙尔麻分为 6 个等级，即 1、A、2、3L、3、UG。我国出口的冻带骨兔(去皮、去头、去爪、去内脏)分为特级(每只净重不低于 1 500 克)、大级(每只净重不低于 1 000 克)、中级(每只净重不低于 600 克)、小级(每只净重不低于 400 克)。凭等级买卖时，一般只需标明货物的等级即可，不必详细列明各级品质的具体规格。

货物标准，是指将货物的规格、等级标准化并以一定的文件来表明货物的主要技术性能指标。标准化的规格、等级所代表的品质指标即为一定规格、一定等级的指标准则。我国根据标准适应领域和有效范围把标准分成国际标准、国家标准、行业标准和企业标准。在西方国家，货物的品质标准有的是由国家政府组织规定，有的则是由同业公会、贸易协会、科学技术协会、货物交易所等制定。在国际上，还有国际标准和国际地区性的标准。

在对外交易洽商和签订买卖合同时，一般应争取以我国公布的标准作为交货的品质依据。如果国外客户要求按国外规定的标准为依据，只要其规定的品质标准和检验方法是合理可行的，也可接受。

在国际贸易中，对某些农副产品的买卖，有时也采用以下两种所谓的"标准"。

(1) "良好平均品质"(fair average quality，缩写为 F.A.Q.)。按照一些国家惯例的解释，良好平均品质是指在装运地装运出口时的货物平均品质，即平均中等品质。这种"标准"含义含糊不清，实际上并不代表固定和确切的品质。

在我国农副产品出口业务中，有时也用"F.A.Q."来表示货物品质，其含义通常是指"大路货"。一般在使用"F.A.Q."时，还标明具体规格，例如："中国桐油，大路货。规格：游离脂肪酸(F.F.A.)最高 4%。"

(2) "尚好可销品质"(good merchantable quality，缩写为 G.M.Q.)。一般指卖方所交货物应为"品质尚好，合乎商销"。这种"标准"的含义就更为含糊不清。我国一般不采用"G.M.Q."。有时国外开来的信用证中有"良好的"(sound)、"可销品质"(merchantable quality)等品质附加条款。我国对该种货物经检验符合合同规定时，也往往在检验证书上加注"良好的""可销品质"字样。

(二) 凭商标或牌号买卖

凭商标、牌号买卖(sales by trade mark or brand)，是对某些品质比较稳定并且在市场上已树立了良好信誉的货物，买卖双方在交易洽商和签订合同时，采用这些货物的商标或牌号来表示品质。

凭商标或牌号买卖,通常包括买卖牌号货和地名货两种情况。牌号货,是指以货物的牌号或商标成交的货物,如红双喜乒乓球、美加净牙膏、白熊牌油漆刷等。地名货,是指以货物的产地名称或制造厂的名称成交的货物,如青岛啤酒、吉林人参、北京烤鸭等。凭商标或牌号买卖,实际上是从凭样品或凭规格、等级、标准买卖发展而来的。商标、牌号已代表了一定规格或一定样品的货物品质。尽管如此,买卖双方为了对品质的规定更加明确,除规定牌号或地名外,还要订明具体的规格或等级等要求,如"凤凰牌自行车,24英寸,女式,酱红色⋯⋯"。如果卖方所交付牌号货或地名货的品质不适合商销或使用,买方有权退货。

(三)凭说明书买卖

凭说明书买卖(sales by description),是指用说明书详细说明货物的构造、性能、用材以及使用方法等,必要时还辅以图样、照片来规定货物品质的方法。机电、仪器、仪表等产品及成套设备,由于其结构和性能复杂,安装、使用、维修都有一定操作规程,不能以几项简单的指标来表明其品质全貌,需要凭说明书买卖。

凭说明书买卖机电、仪器、仪表等产品时,除在合同中订有品质检验条款外,往往还须订立品质保证条款和技术服务条款,明确规定卖方须在一定期限内保证其所出售的货物品质符合说明书上规定的指标,如在保证期限内发现货物品质与说明书不符,买方有权提出索赔或退货。

第三节 合同中的品质条款

一、品质条款的基本内容

品质条款(quality clause)是合同中的一项主要条款,是买卖双方对货物的质量、等级、标准、规格、商标、牌号等内容的具体规定。卖方必须依据约定品质交付货物,否则买方有权提出索赔或拒收货物,撤销合同。合同中的品质条款也是检验机构进行检验和仲裁机构或法院解决品质纠纷的依据。因此,规定品质条款对国际贸易的顺利开展有着很重要的意义。

品质条款的基本内容是货物品名、规格或商标、牌号等。在凭样品买卖时,一般应列明样品的编号、寄送日期,有时还加列交货品质与样品一致或完全相符等说明。在凭文字说明买卖时,应针对不同交易的具体情况,在买卖合同中明确规定货物的名称、规格、等级、标准、牌号、商标或产地名称等内容。在以说明书和图样表示货物品质时,还应在合同中列明说明书、图样的名称、份数等内容。在凭标准买卖时,一般应列明所引用的标准和标准版本的年份。例如:

例 1-1 Sodium Citrate. Specifications:(1) In conformity with B.P. 2018,(2) Purity: Not less than 99%.

柠檬酸钠。规格:(1)符合2018年版英国药典标准;(2)纯度:不低于99%。

例 1-2 Sample TSN016 Plush Toy Rabbit Size 8″.

样品号 TSN016　长毛绒玩具兔,尺码:8 英寸。

例 1-3　"TCL" Brand Colour Television Set. Model：2916 DZ, PAL/I System, 220 V, 50/60 Hz, 2 round pin plug, with remote control.

TCL 牌彩色电视机,型号:2916 DZ,制式 PAL/I,220 伏,50/60 赫兹,双圆头插座带遥控。

二、订立品质条款应注意的问题

在国际贸易中,由于货物的品质千差万别,表示品质的方法也不尽相同,品质条款如何规定应视具体货物而定。一般说来,订立品质条款时,主要应该注意以下几点。

(一) 要认真贯彻"平等互利"和"重合同、守信用"的原则

在规定品质条款时,应体现平等互利的精神,防止订立对单方面有利的片面条款。例如,当某些出口货物的主要项目对计价有影响时,合同中应规定在一定幅度内由于品质增减而价格也相应随之增减的条款,注意防止只有减价而无增价的片面规定。必须按合同规定的品质条款内容履行交货义务,贯彻"重合同、守信用""重质先于重量"的原则。

(二) 要从生产实际出发,实事求是

要根据国际市场走势,结合国内生产、消费的实际情况来合理签订品质条款。出口货物的品质,既不能订得过高,以免造成生产和对外履约的困难;也不能订得过低,以免影响售价和销量,甚至降低我国出口货物的信誉。

(三) 要正确使用货物品质的各种表示方法

在国际贸易中,各种表示货物品质的方法都有其特定的含义和使用范围,买卖双方必须按此承担相应的义务。因此,凡是能够用一种方法表示货物品质的,尽量不要采用两种或两种以上的方法来表示;必须采用两种以上的方法来表示同一批货物品质时,则须在合同中作出详细规定,以免引起争议。特别应该注意的是,凭样品与凭规格、等级、标准等表示品质的方法不宜混合使用。根据某些国家法律的解释,凡是既凭样品,又凭规格、等级、标准达成的交易,其所交货物必须既与样品一致,又须符合规格、等级、标准的要求,否则买方有权拒收货物,并可提出索赔要求。

(四) 要注意科学性和灵活性

品质条款的内容和文字应注意科学性、严密性、准确性。但对于有些货物,特别是品质规格不易做到完全统一的货物,如某些农副产品、轻工业品及矿产品等,一般要有一定的灵活性,可规定品质公差或合理的品质机动幅度条款。

1. 品质公差

品质公差(quality tolerance)是指在工业制成品中国际同行业所公认的产品品质误差。在一些工业品生产过程中,难以避免产品的品质指标产生一定的误差,如手表走时每天误差若干秒,某一圆形物体的直径误差若干毫米。这种误差若为国际同行业所公认,即称为品质

公差。交货品质在品质公差范围内即可认为与合同相符。

在国际贸易中,若买卖的货物有国际同行业公认的品质公差,可以不在合同中明确规定具体的公差情况。交货品质在公认的品质公差范围内,买方无权拒收货物和索赔,也不允许调整价格。如果国际同行业对特定指标并无公认的品质公差;或者买卖双方对品质公差理解不一致;或者由于生产原因,需要扩大公差范围时,就应在合同中具体规定品质公差的内容,即买卖双方共同认可的品质误差。在此情况下,最好采取签订品质机动幅度条款的方式解决。

2. 品质机动幅度条款

品质机动幅度是指允许卖方所交货物的品质指标在一定的幅度内机动。品质机动幅度主要适用于初级产品,以及某些工业制成品的品质衡量。在合同中规定品质机动幅度条款(quality latitude clause)的具体方法有规定范围、规定极限和规定上下差异三种。

(1) 规定范围。某项货物的主要品质指标规定允许有一定的机动范围。例如:"Yarn-dyed Gingham, Width, 41/42″"(色织条格布,阔度41/42英寸)。

(2) 规定极限。某些货物的品质规格,规定上、下极限值。例如:"Dehydrated Spinach, moisture 8% max."(脱水菠菜,水分不超过8%)。

(3) 规定上下差异。在规定某一具体品质指标的同时,规定必要的上下调整幅度。例如:"Fish Meal, Moisture:10%, allowing 1% more or less."(鱼粉,含水量:10%,允许上下1%)。

在履行合同时,卖方交货品质只要在合同规定的品质机动幅度内,就符合了合同的品质规定,买方无权拒收货物,价格一般也是按照合同的规定计算。但是,有些货物要根据交货时实际的品质来计算价格,这就需要在合同中规定相应的品质增减价格条款。

例 1-4 我国出口芝麻时,常在合同中规定:

China Sesame seed. Moisture (max) 8%; Admixture (max) 2%; Oil Content (wetbasis ethyl ether extract) 52% basis. Should the oil content of the goods actually shipped be 1% higher or lower, the price will be accordingly increased or decreased by 1%, and any fraction will be proportionally calculated.

中国芝麻。水分(最高)8%;杂质(最高)2%;含油量(湿态、乙醚浸出物)52%基础。如实际装运货物的含油量高或低1%,价格相应增或减1%,不足整数部分,按比例计算。

思考题

1. 货物品质在国际贸易中有怎样的作用?
2. 国际贸易合同中规定货物品质的方法有哪些?
3. 什么是"复样""参考样品"与"对等样品"?
4. 凭样品买卖的货物应该具备什么条件?凭样品买卖货物时应该注意什么?
5. "品质机动幅度"与"品质公差"有何区别?
6. 在订立品质条款时应该注意哪些问题?

案例分析

1. 我方出口公司与法国某公司签订出口某种农产品1 000公吨的合同,单价为每公吨CIF马塞80欧元,品质规格为:水分最高15%、杂质不超过3%,交货品质以中国国家质量监督检验检疫总局品质检验为最后依据。但在成交前我方公司曾向对方寄送样品,合同签订后又电告对方,确认成交货物与样品相似。货物装运前由中国国家质量监督检验检疫总局检验签发品质合格证书。货物运抵法国后,该外国公司提出:虽有检验局出具的品质合格证书,但货物的品质却比样品低,卖方应有责任交付与样品一致的货物。因此,要求每公吨减价6欧元。我方公司以合同中并未规定凭样品交货,而仅规定了凭规格交货为理由,不同意减价。于是,法国公司请该国某检验公司进行检验,出具了所交货物平均品质比样品低7%的检验证明,并据此向我方公司提出索赔6 000欧元的请求。我方出口公司则仍坚持原来理由而拒赔。法国公司遂请求中国国际经济贸易仲裁委员会协助解决此案。此时,我方出口公司进一步陈述说,这笔交易在交货时商品是经过挑选的,因该商品系农产品,不可能做到与样品完全相符,但不至于比样品低7%。但由于我方出口公司已将留存的样品遗失,对自己的陈述无法加以说明,仲裁机构也难以处理。最后出口公司只好赔付了一笔品质差价而结案。

试问:从本案中我方出口公司应当汲取怎样的教训?

2. 我方出口公司与美商凭样成交一批高级瓷器。合同规定,复验期为60天。货到美国经美商复验后,未提出任何异议;但事隔一年,买方来电称:瓷器全部出现"釉裂",只能削价处理销售,因此要求我方按成交价赔偿60%。我方接电话后立即查看留存的复样,发现确有釉裂。

试问:我方应如何处理?

第二章
货物的数量

在国际货物买卖中,买卖双方必须以约定的货物数量(quantity of goods)作为履行合同的依据。货物的数量是指以一定的计量单位表示的货物的重量、个数、长度、面积、体积、容积的量。货物不仅表现为一定的质,同时也表现为一定的量。没有货物数量的规定就不可能交易,所以货物买卖合同必须有货物数量的规定。数量的多少,既关系到一笔交易规模的大小,也会影响消费者的满足度和市场行情的变化。根据某些国家法律规定,卖方所交货物的数量必须与合同规定的数量相符。《公约》第52条2款规定:"如果卖方交付的货物数量大于合同规定的数量,买方可以收取,也可以拒绝收取多交部分的货物。如果买方收取多交部分货物的全部或一部分,他必须按合同价格付款。"因此,货物数量的多少对买卖双方都至关重要。

第一节 货物数量的计量

在国际贸易中,确定买卖货物的数量时,必须明确计量单位。货物计量单位的采用,应根据货物的性质而定。由于货物的性质不同及各国采用的度量衡制度不同,货物数量的计量单位和计算方法也不同。

一、国际贸易中常用的度量衡制度

各国使用的度量衡制度不尽相同,在国际贸易中目前尚无统一的度量衡制度。当今国际上常用的度量衡制度有四种:米制,即公制(the metric system);在米制基础上发展起来的国际单位制(international system of units,简称国际制,代号为"SI");英制(the British system);美制(the U.S. system)。在多种度量衡制度并存的情况下,同一计量方法,其名称与含量也不同。例如,重量单位就有公吨、长吨、短吨之分(公吨为1 000千克,长吨为1 016.05千克,短吨为907.2千克)。因此,在对外洽谈业务和签订合同时,必须明确所采用的计量单位属于何种度量衡制度及其代表的量值,否则履行合同时容易产生差错和纠纷。

我国自1959年起以米制作为我国的基本计量制度。1985年9月6日中华人民共和国第六届全国人民代表大会常务委员会第12次会议通过的《中华人民共和国计量法》(最新版为2017年12月修订版)第3条规定:"国家采用国际单位制。国际单位制计量单位和国家选定的其他计量单位,为国家法定计量单位。"自1991年1月起,除个别特殊领域外,我国已不允许再使用非法定计量单位。在对外贸易中,出口货物除合同规定需要采用米制、英制和美制计量单位外,也应采用法定计量单位。一般不进口非法定计量单位的货物。如有特殊需要，须经计量行政部门批准。

二、货物数量的计量类型

国际贸易中货物买卖数量的计量通常采用以下六类计量单位，具体交易时因货物特性、包装方式、交易习惯而异。

（一）重量单位

按重量（weight）计算是目前国际贸易中使用最多的计量方法，尤其适用于大宗农副产品、矿产品及某些工业制成品。常用的计重单位有：公吨（Metric Ton or M/T）、长吨（Long Ton or L/T）、短吨（Short Ton or S/T）、磅（Pound or Lb.）、盎司（Ounce or Oz.）、千克（Kilogram or Kg.）、克（Gram or g.）等。

（二）个数单位

目前，国际市场上大多数工业制成品，尤其是生活日用品、轻工业产品、机械产品以及一部分土特产品，主要采用按个数（number）计算的方法进行交易。常用的计量单位有：件（Piece or Pc.）、双（Pair or Pr.）、套（Set or St.）、打（Dozen or Dz.）、罗（Gross or Gr.）、令（Ream or Rm.）等。

（三）长度单位

按长度（length）计量主要用于部分纺织品、金属绳索等货物的交易。常用的计量单位有：米（Meter or M.）、英尺（Foot or Ft.）、码（Yard or Yd.）等。

（四）面积单位

有些货物，如部分纺织品、玻璃、塑料板及其他的一些板材等，比较习惯于按面积（area）计量。常用的计量单位有：平方米（Square Meter or Sq.m.）、平方英尺（Square Foot or Sq.ft.）、平方码（Square Yard or Sq.yd.）等。

（五）体积单位

木材、化学气体等物品一般按体积（volume）计量。常用的计量单位有：立方米（Cubic Meter or Cu.m.）、立方英尺（Cubic Foot or Cu.ft.）、立方码（Cubic Yard or Cu.yd.）等。

（六）容积单位

按容积（capacity）计量一般适用于一些农产品及大部分液体物品的交易。常用的计量单位有：升（Liter or L.）、加仑（Gallon or Gal.）、蒲式耳（Bushel or Bu.）等。

三、重量的计算方法

在国际贸易中，很多货物是按照重量来计量的。计算重量的方法，应根据货物的性质、买卖双方的意愿和商业习惯来确定。重量的计算方法一般有以下几种。

(一) 毛重

毛重(gross weight)指货物本身的重量加皮重(tare),即货物加上包装物的总重量。这种计算重量的方法一般适用于价值较低的货物。有些货物因包装本身不便分别计算,如烟胶片、卷筒报纸等,或因同一重量单位的包装材料与货物本身价值相差不多,如粮食、饲料等,常常采用按毛重计量和计价,在国际贸易中称为"以毛作净"(gross for net)。

例 2-1 Horse Beans, packed in single gunny bags of 100 kg. each, gross for net.(马饲料豆,单层麻袋装,每袋 100 千克,以毛作净。)

由于按毛重计的货物其合同金额以毛重为计价基础,因此,对于这类货物在规定数量时应明确"以毛作净"。

(二) 净重

净重(net weight)即是货物的实际重量,不包括皮重。在国际贸易中,以重量计量的货物,大部分都是按净重计量。所以,对于按重量计的货物,如合同中未明确其计重方法,按《公约》第 56 条规定,应以净重计。

净重的计算方法是货物的毛重减去皮重(即包装重量)。计算皮重的方法有四种。

(1) 实际皮重(actual/real tare):将整批货物的包装逐一过秤,算出包装的实际重量。

(2) 平均皮重(average tare):有些货物的包装材料和规格比较整齐划一,任意抽出若干件包装称量,求得单件包装重量的平均值,再乘以总件数得出全部包装的重量,这种皮重称为平均皮重。

(3) 习惯皮重(customary tare):也称标准皮重,其单件包装的重量已形成一定的标准,对于这些用料、规格固定化的包装,可按市场公认的单件包装重量乘以货物总件数得出全部包装重量,这种皮重为习惯皮重。

(4) 约定皮重(computed tare):按买卖双方事先协商约定的包装重量为准,不必过秤。

(三) 公量

公量(conditioned weight)是指用科学的方法抽掉货物中的水分后,再加上标准含水量所求得的重量。这种计算重量的方法,适用于价值较高而含水分不稳定的货物,如羊毛、生丝之类。公量是以货物的标准回潮率计算出来的。所谓回潮率,是含水量与干量之比。标准回潮率是买卖双方约定的货物中的含水量与干量之比,如国际上公认的羊毛、生丝的标准回潮率为 11%。实际回潮率是货物中的实际含水量与干量之比。

计算公量的公式为

公量＝实际重量×(1＋标准回潮率)/(1＋实际回潮率)

(四) 理论重量

这是指某些有固定和统一规格的货物,如马口铁、钢板等,有统一形状和尺寸,只要每件或每张规格相同、尺寸一致,其重量便大致相等,因而根据其件数或张数即可推算出其总重量。这种重量根据理论数据算出,被称为理论重量(theoretical weight)。

(五) 法定重量和净净重

法定重量(legal weight)是指法律规定的、货物净重加上直接接触货物、可以连同货物零售的包装的重量。一些国家的海关依法征收从量税时,将法定重量作为征税基础。另外,有些贵重金属、化工原料等往往以"净净重"计算重量。所谓净净重(net net weight),又称"纯净重",是指货物本身的重量,不包括任何包装的重量。净净重的计量方法也主要在海关征税时使用。

在国际货物买卖合同中,如果货物是按重量计量和计价,但合同中又未明确规定重量的计算方法,则按国际贸易中的习惯做法,合同重量和总价的计算应按净重计。

第二节　合同中的数量条款

数量条款(quantity clause)是合同中的一项主要条款,也是买卖双方交接货物和处理数量争议的依据。

一、数量条款的内容

合同中的数量条款一般包括计量单位、计量方法和货物的具体数量。按重量计算的货物,要规定计算重量的方法,如毛重、净重、公量等。

在国际贸易中,有些货物由于本身特性或因自然条件的影响,或受包装和运输条件的限制,实际交货的数量往往不易符合合同规定的货物数量。为了避免在履行合同时发生争议,买卖双方应事先约定并在合同的数量条款中订明交货数量的机动幅度(quantity allowance)。一般有两种规定方法。

(一) 溢短装条款

对于一些数量难以严格限定的货物,如大宗的农副产品、矿产品以及某些工业制成品,通常是在合同中规定交货数量允许有一定的机动幅度,这种条款一般称为溢短装条款(more or less clause),即在具体数量方面明确增加或减少的百分比。在实际工作中,"more or less"也可用"plus or minus"(增加或减少)或用"±"符号代替。例如,"10 000公吨,±5%;由买方选择"。溢短装条款一般包括机动幅度、机动幅度的选择权以及溢短装部分货物的计价方法。

溢短装一般由卖方决定(at seller's option),有时也由买方决定(at buyer's option)。如果交易数量大,价格又经常变化时,为防止卖方或买方利用溢短装条款,故意多装或少装,可规定溢短装只是为了适应船舶等运输工具的需要才能适用。在交货数量与承载的船只的舱容关系十分密切的情况下,一般规定由安排运载工具的一方行使选择权,或直接规定由承运人行使选择权(at carrier's option)。不管由谁行使选择权,最好应在合同中明确规定。对大宗货物在程租船运输的情况下,在合同中不仅要对全部数量规定溢短装的机动幅度,同时还可对每批装船货物数量规定由船方决定其溢短装的机动幅度,以明确责任,避免产生争议。

对溢装或短装部分货物的计价有两种办法。一种是按合同价格计算,这种做法较为普遍。另一种是按装船日或到货日的某种国际市场价格计算。这种做法比较合理,主要是为了防止享有溢短装权利的一方利用价格的变化,故意多装或少装,从中牟利。如果合同中未规定溢短装部分的作价办法,一般按合同规定价格计算。

例 2-2 Datong Steam Coal Shipment,10 000 M/T with 5% More or Less at Seller's Option.(中国大同煤,10 000公吨,5%伸缩,由卖方决定溢短装。)

(二)"约"量

在合同交货数量前加"约"(about,circa or approximately — Appr.)字,也可使具体交货数量作适当机动,即可多交或少交一定百分比的数量。但是,对"约"字的含义各国掌握和解释不一,有的解释为 2.5%,有的则为 5%。

国际商会第 600 号出版物《跟单信用证统一惯例》(UCP600)第 30 条 a 款则规定:"约"或"大约"用于信用证金额或信用证规定的数量或单价时,应解释为允许有关金额或数量或单价有不超过 10% 的增减幅度,但以不超过信用证金额为限。

鉴于"约"量在国际上解释不一,为防止纠纷,使用时双方应先取得一致的理解,并达成书面协议。

此外,按照《跟单信用证统一惯例》(UCP600)第 30 条 b 款的规定:"在信用证未以包装单位、件数或货物自身件数的方式规定货物数量时,只要总支取金额不超过信用证金额,货物数量允许有 5% 的增减幅度。"

可见,采用信用证结算时,除非信用证规定货物的数量不得增减,只要支取金额不超过信用证金额,则卖方货物数量可以有 5% 的增减幅度。但是,货物数量按包装单位或个数单位计时,此项伸缩则不适用。

二、订立数量条款应注意的问题

(一)正确掌握成交货物的数量

在成交货物数量的掌握上,必须体现国家政策,符合国家进出口的有关规定。要在调查研究的基础上,根据需要与可能确定成交的数量。

在出口货物数量的掌握上,既要考虑国外市场的供求状况、价格动态、运输能力、季节因素,保证及时供货,以巩固和扩大销售市场;又要考虑国内的货源供应情况和实际生产能力,以免造成交货困难。另外,还要考虑国外客户的资信状况及其经营能力,根据客户的具体情况确定适当的成交量。

在进口货物数量的掌握上,应根据我国国内生产建设和市场的实际需要来确定成交量,避免盲目进口。同时,还要考虑市场行情的变化、外汇支付能力和运输条件等因素。

(二)数量条款各项内容的规定应明确、具体

(1)选择合适的计量单位。如果一种货物可以用不同的计量单位计量,应选择国际上最常采用的计量单位。在我国,还必须选择法定计量单位。

(2)列明具体的交易数量。合同中应写清楚成交的数量,如若干箱、桶等。如有必要还应进一步注明每箱、每桶内的货物净重若干千克,或每箱、每桶内装若干瓶、套、件等。对在

合同中所订明的包装数量,事后不能擅自变动,否则易起争议。

(3) 订明具体的计量方法。对于以重量计量的大宗货物,应明确是按毛重还是按净重。如未加明确,按国际贸易习惯则按净重计。另外,要注意按个数成交货物的条件下数量与包装件数之间的协调,防止出现零头货物无法包装和装运的情况。

(4) 合理使用溢短装条款。凡是交货数量难以确切把握的货物,在规定数量时最好订立溢短装条款,必要时还应具体规定溢短装的选择权问题和计价问题,防止日后发生争议。

(5) 在交易货物的数量容易受各种因素影响而发生比较明显的变化的情况下,最好在合同中明确是按运出重量(shipping weight),还是按运到重量(landing weight)来判断履约情况,避免事后的双方争执。在国际上常采取折中方法,即在合同中预定损耗限度为运出重量的 1%—5%,如超过此限,其超过部分由卖方承担。

思考题

1. 为什么说货物的数量条款是主要交易条件?
2. 重量的计算方法有哪些?
3. 何谓"约"量?对于"约"量应该如何掌握?
4. 何谓溢短装条款?规定溢短装条款时应该注意什么问题?
5. 订立数量条款时应注意哪些主要问题?

案例分析

1. 我国内某公司向沙特出口冻牛肉 50 公吨,每公吨 FOB 价 200 美元。合同规定数量可以增减 10%。国外银行按时开来信用证,证中规定金额为 10 000 美元,数量约 50 公吨。我方实际装运 52 公吨,但持单到银行办理议付时遭到拒绝。

试问:为什么会遭到拒绝?

2. 我方某出口企业对外出口休闲运动自行车 1 000 辆,买方按规定开来信用证,并明确规定不准分批装运。在出口装船时发现有 35 辆自行车的包装破裂,临时更换已来不及。为保证质量起见,发货人员认为根据《跟单信用证统一惯例》的规定,即使不准分批装运,在交货数量上也许可有 5% 的伸缩,结果实装 965 辆。当持单到银行议付时,银行拒付。

试问:为什么银行会拒付?从中可以获得什么教训?

3. 甲公司对外出口一批货物,CIF 香港,价格为每公吨 1 250 港元。合同约定该批货物按公量计算价款。已知:该批货物实际重量为 230 公吨,实际含水率为 17%,国际公认的该种货物标准含水率为 11%。

试问:买方应支付多少货款?

第三章 货物的包装

在国际贸易中,大多数货物都需要包装,以确保经过长途运输和多次装卸、储存后货物的使用价值能够完整。不同的货物,因其种类、形状、特性等方面的不同而采取不同的包装方式。货物包装是货物生产的继续,能增加其价值,是实现其价值的重要环节。在国际贸易中,货物包装在货物流通和销售方面都有其特殊重要性,包装条款是货物买卖合同的重要条款之一。因此,在订立国际货物买卖合同时,凡是买卖需要包装的货物,买卖双方必须在合同中对包装的材料和费用以及相关包装标志作出明确规定,以免引发纠纷。

第一节 货物包装的含义与作用

一、货物包装的含义

国际贸易的货物,按照包装情况的不同可分为三种:(1) 散装货(bulk cargo)。它指不需要包装,散装在船甲板上或船舱中的大宗货物,如煤、粮食、石油等。这类货物的装卸需要有相应的码头装卸设备,有的还需要有特殊的运输工具,如油轮。(2) 裸装货(nude cargo)。它是指那些品质不易受外界影响,自成件数,不需要包装或难以包装的货物,如木材、钢材、铝锭、汽车、车厢等。对这类货物有时会加以捆扎。(3) 包装货(packed cargo)。它是指必须加以包装,以保护货物在流通过程中品质完好和数量完整,便于运输、储存、销售的货物。大多数工业品以及经加工的农副产品都属于包装货。包装是货物生产的继续,凡需要包装的货物,只有通过包装才算完成生产过程,才能进入流通领域和消费领域,实现其价值和使用价值。在国际市场上,包装的好坏关系到货物售价的高低、销路的畅滞,也关系到一个国家、企业及其产品的声誉。

货物包装(packing)是指对需包装货物进行包裹,以保护货物质量和数量。在国际贸易中,货物一般要经过长途运输、多次搬运、储存,才能到达目的地,因此必须对货物加以捆扎、包装。为了避免损失,进口商往往要求货物要有一定规格包装,否则不收货。甚至有些国家的法律明确规定货物的包装如不完整,或不符合国家规定的标准,就不准进口。各国海运法也规定,凡因包装不善而引起的货物的损坏,船公司不负赔偿责任。

二、货物包装的作用

在当前竞争十分激烈的情况下,许多国家都把改进包装作为加强对外竞销的重要手段之一。良好的包装不仅可以保护货物,而且还能宣传和美化货物,提高货物身价,吸引顾客,扩大销路,增加售价,并在一定程度上显示出口国家的科技、文化、艺术水平。具体说来,出口货物的包装在国际贸易中具有如下几方面作用。

(一)保护货物安全

我国的出口货物以海洋运输为主。海运的特点是运输时间长、途中气候变化大。因此,货物包装必须根据各种货物不同的特点科学地进行,必须适宜长途运输,确保货物的安全。例如,新鲜水果包装要有通风气孔,而且内外各层包装的气孔必须能达到相互通气的要求;易碎的玻璃器皿、陶瓷、搪瓷产品等必须有良好的衬隔垫以防碰碎;货物外包装如系木箱,装箱后应注意箍扣加固,经得起堆垛,以防装卸时外包装破裂散开。货物包装的主要目的就是确保经过长途运输、多次搬运和储存的货物完整无损地到达买方所在地,保护货物在流通过程中品质完好和数量完整。

(二)方便运输作业

在国际贸易中,货物往往要经过长途运输、多次装卸才能最终到达买方所在地。科学、合理的运输包装除了保护货物外,还方便运输、装卸、储存、保管,防止运输过程中出现货损、货差。同时,包装是增加货物附加值的一种手段。因此,货物的包装在符合科学、牢固、美观、适销的条件下,还必须精打细算,不断改进出口货物包装,增加实际经济效益。

(三)促进货物销售

包装实用美观是适应国际市场竞争的需要,而便于运输(如适合集装箱、托盘运输)、便于陈列(如内包装适于超级市场陈列),也是扩大销售的必要条件。销售包装除了起保护货物的作用外,还有促进销售的功能。良好的销售包装可以美化货物,吸引顾客购买,便于消费者观察、携带货物,从而扩大销售、增加外汇收入。

(四)履行货物买卖合同

包装是货物说明(description)的组成部分,是国际贸易的主要交易条件之一,一般在合同中会有明确规定。按照某些国家的法律规定,如买方交付的货物未按约定的条件包装,或者货物的包装与行业习惯不符,买方有权拒收货物。对于一些特殊的货物,如果货物虽然按约定的方式包装,但却与其他货物混杂在一起,买方可以拒收违反规定的那部分货物,甚至可以拒收整批货物。由此可见,搞好包装工作对顺利履行合同也有重要的意义。

国际经济一体化程度的加深,无疑为我国产品进入各国市场创造了有利条件。我们必须高度重视包装工作,切实掌握包装方面的基本知识,密切注意国际市场的包装动态,并订好合同中的包装条款,方能充分发挥包装的作用,扩大货物出口和提高经济效益。

第二节 货物包装的种类及要求

国际贸易中货物的包装,按其在流通过程中作用的不同,可分为运输包装和销售包装两大类。

一、运输包装

运输包装(shipping packing)通常又称大包装或外包装(large packing or outer packing or external packing),主要是为了保证货物安全、方便储运和节省费用的包装。运输包装一般比较坚固、结实。运输包装的方式和造型多种多样,包装用料和质地各不相同,包装程度也有差异。

(一) 按其包装方式,可分为单件运输包装和集合运输包装

1. 单件运输包装

单件运输包装是指货物在运输过程中作为一个计件单位的包装。常见的单件运输包装有箱装、捆装、桶装、罐装、瓶装等。

2. 集合运输包装

集合运输包装是指将若干单件运输包装组合成一件大包装,以更有效地保护货物、提高装卸效率和节省运输费用。常见的集合运输包装有集装箱、托盘和集装袋等。

(1) 集装箱(container):一种运输货物的容器。它既是货物的运输包装,又是运输工具的组成部分,一般由轮船公司提供周转使用,是目前使用广泛且发展很快的一种运输包装。

目前国际上通用的集装箱规格见表3-1。

表3-1 国际通用集装箱规格

货物集装箱型号	第 一 系 列						重量(最大重量)
	高		宽		长		
	毫米	英尺英寸	毫米	英尺英寸	毫米	英尺英寸	千克
1A	2 438	8′	2 438	8′	12 000	40′	25 400
1AA	2 591	8′6″	2 438	8′	12 000	40′	30 480
1B	2 438	8′	2 438	8′	9 000	30′	20 480
1C	2 438	8′	2 438	8′	6 000	20′	20 320
1D	2 438	8′	2 438	8′	3 000	10′	10 160
1E	2 438	8′	2 438	8′	2 000	6′8″	7 110
1F	2 438	8′	2 438	8′	1 500	4′9″	5 080

其中,最通用是8英尺×8英尺×20英尺和8英尺×8英尺×40英尺两种。20英尺集装箱的载货重量,最高可达20公吨,其容积为31—35立方米。一般计算集装箱的流通量时,都以20英尺集装箱作为衡量单位,通常用"TEU"(twenty foot equivalent unit)表示,其意思是"相当于20英尺单位"。

集装箱种类很多。按其使用目的分类:干货集装箱(dry container),适用装载一般杂货的标准集装箱;冷冻集装箱(reefer container),箱内装有冷冻设备,温度可在+26℃至-28℃调节;框架集装箱(frame container),这种集装箱没有箱顶和两侧,可从箱侧面装载起重货

物;开顶集装箱(open top container),这种集装箱没有箱顶,可用起吊机械从箱子上面装卸货物,适于装载超长的货物;牲畜集装箱(pen container),这种集装箱两侧有金属网,便于喂养牲畜和通风;罐式集装箱(tank container),适于运输油类等液体货物;平台集装箱(platform container),适于装载超长超重的货物,长度可达6米以上,重量可载40公吨以上;散装货集装箱(bulk container),在顶部设有2—3个小窗口,以便装货,底部有升降架,可升高40度的倾斜角,以便卸货。

(2) 托盘(pallet):按一定规格制成的单层或双层平板载货工具,在平板上集装一定数量的单件货物,并按要求捆扎加固,组成一个运输单位,便于运输过程中使用机械进行装卸、搬运和堆放。托盘一般以木制为主,但也有用塑料、玻璃纤维或金属制成。托盘上也可以另加上层装置。常见的托盘有平板托盘(flat pallet)、箱形托盘(box pallet)、柱形托盘(post pallet)等。

经过国际标准化组织(International Standard Organization,ISO)托盘标准化技术委员会(ISO/TC51)多次分阶段审议,国际标准化组织于2003年对ISO6780《联运通用平托盘主要尺寸及公差》标准进行了修订,在原有的1 200 mm×1 000 mm、1 200 mm×800 mm、1 219 mm×1 016 mm(即48 in×40 in)、1 140 mm×1 140 mm 四种规格的基础上,新增了1 100 mm×1 100 mm、1 067 mm×1 067 mm 两种规格,现在的托盘国际标准共有六种(见表3-2)。

表3-2 托盘国际标准尺寸

编　号	毫　米(mm)
1	1 200×800
2	1 200×1 000
3	1 219×1 016
4	1 140×1 140
5	1 100×1 100
6	1 067×1 067

装货托盘的流向直接影响托盘的选择。通常,去往欧洲的货物要选择1 200 mm×1 000 mm 或1 200 mm×800 mm 的托盘;去往日本、韩国的货物要选择1 100 mm×1 100 mm 的托盘;去往大洋洲的货物要选择1 140 mm×1 140 mm 或1 067 mm×1 067 mm 的托盘;去往美国的货物最好选择1 219 mm×1 016 mm 的托盘,但国内也用1 200 mm×1 000 mm 托盘发往美国。

(3) 集装袋(flexible container):一种用合成纤维或复合材料编织成的圆形大口袋或方形大包。其容量因使用的材料和生产工艺不同而有区别,其承重一般为1—4吨,最高可达13吨左右。集装袋适于装载粉粒状货物,如化肥、矿砂、面粉、食糖、水泥等散装货物。

使用集合运输包装,可以加速装卸和更好地保护货物。现在,有些国家为了提高货物装卸速度和港口码头使用效率,常常在信用证上规定进口货物必须使用集合运输包装,有的港口甚至规定进口货物如果不使用集合运输包装,不准卸货。

(二) 按包装造型不同分类

运输包装可分为箱(case)、桶(drum)、袋(bag)、包(bale)、捆(bundle)等不同形状的包装。

(三) 按包装用材不同分类

运输包装可分为纸制包装,金属包装,木制包装,塑料包装,麻制包装,竹、柳、草制品包装,玻璃制品包装和陶瓷包装等。常见的有纸箱(carton)、纸袋(paper bag)、木箱(wooden case)、木桶(wooden cask)、铁桶(iron drum)、麻袋(gunny bag)、塑料桶(plastic cask)、塑料袋(plastic bag)等。

(四) 按包装质地不同分类

运输包装可分为软性包装、半硬性包装和硬性包装。究竟采用其中哪一种包装,须根据货物的特性而定。

(五) 按包装程度不同分类

运输包装可分为全部包装(full packed)和局部包装(part packed)两种。全部包装是指对货物全面予以包装,绝大多数货物都需要全部包装;局部包装是指对货物需要保护的部位加以包装,而不受外界影响的部分,则不予包装。

在国际贸易中,究竟采用何种运输包装,应根据货物特性、形状、贸易习惯、货物运输路线的自然条件、运输方式和各种费用开支大小等因素综合考虑,买卖双方要在洽商交易时谈妥,并在合同中具体订明。

二、销售包装

(一) 销售包装的含义及作用

销售包装(sales packing)又称小包装(small packing)、内包装(inner packing)或直接包装(immediate packing),是货物进入零售和消费环节,同消费者直接见面、甚至消费货物时的包装,所以又称为零售包装。

销售包装的作用除了保护货物外,还有美化货物、宣传货物和介绍货物的作用。因此,在国际贸易中对于货物的销售包装在用料、造型结构、装潢设计和文字说明上都有较高的要求。

近年来,国际贸易中销售包装普遍使用"条形码"(product code),使销售包装增加了结算的功能。条形码由一组带有黑白及粗细间隔不等的平行条纹所组成。计算机能自动识别条形码上的信息,确定货物的名称、品种、数量、生产日期、制造厂商、产地等,并据此在数据库中查询其单价,进行货款结算并打印出购货清单。目前国际上通用的条形码有两种:一种是美国、加拿大组织的统一编码委员会编制的,即 UPC 码(Universal product code);另一种是国际物品编码协会编制的 EAN 码(European article number)。为了适应国际市场的需要和扩大出口,我国于 1988 年建立了中国物品编码中心,负责推广条形码技术,并对其进行统一管理。1991 年 4 月我国正式加入国际物品编码协会,分配给我国的国别号为"690",凡标有"690"条形码的货物即表示是中国生产的货物。

(二) 销售包装的种类和内容

目前国际市场上较流行的销售包装,按其形式和作用大致可分为三类:便于陈列展销类包装,如"堆叠式包装""挂式包装"等;便于识别货物类包装,如"透明包装"或"开窗包装"等;便于使用类包装,如"易开包装""喷雾包装"等。

销售包装是由包装容器和包装装潢两部分组成的整体。有些销售包装还配有各种附件,如丝带、花结、装饰衬垫等。包装装潢是指包装的造型和表面设计。在科学合理的基础上,通过装饰和美化,使包装的外形、图案、色彩、文字、商标牌号等各个要素构成一个艺术整体,起到传递货物信息、表现货物特色、宣传货物、美化货物、促进销售和方便消费等作用。包装装潢由外形、构图和材料三要素构成。外形是指产品销售包装展示面的外观形状,包括展示面的大小、尺寸和形状等。构图是销售包装的装饰表面的图形、纹样、色彩、文字的组合。材料主要指销售包装所用材料表面的纹理和质感。外形、构图、材料三大部分互相制约而又紧密联系,形成一个整体,三者必须协调和统一。

销售包装上的文字说明包括商标、牌号、产地、品质、规格、成分、用途和使用方法等。

此外,衬垫物也是销售包装的重要组成部分,不容忽视。它的作用是防震、防碎、防潮、防锈等。衬垫物一般用纸屑、纸条、防潮纸和各种塑料衬垫物。应该注意的是,包装衬垫物也要符合进口国关于货物包装的规定,如有的国家不准用麻袋包装,有的国家不允许用稻草、干草、废报纸、旧棉花等作衬垫物。

三、出口货物包装的基本要求

为了出口货物质量和数量的完整,方便运输和销售合同的履行,对出口货物包装有以下六点要求。

(一)必须适应货物的特性

每种货物都有自己的特性:水泥怕潮湿,玻璃制品容易破碎,流体货物容易渗漏和流失等,这就要求运输包装相应具有防潮、防震和防漏等良好的性能。至于散装的石油、矿砂、粮食、煤炭等类货物交易,可用专门设计的、适应货物特性的运输工具和装卸设备进行载运和装卸。

(二)必须适应各种不同运输方式的要求

不同运输方式对运输包装的要求不同。例如,海运包装要求牢固,并具有防止挤压和碰撞的功能;铁路运输包装要求具有不怕震动的功能;航空运输包装要求轻便而且体积不宜过大、不规则。

(三)必须考虑进口国的法律规定和客户的要求

各国法律对运输包装的规定不一,如有些国家禁止使用柳条、稻草、棉花之类的材料作包装用料,因为这些国家怕包装或货物将病虫害带进去;有些客户对包装标志和每件包装提出特定的要求时,也应根据需要和可能予以考虑。

(四)必须便于各环节有关人员进行操作

运输包装在流通过程中需要经过装卸、搬运、储存、保管、清点和查验,为了便于这些环节的有关人员进行操作,包装的设计要合理,包装规格和每件包装的重量与体积要适当,便于机械操作,减少人工费用;包装方法要科学,包装上的各种标志要符合要求,要根据不同货物特性努力实现运输包装标准化,因为标准化的运输包装既易于识别、计量和查验,又便于储存、保管、运输、装卸。

(五) 必须设计科学、合理

坚固的货物包装可以防止货物被盗和减少货损。运输包装成本的高低和运输包装重量与体积的大小,都直接关系到费用开支和企业的经济效益,合理的货物包装可以减少舱容,节省运费。因此,在选用包装材料、进行包装设计和打包时,在保证包装牢固的前提下,应注意节约,如缩小包装体积,选用量轻、价廉而又结实的包装材料。此外,还要考虑进口国家的关税税则。对输往按从量税征税国家的出口包装,不宜采用重、大的包装;对输往按从价税征税的国家的出口包装,不宜采用价格昂贵的包装,以免遭受损失。

(六) 必须有利于促进销售

货物的包装应该适宜推销,使货物美观、醒目,增加货物的附加值,促进顾客购买。货物的销售包装是"沉默的推销员"。理想的销售包装应当使消费者有新鲜感、艺术感、高贵感、直观感、方便感和安全感。

第三节 货物包装的标志

包装标志(packing mark)是指在运输包装外部书写、压印、贴印、刷制的图形、文字和数字,其主要作用是便于在储运过程中识别货物,合理操作。包装标志按用途可分成运输标志(shipping mark)、指示标志(indicative mark)、警告标志(warning mark)、重量体积标志(weigh and volume mark)和产地标志(original mark)。

一、运输标志

运输标志(shipping mark)又称唛头,是指买卖双方约定使用的、便于运输装卸和识别货物的特殊标志。在国际贸易中,除散装货外,其他货物均有运输标志。即便是裸装的钢材一类货物,一般也用色漆或印有标志的铁片、布条系于货物上。运输标志的主要作用是方便运输、装卸,易于点数、查箱,便于运输过程中的有关人员识别货物,使单货相符,防止错发错运。

运输标志主要包括四项内容:收货人代号、目的地、发货人代号(如订单、发票或运单号码)、件号(如图3-1所示)。

(1) 收货人代号。一般采用各种不同的几何图形,如三角形、圆形、菱形等,在图形内填写进口公司名称(可用缩写形式)。它主要是便于收货人提货时辨认自己的货物。

(2) 目的地。它主要是便于运输部门正确装运,防止错装或错发。

(3) 发货人代号。一般用字母表示,可写在图形内或图形外。

(4) 件号。顺序号和总件号,主要是便于有关部门统计、检验,以防漏计、漏装。

除上述运输标志的四个部分外,有时还可以同时包括合同号、每件毛重或净重、体积以

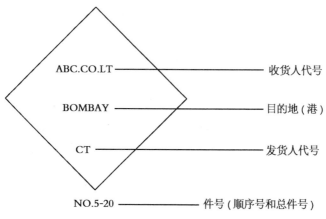

图3-1 运输标志样式

及生产国等,但应以简单明确为原则。唛头面积应在2平方英寸以上,压制和刷制在包装物的两面或三面明显之处,力求清晰、不褪色,如图3-2所示。

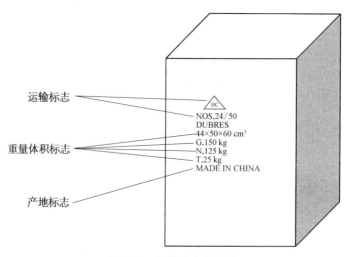

图3-2 运输标志的位置

运输标志在国际贸易中还有其特殊作用。按《公约》规定,在货物特定化以前,风险不转移到买方承担。所谓"货物特定化"是指以某种方式表明该货物属于某贸易合同项下。而货物特定化最常见的有效方式是在货物外包装上标明运输标志。此外,国际贸易主要采用的是凭单付款的方式,而主要的出口单据如发票、提单、保险单上,都必须显示运输标志。货物以集装箱方式运输时,运输标志可由集装箱号码和封口号码取代。

按照国际贸易习惯,运输标志一般是由卖方设计确定的,如果买方要求由自己指定运输标志,卖方也可接受,但必须在合同中规定提供运输标志的时间,逾期提供则卖方可自行决定。

二、指示标志

指示标志(indicative mark)又称注意标志或安全标志。它是根据货物的特性,对一些容易破碎、残损、变质货物在搬运装卸操作和存放保管条件方面所提出的要求和注意事项,如小心轻放(Handle with Care)、此端向上(This Side Up)、防潮(Keep Dry)等。一般都是以简单、醒目的图形和文字在包装上标出,故有人称其为注意标志或操作注意标志。

运输包装上的指示标志应根据货物性质正确选用。在文字使用上,最好采用出口国和进口国的文字,一般使用英文的居多。指示性标志一般应印成黑色。

为了统一各国运输包装指示标志的图形与文字,一些国际组织,如国际标准化组织(ISO)、国际航空运输协会(IATA)、国际铁路货运协会(RID)分别制定了包装储运指示标志,并建议各会员国予以采纳。2008年4月1日,我国国家质量监督检验检疫总局(原国家质量技术监督局)批准发布了 GB 191—2008(等效采用 ISO 780:1997,MOD)《包装储运图示标志》强制性国家标准,并于2008年10月1日开始实施。我国制定有运输包装指示标志的国家标准,所用图形与国际通用的图形基本一致。指示标志主要包括下列几种,见图3-3、图3-4。

图3-3 运输包装指示标志

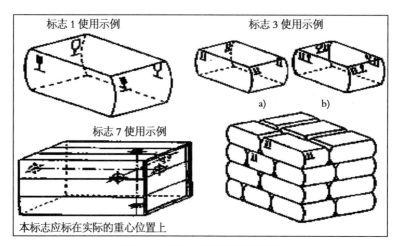

图 3-4 运输包装指示标志示例

三、警告标志

警告标志(warning mark)又称危险品标志(dangerous cargo mark),是对一些爆炸品(explosive)、易燃物品(inflammable)、腐蚀物品、氧化剂和放射物质等危险货物在其运输包装上以醒目的图形和文字警示有关人员加以注意,防止造成环境污染或人身伤害。对此,各国一般都有规定。我国国家质量监督检验检疫总局制定有《危险货物包装标志》(GB 190—2009)。此外,为了保证国际危险货物运输的安全,联合国、国际海事组织、国际铁路合作组织和国际民航组织分别制定有国际海上、铁路、航空危险货物运输规则,联合国政府间海事协商组织也制定了一套《国际海运危险品标志》,对生产危险货物包装的企业执行质量认证和标志规范。警告标志一般由特定的图案和文字说明组成。

为使我国出口货物运输方便,出口危险品时,除刷制我国危险品标志外,还应刷制国际海运危险品标志,见图 3-5。

上述运输包装上的各类标志,都必须按有关规定标写在运输包装上的明显部位,在运输危险品时一定要按照有关规定刷制警告性标志。在运输包装上刷制上述标志时,要注意颜色必须牢固、醒目,并防止脱落、褪色,使人一目了然。

四、重量体积标志

运输包装上通常都标有重量和体积标志(weight and volume mark),表明该运输包装的重量(包括毛重、净重)和体积,目的是方便储运过程中相关当事人安排装卸作业和舱位。例如:

```
GROSS WEIGHT      54 kg
NET WEIGHT        53 kg
MEASUREMENT       42 cm×28 cm×18 cm
```

五、产地标志

货物产地是各国海关统计和征税的重要依据,由产地证说明。但是,一般在内外包装上

图 3-5 国际海运危险品标志

均注明产地,作为货物说明的一个重要内容,称为产地标志(original mark)。例如:MADE IN CHINA。

重量体积标志和产地标志这两种标志习惯上统称为其他标志,但实际上除这两种标志之外,有时运输标志涉及的许可证号、信用证号、型号、色泽等,均应属于其他标志。这些内容除少数情况下作为运输标志的组成部分外,一般均以印刷在非唛头部位的外包装其他空白位置为宜。另外,在进出口货物的外包装或内包装的明显部位,往往还要加注进出口货物标志,加附我国法律规定的有关标志,以证明该货物符合国家或国际安全、卫生质量标准。

第四节 中性包装和定牌

中性包装和定牌是国际贸易中的通常做法。我国在出口业务中,有时也应客户的要求采用这些做法。

一、中性包装

中性包装(neutral packing)是指在货物的内外包装上都不注明生产国别和产地的货物包装。国外市场常见的中性包装有两种:(1)无牌中性包装,是指在货物的内外包装上都不使用任何商标、牌号,也不注明生产国别,甚至没有任何文字,即包装标志上既无商标牌号,又无生产国别、地名和厂名;(2)定牌中性包装,是指货物或包装上使用买方指定的商标牌号,但不注明生产国别。

采用中性包装是国际市场一种常见的惯用做法,其目的是为了打破进口国的关税壁垒和非关税壁垒等限制进口的歧视性政策措施,是适应反限制、反歧视斗争的需要。由于适应了国外市场和交易的特殊需要,如转口销售等,中性包装成为出口商加强对外竞争和扩大销售的重要手段之一。

二、定牌

定牌(designated brands or trademarks)是指卖方按买方要求在其出售货物或包装上标明买方指定的商标和牌号。卖方采用定牌,主要是为了适应国际市场的特点,利用买方的经营能力和商誉或名牌声誉,以提高货物售价,扩大销售。

在世界市场上,有一些经营者拥有自己的商标品牌,但不一定拥有相应的生产能力,这类经营者往往向国外生产厂商订购指定规格的货物,使用自己的商标和品牌,或者直接选中国外厂商的某种产品,以自己的商标品牌在国外销售。目前世界许多国家的大百货商店、超级市场和专业商店,对其经营出售的货物,都要在货物上或包装上标有本店使用的商标或牌号,以扩大本店知名度和显示该货物的身价,这些货物即是由商店要求有关厂商定牌生产的。

随着经济全球化的发展,发达国家的经营者从比较成本出发,把相当一部分技术密集型和资本密集型的传统产业,向发展中国家转移。这些行业的产品在国内外仍然拥有相当的市场。原经营者往往采用定牌生产的方式购买这些产品,在世界市场特别是国内市场上销售。故而定牌生产在我国出口产品中占有相当大的比重。我国出口业务中,定牌有下列两种情况。

(1)接受买方指定的商标或牌号,但标明生产国别。在指定商标、牌号下标明"中华人民共和国制造"或"中国制造"(MADE IN CHINA)字样,这是为了利用这些进口商的经营能力,发挥其经营积极性。定牌可以用"××公司进口""××公司经销""××公司特制"等字样。

(2)定牌中性包装。如前面中性包装所述。

三、采用中性包装和定牌应注意的问题

(一)争创国际名牌,加强商标海外注册

采用中性包装、定牌、无牌等做法,一般是由于我国产品在国外尚未建立品牌信誉,或者是在海外未经注册,得不到当地法律保护。我国出口的一些产品品质堪称一流,但由于没有在相关国家注册或没有市场知名度,只能凭借该市场的消费者熟悉的他人的商标和牌号销售。如果能在争创品牌和海外注册等方面加以努力,将更有利于我国产品海外市场的巩固和扩大,增加盈利。

(二)注意审查指定商标的合法性

对外国提供的商标牌号,要进行审查,凡属反动的、黄色的、丑恶的、迷信的,一概不应接受。不得采用未经商标注册人许可的商标和牌号。我国出口公司,特别是使用定牌出口的

生产厂商,一定要按照国家商标法严格把关,禁止仿冒商标,防止产生侵权问题。除无牌中性以外,应刷中国制造,不能按照买方要求在货物和商标上注明买方指定的国别。为此可在合同中规定:"买方指定的商标,当发生被第三者控告是侵权时,应由买方与控告者交涉,与卖方无关。由此造成卖方的损失应由买方负责赔偿。"

(三) 要从严对待中性包装

中性包装可能为对方冒用配额创造了条件,容易引起国与国之间贸易纠纷,最终还将在生产国的配额中予以扣除,影响我国的直接出口。对我国和其他国家订有出口配额协定的货物,则应从严掌握中性包装的使用,因为万一发生进口商将货物转口至有关配额国,将对我国产生不利影响。出口商千万不能因图一己之利而损害国家的声誉和利益。

(四) 采用中性包装时,不能带有与中性包装相违背的做法

采用中性包装一般是为了突破政治上的限制和歧视,打破进口国家的关税和非关税壁垒。如果包装的其他方面含有生产国标志的一些物品(如生产国的报纸作衬垫物等),就会造成对方提出索赔或造成政治事件。

第五节 包 装 条 款

一、包装条款的内容

在国际贸易中,凡是买卖需要包装的货物,买卖双方必须在合同中对包装条款(packing clause)作出明确规定。包装条款主要规定货物包装方式、包装材料、包装规格、包装标志和包装费用负担等内容。必须指出的是,国际贸易中还有不少货物要以花色、尺寸搭配装箱或装袋出口,这时在合同的包装条款中必须具体规定搭配方式以及搭配量。

例 3-1 In wooden cases of 50 kilogram net each.(木箱装,每箱净重50千克。)

Each set packed in one export carton, 810 cartons transported in one 40 ft container.(每台装1个出口纸箱,810个纸箱装1只40英尺集装箱运送。)

In cloth bales each containing 30 pcs of 50 yds.(布包,每包30匹,每匹50码。)

包装条款是国际贸易的主要交易条件之一,是货物质量说明的组成部分。如果货物的包装与合同规定或行业习惯有重大不符时,买方有权索赔损失,甚至拒收货物。因此,包装除注意采用国际上习惯做法外,还要注意进口国对运输包装和销售包装的规定和习惯爱好,否则容易引起纠纷,而遭罚金或被课以重税,甚至遭到拒绝进口。有的国家对每件货物重量也有不同的限制规定,各国班轮公司对超长、超重物件也要加收附加费。为了减少因包装引起的贸易纠纷,除加强调查研究,了解掌握各方面的情况外,应加强买卖双方的磋商,并在合同中订明具体的包装条款内容。

总之,在国际贸易中,我们应该重视对包装条款的规定。一方面,对双方议定的包装条件,必须在合同中作出明确具体的规定,不能含糊不清或错误理解重要内容;另一方面,对国外客户提出的一时还不能办到的包装要求,不要轻易接受。

二、包装方式和包装材料

《公约》第35条规定,必须按合同规定的方式装箱或包装。其中,第二款(d)规定:"货物按同类货物通用的方式装箱或包装,如果没有此种通用方式,则按足以保全和保护货物的方式装箱或包装。"可见,卖方在提供包装上还承担一种默示担保的义务。卖方包装不仅适合所成交货物的特点,还要适合所采用的运输方式,使之足以在整个运输过程中保全和保护货物。

在合同中要明确规定使用的包装方式及包装材料,一般包括用料、尺寸、每件重量,以及填充物料和加固条件等。例如:"In new single jute bags, each about 100 kilogram net."(单层新麻袋装,每袋净重约100千克)。

规定包装条款的一般原则是具体明确,除事先约定外,应避免过于笼统的规定。目前,国际上有些合同对包装只作诸如"海运包装"(seaworthy packing)、"习惯包装"(customary packing)或"卖方习惯包装"(seller's usual packing)等原则规定。由于出口货物种类繁多,各国商业习惯不同,对什么是"海运包装""习惯包装""卖方习惯包装"缺乏统一的定义和解释。因此,除非买卖双方对其具体内容事先已经充分交换了意见或是长期业务往来中已就问题取得一致认识外,一般不宜采用。

另外,经买卖双方约定,全部或部分包装材料由买方负责供应时,合同中应规定包装材料最迟到达卖方的时限和逾期到达的责任。

三、包装费用的负担

按照国际商业惯例,包装材料的费用一般包括在货价中,不另行支付包装款项。但是,包装费用由谁负担,最好在合同的包装条款或单价内规定清楚。一般有三种规定包装费用的方法。

(1) 包装费用包括在货价之内。

(2) 包装费不包括在货价之内,或货价之内只包括部分包装费用。如果买方要求特殊包装,超出通常包装的包装费用应由买方负担,并应在合同中具体规定负担的费用和支付方法。

(3) 以毛作净。包装物料按货物价格一样计算。

在大多数情况下,包装费用是包括在货价之内的,一般在合同包装条款中无须另行订明。在某些情况下,例如:有些货物本身不需包装,但买方坚持要求包装;或不愿接受卖方的通常包装而要求特殊的包装,导致包装费用超出正常的包装费用,使产品成本增加;或包装物料过好使得成本增加等,则需要在包装条款中订明包装费用的负担方。如果卖方同意接受买方提供包装,在合同包装条款中,还要订明寄送包装的方法、包装送达的日期、送交包装延迟的责任及运送包装费用的负担等。进口合同中,对包装技术较强的货物通常还须在货物单价内注明"packing charges included"(包括包装费用),以防日后发生争议,引起纠纷。

思考题

1. 包装在国际贸易中具有怎样的作用?

2. 请说明货物包装的种类及其作用。
3. 货物包装一般有哪几种标志？每种标志的作用是什么？
4. 运输标志一般应该包括哪些内容？
5. 在使用中性包装与定牌业务时应该注意哪些问题？
6. 试述包装条款的基本内容及注意事项。

案例分析

1. 我进出口公司甲与国外买主乙订立一份国际贸易合同，由甲出售 200 箱番茄酱罐头给乙。合同规定：货物数量为 200 箱，每箱 48 罐，每罐 100 克。但是，卖方甲在装货时却装运了 200 箱，每箱 24 罐，每罐 200 克。货物重量虽然与合同一样，但买方乙拒绝收货，并主张撤销合同。

试问：在上述情况下，买方乙有没有这种权利？为什么？

2. 菲律宾某客户与上海某自行车厂洽谈购买"永久牌"自行车 10 000 辆，但要求我方改用"剑"牌商标，并在包装上不得注明"Made in China"字样。

试问：买方为何提出这种要求？

第四章
贸易术语

为了明确买卖双方在货物交接过程中有关手续、费用、风险和责任的划分,国际货物买卖双方在交易磋商、订立合同时,通常都要商定采用何种贸易术语来划分有关买卖双方责任和义务,并在合同中具体订明。贸易术语是国际货物买卖合同不可缺少的重要内容,在对外贸易实践中被称为"对外贸易的语言"。因此,从事国际贸易的人员必须掌握国际贸易中使用的各种贸易术语及其有关的国际贸易惯例,以便能正确选择和使用各种贸易术语。

第一节 贸易术语性质和作用

一、贸易术语的含义

贸易术语(trade term),也称贸易条件、价格术语(price term),是在国际贸易的长期实践中逐渐形成的用一个简短的概念或外文缩写来说明货物的价格构成,买卖双方在货物交接过程中有关手续、费用、风险和责任的划分等应尽义务的专门用语。

国际贸易中的买卖双方分处两个不同的国家或地区,双方在交易磋商、订立合同时往往要涉及以下一系列问题。

(1) 由谁办理进出口手续,如租船订舱、订立运输合同、装卸货物、办理货运保险、申领进出口许可证或其他核准书、办理进出口清关等?

(2) 由谁支付货物的检验费、包装费、装卸费、运费、保险费、进出口税捐和其他费用?

(3) 卖方何时完成交货?货物发生损坏或灭失的风险何时、何地由卖方转移给买方?

(4) 双方应交接哪些单据?

上述问题在具体交易时双方都必须明确,因为它们直接关系到成交货物的价格高低。但逐一商谈耗时又费力。为了解决这些问题,节省交易磋商的时间和费用,在长期的国际贸易实践中逐渐形成了一些为人们所熟悉和普遍采用的贸易术语。

二、贸易术语的性质

从法律性质上讲,贸易术语是一种国际惯例。在具体贸易业务中,选用什么样的贸易术语、什么版本的解释,都应当由双方共同商定。任何一方不能强求对方接受自己单独选用的贸易术语。只有双方同意选用某种贸易术语,该术语对双方该笔业务才有约束力。

贸易术语是用来表示买卖双方各自承担的责任和义务的专门用语,每种贸易术语都有其特定的含义。采用某种专门的贸易术语,主要是为了确定交货条件,即说明买卖双方在交接货物方面彼此承担的责任、费用和风险的划分。由于交货条件不同,买卖双方各自承担的责任、费用和风险就有很大区别。

同时,贸易术语也反映价格构成因素,特别是货价中所包含的从属费用。例如,按 FOB 价成交与按 CIF 价成交,由于其价格构成因素不同,所以成交价应有区别。具体地说,前者不包括从装运港到目的港的运费和保险费,而后者则包括从装运港到目的港的通常运费和保险费。所以,买卖双方确定成交价格时,FOB 价应比 CIF 价低。

不同的贸易术语表明买卖双方各自承担的责任、费用和风险不同。责任、费用和风险的大小,又影响成交货物的价格。一般来说,凡使用出口国国内交货的各种贸易术语,卖方承担的责任、费用和风险都比较小,所以货物的售价就低;反之,凡使用进口国国内交货的各种贸易术语,卖方承担的责任、费用和风险则比较大,所以货物的售价相对较高。由于贸易术语体现出货物的价格构成,按不同的贸易术语成交,会表现出相同成交货物具有不同的价格,所以有些人便把它当作单纯表示价格的用语,而称其为"价格术语"或"价格条件"。

综上所述,贸易术语具有两重性:一方面表示交货条件;另一方面表示成交价格的构成因素。

三、贸易术语的作用

在国际贸易中,合理使用贸易术语对明确买卖双方各自承担的责任、费用与风险划分界限,简化买卖双方洽商的内容,缩短交易磋商的进程,节省业务费用和时间都有积极的作用。具体说来,贸易术语在国际贸易中的作用有以下四个方面。

(一)有利于买卖双方交易磋商和订立合同

由于每种贸易术语都有其特定的含义,因此买卖双方只要商定按何种贸易术语成交,即可明确彼此在交接货物方面所应承担的责任、费用和风险。这就简化了交易手续,缩短了交易磋商的时间,从而有利于买卖双方迅速达成交易和订立合同。

(二)有利于买卖双方核算价格和成本

由于贸易术语表示价格构成因素,所以买卖双方确定成交价格时,必然考虑采用的贸易术语中包含哪些从属费用,这就有利于买卖双方进行比价和加强成本核算。

(三)有利于解决争议

买卖双方商订合同时,如对合同条款考虑欠周,使某些事项规定不明确或不完备,致使履约当中产生的争议不能依据合同的规定解决,在此情况下可以援引有关贸易术语的国际惯例来处理,因为贸易术语的国际惯例是大家所遵循的一种类似行为规范的准则。

(四)有利于相关当事人开展业务活动

国际贸易离不开运输公司、保险公司和银行等机构,而贸易术语及有关解释贸易术语的国际惯例的相继出现,为这些机构开展业务活动和处理实际业务中的问题提供了客观依据和便利条件。

第二节　有关贸易术语的国际贸易惯例

国际贸易惯例(International Trade Practice)或称国际商业惯例(International Commercial Practice)，是指在国际贸易的长期实践中逐渐形成的一些有较为明确和固定内容的贸易习惯和一般做法。国际贸易惯例通常是由国际性的组织或商业团体制定的成文的通则、准则和规则。其范围包括：由国际上的一些组织、团体就国际贸易的某一方面，如贸易术语、支付方式等问题所作的解释或规定；国际上一些主要港口的传统惯例；不同行业的惯例。此外，各国司法机关或仲裁机构的典型案例或裁决，往往也视作国际贸易惯例的组成部分。

有关贸易术语的国际惯例主要有 3 个，它们是《1932 年华沙-牛津规则》(Warsaw Oxford Rules 1932)、《1990 年美国对外贸易定义修正本》(Revised American Foreign Trade Definitions 1990)、《国际贸易术语解释通则》(《INCOTERMS》, ICC Rules for the Use of Domestic and International Trade)。

一、1932 年华沙-牛津规则

19 世纪中叶，CIF 贸易术语就在国际贸易中被广泛采用，但由于各国对其解释不一，从而影响到 CIF 买卖合同的顺利履行。为了对 CIF 合同双方的权利和义务做出统一的规定和解释，国际法协会(International Law Association)于 1928 年在波兰华沙举行会议，制订了关于 CIF 买卖合同的统一规则，共 22 条，称为《1928 年华沙规则》。此后，在 1930 年纽约会议、1931 年巴黎会议和 1932 年牛津会议上，又相继将此规则修订为 21 条，称为《1932 年华沙-牛津规则》。

《1932 年华沙-牛津规则》对 CIF 合同的性质、特点及买卖双方的权利和义务都作了具体的规定和说明，为那些按 CIF 贸易术语成交的买卖双方提供了一套可在 CIF 合同下易于使用的统一规则，供买卖双方自愿采用。在缺乏标准合同格式或共同交易条件的情况下，买卖双方可约定采用此项规则。凡在 CIF 合同中订明采用此规则者，则合同当事人的权利和义务即应按此规则的规定办理。按该规则，CIF 合同的卖方所需承担的主要义务是：

(1) 必须提供符合合同说明的货物，并按港口习惯方式，在合同规定的时间或期限内，在装运港将货物装到船上；负担货物损坏或灭失的风险，直到货物装上船时为止。

(2) 必须根据货物的性质和预定航线或特定行业通用的条件，自负费用，订立合理的运输合同。该运输合同必须以"已装船"提单为证据。

(3) 必须自负费用，向一家信誉良好的保险商或保险公司取得一份海运保险单，作为一项有效的、确实存在的保险合同的证明。除买卖合同特别规定外，该保险单须按特定行业或预定航线上的惯例承保所有的风险，但不包括战争险；其保险金额按特定行业惯例予以确定，如无此惯例，则按 CIF 发票价值，加预期利润 10%。

(4) 必须在货物业已装船时通知买方，说明船名、唛头和详尽细节。发出该通知的费用由买方负担。如买方未收到这种通知，或偶然遗漏发出通知，买方无权拒收卖方提交的单据。

(5) 必须尽力发送单据，并有责任以各种适当的方式将单据提交或使其得以提交给买方。所谓"单据"，是指提单、发票和保险单，以及根据买卖合同卖方有责任取得并提交买方的附属于这些单据的其他单据。

根据《1932年华沙-牛津规则》，CIF合同买方的主要义务是：在正当的单据被提交时，买方必须接受单据，并按买卖合同规定支付价款。买方有权享有检查单据的合理机会和做该项检查的合理时间。但是，在正当的单据被提交时，买方无权以没有机会检验货物为借口，拒绝接受这种单据，或拒绝按照买卖合同的规定支付价款。

《1932年华沙-牛津规则》自1932年公布后，一直沿用至今，并成为国际贸易中颇有影响的国际贸易惯例，因为此项规则在一定程度上反映了各国对CIF合同的一般解释，有利于买卖双方订立CIF合同，而且也有利于解决CIF合同履行中出现的争议。不仅如此，其中某些规定还可适用于其他合同。

二、1990年美国对外贸易定义修正本

1919年美国九大商业团体制定了《美国出口报价及其缩写条例》（The U.S. Export Quotations and Abbreviations），供从事对外贸易人员参考使用。其后，因贸易习惯发生了很多变化，在1940年举行的美国第27届全国对外贸易会议上对该条例进行了修改，并于1941年7月31日经由美国商会、美国进口商协会和美国对外贸易协会所组成的联合委员会正式通过并采用，定名为《1941年美国对外贸易定义修正本》（Revised American Foreign Trade Definitions 1941）。1990年又加以修订，改称《1990年美国对外贸易定义修正本》（Revised American Foreign Trade Definitions 1990）。该定义对以下六种贸易术语作了解释。

（一）Exw（Exw-named place）

Exw术语后面应注明具体的交货地点，即货物在某地交货，如"Ex Factory"（制造厂交货）、"Ex Mill"（工场交货）、"Ex Mine"（矿山交货）、"Ex Plantation"（农场交货）、"Ex Warehouse"（仓库交货）等。

按此术语，卖方必须在规定的日期或期限内，在原产地双方约定的地点，将货物置于买方处置之下，并负担一切费用和风险，直至买方应负责提取货物之时为止。当货物按规定被置于买方处置之下时，买方必须立即提取，并自买方应负责提货之时起，负担货物的一切费用和风险。

（二）FOB（free on board）

《1990年美国对外贸易定义修正本》将FOB术语分为下列六种。

(1) FOB (named inland carrier at named inland point of departure)，"在指定内陆发货地点的指定内陆运输工具上交货"。按此术语，在内陆装运地点，由卖方安排并将货物装于火车、卡车、驳船、拖船、飞机或其他供运输用的运载工具之上。

(2) FOB (named inland carrier at named inland point of departure) freight prepaid to (named point of exportation)，"在指定内陆发货地点的指定内陆运输工具上交货，运费预付到指定的出口地点"。按此术语，卖方预付至出口地点的运费，并在指定内陆起运地点取得清洁提单或其他运输收据后，对货物不再承担责任。

(3) FOB (named inland carrier at named inland point of departure) freight allowed to

(named point)，"在指定内陆发货地点的指定内陆运输工具上交货,减除至指定地点的运费"。按此术语,卖方所报价格包括货物至指定地点的运输费用,但注明运费到付,并由卖方在价金内减除。卖方在指定内陆起运地点取得清洁提单或其他运输收据后,对货物不再承担责任。

(4) FOB (named inland carrier at named point of exportation)，"在指定出口地点的指定内陆运输工具上交货"。按此术语,卖方所报价格包括将货物运至指定出口地点的运输费用,并承担货物的任何灭失及/或损坏的责任,直至上述地点。

(5) FOB Vessel (named port of shipment)，"船上交货(指定装运港)"。按此术语,卖方必须在规定的日期或期限内,将货物实际装载于买方提供的或为买方提供的轮船上,负担货物装载到船上为止的一切费用和承担任何灭失及/或损坏的责任,并提供清洁轮船收据或已装船提单;在买方请求并由其负担费用的情况下,协助买方取得由原产地及/或装运地国家签发的、为货物出口或在目的地进口所需的各种证件。买方必须办理有关货物自装运港运至目的港的运输事宜,包括办理保险并支付其费用,提供船舶并交付其费用;承担货物装上船后的一切费用和任何灭失及/或损坏的责任;支付因领取由原产地及/或装运地国家签发的、为货物出口或在目的地进口所需的各种证件(清洁轮船收据或提单除外)而发生的一切费用;支付出口税和因出口而征收的其他税捐费用。

(6) FOB (named inland point in country of importation)，"在指定进口国内陆地点交货"。按此术语,卖方必须安排至指定进口国地点的全部运输事宜,并支付其费用;办理海洋运输保险,并支付其费用;承担货物的任何灭失及/或损坏的责任,直至装载于运输工具上的货物抵达指定进口国内陆地点为止;自负费用,取得产地证、领事发票,或由原产地及/或装运地国家签发的、为货物在目的地进口及必要时经由第三国过境运输所需的各种证件;支付出口和进口关税以及因出口和进口而征收的其他税捐和报关费用。买方必须在运载工具抵达目的地时,立即受领货物;负担货物到达目的地后的任何费用,并承担一切灭失及/或损坏的责任。

(三) FAS (free along side)

FAS Vessel (named port of shipment)，"船边交货(指定装运港)"。按此术语,卖方必须在规定的日期或期限内,将货物交至买方指定的海洋轮船船边或船上装货吊钩可及之处,或交至由买方或为买方所指定或提供的码头,负担货物交至上述地点为止的一切费用和承担任何灭失及/或损坏的责任。买方必须办理自货物被置于船边以后的一切运输事宜,包括办理海洋运输及其他运输,办理保险,并支付其费用;承担货物交至船边或码头以后的任何灭失及/或损坏的责任;领取由原产地及/或装运地国家签发的、为货物出口或在目的地进口所需的各种证件(清洁的码头收据或轮船收据除外),并支付因此而发生的一切费用;支付出口税及因出口而征收的其他税捐费用。

(四) CFR (cost and freight)

CFR (named point of destination)，"成本加运费(指定目的地)"。按此术语,卖方必须负责安排将货物运至指定目的地的运输事宜,并支付其费用;取得运往目的地的清洁已装船提单,并立即将它送交买方或其代理;承担货物交至船上为止的任何灭失及/或损坏的责任;在买方请求并由其负担费用情况下,提供产地证明书、领事发票,或由原产地及/或装运地国家签发的、为买方在目的地国家进口货物以及必要时经另一国家过境运输所需的任何其他证件;支付出口税或因出口而征收的其他税捐费用。买方必须接受所提交的单据;在载货船舶到达时受领货物,办理一切随后的货物运输事宜,并支付其费用,包括按提单条款从船上提货;支付卸至岸上的一切费用,包括在指定目的地点的任何税捐和其他费用;办理保险并支付其费用;承担货物交至船上后的任何灭失及/或损坏的责任;支付产地证明书、领事发票,或由原产地及/或装运地国家签发的、为货物在目的地国家进口以及必要时经另一国家过境运输所需的任何其他证件的费用。

(五) CIF (cost, insurance and freight)

CIF (named point of destination),"成本加保险费、运费(指定目的地)"。按此术语,卖方除了必须承担C&F术语下所有的责任外,还须办理海运保险,支付其费用,并提供保险单或可转让的保险凭证。买方的责任,则在C&F术语的基础上,免除办理货物海运保险及其费用(卖方投保战争险所支出的费用需由买方负担)。

(六) DEQ (delivered ex quay)

DEQ (duty paid),"进口港码头交货(关税已付)",也可写为"Ex Quay""Ex Pier"。按此术语,卖方必须安排货物运至指定进口港的运输事宜,办理海洋运输保险,并支付其费用;承担货物的任何灭失及/或损坏的责任,直至指定的进口港码头允许货物停留的期限届满时为止;支付产地证明书、领事发票、提单签证,或由原产地及/或装运地国家签发的、为买方在目的地国家进口货物以及必要时经另一国家过境运输所需的任何其他证件的费用;支付出口税及因出口而征收的其他费用;支付一切卸至岸上的费用,包括码头费、卸货费及税捐等;支付在进口国的一切报关费用、进口税和一切适用于进口的税捐。买方必须在码头规定的期限内在指定进口港码头上受领货物;如不在码头规定的期限内受领货物,须负担货物的费用和风险。

《1990年美国对外贸易定义修正本》多被美国、加拿大以及其他一些美洲国家所采用,在美洲有较大影响。不过由于其内容与一般解释相距较远,特别是对FOB术语的解释与其他国际惯例的解释有所不同,因此我国外贸企业在与美洲国家进出口商进行交易时,应予以特别注意。

三、2020年国际贸易术语解释通则

(一)《INCOTERMS》的形成与发展

为了解决合同双方当事人之间由于种种原因互不了解对方国家的贸易习惯而引起误解、争议和诉讼的问题,避免或减少因各国对贸易术语的不同解释而出现的不确定性,国际商会(International Chamber of Commerce, ICC)于1936年首次公布了一套解释贸易术语的国际规则,定名为《INCOTERMS 1936》,其副标题为 International Rules for the Interpretation of Trade Terms,译为《1936年国际贸易术语解释通则》。随后,为适应国际贸易实践的不断发展,国际商会作了8次修订和补充,先后形成1953年、1967年、1976年、1980年、1990年、2000年、2010年和2020年的《INCOTERMS》。最新版的《国际贸易术语解释通则2020》

(简称为《INCOTERMS 2020》)由国际商会于2019年9月公布,2020年1月1日生效,成为国际商会第723E号出版物(《INCOTERMS 2020》,ICC Publication No.723E)。

(二)《INCOTERMS 2020》的形式和内容

《INCOTERMS 2020》对买卖双方各自义务的划分与《INCOTERMS 2010》相同,仍然分为一一对应的十项,逐项平列,左右对照。在十项义务之首冠以"A 卖方的义务"和"B 买方的义务"。但是,各项顺序做了重大调整,具体排列如下:

A1/B1	一般义务
A2/B2	交货/提货
A3/B3	风险转移
A4/B4	运输
A5/B5	保险
A6/B6	交货/运输单据
A7/B7	出口/进口清关
A8/B8	查验/包装/标记
A9/B9	费用划分
A10/B10	通知

《INCOTERMS 2020》对11种贸易术语作了解释,将11种术语按适用运输方式的不同分为适用于任何单一运输方式或多种运输方式的术语和仅适用于海运和内河水运的术语两组。适用于任一或多种运输方式的术语有7种:EXW、FCA、CPT、CIP、DAP、DPU、DDP;仅适用于海运和内河水运的术语有4种:FAS、FOB、CFR、CIF。详见表4-1。

表4-1 《INCOTERMS 2020》11种贸易术语一览表

适用于任何运输方式的7种术语	国际电码	中文名称
Ex Works	EXW	工厂交货
Free Carrier	FCA	货交承运人
Carriage Paid to	CPT	运费付至
Carriage and Insurance Paid to	CIP	运费、保险费付至
Delivered at Place	DAP	目的地交货
Delivered at Place Unloaded	DPU	目的地卸货后交货
Delivered Duty Paid	DDP	完税后交货
仅适用于海运和内河运输的4种术语	国际电码	中文名称
Free alongside Ship	FAS	船边交货
Free on Board	FOB	船上交货
Cost and Freight	CFR	成本加运费
Cost Insurance and Freight	CIF	成本加保险费、运费

(三)《INCOTERMS 2020》对《INCOTERMS 2010》的主要修改

《INCOTERMS 2020》对 11 个术语买卖双方义务的呈现方式不仅沿用了《INCOTERMS 2010》左右对称的传统格式,还首次采用"横向"格式,即在同一个义务(如 A1)下列出所有 11 个术语的内容,以便用户更清楚地了解各术语的区别,从而更详细地引导用户正确选用贸易术语。为突出交货和风险,对买卖双方义务重新排序。《INCOTERMS 2020》对《INCOTERMS 2010》的主要修改还包括以下六个方面。

1. 按 FCA 术语成交时,卖方可能需要提交已装船提单

按 FCA 术语成交,在货交买方指定的承运人接管时即货物装船前卖方即完成交货义务,而承运人也只有在货物实际装船后才有义务并有权签发已装船提单,所以无法确定卖方是否能够从承运人处获取已装船提单。为此,《INCOTERMS 2020》在 FCA 中的 A6/B6 提供了一个附加项,规定买方和卖方可以约定,由买方指示其承运人在货物装船后向卖方签发已装船提单,然后卖方有义务向买方(通常通过银行)提交该提单。尽管 FCA 条件下要求卖方提交已装船提单并不恰当,但主要是为了满足在特定货物销售融资中银行对已装船提单的要求。必须强调的是,即便如此,卖方也没有办理运输的义务。

2. CIF、CIP 中卖方办理保险的义务

按《INCOTERMS 2010》规定,以 CIF、CIP 成交的合同,如果没有明确规定卖方如何办理保险,则卖方有义务选择某一保险条款投保其最低的基本险,投保金额加一成,按合同货币投保。选择的保险条款可以是伦敦保险业《协会货物条款 I.C.C.》(Institute Cargo Clauses)或类似条款(如中国人民保险公司的《中国保险条款 C.I.C.》),投保其最低险 ICC(C)险或 C.I.C.平安险。《INCOTERMS 2020》对 CIF 和 CIP 条件下卖方的保险义务做了不同规定,CIF 维持不变,但对 CIP 卖方的保险义务提高到 ICC(A),即 CIP 条件下合同未做明确规定时,卖方有义务为买方按《协会货物条款》投保 ICC(A)险或按《中国保险条款》投保一切险。

3. 将 DAT 改为 DPU

《INCOTERMS 2010》中,DAT 与 DAP 唯一的区别在于前者货抵目的地后卖方将货物从运输工具上卸到"运输终端"时完成交货,"运输终端"包括"任何地点,不论该地点是否有遮盖……";后者货抵目的地后卖方只需将在运输工具已做好卸货准备的货物交给买方处置时即完成交货。所以,《INCOTERMS 2020》将 DAT(Delivered at Terminal)改为 DPU(Delivered at Place Unloaded),强调目的地可以是任何地方,而不仅仅是"运输终端"。如果该地点不在运输终端,卖方应确保其打算交货的地点是能够卸货的地点。

4. 在 FCA、DAP、DPU、DDP 中使用买方或卖方自己的运输工具安排运输

在《INCOTERMS 2010》中,对 FCA、DAP、DAT、DDP 条件下的运输始终设定为由办理运输的一方雇佣第三方承运人运输,而没有考虑买方、卖方使用自己的运输工具完成运输的可能性。对此,《INCOTERMS 2020》考虑到了这些可能性,不仅明确允许买方或卖方与第三方订立运输合同,而且也允许买方或卖方使用自有运输工具,允许仅安排必要的运输。

5. 费用呈现方式

《INCOTERMS 2010》各项费用都在各自条款中呈现,而不是在 A6/B6"费用划分"中呈现,如 A8"交货单据"条款中提及与交货单据有关的费用,此费用并不在 A6"费用划分"中呈现。《INCOTERMS 2020》则将所有费用在 A9/B9"费用划分"中列出,目的是向用户提供一站式费用清单,以便卖方或买方可以在一个地方看到应承担的所有费用,但各项费用也在各自条款中提及,便于用户查找特定条款的具体费用。

6. 与安全有关的要求列入运输义务和费用

进入 21 世纪,运输中与安全有关的问题变得普遍,在《INCOTERMS 2010》修订时首次将与安全有关的要求在各术语 A2/B2 和 A10/B10 中呈现。《INCOTERMS 2020》对与安全有关的义务明确划分,并在各术语 A4/B4 和 A7/B7 中呈现;这些要求产生的费用在 A9/B9 中呈现。

(四)《INCOTERMS 2020》使用时应注意的问题

(1)《INCOTERMS 2020》只限于销售合同当事人与交货有关的权利义务。《INCOTERMS 2020》涵盖的范围只限于销售合同当事人的权利义务中与已售货物(指"有形的"货物,不包括"无形的"货物,如电脑软件)交货有关的事项。而且,只限于一些非常明确的方面。完成一笔国际贸易不仅需要销售合同,而且需要运输合同、保险合同和融资合同,而 INCOTERMS 只涉及其中的销售合同,所采用的贸易术语只是贸易合同的一部分,并非销售合同本身。当然,当双方当事人同意使用某一个具体的贸易术语时,将不可避免地对其他合同产生影响。例如,卖方同意在合同中使用 CFR 和 CIF 术语时,他就只能以海运方式履行合同,因为在这两个术语下他必须向买方提供提单或其他海运单据,而如果使用其他运输方式,这些要求是无法满足的。而且,跟单信用证要求的单据也必然将取决于准备使用的运输方式。

(2)《INCOTERMS 2020》涉及为当事人双方设定的若干特定义务。如卖方将货物交给买方处置,或将货物交运或在目的地交货的义务,以及当事人双方之间的风险划分。使用《INCOTERMS 2020》时应当详细了解、掌握相关各方的各种义务。

(3)尽管《INCOTERMS 2020》对于销售合同的执行有着极为重要的意义,但对销售合同中可能引起的许多问题却并未涉及。《INCOTERMS 2020》主要涉及货物进口和出口清关、货物包装、买方受领货物,以及提供单据证明等各项义务是否得到完整履行。但是,诸如货物所有权和其他产权的转移、违约及违约行为的后果、由于各种法律阻碍导致的免责事项等,都未涉及,这些问题必须通过销售合同中的其他条款和适用的法律来解决。要强调的是,《INCOTERMS 2020》无意取代那些完整的销售合同所需订入的标准条款或商定条款。

(4)《INCOTERMS 2020》既可以适用于国际贸易,也可适用于国内贸易。随着世界上区域性贸易集团的增多和发展,不同国家间边境手续的办理(清关义务)显得不再那么重要。同时,有鉴于国际上许多贸易商在单纯的国内货物买卖合同中使用 INCOTERMS 术语,特别是美国国内贸易中较多使用 INCOTERMS 术语,而放弃使用美国《统一商法典》(Uniform Commercial Code)的装运和交货术语,《INCOTERMS 2020》的副标题(subtitle)正式表明,其规则适用于国际和国内贸易(ICC rules for the use of domestic and international trade terms)。

(5) 在买卖合同中写明遵循《INCOTERMS 2020》。不论国际贸易还是国内贸易,如买卖双方愿意采用 INCOTERMS 的术语,均以在合同中明确援引《INCOTERMS 2020》为妥。例如:"CIF New York《INCOTERMS 2020》"或在合同中注明:"This contract is governed by INCOTERMS 2020"(本合同受《INCOTERMS 2020》约束)。

(6) 应当认清《INCOTERMS 2020》的法律性质。尽管 INCOTERMS 在解决贸易纠纷时起到一定的作用,但应注意以下四个问题:(1)国际贸易惯例并非法律,因此对买卖双方没有强制约束力,可采用也可不采用;(2)如果买卖双方在合同中明确表示采用某种惯例时,则被采用的惯例对买卖双方均有约束力;(3)如果合同中明确采用某种惯例,但又在合同中规定与所采用的惯例相抵触的条款,只要这些条款与本国法律不矛盾,就将受到有关国家的法律的承认和保护,即以合同条款为准;(4)如果合同中既未对某一问题作出明确规定,也未订明采用某一惯例,当发生争议付诸诉讼或提交仲裁时,法庭和仲裁机构可引用惯例作为判决或裁决的依据。

因此,在进出口业务中,我们应该多了解和掌握一些国际贸易惯例,这对交易洽商、签订合同、履行合同和解决争议等是非常必要的。当发生争议时,我们可以援引适当的惯例据理力争,维护自身的利益。

《INCOTERMS 2020》要求各贸易术语后应尽可能详细规定地点和港口,以避免产生纠纷。此外,《INCOTERMS 2020》的 A1 和 B1 款规定在各方约定或符合惯例的情况下,电子信息和纸质信息具有同等效力。

经国际商会国际商业惯例委员会组织各国众多专家认真讨论、修订后公布的《INCOTERMS 2020》,更适合现行贸易实践的需要。因此,它定将更广泛地为各国贸易界和法律界人士所接受和承认。

第三节　六种主要贸易术语

国际货物买卖中使用的贸易术语很多,其中以 FOB、CFR、CIF、FCA、CPT、CIP 等六种贸易术语最为常用。FOB、CFR 和 CIF 三种贸易术语产生最早,历史最为悠久,最为人们所熟悉和习惯使用。随着国际贸易的发展和运输方式的变化,FCA、CPT 和 CIP 术语的使用也日趋增多。这些贸易术语下,卖方或买方都不必到对方国家办理货物的交接,对买卖双方都比较方便。国际贸易的买方和卖方一般都不愿承担在对方国家内所发生的风险,这些贸易术语正好能满足这一需求。

由于不同的国际贸易惯例对同一贸易术语的解释不完全相同,在此仅阐述当前较为广泛采用的国际商会制定的《INCOTERMS 2020》对以上六种常用贸易术语的解释及在使用时应该注意的问题。

一、FOB

(一) FOB(船上交货)的含义

FREE ON BOARD(... named port of shipment),船上交货(……指定装运港),是指

在指定装运港将货物交到买方指定的船上,或取得已经如此交付的货物,卖方即完成交货。当货物被交到船上时,风险转移。自该时刻起,买方负担货物灭失或损坏的风险,并支付一切费用。

《INCOTERMS 2020》对FOB卖方在装运港将货物交到船上的规定,添加"或取得已经如此交付的货物"(or procure the goods so delivered),是为了满足在大宗商品交易中较为常见的对已装船的货物进行转售(链式销售)的需要。要注意,只有在载货船舶起航前,可采用FOB术语对已装船货物作转售;载货船舶起航后,则必须采用CIF术语。

在清关适用的地方,FOB术语要求卖方负责办理出口清关。本术语仅适用于海运和内河水运。如果买卖双方不拟以货物交到船上作为完成交货,而以货物于装船前在指定地点(如集装箱堆场)交给承运人完成交货,则应采用FCA术语。

按《INCOTERMS 2020》,在FOB术语下,买卖双方主要义务如下。

1. 卖方的主要义务

(1) 负责在合同规定的日期或期限内,在指定装运港,将符合合同的货物按港口惯常方式交至买方指定的船上,或取得已如此交付的货物,并给予买方充分的通知。

(2) 在清关适用的地方,负责取得出口许可证或其他核准书,办理货物出口清关手续。

(3) 负担货物在装运港交至船上为止的一切费用和风险。

(4) 负责提供商业发票和证明货物已交至船上的通常单据。

(5) 根据买方要求,向买方提供必要的投保信息。

2. 买方的主要义务

(1) 负责按合同规定支付价款。

(2) 负责租船或订舱,支付运费,并给予卖方关于船名、装船地点和要求交货时间的充分的通知。

(3) 在清关适用的地方,自负风险和费用取得进口许可证或其他核准书,并办理货物进口以及必要时经由另一国过境运输的一切海关手续。

(4) 负担货物在装运港交至船上后的一切费用和风险。

(5) 收取卖方按合同规定交付的货物,接受与合同相符的单据。

(二) 使用FOB贸易术语时应注意的问题

采用FOB术语,须注意以下四点。

1. 卖方的交货义务

《INCOTERMS 2020》各种贸易术语都有其特定的"交货点"(point of delivery),亦即"风险点"。FOB条件卖方必须在装运港将货物交至船上或"装上船"。当货物装上船时,风险转移,卖方完成交货。由此可见,《INCOTERMS 2020》中FOB术语的交货点(风险点)为"装运港船上",而非传统上规定的"装运港船舷",这更适合实际业务。

FOB术语除了有交货点/风险点外,还有"费用划分点"(point for division of costs)。

FOB的费用划分点与交货点是相重合的(coincide),都是在装运港船上。FOB卖方负担一切费用到货物交至船上为止,货物装上船后,由买方负担一切费用。在实际业务中,FOB术语下买卖双方的费用划分往往按运费的结构、港口习惯或买卖双方的约定做必要的调整,而不严格以装上船为界。

2. 船货衔接问题

在FOB条件下,由买方负责租船订舱,并将船名和装船时间及时通知卖方,而卖方应负责在合同规定的装运港和规定的期限内,将合同规定的货物装上买方指定的船只。这就要求买卖双方处理好船货衔接。如果买方所派船只按时到达装运港,而卖方因货未备妥不能及时装运,则卖方应承担由此而造成的空舱费(dead freight)或滞期费(demurrage)。反之,如买方延迟派船,使卖方不能在合同规定的装运期内将货物装船,则由此引起的卖方仓储费和保险费等费用支出的增加,以及因迟收货款而造成的利息损失,均需由买方负责。

为此,从卖方来说,按FOB价格出口,应在合同中明确规定:"如到期买方不派船,卖方有权撤销合同和要求赔偿损失,或有权代买方租船装运或凭装运地仓库栈单代替提单索取货款。"同时,为了防止买方过早派船,而使卖方备货不及,还可在合同中规定:"如未经卖方同意,船只较原规定装船期提前到达,则卖方不负担空舱费或滞期费等。"在按FOB价格成交的条件下,有时买方事后委托卖方代为租船订舱,卖方对此也可接受,但须向买方声明:"卖方如到时租不到船或订不到舱位,与卖方无关,买方无权撤销合同,也无权向卖方索赔。"从买方来说,按FOB价格成交,因需要负责派船接货,所以在洽商交易签订合同时,要慎重规定装运港,注意选择安全的、装货条件较好的、有直达船或班轮停靠的、吃水较深的港口,以便按合同规定的装运期派船前往装运港接运货物。买方应在受载期前一定时期内将船名及预计到达装运港的日期通知卖方,以便卖方做好装船准备。

3. 装货费用的负担

在装运港的装货费用主要包括装船费以及与装货有关的理舱费和平舱费。根据FOB的解释,卖方负责支付货物装上船以前的一切费用,而买方负责支付货物装上船以后的一切费用。由于国际上对"装船"概念解释不一,因而产生买卖双方对装货费用如何负担理解不一。这些费用究竟由谁负担,各国的贸易惯例解释不尽相同。有的港口规定,如无另外规定,则卖方须负责将货装到船上并负责理舱,有的港口惯例认为卖方仅负责将货物装到船上,并不负责理舱;也有的港口规定装船费用应由买卖双方各负担一半等。对此,如采用班轮运输,则装货费用由买方负担。因为班轮公司计收的班轮运费中包括货物在装运港的装货费和在目的港的卸货费,所以装货费和卸货费由支付运费的一方负担。如属大宗交易采用租船运输时,买卖双方必须在合同中明确装船费用问题。因此,在大宗交易采用租船运输时,为了说明有关装货费用负担问题,买卖双方有时在FOB贸易术语后加列各种附加条件来规定装货费用由谁负担,从而形成了FOB术语的变形条件。FOB贸易术语变形主要有以下四种情况。

(1) FOB班轮条件(FOB liner terms):装货费用的负担同班轮运输,由支付运费的一方(即买方)负担。

(2) FOB吊钩下交货(FOB under tackle):卖方仅负担将货物交到买方指定船只的吊钩所及之处的费用,从货物起吊开始的装货费用由买方负担。

(3) FOB 包括理舱(FOB stowed,简称 FOBS):卖方负担将货物装入船舱并支付包括理舱费在内的装货费用。所谓理舱费是指为了使装船货物按照舱图放置妥善和装载合理,货物装入舱底之后,需要进行垫隔和整理的费用。

(4) FOB 包括平舱(FOB trimmed,简称 FOBT):卖方负担将货物装入船舱并支付包括平舱费在内的装货费用。所谓平舱费是指为了保持船舶航行时船身平稳和不损坏船身结构,对散装的大宗货物,如矿砂、粮食、煤炭等,进行填平、整理所支出的费用。

以上 FOB 术语变形是在我国外贸实践和国际贸易中按通常的理解和应用所作的解释。须注意,对贸易术语变形国际上并无统一和权威性的解释。因此,在实际业务中,除非买卖双方对有关贸易术语变形的含义有一致的理解,在使用术语变形时,应在合同中明确规定卖方所需承担的额外义务。例如,在使用 FOBS(FOB 包括理舱)这一变形时,它是仅限于卖方负担因理舱而发生的额外费用(理舱费),还是它不仅包括理舱费,还包括直至完成理舱为止货物可能发生灭失或损坏的风险。在合同中,对术语变形所产生的额外义务作具体明确的规定,可防止以后履行合同时因双方理解不一而发生纠纷,造成损失。

4. 不同惯例对 FOB 贸易术语的不同解释

美国、加拿大和一些拉丁美洲的国家较多采用《1990 年美国对外贸易定义修正本》的解释。该修正本将 FOB 分为 6 种类型,其中仅第 5 种"FOB Vessel(named port of shipment)"和一般国际贸易中通用的 FOB(装运港船上交货)贸易术语的含义基本相似。然而,其他 5 种和国际上通用的概念完全不同。但是,第 5 种"指定装运港船上交货"FOB Vessel(named port of shipment)与《INCOTERMS 2020》的解释也不完全一致,在使用这一贸易术语时,为了避免因概念不同而引起贸易纠纷,须注意在 FOB 与装运港之间加上"Vessel"(船)字样。假如我们在进口合同中仅订为"FOB New York",而不是订为"FOB Vessel New York",按照《1990 年美国对外贸易定义修正本》的解释,卖方仅负责在纽约城内交货。只有订明"FOB Vessel New York",卖方才负责将货物交到纽约港的船上。

此外,在办理出口手续方面,按照《INCOTERMS 2020》的规定,FOB 条件下,"卖方应自负风险及费用,取得出口许可证或其他核准书,办理货物出口清关手续"。《1990 年美国对外贸易定义修正本》则规定:"卖方根据买方的请求,并在买方负担费用的前提下,协助买方取得为货物出口或在目的地进口所需的各种证件。"该修正本甚至还规定买方要支付出口税以及其他因出口需征收的各项费用。为此,我们从美国等美洲国家进口货物采用 FOB 贸易术语时,不仅应在 FOB 术语后注明"Vessel",还应在合同中明确规定由卖方负责办理有关出口手续,取得出口许可证,并支付一切出口税捐及费用。

二、CIF

(一) CIF(成本加保险费、运费)的含义

COST INSURANCE AND FREIGHT(... named port of destination),成本加保险费、运费(……指定目的港),是指卖方将货物交至船上,或取得已经如此交付的货物,即完成交货。卖方必须支付将货物运至指定目的港所必需的费用和运费,但交货后货物灭失或损坏的风险,以及由于发生事件而引起的任何额外费用,自卖方转移至买方。然而,在 CIF 术语

中卖方还必须为买方就货物在运输中灭失或损坏的风险取得海上保险。因此,卖方须订立保险合同,并支付保险费。

同 FOB 术语一样,对 CIF 卖方交货义务的规定添加"或取得已经如此交付的货物",是为了满足在大宗商品交易中较为常见的对已装船货物进行转售(链式销售)的需要。

在清关适用的地方,CIF 术语要求卖方办理货物出口清关。本术语仅适用于海运和内河水运。如果双方当事人不拟以货物交到船上作为完成交货,而以货物于装船前在指定地点交给承运人完成交货,则应采用 CIP 术语。

按《INCOTERMS 2020》,CIF 合同买卖双方的主要义务如下。

1. 卖方的主要义务

(1) 负责在合同规定的日期或期间内,在装运港将符合合同的货物交至运往指定目的港的船上,或取得已如此交付的货物,并给予买方充分的通知。

(2) 在清关适用的地方,负责取得出口许可证或其他核准书,办理货物出口清关手续。

(3) 负责租船或订舱,并支付至目的港的运费。

(4) 负责办理货物运输保险,支付保险费。

(5) 负担货物在装运港交至船上为止的一切费用和风险。

(6) 负责提供商业发票、保险单和货物运往约定目的港的通常运输单据。

2. 买方的主要义务

(1) 负责按合同规定支付价款。

(2) 在清关适用的地方,自负风险和费用取得进口许可证或其他核准书,并办理货物进口以及必要时经由另一国过境运输的一切海关手续。

(3) 负担货物在装运港交至船上后的一切费用和风险。

(4) 收取卖方按合同规定交付的货物,接受与合同相符的单据。

(二) 使用 CIF 贸易术语应注意的问题

在采用 CIF 术语时,须注意以下四点。

1. 卖方租船或订舱的责任

CIF 合同的卖方为按合同规定的时间装运出口,必须负责自费办理租船或订舱。如果卖方不能及时租船或订舱而不能按合同规定装船交货,即构成违约,从而须承担被买方要求解除合同及/或损害赔偿的责任。根据《INCOTERMS 2020》,卖方只负责按照通常条件租船或订舱,使用适合装运有关货物的通常类型的轮船,经习惯行驶航线装运货物。因此,买方一般无权提出关于限制船舶的国籍、船型、船龄以及指定装载某船或某班轮公司的船只等要求。但在出口业务中,如国外买方提出上述要求,在能够办到又不增加额外费用的情况下,卖方也可灵活掌握或考虑接受。

2. 卖方办理货运保险的责任

在 CIF 合同中,卖方是为买方的利益办理货运保险,因为此项保险主要是为了保障货物装船后在运输途中的风险。《INCOTERMS 2020》对卖方的保险责任规定：如无相反的明示协议，卖方只需按协会货物保险条款或其他类似的保险条款中最低责任的保险险别投保。如买方有要求，卖方应在可能情况下投保战争、罢工、暴动和民变险。最低保险金额应为合同规定的价款加 10%，并以合同货币投保。有关保险责任的起讫期限必须与货物运输相符合，并必须最迟自买方须负担货物灭失或损坏的风险时（即自货物在装运港装上船时）起对买方的保障生效。该保险责任的期限必须展延至货物到达约定的目的港为止。在实际业务中，为了明确责任，我国外贸企业在与国外客户洽谈交易采用 CIF 术语时，一般都应在合同中具体规定保险金额、保险险别和适用的保险条款。目前中国保险条款和国际上使用较多的伦敦保险业协会货物险条款均列有保险公司的保险责任的起讫期限。

3. 卸货费用的负担

如采用班轮运输，则装运港的装货费用和在目的港的卸货费用由办理货物运输的一方即卖方负担。如果大宗货物使用租船运输，在装运港的装货费用应由卖方支付，至于在目的港的卸货费用究竟由何方负担，买卖双方应在合同中订明。其规定方法，可以在合同中用文字具体表述，也可采用贸易术语的变形来表示。常见的 CIF 术语变形有以下四种情况。

（1）CIF 班轮条件(CIF liner terms)，指卸货费用按班轮条件处理，由支付运费的一方（即卖方）负担。

（2）CIF 舱底交货(CIF ex ship's hold)，指买方负担将货物从舱底起吊卸到码头的费用。

（3）CIF 卸离吊钩(CIF ex tackle)，指卖方负担将货物从舱底吊至船边卸离吊钩为止的费用。

（4）CIF 卸到岸上(CIF landed)，指卖方负担将货物卸到目的港岸上的费用，包括驳船费和码头费。

在前文阐述 FOB 术语变形时，对贸易术语变形的解释及其在实际业务应用中须注意的问题所作的说明，也适用于 CIF 术语的变形。

4. CIF 合同的性质和特点

根据《INCOTERMS 2020》，CIF 术语的交货点/风险点与 FOB 术语完全相同。在 CIF 术语下，卖方在装运港将货物装上船，即完成了交货义务，因此和 FOB 一样，采用 CIF 术语订立的合同属"装运合同"。但是，由于在 CIF 术语后所注明的是目的港（例如"CIF 纽约"）以及在我国曾将 CIF 术语译作"到岸价"，所以 CIF 合同的法律性质常被误解为"到货合同"。为此，必须明确指出，CIF 与 FOB 一样，卖方在装运地完成交货义务方面，其性质是相同的，采用这些术语订立的买卖合同均属"装运合同"性质。此类合同的卖方在按合同规定在装运地将货物交付装运后，对货物可能发生的任何风险不再承担责任，也不保证货物必然到达和在何时到达目的港。合同的卖方可通过向买方提交货运单据（主要包括提单、保险单和商业发票）来完成其交货义务。卖方提交单据，可推定为交付货物，即所谓"象征性交货"(symbolic delivery)。买方则必须凭上述符合合同要求的货运单据支付价款。因此，即使在卖方提交单据时，货物已经灭失或损坏，买方仍必须凭单据付款，但他可凭提单向船方或凭保险单向保险公司要求赔偿。在此有必要指出，如果在采用 CIF 术语订立合同时，卖方被要求保证货物的到达或以何时到货作为收取价款的条件的话，则该合同将成为一份有名无实的 CIF 合同。

由上可见,CIF 合同的特点是单据买卖,卖方凭单据收款,买方凭单据付款。只要卖方按合同规定将货物装船并提供齐全的、正确的单据,即使货物在运输途中已遭灭失,买方也不能拒收单据和拒付货款。但是,卖方提供的单据必须是齐全的、正确的。所谓"齐全的",是指包括提单、保险单、商业发票,以及买卖双方约定的其他单据。所谓"正确的",是指单据的内容必须严格符合买卖合同或信用证的规定。否则,买方有权拒收单据并拒付货款,即使卖方所交的货物完全符合合同的规定,买方仍可行使这种权利。正是由于 CIF 合同具有这种特点,因此从商业角度看,CIF 合同项下的买卖双方买卖的不是货物,而是代表货物所有权的装运单据,所以说 CIF 合同项下的买卖是"单据买卖"(a sale of the documents)。了解 CIF 合同的这一特点,对于我们正确使用有关的权利和处理相关的贸易纠纷有一定的作用。

三、CFR

COST AND FREIGHT(… named port of destination),成本加运费(……指定目的港),是指卖方将货物交至船上,或取得已经如此交付的货物,完成交货。卖方必须支付将货物运至指定目的港所必需的费用和运费,但交货后货物灭失或损坏的风险,以及由于发生事件而引起的任何额外费用,自卖方转移至买方。

《INCOTERMS 2020》对 CFR 卖方交货义务的规定,添加"或取得已经如此交付的货物",是为了满足在大宗商品交易中较为常见的对货物进行转售(链式销售)的需要。须注意,只有在载货船舶起航前可采用 CFR 术语对已装船货物作转售交易;载货船舶起航后,必须采用 CIF 术语。

在清关适用的地方,CFR 术语要求卖方办理出口清关。

本术语仅适用于海运和内河水运。

如果双方当事人不拟以货物交到船上作为完成交货,而以货物于装船前在指定地点交给承运人完成交货,则应采用 CPT 术语。CFR 在《INCOTERMS 1980》及以前版本中的缩写为 C&F,自《INCOTERMS 1990》后改为 CFR。在实际业务中,应规范地使用这一术语的标准缩写 CFR。

CFR 与 CIF 不同之处仅在于:CFR 合同的卖方不负责办理保险手续和不支付保险费,不提供保险单据。有关海上运输的货物保险由买方自理。除此之外,CFR 和 CIF 合同中买卖双方的义务划分基本上是相同的。在 CIF 条件下,为解决卸货费问题而产生的各种变形,也适用于 CFR。

按 CFR 术语订立合同,须特别注意的是装船通知问题。因为,在 CFR 术语下,卖方负责安排在装运港将货物装上船,而买方须自行办理货物运输保险,以获得货物装上船后可能遭受灭失或损坏风险的保障。因此,在货物装上船前,即风险转移至买方前,买方应及时向保险公司办妥保险,是 CFR 合同中一个至关重要的问题。国际商会在《INCOTERMS 2020》中强调,CFR 条件下卖方必须毫不迟延地(without delay)给予买方货物已装上船的充分通知,以便买方采取通常必需的措施以收取货物。虽然《INCOTERMS 2020》没有对卖方未能及时给予买方装运通知的后果作出具体的规定,但是根据有关货物买卖合同的适用法律,卖方可因遗漏或不及时向买方发出装船通知,而使买方未能及时办妥货运保险所造成的后果,承担违约责任。为此,在实际业务中,我国出口企业应事先与国外买方就如何发给装船通知商定具体做法;如果事先未曾商定,则应根据双方已经形成的习惯做法,或根据订约后、装船前买方提出的具体请求(包括在信用证中对装船通知的规定),及时用电讯向买方发出装船通知。上述做法也适用于我国出口的 FOB 合同。

此外,在 CIF 术语一节中述及的关于租船或订舱的责任和在目的港卸货费用负担的问题,同样适用于 CFR 术语。为明确卸货费用负担,也可采用 CFR 术语的变形,如 CFR 班轮条件(CFR liner terms)、CFR 舱底交货(CFR ex ship's hold)、CFR 吊钩交货(CFR ex tackle)和 CFR 卸到岸上(CFR landed)。上述 CFR 术语的各种变形,在关于明确卸货费用负担的含义方面,同前述 CIF 术语变形说明。

须说明的是,上述各 FOB、CFR、CIF 贸易术语变形,除买卖双方另有约定者外,其作用通常仅限于明确或改变买卖双方在费用负担上的划分,而不涉及或改变风险的划分。此外,还须强调指出,只有在买卖双方对所使用的贸易术语变形的含义有一致理解的前提下,才能在交易中使用这些术语变形。

四、FCA

(一) FCA(货交承运人)的含义

FREE CARRIER(... named place of delivery),货交承运人(……指定地点),是指卖方在规定的时间,将货物在指定地点交给买方指定的承运人接管,或取得已经如此交付的货物,即完成交货。买方必须自负费用订立从指定地点承运货物的运输合同,并及时通知卖方有关承运人的名称和向其交货的时间。卖方承担货物在指定地点交给承运人接管时为止的一切费用和风险。

《INCOTERMS 2020》对 FCA 卖方交货义务的规定,添加"或取得已经如此交付的货物",是为了满足在大宗商品交易中较为常见的对货物进行转售(链式销售)的需要。

双方当事人应尽可能明确地规定指定地内的特定交货地点(point of delivery),因为风险在该地点转移给买方。如买方不通知在指定地内的特定交货地点,卖方可选择在指定地内他认为最适合的地点交货。

"承运人"是指在运输合同中承担履行铁路、公路、海洋、航空、内河运输或多式运输的实际承运人(actual carrier),或承担取得上述运输履行的订约承运人(contracting carrier),如货运代理商(freight forwarder)。如果买方指定一个非承运人的人收取货物,当货物被交给该人时,应认为卖方已履行了交货义务。

在清关适用的地方,FCA 术语要求卖方办理货物出口清关。此术语适用于任一或多种运输方式。

FCA 贸易术语买卖双方的主要义务如下。

1. 卖方的主要义务

(1) 在合同规定的交货日期或期限内,在指定的交货地点,将符合合同要求的货物交给买方指定的承运人接管,并及时通知买方。

(2) 在清关适用的地方,负责办理出口清关手续,提供出口许可证和其他核准书,支付各种出口关税和费用。

(3) 负担货物在指定地点交给承运人接管为止的一切费用和风险。

(4) 负责提供商业发票和证明货物已交给承运人接管的通常运输单据,或双方约定的相等的电子信息。有时,需根据合同约定,向买方提交买方指示承运人在货物装船后向卖方签发的已装船提单。

(5) 根据买方要求,向买方提供必要的投保信息。

2. 买方的主要义务

(1) 按合同要求支付合同价款。

(2) 负责签订从指定地点承运货物的运输合同,支付运费,并将有关承运人名称、运输方式、交货日期和期限、交货地区或地点等通知卖方。

(3) 在清关适用的地方,自负风险和费用取得进口许可证或其他核准书,并办理货物进口以及必要时经由另一国过境运输的一切海关手续。

(4) 负担货物在指定地点从交给承运人接管时起的一切费用和风险。

(5) 受领符合合同规定的货物与单据。

(二) 使用 FCA 贸易术语应注意的问题

FCA 是在 FOB 的基础上发展起来的,适用于各种运输方式,特别是集装箱运输和多式运输的一种贸易术语。在采用此术语时,须注意以下三点。

1. 交货点和风险转移

如前所述,《INCOTERMS 2020》的每种贸易术语都有其特定的交货点。例如,FOB 术语的交货点为装运港船上。FCA 术语的交货点不能如此单一。由于 FCA 可适用于各种运输方式,它的交货点须按不同的运输方式和不同的指定交货地而定。《INCOTERMS 2020》将 FCA 卖方如何完成交货义务,概括如下。

(1) 如合同中所规定的指定交货地为卖方所在处所,则当货物被装上由买方指定的承运人的收货运输工具时,卖方即完成了交货义务。

(2) 在其他情况下,当货物在买方指定的交货地,在卖方的送货运输工具上(未卸下),被交由买方指定的承运人处置时,卖方即完成了交货义务。

由此可见,在第(1)种情况下,FCA 的交货点是在卖方所在处所(工厂、工场、仓库等)由承运人提供的收货运输工具上;在第(2)种情况,FCA 的交货点是在买方指定的其他交货地(铁路终点站、启运机场、货运站、集装箱码头或堆场、多用途货运终点站或类似的收货点)卖方的送货运输工具上。当卖方按合同规定,在卖方所在处所将货物装上承运人的收货运输工具,或者,在其他指定交货地,在卖方的送货运输工具上,将货物置于买方指定的承运人处置之下时,货物灭失或损坏的风险,即转移至买方。

《INCOTERMS 2020》对在 FCA 术语下装货和卸货的义务,作了如下明确的规定:如在卖方所在处所交货,卖方负责将货物装上由买方指定的承运人的收货运输工具;如在其他指定地交货,卖方不负责将货物从其送货运输工具上卸下。

2. 按 FCA 术语成交时,卖方可能被要求提交已装船提单

按 FCA 术语成交时,为了满足在特定货物销售融资(如托收和信用证业务)中银行对已装

船提单的要求,卖方可能被要求提交已装船提单。但是,FCA 在货交买方指定的承运人接管时即货物装船前卖方即完成交货义务,而承运人也只有在货物实际装船后才有义务并有权签发已装船提单,所以无法确定卖方是否能够从承运人处获取已装船提单。为此,《INCOTERMS 2020》在 FCA 中的 A6/B6 提供了一个附加项,规定买方和卖方可以约定,由买方指示其承运人在货物装船后向卖方签发已装船提单。如果在买方承担费用和风险的情况下承运人签发了已装船提单,则卖方必须向买方(通常通过银行)提交该提单,以便买方凭此提单向承运人提货。如果买卖双方约定卖方向买方提交一份收妥待运单据而非已装船提单,则卖方不需要提交已装船提单。尽管 FCA 条件下要求卖方提交已装船提单并不恰当,但主要是为了满足在特定货物销售融资(如托收和信用证业务)中银行对已装船提单的要求。必须强调的是,即便如此,卖方也没有办理运输的义务。

3. 安排运输

通常,FCA 合同的买方必须自负费用订立自指定地运输货物的合同。但是,如果买方提出请求,或如果按照商业惯例,在与承运人订立运输合同时(如在铁路运输或航空运输的情况下)需要卖方提供协助的话,卖方可代为安排运输,但有关费用和风险由买方负担。假如买方有可能较卖方取得较低的运价,或按其本国政府规定必须由买方自行订立运输合同,则买方应在订立买卖合同时明确告知卖方,以免双方重复订立运输合同而引起问题和发生额外费用。反之,如卖方不愿按买方的请求或商业惯例协助买方订立运输合同,也必须及时通知买方,否则,遗漏安排运输,也将引起额外费用和风险。

《INCOTERMS 2020》规定:在 FCA、DAP、DPU、DDP 术语下,货物从卖方运往买方可以不雇佣任何第三方承运人,而由卖方或买方使用自己的运输工具运送货物。由此,在 FCA 术语下,买方可以使用自己的运输工具来收取货物并运往买方所在地;也允许买方仅安排必要的运输。

4. 货物集合化的费用负担

按《INCOTERMS 2020》,每种贸易术语的交货点既决定风险转移,也关系到买卖双方费用负担的划分。与 FOB 术语一样,FCA 卖方在完成交货义务之前所发生的一切费用,都须由卖方负担,而在其后所发生的费用,则由买方负担。鉴于在采用 FCA 术语时,货物大都作了集合化或成组化,如装入集装箱或装上托盘,因此卖方应考虑将货物集合化所需的费用也计算在价格之内。

五、CPT

(一) CPT(运费付至)的含义

CARRIAGE PAID TO(... named place of destination),运费付至(……指定目的地),是指卖方须自负费用签订将货物运至指定目的地的运输合同,并负责按合同规定的时间将货物交给承运人接管,或取得已经如此交付的货物,即完成交货。卖方负担货物交给承运人接管时止的一切费用与风险。

《INCOTERMS 2020》对 CPT 卖方交货义务的规定,添加"或取得已经如此交付的货物",是为了满足在大宗商品交易中较为常见的对货物进行转售(链式销售)的需要。

承运人的含义与 FCA 术语中的承运人相同。如果为了将货物运至指定目的地需要利用后续承运人,风险自货物交给第一承运人接管时转移给买方。

在清关适用的地方,CPT 术语要求卖方办理货物出口清关。此术语适用于任一或多种运输方式。

CPT 贸易术语买卖双方的主要义务如下。

1. 卖方的主要义务
(1) 自负费用签订运输合同,在规定的日期或期间内将货物交给第一承运人接管,并及时通知买方。
(2) 在清关适用的地方,负责办理出口清关手续,提供出口许可证和其他核准书,支付各种出口关税和费用。
(3) 负担货物在指定地点交给第一承运人接管时为止的一切费用和风险。
(4) 负责提供商业发票和证明货物已交给第一承运人接管的通常运输单据,或双方约定的相等的电子信息。
(5) 根据买方要求,向买方提供必要的投保信息。

2. 买方的主要义务
(1) 按合同要求支付价款。
(2) 在清关适用的地方,自负风险和费用取得进口许可证或其他核准书,并办理货物进口以及必要时经由另一国过境运输的一切海关手续。
(3) 负担货物在指定地点从交给承运人接管时起的一切费用和风险。
(4) 受领符合合同规定的货物与单据。

(二) 使用 CPT 贸易术语应该注意的问题

1. 卖方发交货通知问题
CPT 与 CFR 一样,由卖方负责签订运输合同,而由买方负责办理货运保险。卖方将货物交给承运人后应立即以电讯方式通知买方货物已交给承运人接管,买方依据交货通知办理保险。如果卖方未发出或未及时发出交货通知造成买方漏保、迟保,根据有关货物买卖合同的适用法律,货物在运输途中遭受损坏或灭失等风险应由卖方负责。

2. 卖方交货责任问题
CPT 与 FCA 一样,适用于各种运输方式,包括多式联运。卖方有责任在规定日期或期限内将货物交给承运人或者第一承运人接管,以便将货物运至目的地。CPT 术语下,卖方交货义务的完成同 FCA。

六、CIP

CARRIAGE AND INSURANCE PAID TO(… named place of destination),运费、保险费付至(……指定目的地),是指卖方自负费用签订将货物运至指定目的地的运输合同,负责办理货物运输保险,支付保险费,在规定时间将货物交给承运人或第一承运人接管,并及时通知买方,或取得已经如此交付的货物,即完成交货。卖方负担货物交给第一承运人接管时止的一切费用与风险。买方在合同规定地点受领货物,支付价款,并负担除正常运费、保险费以外的货物自交货地点直至运达指定目的地为止的各项费用。

《INCOTERMS 2020》对 CIP 卖方交货义务的规定,添加"或取得已经如此交付的货物",是为了满足在大宗商品交易中较为常见的对货物进行转售(链式销售)的需要。

CIP 与 CPT 的差别是 CIP 卖方增加了办理货运保险的责任和费用,所以卖方应提供的单据比 CPT 多一份保险单据。除上述两者不同外,CIP 与 CPT 在卖方的责任费用与风险划分界限等方面都是完全相同的。

CIP 术语卖方办理货运保险的责任,如买卖合同有规定则按买卖合同办理,如买卖双方事先未在合同中规定保险险别和保险金额,根据《INCOTERMS 2020》规定,卖方需要投保符合伦敦保险业《协会货物条款》(A)款或其他条款下类似保险范围的险别(如《中国保险条款》中的一切险),最低保险金额应是合同规定价格另加 10%(即 CIP 价的 110%),并应采用合同货币投保。

在清关适用的地方,CIP 术语要求卖方办理货物出口清关。此术语适用于任一或多种运输方式。

FCA、CPT、CIP 三种术语是分别从 FOB、CFR、CIF 三种传统术语发展起来的,其责任划分的基本原则相同,按两组术语达成的买卖合同都是装运合同,都是单据买卖。两组术语的区别主要表现在以下四个方面。

1. 适用的运输方式不同

FOB、CFR、CIF 三种术语仅适用于海运和内河水运,其承运人一般只限于船公司;而 FCA、CPT、CIP 则不仅适用于海运和内河水运,而且也适用于陆运、空运等各种运输方式的单式运输,以及两种或两种以上不同运输方式相结合的多式运输,其承运人可以是船公司、铁路局、航空公司,也可以是安排多式运输的联合运输经营人。

2. 交货和风险转移的地点不同

FOB、CFR、CIF 的交货点均为装运港船上,风险均以货物在装运港装上船时从卖方转移到买方。而 FCA、CPT、CIP 的交货地点,须视不同的运输方式和不同的约定而定,它可以是在卖方所在处所由承运人提供的运输工具上,也可以是在铁路、公路、航空、内河、海洋运输承运人或多式运输承运人的运输站或其他收货点卖方的送货运输工具上;至于货物灭失或损坏的风险,则于卖方将货物交给承运人时,从卖方转移至买方。

3. 装卸费用负担不同

按 FOB、CFR、CIF 术语,卖方承担货物在装运港装上船为止的一切费用。由于货物装船作业是连续的,各港口的习惯做法又不尽一致,所以在使用租船运输的 FOB 合同中,应明确装货费用由何方负担,在 CFR 和 CIF 合同中,则应明确卸货费用由何方负担。而在 FCA、CPT、CIP 术语下,如涉及海洋运输,并使用租船运输,卖方将货物交给承运人时所支付的运费,或由买方支付的运费,已包含了承运人接管货物后在装运港的装货费用和目的港的卸货费用。这样,在 FCA 合同中的装货费用的负担和在 CPT、CIP 合同中的卸货费用的负担问题就不再存在。

4. 运输单据不同

在 FOB、CFR、CIF 术语下,卖方一般应向买方提交已装船清洁提单。在 FCA、CPT、CIP 术语下,卖方提交的运输单据则视不同的运输方式而定。如果在海运和内河水运方式下,卖方应提供可转让的提单(如买卖双方约定,也可以是已装船提单),有时也可提供不可转让的海运和内河运单;如果在铁路、公路、航空运输或多式运输方式下,则应分别提供铁路运单、公路运单、航空运单或多式运输单据。

上述六种贸易术语的交货地点都在出口地,自卖方交货后风险即转移给买方。它们之间的主要区别是双方各自承担责任与费用及适用运输方式不同。主要异同点如表 4-2 所示。

表 4-2 六种贸易术语的主要异同点

贸易术语	责任		费用		风险转移界限	适用的运输方式
	签订运输合同	办理保险	支付运费	支付保险费		
FOB	买方	买方	买方	买方	装运港船上	海运和内河水运
CFR	卖方	买方	卖方	买方	装运港船上	海运和内河水运
CIF	卖方	卖方	卖方	卖方	装运港船上	海运和内河水运
FCA	买方	买方	买方	买方	承运人接管	任一或多种运输方式
CPT	卖方	买方	卖方	买方	承运人接管	任一或多种运输方式
CIP	卖方	卖方	卖方	卖方	承运人接管	任一或多种运输方式

第四节 其他五种贸易术语

《INCOTERMS 2020》中除上述 6 种主要贸易术语外,还有 5 种贸易术语,它们是:EXW、FAS、DAP、DPU、DDP。其中,DPU 替代《INCOTERMS 2010》中的 DAT 术语,是对 DAT 术语缩写形式的修改,并且 DPU 的交货点也并不限于"运输终端"。现对这 5 种贸易术语作简要介绍。

一、EXW

EX WORKS(… named place of delivery),工厂交货(……指定地点),是指卖方负责按合同规定的时间、在其所在处所(工厂、工场、仓库等),将符合合同规定的货物交给买方即完成交货。除另有约定,卖方不负责将货物装上买方备妥的运输工具,也不负责出口清关。买方承担自卖方交货后至目的地的一切费用与风险。《INCOTERMS 2020》规定的 11 种贸易术语中,此术语卖方责任义务最小。

使用 EXW 时,应该在该术语的后面注明工厂的具体地点。卖方在交货前应给买方详尽的有关货物何时何地置于买方处置之下的通知。除非买方要求协助并负担费用，卖方不负责办理出口手续。如果买方不能直接或间接地办理出口手续，则不应使用本术语，而应使用FCA术语。

如果买方要求卖方在发货时负责将货物装上收货车辆，并负担一切装货费用和风险，则应在合同中明确规定。

本术语适用于任一或多种运输方式，也就是说，该贸易术语适用于任何运输方式，也适用于使用多种运输方式的情形。

二、FAS

FREE ALONGSIDE SHIP(... named port of shipment)，船边交货(……指定装运港)，是指卖方必须在装运港将货物交到买方指定船只的船边(将货物放置码头或驳船上靠船边)，或取得已经如此交付的货物，即完成交货义务，卖方负担货物交到船边为止的一切费用和风险。

《INCOTERMS 2020》对 FAS 卖方交货义务的规定，如同 FOB、CFR、CIF 术语，也添加了"或取得已经如此交付的货物"，是为了满足在大宗商品交易中较为常见的对已放置船边的货物进行转售(链式销售)的需要。

在清关适用的地方，FAS术语要求卖方办理货物出口清关手续。

FAS术语买卖双方交货点在装运港船边，双方风险和费用的划分以此为界，这些费用可能因港口惯例而不同，所以特别建议买卖双方尽可能清楚地约定指定装运港内的交货点，货物将在此交货点从码头或驳船装船。如果货物在交到船边前已经移交给承运人(如货物在集装箱终端交给承运人)，则FAS不适用，建议采用FCA术语。

本术语仅适用于海运和内河水运。

三、DAP

DELIVERED AT PLACE(... named place of destination)，目的地交货(……指定目的地)，是指卖方要负责将合同项下的货物在合同规定的交货期内运到指定的目的地，在目的地的运输工具上将已做好卸货准备的货物交由买方处置时，或取得已经如此交付的货物，即完成交货。卖方承担将货物运至指定目的地在运输工具上将货物交给买方处置时止的一切费用和风险。买方负担在目的地处置货物后的一切费用和风险。

《INCOTERMS 2020》对 DAP 卖方交货义务的规定，添加"或取得已经如此交付的货物"，是为了满足在大宗商品交易中较为常见的对货物进行转售(链式销售)的需要。

买卖双方应尽可能明确地规定指定目的地的特定地点，因为卖方要承担将货物运至该地点的一切风险。如果卖方按运输合同承担目的地卸货的有关费用，除非双方另有约定，卖方无权向买方要求偿付。

在清关适用的地方，DAP术语要求卖方办理货物出口清关，但卖方无义务办理货物进口清关。如果双方当事人希望由卖方办理货物进口清关，支付进口关税、税捐等费用，则应采用DDP术语。

此术语适用于任一或多种运输方式。

四、DPU

DELIVERED AT PLACE UNLOADED(... named place of destination),目的地卸货后交货(……指定目的地),是指卖方要负责将合同项下的货物在合同规定的交货期内运到指定的目的地,并将货物从运输工具上卸下交由买方处置时,或取得已经如此交付的货物,即完成交货。卖方承担在目的地将货物从运输工具上卸下交给买方处置时为止的一切费用和风险。买方负担在目的地处置货物后的一切费用和风险。

《INCOTERMS 2020》对 DPU 卖方交货义务的规定,添加"或取得已经如此交付的货物",是为了满足在大宗商品交易中较为常见的对货物进行转售(链式销售)的需要。

买卖双方应尽可能明确地规定指定目的地的特定地点,因为卖方要承担将货物运至该地点并完成卸货的一切风险。DPU 是《INCOTERMS 2020》唯一要求卖方在目的地完成卸货的术语,所以卖方应确保货抵目的地后能顺利完成卸货。如果双方不希望卖方承担卸货的风险和费用,则不应使用 DPU 术语,而应使用 DAP 术语。

在清关适用的地方,DPU 术语要求卖方办理货物出口清关,但卖方无义务办理货物进口清关。如果双方当事人希望由卖方办理货物进口清关,支付进口关税、税捐等费用,则应采用 DDP 术语。

此术语适用于任一或多种运输方式。

五、DDP

DELIVERED DUTY PAID (... named place of destination),完税后交货(……指定目的地),是指卖方负责在合同规定的交货期内将货物运至合同规定的进口国指定地点,将已做好卸货准备的货物置于买方处置之下,或取得已经如此交付的货物,即完成交货。卖方承担货物运至进口国指定地点为止的一切费用和风险。

《INCOTERMS 2020》对 DDP 卖方交货义务的规定,添加"或取得已经如此交付的货物",是为了满足在大宗商品交易中较为常见的对货物进行转售(链式销售)的需要。

当事人应尽可能明确地规定指定目的地的特定地点,因为卖方要承担将货物运至该地点的一切风险。如果卖方按运输合同承担在目的地卸货的有关费用,除非双方另有约定,卖方则无权向买方要求偿付。

在清关适用的地方,DDP 术语要求卖方办理货物出口清关和进口清关。如果卖方无法办理进口清关,或者希望由买方办理进口清关,则卖方应考虑采用 DAP 或 DPU 术语。

在《INCOTERMS 2020》11 种贸易术语中,完税后交货贸易术语(DDP)卖方承担的责任义务最大。卖方要承担货物运输途中的一切费用与风险,直至在进口国指定地将货物交由买方处置。这个贸易术语等于卖方在买方的国内市场进行交易。如果卖方不能直接或间接地取得进口许可证或其他进口核准书,则不应使用该术语。

此术语可适用于任一或多种运输方式。

应注意的是,根据《INCOTERMS 2020》的规定,在使用以上 11 种贸易术语时,只要买卖双方在合同中约定,均可以 EDI 信息来代替通常的纸单据,即卖方向买方提交的商业发票、交货证明、运输单据和报关单据等所有单据,均可被具有同等效力的电子数据交换信息(EDI Message)所替代。

第五节 贸易术语的运用

在实际业务中,买卖双方都希望采用对自身有利的贸易术语。由于贸易术语涉及买卖双方的利害得失,故在交易磋商时,彼此应就采用何种贸易术语成交取得一致意见,并在买卖合同中具体订明。

一、选用贸易术语须考虑的因素

为了促进成交和顺利履行合同,买卖双方在交易磋商选择贸易术语时,须考虑的因素很多,其中主要应考虑的因素如下。

(一)遵循双方自愿和平等互利的原则

在国际贸易中,按何种贸易术语成交,买卖双方应本着平等互利的精神,从方便贸易和促进成交出发,在彼此自愿的基础上商订,不宜强加于人。一般来说,在装运地或装运港交货情况下,是否按带保险的条件成交,根据国际贸易的一般习惯做法,原则上应尊重买方的意见,由买方选择。

(二)考虑办理进出口货物清关手续有无困难

在国际贸易中,关于进出口货物的清关手续,有些国家规定只能由清关所在国的当事人安排或代为办理,有些国家则无此项限制。因此,买卖双方为了避免承担办理进出口清关手续的风险,在洽商交易前必须了解有关国家关于办理进出口货物清关的具体规定,以便酌情选用适当的贸易术语。例如,当某出口国政府规定,买方不能直接或间接办理出口清关手续,则不宜按 EXW 条件出口,而应选用 FCA 术语成交。

(三)考虑运输方式和运输能力

《INCOTERMS 2020》对每种贸易术语适用于何种运输方式都分别作了明确具体的规定。因此,买卖双方采用何种贸易术语,首先应考虑采用何种运输方式。不联系所采用的运输方式来选用贸易术语,将会使对该术语的解释产生困难。一旦买卖双方在交接货物的义务上发生纠纷,有关当事人将陷入困境,并可能遭受损失。

目前,集装箱运输和多式运输正在被广泛运用,而且还将进一步扩大与发展。为了适应这一趋势,我国外贸企业应按具体交易的实际情况,多选用 FCA、CPT、CIP 术语,以替代仅适用于海运和内河运输的 FOB、CFR、CIF 术语。尤其是在出口业务中,如果货物是以集装箱运输或多式运输方式运输的,不采用 FCA、CPT 和 CIP 术语而仍使用 FOB、CFR 或 CIF 术语,则至少存在以下两个缺点:(1)增加了我方的风险责任,我方风险从货交承运人延伸到在装运港完成装船;(2)推迟了运输单据的出单时间,从而延缓了我方交单收汇的时间,影响我方资金周转并造成利息损失。因此,在出口业务中,应积极创造条件,推广使用 FCA、CPT 和 CIP 术语。

此外,买卖双方还应考虑本身的运输力量以及安排运输有无困难。在本身有足够运输能力或安排运输无困难的情况下,可争取按由自身安排运输的条件成交(如按 FCA、FAS 或 FOB 进口,按 CIP、CPT、CIF 或 CFR 出口)。否则,则应酌情争取按由对方安排运输的条件成交(如按 FCA、FAS 或 FOB 出口,按 CIP、CPT、CIF 或 CFR 进口)。

(四) 考虑运费成本

贸易术语的选用还应考虑运费成本的大小。运费是货价构成的因素之一,在选用贸易术语时,应考虑货物经由路线的运费收取情况和运价变动趋势。一般地说,当运价看涨时,为了避免承担运价上涨的风险,可以选用由对方安排运输的贸易术语成交,如以 CFR、CIF、CPT、CIP 条件进口,以 FOB、FCA 条件出口。在运价看涨的情况下,如果因某种原因不得不采用由自身安排运输的条件成交,则应将运价上涨的风险考虑到货价中去,以免承担运价变动的风险损失。

(五) 考虑成交货物的种类和成交量的大小

国际贸易中的货物品种很多,不同类别的货物具有不同的特点,它们在运输方面各有不同要求,故安排运输的难易不同,运费开支大小也有差异。此外,成交量的大小也直接关系到安排运输是否有困难和经济上是否合算。当成交量太小,又无班轮通航的情况下,负责安排运输的一方,势必会增加运输成本,故选用贸易术语时,也应予以考虑。

(六) 考虑运输途中的风险

在国际贸易中,交易的货物一般需要通过长途运输,货物在运输过程中可能遇到各种自然灾害、意外事故等风险,特别是当遇到战争或正常的国际贸易遭到人为障碍与破坏的时期和地区,则运输途中的风险更大,因此买卖双方洽商交易时必须根据不同时期、不同地区、不同运输路线和运输方式的风险情况,并结合购销意图来选用适当的贸易术语。

(七) 考虑增收节支外汇运保费

在我国外贸业务中,FOB、CFR 和 CIF 是最常用的贸易术语。一般说来,在出口业务中,我外贸企业应争取多选用 CIF 和 CFR 术语,而少用 FOB 术语;反之,在进口业务中,我外贸企业应争取多选用 FOB 术语,少用 CFR 和 CIF 术语。对 FCA、CPT 和 CIP 术语的选用,在出口和进口业务中,也应分别按上述同样原则予以掌握。因为,这样可为国家增加收入和节省支出外汇运费和保险费,并有利于促进我国对外运输事业和保险事业的发展。

(八) 考虑安全收汇、安全收货

在进出口业务的各个环节中,都可能潜伏着对经营者造成损害的风险,应预先防范。在贸易术语的选用方面,也涉及如何保障出口收汇和进口收货的安全问题。如前所述,在我国出口业务中,国外买方往往要求按 FOB 术语向我方购货,究其原因,一般是由于国外买方拟通过由其自行指定承运人,自办保险,以便向承运人和保险公司获取较低的运价和保险费优惠。但是,少数不法商人也可能与承运人相勾结,越过向银行付款赎单的正常渠道,向承运人先无单提货,随后采用逃逸或宣告破产的伎俩,骗取我方货物,造成我方钱货两空的结局。在进口业务中,如采用 CFR 术语,由国外卖方租船或订舱,货物装船后的风险由我方负担,而保险也由我方办理;如果国外卖方所安排的船舶不当,或与船方勾结出具假提单,就将使我方蒙受付了款却收不到货的损失。类似的诈骗事件,在我国外贸实际业务中曾屡有发生。对此,我国外贸企业必须提高警惕,审慎选择客户,必要时还应对由国外客户指定的承运人或安排的载货船只作及时的事先核查,如果发现不妥,可要求其予以更换,以保障收汇或收货的安全。

(九)按实际需要,灵活掌握

选用贸易术语,也应根据业务的实际需要,做必要的灵活掌握。譬如,国外买方在向我国购买大宗货物时,为了可以在运价和保险费上得到优惠,要求自行租船装运货物和办理保险的情况并不少见。为了不影响贸易,我方出口也采用 FOB 术语。对于国外某些港口,因无固定班轮或我方自行派船不便而对方愿意自行派船接运时,也可按 FOB 术语成交。有些国家为了扶持其本国保险事业的发展,规定其进口贸易必须在其本国投保,在此情况下,我方可同意使用 CFR 或 FOB 术语,以示合作。在进口业务中,如我方所进口的货物,数量不多、金额不大,也可采用 CIF 术语进行交易。

随着我国对外开放的扩大、对外贸易的发展,可以更加灵活地采用各种贸易术语。例如,EXW、FAS、DAP、DPU 和 DDP,也可视不同交易的具体情况适当地选择使用。

二、正确处理贸易术语与买卖合同的关系

(一)由当事人自愿选定买卖合同中的贸易术语

在国际贸易中,买卖双方采用何种贸易术语成交,应在买卖合同中具体订明,由于有关贸易术语的国际贸易惯例是建立在当事人"意思自治"的基础上,具有任意法的性质,故当事人选用何种贸易术语及其所采用的术语受何种惯例管辖,完全根据自愿的原则来确定。如果买卖双方愿意采用《INCOTERMS 2020》中的 FOB 术语,并愿受该通则的管辖,则可在买卖合同中明确规定:FOB,《INCOTERMS 2020》;即使买卖双方同意采用《INCOTERMS 2020》中的规定作为买卖合同的基础条件,也可同时在买卖合同中酌情作出某些不同于该通则的具体规定,在实际履行买卖合同时应以买卖合同具体条款为准。

(二)正确掌握贸易术语与买卖合同性质的关系

贸易术语是确定买卖合同性质的一个重要因素。一般地说,采用何种贸易术语成交则买卖合同的性质也相应可以确定,有时甚至以某种贸易术语的名称来给买卖合同命名,如 FOB 合同、CIF 合同等。在通常情况下,贸易术语的性质与买卖合同的性质是相吻合的。按 EXW、FAS、FOB、FCA、CFR、CIF、CPT、CIP 术语成交时,卖方都是在出口地完成其交货义务,按这些术语签订的买卖合同,其性质都属于"装运合同"。但是,按 DAP、DPU、DDP 术语成交时,卖方必须承担货物运至目的地的所有费用和风险,即在到达地履行其交货义务,故按这些术语签订的买卖合同,其性质属于"到达合同"。装运合同与到达合同的性质是完全不同的,我们必须予以区别。由于 CFR、CIF、CPT、CIP 术语存在费用划分和风险划分两个分界点,也由于有些人对贸易术语与合同性质的关系缺乏正确的理解,所以按 CFR、CIF、CPT、CIP 术语签订的买卖合同,容易被人们误认为是"到达合同",按 CIF 条件成交的价格

往往被人们误认为是"到岸价格",这种误解对实际工作已产生了不利的影响,应当引起人们高度的重视。

虽然买卖合同的性质一般由贸易术语决定,但贸易术语并不是决定合同性质唯一的因素,决定买卖合同性质的还有其他因素。例如,买卖双方约定使用CIF术语,但同时又在合同中约定:"以货物到达目的港作为支付货款的前提条件。"按此条件签订的合同,就不是装运合同,而应当是到达合同,因为在这里支付条件是确定合同性质的决定因素。由此可见,确定买卖合同的性质,不能单纯看采用何种贸易术语,还应看买卖合同中的其他条件是如何规定的。

(三)避免贸易术语与买卖合同中的其他条件相矛盾

为了便于明确买卖合同的性质和分清买卖双方的义务,以免引起争议,买卖双方选用的贸易术语应与买卖合同的性质相吻合。也就是说,买卖双方应根据交货等成交条件选用相应的贸易术语,防止出现贸易术语与买卖合同的其他条件不吻合,甚至互相矛盾的情况。尤其在选用C组术语成交时,在涉及增加卖方义务的规定时,更应审慎从事,以免出现与贸易术语含义相矛盾的内容。

(四)注意买卖合同中的贸易术语与运输合同中的术语互相衔接

《INCOTERMS 2020》中的有关规定仅适用于买卖合同中的贸易术语,而绝不适用于运输合同中的术语(有时它们用类似的词表示),尤其不适用于各种租船合同中的贸易术语,由于租船合同的术语对于装卸时间和装卸费用的限定更为严格,故买卖双方应在买卖合同中用特别条款尽可能就这些问题作出明确具体的规定。也就是说,买卖双方签订买卖合同时,应尽可能考虑运输合同的要求,以便为随后订立的运输合同打下良好的基础,从而有利于买卖合同的履行。如果忽略运输条件,使买卖合同中的运输条件订得不适当,这不仅会给运输造成困难,而且会影响买卖合同的履行。另一方面,运输合同是为履行买卖合同而签订的,因此负责安排运输的买方或卖方在商订运输合同时,务必以买卖合同为依据,使运输合同与买卖合同互相衔接,以保证买卖合同的顺利履行。例如,买卖双方按CIF liner terms条件签订买卖合同,即约定买方不负担卸货费,则卖方签订运输合同时,就应考虑卸货费的负担问题,即应按由船方负担卸货费的条件洽租船舶,以便使运输合同与买卖合同互相衔接。

综上所述,在贸易术语的运用方面,不仅要考虑各种有利害关系的因素,而且还要正确理解和处理好贸易术语与合同的关系。只有这样,才能把国际贸易做精、做活,有效地提高经济效益。

思考题

1. 试述贸易术语的含义、性质及在国际贸易中的作用。
2. 有关贸易术语的国际贸易惯例主要有哪几个?分别解释了哪些贸易术语?
3. 试写出《INCOTERMS 2020》11种贸易术语的中、英文全称和英文缩写。
4. 试述《INCOTERMS 2020》11种贸易术语适用的运输方式及交货点/风险点。

5. 简述 FOB、CFR、CIF 三种术语的异同。

6. FOB、CFR 或 CIF 贸易术语变形有何作用？各变形条件下相应费用由何方承担？

7. 为什么说 CIF 条件下卖方是为买方利益投保？买卖合同未明确卖方投保责任时，卖方应如何办理保险？

8. 简述 FOB、CFR、CIF 与 FCA、CPT、CIP 的异同。

9. 试述 CIF 合同的性质和特点。

10. 在进出口业务中，如何选择使用贸易术语？在采用集装箱运输和多式运输的出口业务中，我出口企业应选择使用何种贸易术语？为什么？

案例分析

1. A 公司以 CIF 条件向国外 B 公司出口草编工艺品一批。A 公司根据合同要求备妥货物，在规定的交货期内装运货物，随后制备符合要求的全套单据在规定的交单期内向买方要求付款。但 B 公司称，刚获知该批草编工艺品在海运途中失火全部焚毁，故 B 公司将不再付款。

试问：你认为 A 公司该如何处理？为什么？

2. 印度孟买一家电视机进口商与日本京都电器制造商洽谈买卖电视机交易。从京都（内陆城市）至孟买有集装箱多式运输服务，京都当地货运商以订约承运人的身份可签发多式运输单据(MTD)。货物在京都距制造商 5 千米的集装箱堆场(CY)装入集装箱后，由货运商用卡车经公路运至横滨，然后装上海轮运到孟买。京都制造商不愿承担公路和海洋运输的风险；孟买进口商则不愿承担货物交运前的风险。

试对以下问题提出你的意见，并说明理由。
(1) 京都制造商是否可向孟买进口商按 FOB、CFR 或 CIF 术语报价？
(2) 京都制造商是否应向孟买进口商提供已装船运输单据？
(3) 按以上情况，你认为京都制造商应采用何种贸易术语？

3. 某外贸公司按 CIF 伦敦向英商出售一批核桃仁，由于该商品季节性较强，双方在合同中规定：交货期为当年 10 月份，买方须于当年 9 月底前将信用证开到，卖方保证运货船只不得迟于当年 12 月 1 日抵达目的港。如货轮迟于当年 12 月 1 日抵达目的港，买方有权取消合同。如货款已收，卖方须将货款退还买方。

试问：这一合同的性质是真正的 CIF 合同吗？应该用哪一个贸易术语更合适？

4. 我某出口公司向尼日利亚出口货物，按 CFR 成交，采用即期信用证支付。由于从装运港到目的港无直达船，我方按合同规定采用转船运输。货物在装运港按期装运后，我方立即向对方发出了装船通知。不料货物在国外中转港中转期间全部被烧光，买方通知开证行拒付货款，并向我方提出索赔。

试问：对此问题我方应如何处理？为什么？

第五章 货物的价格

货物价格的高低是买卖双方最为关心的问题，价格条款是国际贸易合同的核心条款。国际贸易中货物价格的确定，要根据国际市场价格水平，结合国别或地区政策及购销意图，同时还要考虑买卖双方各自承担的手续、费用、风险、责任，以及货物的品质、档次、数量、包装条件、运输条件、季节性需求、支付条件和汇率变动等因素来确定。因此，进出口货物价格的确定是一个非常复杂的问题。在实际业务中，要正确掌握进出口货物价格，须合理运用各种行之有效的作价办法，选用有利的计价货币，并适当运用佣金和折扣策略。

第一节　进出口货物的价格构成

进出口货物的价格构成是指构成进出口货物价格的费用项目，是决定成交价格的基础。进出口货物的价格构成因使用的贸易术语不同而有所不同。下面以国际贸易中用得较多的 FOB、CFR、CIF 三种价格为例来说明其价格构成。

一、三种常用价格的构成

（一）FOB 价的构成

FOB 价主要包括以下各种费用。
(1) 进货成本（出厂价：工厂生产成本＋税金＋利润）。
(2) 货物包装费（如果出口时使用出厂货物包装，就不另计货物包装费，其包装费已计入工厂生产成本之中）。
(3) 货物仓储保管费用（包括火险费和货物损耗）。
(4) 加工整理费。
(5) 国内运输费和装卸搬运费用。
(6) 货物检验费。
(7) 出口关税及各种捐税。
(8) 领取有关出口证件及办理托运、报关、结汇等手续费。
(9) 各种杂费（业务通信费、港口费、码头捐、贷款利息等）。
(10) 预期利润。

（二）CFR 价的构成

(1) FOB 价。

(2) 海运运费(F)。

(三) CIF 价的构成

(1) FOB 价。
(2) 海运运费(F)。
(3) 海运保险费(I)。

二、三种常用价格之间的换算

(一) 以 FOB 价换算为其他价格

(1) CFR＝FOB＋F
(2) CIF ＝(FOB＋F)/[1－(1＋投保加成率)×保险费率]
　　　＝CFR/[1－(1＋投保加成率)×保险费率]

(二) 以 CFR 价换算为其他价格

(1) FOB＝CFR－F
(2) CIF＝CFR/[1－(1＋投保加成率)×保险费率]

(三) 以 CIF 价换算为其他价格

(1) FOB＝CIF×[1－(1＋投保加成率)×保险费率]－F
(2) CFR ＝CIF－I
　　　＝CIF×[1－(1＋投保加成率)×保险费率]

第二节　进出口货物的作价办法

国际货物买卖中作价方法多种多样,实际业务中可根据具体情况分别采取下列作价办法。

一、固定价格

我国进出口合同绝大部分都是在双方协商一致的基础上,明确地规定具体价格,这也是国际上常见的做法。

按照各国法律的规定,合同价格一经确定,就必须严格执行,任何一方都不得擅自更改。在合同中规定固定价格是一种常规做法,它具有明确、具体和便于核算的特点。但是,由于国际市场货物行情的多变性,价格涨跌不定,因此在国际货物买卖合同中规定固定价格,就意味着买卖双方要承担从订约到交货付款以至转售时价格变动的风险。况且,如果行市变动过于剧烈,这种做法还可能影响合同的顺利执行,一些不守信用的商人很可能为逃避巨额损失,而寻找各种借口撕毁合同。

为了减少价格风险,在采用固定价格时：首先,必须对影响货物供需的各种因素进行认真分析,并在此基础上对价格走势做出合理判断,以此作为决定合同价格的依据;其次,应对客户的资信进行了解和研究,慎重选择订约对象。

但是,国际货物市场的变化往往受各种临时性因素的影响,变化难测。特别是21世纪以来,经济全球化趋势日益显现,各国经济相互融合,贸易纷争频现,各种货币汇价波动不定,货物市场变动频繁,剧涨暴跌的现象时有发生,在此情况下,固定价格给买卖双方带来的风险比过去更大,尤其是在价格前景捉摸不定的情况下,更容易使客户裹足不前。因此,为了减少风险,促成交易,提高合同的履约率,在合同价格的规定方面,也日益采取一些变通做法。

二、非固定价格

(一) 非固定价格的种类

从我国进出口合同的实际做法看,非固定价格,即一般业务中所说的"活价",大体上可分为下述三种。

1. 暂不固定价

暂不固定价即只规定作价方式而具体价格留待以后确定。这种作价方法常用于那些货物的国际市场价格变动频繁、变动幅度较大或交货期较远的买卖合同。买卖双方对价格前景难以预测,但又有成交的意愿,为了减少价格风险,双方可就其他要件(品质、数量、包装、交货、支付)先达成一致意见,而价格则待定。暂不固定价一般在合同价格条款中明确规定订价时间和订价方法。例如,"在装船月份前50天,参照当地及国际市场价格水平,协商确定正式价格";或"按提单日期的国际市场价格计算";或"以某月某日某地商品交易所该货物的收盘价再加若干美元"。如果双方有长期贸易往来,已形成比较固定的交易习惯,也可在合同中只规定作价时间,如"由双方在×年×月×日协商确定价格"。但是,这种方式由于未就作价方法作出规定,容易给合同带来较大的不稳定性,双方可能因缺乏明确的作价标准,而在商订价格时各执己见,相持不下,导致合同无法执行。因此,这种方式一般只应用于资信较好的老客户之间。

2. 暂定价

对于市价变动较大的货物的远期交易,为减少贸易风险,一般采用暂定价,即在合同中先订立一个初步价格,作为开立信用证和初步付款的依据,待双方确定最后价格后再进行最后清算,多退少补。

3. 部分固定价、部分非固定价

有时为了照顾买卖双方的利益,解决双方在采用固定价格或非固定价格方面的分歧,也可采用部分固定价格、部分非固定价格的做法,或是分批作价的办法,交货期近的价格在订约时先固定下来,余者在交货前一定期限内作价。

(二) 采用非固定价格的利弊

非固定价格是一种变通做法,在行情变动剧烈或双方未能就价格取得一致意见时,采用这种做法有一定好处,表现在以下三个方面。

(1) 有助于暂时解决双方在价格方面的分歧,先就其他条款达成协议,早日签约。

(2) 解除客户对价格风险的顾虑,使之敢于签订交货期长的合同。数量、交货期的早日确定,不但有利于巩固和扩大出口市场,也有利于生产、收购和出口计划的安排。

(3) 对进出口双方来说,虽不能完全排除价格风险,但对出口人来说,可以不失时机地做成生意;对进口人来说,可以保证一定的转售利润。

应当看到,这种做法是先订约后作价,合同的关键条款——价格是在订约后由双方按一定的方式来确定的,这就不可避免地给合同带来较大的不稳定性,存在着双方在作价时不能取得一致意见而使合同无法执行的可能;而且,如果合同作价条款规定不当,合同还有失去法律效力的危险。

(三) 采用非固定价时应注意的问题

1. 酌情确定作价标准

为减少非固定价格条款给合同带来的不稳定因素,消除双方在作价方面的矛盾,明确订立作价标准是一个重要的、必不可少的前提。作价标准可根据不同货物酌情作出规定。例如,以某商品交易所公布的价格为准,或以某国际市场价格为准等。

2. 明确规定作价时间

采用非固定价格时,明确规定作价时间,有利于出口方安全收汇和合同的顺利履行。作价时间的规定方法一般有三种。

(1) 在装船前作价。一般是规定在合同签订后若干天或装船前若干天作价。采用此种作价办法,是先作价后交货,对出口方及时收汇较有保障,但买卖双方仍要承担自作价至付款转售时的价格变动风险。

(2) 装船时作价。一般是指按提单日期的行市或装船月的平均价作价。这种做法实际上只能在装船后进行,除非有明确的客观的作价标准,否则卖方不会轻易采用,因为这种方法对卖方有一定的收汇风险。

(3) 装船后作价。一般是指在装船后若干天,甚至在船到目的地后作价,采用这类做法,卖方承担的收汇风险较大,故一般很少使用。

3. 要充分考虑非固定价格对合同成立的影响

在采用非固定价格的场合,由于双方当事人并未就合同的主要条件——价格取得一致,因此就存在着按这种方式签订的合同是否有效的问题。目前,大多数国家的法律都认为,合同只要规定作价办法,即是有效的。有的国家法律甚至认为合同价格可留待以后由双方确定的惯常交易方式决定。《公约》允许合同只规定"如何确定价格",但对"如何确定价格"却没有具体规定或作进一步的解释,为了避免争议和保证合同的顺利履行,在采用非固定价格时,应尽可能对作价办法作出明确具体的规定。

三、价格调整条款

在国际货物买卖中,有的合同除规定具体价格外,还规定有各种不同的价格调整条款。例如:"如卖方对其他客户的成交价高于或低于合同价格5%,对本合同未执行的数量,双方可协商调整价格。"这种做法的目的是把价格变动的风险规定在一定范围之内,以提高客户经营的信心。

值得注意的是,在国际上,随着许多国家通货膨胀的加剧,有一些贸易合同,特别是加工周期较长的机器设备合同,都普遍采用所谓"价格调整(修正)条款"(Price Adjustment/Revision Clause),要求在订约时只规定初步价格(initial price),同时规定如原料价格、工资发生变化,卖方保留调整价格的权利。价格调整条款一般按以下公式调整价格:

$$P = P_0[A + B \times M/M_0 + C \times W/W_0]$$

其中:P——合同最终价;

P_0——签约时双方约定的初步价;

M——计算最终价时引用的有关物价指数;

M_0——签约时引用的有关物价指数;

W——计算最终价时引用的有关工资指数;

W_0——签约时引用的有关工资指数;

A——除原材料、工资外的其他费用与利润在价格中所占比例;

B——原材料在价格中所占比例;

C——工资在价格中所占比例;

$A + B + C = 100\%$。

上述"价格调整条款"的基本内容,是按原料价格和工资的变动来计算合同的最后价格。在通货膨胀的条件下,它实质上是出口厂商转嫁国内通货膨胀、确保利润的一种手段。这种做法已被联合国欧洲经济委员会纳入它所制订的一些"标准合同"之中,而且其应用范围已从原来的机械设备交易扩展到一些初级产品交易,因而具有一定的普遍性。

由于这类条款是以工资和原材料价格的变动作为调整价格的依据,因此在使用这类条款时,必须注意工资指数和原材料价格指数的选择,并在合同中予以明确。

应注意的是,在国际货物买卖的一般贸易中,人们有时也应用物价指数作为调整价格的依据。使用价格调整条款时,合同价格的调整是有条件的。如果合同期间的物价指数发生的变动超出一定的范围,价格即作相应的调整。如果用来调整价格的各个因素在合同期间所发生的变化,从总体看没有超过约定的限度,那么合同原订的价格对双方当事人就仍然有约束力,双方必须严格执行。

第三节 佣金与折扣

佣金和折扣直接关系到货物的价格。佣金和折扣的正确运用,能够扩大货物销售,调动国外商人经营我方出口货物的积极性。在实际业务中为了推销库存货物,或争取最大交易量,或鼓励商人经营我方新、小货物,可以给予对方一定的佣金或折扣。

一、佣金与折扣的含义

佣金(commission),是代理人或经纪人为委托人进行交易而收取的报酬。在国际货物买卖中,往往表现为出口商付给销售代理人、进口商付给购买代理人的酬金。因此,它适用于与代理人或佣金商签订的合同。折扣(discount/allowance)，是卖方给予买方的价格减让。从性质上看，它是一种优惠。佣金和折扣名目繁多，如特别折扣(special discount)、额外折扣(exceptional discount)、数量折扣(quantity discount)、累计佣金(accumulative commission)等。有时，双方在洽谈交易时，对佣金或折扣的给予虽已达成协议，却约定不在合同中表示出来，这种情况下的价格条款中，只订明单价，佣金或折扣由一方当事人按约定另付，这种不明示的佣金或折扣，俗称"暗佣"或"暗扣"；反之，则称为"明佣"或"明扣"。

在交易磋商和签订合同时，除了要明确佣金或折扣外，还必须明确规定佣金率或折扣率。所谓佣金率，是指按照一定的含佣价支付中间商佣金的百分比。所谓折扣率，是指卖方按照一定的含折扣价给予买方价格减让的百分比。

二、佣金与折扣的表示方法

(一) 佣金的表示方法

在国际贸易货物的单价中，佣金的表示方法一般有三种。

(1) 用文字说明表示。如："£100 per M/T CIF London including 2% commission"（每公吨 100 英镑 CIF 伦敦包含 2%佣金）。

(2) 在贸易术语后加注佣金的英文缩写字母"C"和佣金率来表示。如"£100 per M/T CIF C2% London"。"C"是 Commission 的第一个字母，但必须注意的是，除与贸易术语连用外，在其他场合则不应以"C"代表佣金，因为在实际业务中有其各自习惯缩写，如在函电、单据中，常把佣金缩写为"Comm."。

(3) 以绝对数表示。如："Pay Commission USD30 Per M/T"（每公吨付佣金 30 美元）。

(二) 折扣的表示方法

折扣的表示方法一般也有三种。

(1) 用文字说明表示。例如，"USD50 per case CFR Singapore Less 1% discount"（每箱 50 美元 CFR 新加坡减 1%折扣）。

(2) 在贸易术语后加注折扣的英文缩写字母"D"(Discount)和折扣率来表示。例如，"CIF D2%"（CIF 减 2%折扣）。

(3) 用绝对数表示。例如，"Discount USD20 per M/T"（每公吨折扣 20 美元）。

三、佣金与折扣的计算

在国际贸易中，佣金的计算可以有多种方法。即使是同一笔业务，由于计算佣金的方法不同，佣金的数量也会存在差异。最常见的计算佣金方法是以合同价格直接乘以佣金率，得出佣金额。例如，单价为每公吨 1 000 美元 CIF C3%旧金山时，每公吨佣金额为 1 000×0.03＝30 美元。但是，也可规定以 FOB 价为基础计算，这样，在计付佣金时，应以 CIF 价减去运费、保险费，求出 FOB 值，然后乘以 0.03，得出佣金额。在实际业务中有多种计算方法可以采用，付佣方和中间商双方应在佣金协议中明确规定。

折扣的计算比较简单，以含折扣价乘以折扣率即可。佣金和折扣的计算公式为

$$佣金 = 含佣价 \times 佣金率$$

$$折扣 = 含折扣价 \times 折扣率$$

价格条款中所规定的价格,可分为包含有佣金或折扣的价格和不包含这类因素的价格,前者称为"含佣价"或"含折扣价",后者称为净价(net price)。

净价和含佣价之间的换算公式为

$$佣金 = 含佣价 \times 佣金率$$

$$净价 = 含佣价 - 佣金$$

假如已知净价,则含佣价的计算公式为

$$含佣价 = 净价 / (1 - 佣金率)$$

净价和含折扣价之间的换算公式为

$$折扣 = 含折扣价 \times 折扣率$$

$$净价 = 含折扣价 - 折扣$$

假如已知净价,则含折扣价的计算公式为

$$含折扣价 = 净价 / (1 - 折扣率)$$

四、佣金与折扣的支付

佣金可于合同履行后逐笔支付,也可按月、按季、按半年甚至一年汇总计付,通常由委托人和代理人双方事先就此达成佣金协议,遵照执行。

佣金的支付通常有两种做法:一种是由中间代理商直接从货价中扣除;另一种是在委托人收妥货款之后,再按事先约定的期限和佣金率,另外付给中间代理商。按照一般惯例,在独家代理情况下,如委托人同约定地区的其他客户直接达成交易,即使未经独家代理商过手,也得按独家代理协议规定的佣金比率付给其佣金。在支付佣金时,要防止错付、漏付和重付。

在出口业务中,佣金通常由我方出口企业于收到全部货款后再支付给中间商或代理商。因为中间商的服务不仅在于促成交易,还应负责联系、督促实际买方履约,协助解决履约过程中可能发生的问题,以使合同得以圆满地履行。但是,为了防止误解,对佣金于货款全部收妥后才予支付的做法,应由我方出口企业与中间商在双方建立业务关系之初即予以明确,并达成书面协议;否则,有的中间商可能于交易达成后,即要求我方支付佣金,而日后有关合同是否能得到切实履行、货款能否顺利收到,却并无绝对保证。

折扣一般由买方在支付货款时扣除。

第四节 合同中的价格条款

合同中价格条款的基本内容包括单价和总值,以及单价的作价方法;此外,还包括佣金和折扣的运用。

一、单价

国际货物买卖中的单价包括四部分内容：计量单位、单价金额、计价货币和贸易术语。这四部分内容缺一不可。例如：

每公吨	500	美元	CIF 纽约
计量单位	单价金额	计价货币	贸易术语

买卖双方在洽商和确定单价时，应注意以下三个方面。

（一）计量单位

各国度量衡制度不同，合同中的计量单位必须明确规定清楚，如公吨、长吨或短吨一定要写清楚。单价条款中的计量单位应与数量条款中的计量单位一致。

（二）计价货币

在国际贸易中，计价货币的确定很重要。由于买卖双方立场不同，对使用货币的出发点也不同，一般说来，买方愿意使用软币，而卖方则希望接受硬币。但是，合同中使用的货币不可能既是软币又是硬币，因此在交易中究竟使用哪种货币必须由买卖双方协商确定。

在使用货币问题上，双方主要考虑两个问题：一是汇价风险的负担问题；另一个是从汇价角度来衡量货物价格的高低问题。在国际货物买卖中，计价货币通常与支付货币为同一种货币，但也可以计价货币是一种货币，而支付货币为另一种甚至另几种货币。这些货币可以是出口国的货币或进口国的货币，也可以是第三国的货币。在当前国际金融市场普遍实行浮动汇率制的情况下，买卖双方都将承担一定的汇率变动的风险。因此，作为交易的当事人，在选择使用何种货币时，就不能不考虑货币汇价升降的风险；另一方面，也要结合企业的经营意图、国际市场供需情况和价格水平等情况，作全面综合的分析，但须避免因单纯考虑外汇风险而影响交易的正常进行。

为减少外汇风险，在进口和出口业务中分别使用"软币"和"硬币"是一种可行而有效的办法，但除此以外，也还可采用其他的方式，主要有以下三种。

1. 压低进口价格或提高出口价格

如在商订进口合同时使用当时视为"硬币"的货币为计价货币和支付货币，可在确定价格时，将该货币在我方付汇时可能上浮的幅度考虑进去，将进口价格相应压低。如果在商订出口合同时使用当时视为"软币"的货币为计价和支付货币，则在确定价格时，将该货币在我方收汇时可能下浮的幅度考虑进去，将出口价格相应提高。鉴于汇价变动十分频繁，原因复杂多样，特别是较长时期的如一年以后的趋势更难预测，所以这一办法通常较多适用于成交后进口付汇或出口收汇间隔时期较短的交易。

2. "软""硬"币结合使用

在国际金融市场上，往往是两种货币互为"软""硬"的。甲币为"软"即乙币为"硬"。而且，每有今日视为"软币"而后成为"硬币"，或相反的情况。因此，在不同的合同中适当地结合使用多种"软币"和"硬币",也可起到减少外汇风险的作用。

3. 订立外汇保值条款

在出口合同中规定外汇保值条款的办法主要有三种。

(1) 计价货币和支付货币为同一"软币"。确定订约时这一货币与另一"硬币"的汇率,支付时按当日汇率折算成原货币支付。例如:"本合同项下的日元金额,按合同成立日中国银行公布的日元和美元买入价之间的比例折算,相等于××美元。在议付之日,按中国银行当天公布的日元和美元买入价之间的比例,将应付之全部(或部分)美元金额折合成日元支付。"

(2) "软币"计价、"硬币"支付。即将货物单价或总金额按照计价货币与支付货币当时的汇率,折合成另一种"硬币",按另一种"硬币"支付。例如:"本合同项下每一美元相等于××欧元。发票和汇票均须以欧元开立"。

(3) "软币"计价、"软币"支付。确定这一货币与另几种货币的算术平均汇率,或用其他计算方式的汇率,按支付当日与另几种货币算术平均汇率或其他汇率的变化作相应的调整,折算成原货币支付。这种保值可称为"一揽子汇率保值"。几种货币的综合汇率可有不同的计算办法,如采用简单的平均法、采用加权的平均法,等等。这主要需由双方协商同意。

值得一提的是,在国际贸易中利用特别提款权(Special Drawing Rights,SDR)这种"一揽子汇率"进行保值的方法正为越来越多的商人所采纳。在国际贸易中利用特别提款权这种"一揽子汇率"进行保值的方法确定价格时,可在合同中作如下规定:"本合同项下的美元,按订约日伦敦《金融时报》所载美元的特别提款权汇率折成××特别提款权单位。在议付之日,按订约日伦敦《金融时报》所载美元的特别提款权汇率折成美元支付。"

(三) 贸易术语

在国际贸易中,根据每种贸易术语的构成,买卖合同采用哪种贸易术语对买卖双方都是至关重要的。我们选择贸易术语总的原则:出口业务应该采用 CIF 价或 CFR 价,争取为国家增加保险费外汇收入和运费的外汇收入;进口应该采用 FOB 价,减少保险费和运费的外汇支出,为国家节省外汇。但是,还要根据方便贸易、促进成交的原则,要权衡利弊,适当选择各种贸易术语。除考虑上述原则外,一定要根据货物的销售情况、销售意图、海上风险、运输条件、港口装卸情况、贸易协定、政策法令和与外国签订的各种协议情况灵活选择各种贸易术语。

二、总值

合同总值,亦称总价,是合同单价和合同数量的乘积。在总值项下的计价货币应与单价使用的计价货币一致,而且在总值之后一般也应列明与单价相同的贸易术语。

三、规定价格条款时应注意的问题

在国际贸易合同中规定价格条款时,应注意下列七个问题。

(1) 合理确定货物的单价,防止偏高或偏低;

(2) 根据船源、货源等实际情况,选择适当的贸易术语;

(3) 争取选择有利的计价货币,必要时可加订外汇保值条款;

(4) 灵活运用各种不同的作价办法,尽可能避免承担价格变动的风险;

(5) 参照国际贸易的习惯做法,注意佣金和折扣的合理运用;

(6) 如交货品质、交货数量有机动幅度或包装费另行计价时,应一并订明机动幅度部分作价和包装费计价的具体办法;

(7) 单价中的计量单位、计价货币和装运地或卸货地名称,必须书写清楚,以利于合同的履行。

第五节 出口货物成本核算和盈亏分析

评价某笔出口贸易的经济效益可用出口货物换汇成本、出口货物盈亏率和外汇增值率这三个指标来衡量。

一、出口货物盈亏率

出口货物盈亏率＝出口货物盈(＋)亏(－)额／出口总成本×100％

＝(出口销售人民币净收入－出口总成本)／出口总成本×100％

出口销售人民币净收入是根据出口货物的 FOB 价(出口销售外汇净收入)按外汇牌价(买入价)折成人民币的数额。

出口总成本(退税后)＝出口货物进价(含增值税)＋定额费用－出口退税收入

定额费用＝出口货物进价×费用定额率

定额费用由各外贸企业按不同出口货物自行研究决定。定额费用一般将银行费用、工资支出、邮电通信费用、交通费用、仓储费用、码头费用、差旅费、招待费等计算在内,一般为出口货物进价的 5％—10％不等。

出口退税收入＝出口货物进价(含增值税)／(1＋增值税率)×退税率

出口货物盈亏额＝出口销售外汇净收入×银行外汇买入价－出口总成本(退税后)

二、出口货物换汇成本

出口货物换汇成本是指某种货物出口净收入 1 个外汇单位(如美元)所需的人民币成本,即用多少人民币可换回 1 个单位外汇。计算公式为

出口货物换汇成本＝出口货物总成本(人民币)／出口销售外汇净收入(FOB)

出口货物换汇成本应不高于银行外汇买入价,不然企业将亏损。计算出口货物换汇成本的意义有三个方面。

(1) 通过比较不同种类出口货物的换汇成本来调整出口货物的结构。

(2) 对同类货物比较出口到不同国家或地区的换汇成本,作为选择目标市场的依据。

(3) 对同类货物比较不同时期的换汇成本的变化,以利于企业改善经营管理和采取扭亏增盈的有效措施。

三、外汇增值率

外汇增值率是指进口原料的外汇成本和出口成品的外汇净收入(FOB 价)相比的比率,也称出口创汇率。计算外汇增值率的目的在于考察企业进料加工或国产原料深加工后再出口的经济效益。

外汇增值率 =(成品出口外汇净收入 - 原料外汇成本)/ 原料外汇成本 × 100%

计算外汇增值率时应注意:

(1) 成品出口时,不论按何种价格条件成交,一律按 FOB 价计算成品出口外汇净收入。

(2) 对于原料外汇成本的计算,若原料系进口,则不论按何种价格条件成交,一律应折成 CIF 价计算;若原料系国产或部分国产的,则应比照出口该原料的 FOB 价计算。

第六节 进出口货物价格的掌握

价格的掌握是一项很复杂而又十分重要的工作。为了做好这项工作,从事外经贸的人员必须正确贯彻我国进出口货物的作价原则,切实了解国际市场价格变动趋势,充分考虑影响价格的各种因素,做好比价工作和加强成本核算,并掌握价格换算方法。

一、正确贯彻作价原则和掌握合理的差价

我国进出口货物的作价原则:在贯彻平等互利的原则下根据国际市场价格水平,结合国别(地区)政策,并按照我们的购销意图确定适当的价格。由于价格构成因素不同,影响价格变化的因素也多种多样。因此,在确定进出口货物价格时必须充分考虑影响价格的种种因素,并注意同一货物在不同情况下应有合理的差价,防止出现不区分情况,采取全球同一价格的错误做法。

为了正确掌握我国进出口货物价格,除应遵循上述作价原则外,还必须考虑下列六个因素。

(1) 要考虑货物的品质和档次。在国际市场上一般都贯彻按质论价的原则,即好货高价,次货低价。品质的优劣、档次的高低、包装装潢的好坏、式样的新旧、商标和品牌的知名度等因素,都影响货物的价格。

(2) 要考虑运输距离。国际货物买卖,一般都要通过长途运输。运输距离的远近,影响运费和保险费的开支,从而影响货物的价格。因此,确定货物价格时必须核算运输成本,做好比价工作,以体现地区差价。

(3) 要考虑交货地点和交货条件。在国际贸易中,由于交货地点和交货条件不同,买卖双方承担的责任、费用的风险有别,在确定进出口货物价格时必须考虑这些因素。例如,同一运输距离内成交的同一货物,按 CIF 条件成交同按 DAP 条件成交,其价格理应不同。

(4) 要考虑季节性需求的变化。在国际市场上,某些节令性货物,如赶在节令前到货,抢行应市,即能卖上好价。过了节令的货物,其售价往往很低,甚至只能以低于成本的"跳楼价"出售。因此,应充分利用季节性需求的变化,切实掌握好季节性差价,争取按对我方有利的价格成交。

(5) 要考虑成交数量。按国际贸易的习惯做法,成交量的大小影响价格。成交量大时,在价格上应给予适当优惠,或者采用数量折扣的办法;反之,如成交量过少,甚至低于起订量时,也可以适当提高出售价格。那种不论成交量多少,都采取同一个价格成交的做法是不当的,应当掌握好数量方面的差价。

(6) 要考虑支付条件和汇率变动的风险。支付条件是否有利和汇率变动风险的大小,都影响货物的价格。例如,同一货物在其他交易条件相同的情况下,采取预付货款和凭信用证方式付款,其价格应当有所区别。同时,确定货物价格时,一般应争取采用对自身有利的货币成交,如采用不利的货币成交时,应当把汇率变动的风险考虑到货价中去,即适当提高出售价格或压低购买价格。

此外,交货期的远近、市场销售习惯和消费者的爱好等因素,对确定价格也有不同程度的影响,我们必须在调查研究的基础上通盘考虑,权衡得失,然后确定适当的价格。

二、注意国际市场货物供求变化和价格走势

供求变化必然影响国际市场价格。因此,在确定成交价格时必须考虑供求状况和价格变动的趋势。当市场货物供不应求时,国际市场价格就会呈上涨趋势;反之,当市场货物供过于求时,国际市场价格就会呈下降趋势。由此可见,切实了解国际市场供求变化状况,有利于对国际市场价格的走势作出正确判断,也有利于合理地确定进出口货物的成交价格,避免价格掌握上的盲目性。

三、做好比价工作和加强成本核算

(一) 做好比价工作

确定货物的成交价格应有客观依据,应从纵向和横向进行比价,不能凭主观意志盲目定价,尤其在进口方面更要注意做好比价工作。我们要将成交货物的历史价和现价进行比较,将成交货物在各不同市场上的价格进行比较,将同一市场上不同客户的同类货物的价格进行比较,真正做到"货比三家",防止确定的成交价格偏离市场价格的实际水平。

(二) 加强成本核算

为了合理确定成交价格,以提高经济效益,在价格掌握上要防止不计成本、不管盈亏和单纯追求成交量的偏向,尤其在出口货物价格的掌握上,更要注意这方面的问题。过去,我国在出口业务中,发生过盲目坚持高价或随意削价竞销的情况,给我国带来了不应有的损失。出口货物作价过高不仅会削弱我国出口货物的竞争能力,而且会刺激其他国家发展该项货物的生产,或增加生产代用品来同我国产品竞销,从而产生对我不利的被动局面。反之,不计成本,在国内高价抢购,到国外削价竞销,盲目扩大出口,这不仅在外销价格方面造成了混乱,导致"肥水流入外人田",使国家蒙受经济损失,而且还会使一些国家借此对我国

出口产品采取限制措施,并导致反倾销投诉案件增多。当前,我们主要应当防止这种低价无序竞争的倾向。

四、掌握价格换算方法

在国际贸易中,不同的贸易术语价格构成不同,包含费用不同,即包括不同的从属费用。例如:FOB 术语中不包括从装运港至目的港的运费和保险费;CFR 术语中则包括从装运港至目的港的通常运费;CIF 术语中除包括从装运港至目的港的通常运费外,还包括保险费。在对外洽商交易过程中,有时一方按某种贸易术语报价时,对方要求改报其他术语所表示的价格,这就涉及价格的换算问题。了解贸易术语的价格构成及其换算方法,乃是从事国际贸易人员所必须掌握的基本知识和技能。外贸从业人员只有熟练掌握各种价格之间的换算,才能合理确定国际贸易中货物的价格。

思考题

1. 国际贸易中货物的作价方法有哪些?应如何选用?
2. 国际贸易中货物的单价由哪几部分构成?试举例说明。
3. 在国际贸易中选用计价货币和支付货币时应注意什么问题?如何避免汇率风险?
4. 我方下列出口单价的写法是否正确?如有错误或不完整,请更正或补充。
(1) 每吨 3 000 美元 FOB 横滨。
(2) 每箱 100 英镑 CFR 净价英国。
(3) 每打 25 元 CIFC 利物浦。
(4) 5 000 日元 CIF 上海包含佣金 3%。
(5) 每码 50 欧元 FOB 净价减 1% 折扣。
5. 我某进出口公司向荷兰出口一批货物,按 FOB 贸易术语成交,每公吨 1 200 美元。在装运前夕,买方因派船有困难要求我方办理订舱和投保一切险和战争险,保险费率分别为 0.62% 和 0.04%,按 CIF 发票总值的 110% 投保。海运运费为每公吨 15 美元。

试问:其单价应如何调整?应用何种贸易术语?价格是多少?

6. 我对外报价为 CFR 纽约,每公吨 2 500 美元。客户要求改为 CIF C5 纽约,投保一切险和战争险,保险费率分别为 0.5% 和 0.04%,按 CIF 单价的 110% 投保。

试问:改报后的价格是多少?

7. 我对外出口 2 000 箱货物,报价为每箱 20 英镑 CFR C3% 伦敦,现客户要求改报 CIF C5% 伦敦价。设平安险、水渍险、一切险的费率分别为 0.4%、0.5%、0.6%。

试问:如卖方利润不变,则卖方应报价多少?卖方应多付中间商多少佣金?

8. 我某外贸公司出口一批货物至新加坡,出口总价为 10 万美元 CIF 新加坡,其中从中国口岸至新加坡的运费和保险费占 12%,这批货物的国内进价为人民币 550 000 元(含增值税17%),该外贸公司的费用定额率为5%,该批货物的出口退税率为14%,结汇时中国银行外汇牌价为100美元兑625.00—628.00元人民币。

试问:这笔出口交易的换汇成本和出口货物盈亏率各是多少?

9. 某公司出口某产品10 000打,每打CIF纽约17.3美元。已知总运费为2 160美元,总保险费为112美元。购进价每打人民币117元(含17%的增值税)。该公司的定额费用率为10%,该产品的出口退税率为9%。结汇时银行外汇买入价为1美元等于6.25元人民币。

试问:该批商品的换汇成本是多少?该笔业务的盈亏率是多少?

案例分析

1. 香港某中间商为内地某公司介绍成交出口总金额为500万美元的合同,出口公司答应中间商按成交金额的5%支付佣金。出口公司与国外进口商签订合同后,香港中间商即向出口公司索取25万美元的佣金,而出口公司坚持要在收到买方的货款后支付。出口公司与中间商发生争议。

试问:双方发生争议的原因何在?从中可以汲取怎样的教训?

2. 我国某内陆出口公司于2020年1月向日本出口30公吨甘草膏,每公吨40箱,共1 200箱,每公吨售价1 800美元,FOB新港,共54 000美元,即期信用证,装运期为2020年1月25日之前,货物必须装集装箱。该出口公司在天津设有办事处,于是在2020年1月上旬便将货物运到天津,由天津办事处负责订箱装船,不料货物在天津存仓后的第二天,仓库午夜着火,抢救不及,1 200箱甘草膏全部被焚。办事处立即通知内地公司总部并要求尽快补发30公吨,否则无法按期装船。结果该出口公司因货源不济,只好要求日商将信用证的有效期和装运期各延长15天。

试问:教训何在?

第六章 货物的交付

国际货物买卖是通过货物的交付和价款的支付进行的。国际贸易中的货物交付(简称交货)指卖方自愿将其对货物的占有权转移给买方的行为。《公约》第30条规定:"卖方必须按照合同和本公约的规定,交付货物,移交一切与货物有关的单据并转移货物的所有权。"交付货物是卖方最基本的义务,它与买方支付价款构成对流条件。交货涉及交货方式、交货时间和地点、装运地、目的地、运输单据、一次装运还是分批装运、是否需要或允许转运等问题。这些问题直接关系到买卖双方当事人的权益,因此需要在买卖合同中作出具体规定,以免产生争议。

第一节 运输方式

目前国际贸易货物运输方式主要有海洋运输、铁路运输、航空运输、内河运输、邮政运输、公路运输、管道运输、集装箱运输、大陆桥运输以及由各种运输方式组合起来的国际多式联运等。在对外贸易业务中,应该根据进出口货物的特点、货运量大小、自然条件和装卸地的具体情况以及国际政治局势的变化等因素,认真选择合理的运输方式,保证"安全、迅速、准确、节省"地完成我国对外经济贸易货物运输任务。

一、海洋运输

海洋运输(ocean transport)虽然是最古老的货物运输方式,但仍然是目前国际货物运输中运用最广泛的方式。海洋运输是指利用商船在国内外港口之间通过一定的航区和航线进行货物运输的一种方式。它是国际贸易中历史悠久而重要的运输方式。目前,海运量在国际货物运输总量中占80%以上。海洋运输之所以被如此广泛采用,是因为它与其他国际货物运输方式相比,主要有下列四个明显的优点。

(1)运载能力大。海洋运输可以利用四通八达的天然航道,它不像火车、汽车受轨道和道路的限制,其通过能力很大。随着科学技术和长期国际贸易货运实践的发展,海洋运输的船舶从数量、结构、设备、运载能力等方面来说,都有了很大进步。不但航行速度加快,而且抵抗自然灾害的能力也有一定的提高。

(2)货物运量大。海洋运输船舶的运输能力,远远大于铁路运输车辆。如一艘万吨船舶的载重量一般相当于250—300个车皮的载重量。

(3)运输运费低。按照规模经济的观点,因为运量大、航程远,分摊于每货运吨的运输成本就少,因此运价相对低廉。

(4)对货物的适应性强。海轮的品种多,装载货物的空间大,可以装运各种货物。目前国际航运中的远洋货物运输船舶,按其结构和载运的货物的种类,可分为干货船(dry cargo carrier)和油槽船(oil tanker)。干货船又可分为杂货船(general cargo vessel)、散装货船(bulk carrier)、冷藏船(refrigerated vessel)、木材船(timber carrier)、集装箱船(container ship)、滚装船(roll on/roll off vessel)和子母船(lighters aboard ship)等。

海洋运输也存在不足。海洋运输受气候和自然条件的影响较大,如海上出现暴风、巨浪和冬季港口封冻,运输就受到阻碍;航期不易准确;运输风险较大;运输的速度也相对较慢。对于不宜长途运输的货物、易受气候条件影响或急需的货物,一般不宜采用海洋运输。

国际海上航线主要包括北大西洋航线、地中海-美洲东海岸航线、西欧-加勒比航线、苏伊士运河航线、好望角航线、北太平洋航线、南太平洋航线、远东-澳新航线和远东-波斯湾航线。

海洋货物运输,按照船舶的经营方式,可分为班轮运输和租船运输。

(一)班轮运输

班轮(regular shipping liner, liner),又称定期船,是指按照固定的航行时间表,沿着固定的航线,停靠固定的港口,收取固定运费的运输船舶。班轮运输(liner transport),也称定期船运输,是在一定航线上,在一定的停靠港口,定期开航的船舶运输。它是海洋货物运输中的主要运输方式。

1. 班轮运输的特点

简单地说,班轮运输的基本特点就是"四固定"和"一负责"。具体有以下三个特点。

(1)"四固定":航线、停靠港口、船期均固定,运费率也相对固定。凡是班轮停靠的港口,不论货物数量多少,一般都可承运。

(2)"一负责":由承运人负责货物的配载装卸,并负担装卸费用,即通常所说的"管装管卸"(gross terms),承运人和托运人双方不计装卸时间以及速遣费和滞期费。

(3)承运人和托运人双方的权利义务和责任豁免以班轮公司签发的班轮提单条款为依据。

由此可见,利用班轮运载国际贸易货物是十分灵活和方便的,只要班轮有舱位,不论数量多少,也不论直达或转船,班轮公司通常均愿承运。加上班轮运输手续简便,为货主带来方便,而且班轮通常具有良好的技术质量、严格的管理制度,保证了货物运输的质量。因此,班轮运输深受货主的欢迎,成为国际货物运输中的主要运输方式,尤其是对零星成交、分运批次多、交货港口分散的货物更为适合。

2. 班轮运输费用

班轮运输费用是班轮公司为运输货物而向货主收取的费用。班轮运费视散货运输还是集装箱运输而有所不同,本节所述系指散货运输的运费,包括货物从装运港至目的港的海上运费以及货物的装卸费。

(1)班轮运价表(liner's freight tariff)。货物使用班轮运输时,运费是按照班轮运价表的规定来计算的。不同的班轮公司或班轮公会有不同的班轮运价表,但都是按照各种货物的不同的积载系数,不同的性质和价值结合不同的航线和航程加以确定。班轮运价表的结构一般包括说明及有关规定、货物分级表、航线费率表、附加费率表、冷藏货及活牲畜费率表等。对于基本费率的规定,有的运价表是按每项货物列出其基本费率,这种运价表称为"单项费率运价表";有的是将承运的货物分为若干等级(见表6-1),每一个等级的货物有一个基本费率,称为"等级费率表"。等级越高,费率越高。在实际业务中,大多采用等级费率表(见表6-2)。

表6-1 货物分级表

货 名	计算标准	等 级
棉布及棉织品	M	10
小五金及工具	W/M	10
玩具	M	20

表6-2 中国-东非航线费率表 （单位:港元）

等级	费率	等级	费率
1	243	20	1 120
4	280	Ad Val.	290
10	443		

(2) 班轮运费的构成。班轮运费由基本运费和附加运费构成。

① 基本运费(basic freight)是指货物运往班轮航线上固定停靠的港口,按照运价表内对货物划分的等级所必须收取的运费。基本运费的计算标准,主要有以下八种。

A. 按货物毛重计收,即以重量吨(weight ton)为计算单位计收。以1公吨、1长吨或1短吨作为1重量吨,视船公司采用公制或英制或美制而定。在班轮运价表中的货物名称后面注有"W"字样。

B. 按货物的体积计收,即以尺码吨(measurement ton)为计算单位计收。1尺码吨一般以1立方米(公制)或40立方英尺(合1.132 8立方米)(英制)为计算单位。在运价表上用"M"标注。

以上两种计算运费的重量吨和尺码吨统称为运费吨(freight ton)。

C. 按货物的价格计收,即按货物在装运地FOB货价的一定比例收费,称从价运费。通常承运黄金、白银、宝石等贵重货物时才按从价计收运费。按从价计收运费时,在运价表上标注"A.V."或"Ad Val."(Ad Valorem,拉丁文,从价的意思)。

D. 按货物毛重或体积计收,即在重量吨或尺码吨两种计算标准中,从高收费。运价表内以"W/M"标注。

E. 按货物毛重或体积或从价计收,即在重量吨或尺码吨或FOB价格三种计算标准中,按较高的一种计收。运价表内,以"W/M or A.V."标注。

F. 按货物毛重或体积两种计算标准中较高的一种计收,再加上一定百分比的从价运费。在运费表中,以"W/M Plus A.V."标注。

G. 按货物的个数计收。如卡车按辆、活牲畜按头。运价表内标注"Per Unit"或"Per Head"。

H. 由船方与货主临时议价(open rate)。这种临时议定运费的办法主要在承运粮谷、矿石、煤炭等大宗货物时采用,运费率一般较低。在运价表中一般只列出"议价货"品名。

在实际业务中,基本运费的计算标准以按货物的毛重(W)或按货物的体积(M)或按重量或体积(W/M)计收三种方式居多。

② 附加运费(additional freight)是指班轮公司收取基本运费之外所收取的那部分运费。班轮承运货物除了要按"基本运费率"(basic rate)收取基本运费之外,往往还要加收种种附加费用(surcharge)。班轮公司凡是在运输过程中有额外的正常开支或蒙受一定经济损失时,都要向货方收取一定金额的附加运费。因此,附加运费名目繁多,常见的有以下十种。

A. 超重附加费(heavy lift additional):承运的货物的毛重达到或超过一定重量时,称为超重货,要收取超重附加费。超重附加费一般随货物重量加重而增加,而且每转船一次,需加收一次。

B. 超长附加费(long length additional):承运的货物的长度达到或超过规定的长度(一般为9米),要加收超长附加费。每转船一次,需加收一次。

C. 直航附加费(direct additional):凡运往非基本港口的货物,班轮可以直航到指定非班轮停靠的港口而增收的附加费用,但要求非基本港口必须在班轮航区之内,否则不承运。

D. 转船附加费(transshipment surcharge):运往非基本港口的货物,需在中途转船而运至指定目的港,船方向货主加收的费用。转船附加费不一定等于船方支出的中转费和二程运费,其盈亏由船方自理。

E. 港口拥挤费(port congestion surcharge):由于卸货港拥挤,船到港后长期停泊,等待卸货码头而延长船期,增加船方营运成本而向货方收取的附加费。

F. 港口附加费(port surcharge):船方因港口装卸条件差、速度慢或港口费用较高而向货方收取的附加费。

G. 燃料附加费(bunker surcharge or bunker adjustment factor,BAF):由于原油价格上涨,船舶开支增加而向货主增收的费用。计算的方式有两种:一是每运费吨加收若干,一是按基本运价的一定百分率计收。

H. 选港附加费(optional fees):货方托运货物时尚未指定明确的卸货港,要求在预先提出的两个或两个以上的卸货港中进行选择,而向船方支付的附加费。

I. 变更卸货港附加费(alternation of destination charge):货方要求改变货物原来规定的卸货港,在海关准许和船方同意接受变更的情况下补交的附加费用,叫变更卸货港附加费。如果因变更卸货港而发生翻舱倒载费用时,也要由货方负担。如果改变的卸货港运费高于原目的港运费,货方要补交运费差额,但低于原卸货港运费时,差额不退还货方。

J. 绕航附加费(deviation surcharge):由于正常航道受阻不能通行,船舶必须绕道航行向货方收取的附加费叫绕航附加费。此项附加费一般按基本运费的百分比计收。

除上述各项附加运费外,还有洗舱费(cleaning charge)、熏蒸费(fumigation charge)、货币贬值附加费(currency adjustment factor,CAF)、冰冻附加费(ice surcharge)等。

班轮附加费通常以基本运费的一定百分比计收,也可以每运费吨若干金额计收。

(3) 班轮运费的计算。使用班轮进行货物运输时,其运费的计算有以下四种方法。

① 采用等级费率表的具体计算方法:首先根据货物的英文名称,从运价表的货物分级表中,按字母顺序查出有关货物所属的等级和计收运费的标准。然后,再根据货物的等级和

计收标准,从航线费率表中查出有关货物的基本运费率,再加上各项必须支付的附加运费,所得总和即为某种货物运往指定目的港的单位运费,再乘以计费重量吨或尺码吨,即得该批货物的运费总额。即,班轮运费=基本运费+附加运费=基本运费×(1+附加运费率)。其计算公式为

$$F = F_b + \sum S$$

式中,F——运费总额;F_b——基本运费;$\sum S$——附加运费。

② 班轮运费凡采用临时议定运价的需由货方和船方协商确定。
③ 采用单项费率运价表的分别运输的货物按表列费率计算基本费率。
④ 如是从价运费,则按规定的百分率乘 FOB 货价即可。

3. 班轮货物运输业务

班轮运输从揽货开始到交付货物完毕,所经历的货运程序比较复杂。现从班轮公司角度叙述散杂货班轮运输的基本程序。

(1) 揽货和订舱。

揽货又称揽载,是指班轮公司为使自己所经营的班轮能在载重和舱容上得到充分利用,从货主那里争取货源的行为。与班轮公司揽货相对应,托运人或其代理人向班轮公司或其代理机构提出货物订舱委托书,即所谓的订舱,承运人对申请给予承诺,运输合同即告订立。

班轮运输可以口头或以订舱委托书发出要约,船公司一般以配舱回单作出承诺。

在国际贸易中,CFR、CIF 合同的出口商负责运输时,订舱在装船港或货物输出地进行。如果 FOB 合同下,订舱可能在货物输入地或卸货港进行,这样的订舱称为卸货地订舱(home booking),买方也可以委托卖方在出口地订舱。

(2) 收货与装船。

散杂货班轮运输情况下,货物的种类繁多、性质各异、包装形态多样,卸货港口也不同。为了保证装货顺序,提高装卸效率,减少船舶在港停泊时间,班轮散杂货运输通常采用仓库集中收货、集中装船的做法。具体来说,由船公司指定的各代理人,在各装运港的指定地点,接受托运人送来的货物,将货物集中,并按照货物性质和港序进行适当的分类,待船舶靠港时再进行装船。

除另有规定外,非集装箱货物的班轮运输中承运人与托运人的责任界限是以货物挂上船舶吊钩时划分的。我国《海商法》第 46 条规定:"承运人对非集装箱货物的责任期间从货物装上船舶时起至货物卸下船舶时止,货物处于承运人掌握之下的全部期间。前款规定不影响承运人就非集装箱装运的货物,在装船前和卸船后所承担的责任达成任何协议。"因此,托运人将货物在仓库交给班轮公司,并不改变提单中规定的承运人责任界限,除非另有相反约定。费用划分也是如此。

(3) 卸货和交付。

在卸货港,根据船舶预计到港通知,船公司或其代理人:一方面,需要编制必要的单据,指定装卸公司,等待船舶进港卸货;另一方面,还要把船舶预计到港的时间提单的通知方或收货人,以便交付货物和收取到付运费。

为了缩短船舶在港时间,通常采用集中卸货的办法,即由船公司所指定的装卸公司负责

卸货和接收货物。卸货业务也可由船公司的代理人兼营。

卸货和交付货物程序较多,包括准备库场、安排驳船和装卸工人、在船舶到港后开关舱盖、指派起货机手、卸货作业,以及将货物移往岸上指定地点,进行分类保管,并代表船公司根据提货单(delivery order,D/O)向收货人交付货物。进口货物卸货前,还应履行货物进口报关和报验工作。

货物的主要交付方式为仓库交付(delivery ex-warehouse)。仓库交付形式下,承运人将货物集中卸下,移入船公司或其代理人仓库,或装卸公司的仓库,然后由代理人或装卸公司代替船公司按票向收货人交付货物。

特殊货物也可在船边交付。一些贵重物品、危险货物、冷冻货物、长大件货物以及其他批量较大的货物在货主要求下,常以船边交货方式交付。在船边交付货物时,收货人应当保证充分的接运工具,及时提取货物。如果因接运工具不足使卸货中断,船长可以将货物卸在岸上,如延误了船期,承运人还可以索赔船期损失。

(4) 主要货运单证。

散杂货班轮运输中,从办理托运手续、装船、直到卸货和交付货物的整个过程中,需要编制各种单证。这些单证是货方、船方、港方联系工作的凭证,又是划分他们责任的法律文件。主要的单证包括装运港单证和卸货港单证。

装运港单证主要有:装运联单(是由托运单 booking note、装货单 shipping order,S/O 和收货单 mate's receipt,M/R 主要三联和其他联组成的有关货物和装卸港口信息的单据,各联的主要内容基本一致,但作用不同)、提单(bill of lading,B/L,货物装货完毕后,托运人即可持收货单在预付运费的情况下到承运人或其代理人处交付运费,或在运费到付的情况下提出一定的书面保证后,换取已装船提单)、装货清单(loading list,cargo list,是船公司或其代理人根据装货单留底,将全部待装货物按目的港和货物性质归类,依航次靠港顺序排列编制的装货单汇总清单)、载货清单(manifest,M/F,是按卸货港逐票罗列全船载运货物的汇总清单)、运费清单(freight manifest,F/M,是由装货地的船公司或其代理人根据提单副本编制的与货物和运费有关事项的一览表)、危险货物清单(dangerous cargo list,是为运输危险品而编制的)、分舱单(hatch list,是根据装货单和理货单编制的分舱记载各个积载的货物种类和数量的分舱载货一览表)、配载图(cargo plan)和积载图(stowage plan,是以图示形式表明拟装货物的计划装舱位置的货物装载计划图)。卸货港单证主要有:卸货报告(outturn report,是按照出口载货清单和卸货港实际卸下的全部货物编制的详细的进口载货清单)、货物溢短单(overlanded & shortlanded cargo list,是当某票货物所卸货物与提单或载货所记载的数字不同时,由理货员对溢卸或短卸情况予以记录的单据)、货物残损单(broken & damaged cargo list,是卸货完毕后,现场理货人员根据卸货过程中发现的货物破损、水渍、油渍等情况,随时作出的记录汇总编写的表明货物残损情况的单证)和提货单(delivery order,D/O,是承运人在收回提单时签发给收货人的用以提取货物的单证)。

4. 使用班轮运输应注意的问题

使用班轮运输时,托运人应注意以下五个方面的问题。

(1) 由于班轮运费计收标准不一,如属按体积计算运费的货物,应当改进包装,压缩体积,节省运费。

(2) 在对外报价时,应慎重考虑运费因素,仔细核算运费,特别是对可能加收的各种附加运费必须计算在内。

(3) 我国出口货物由我方订舱托运时,应争取在基本港口卸货,以节省直航和转船附加运费。

(4) 要熟悉各类班轮运价表,选择填写收费较低的适当货物名称。要做到合理套级,尽量避免按"未列名货物"计算运费。

(5) 托运样品,一般不要超过一定重量和体积,通常样品重量在 25 千克或 0.02 立方米以内是免费的,否则就会多付运费。

(二) 租船运输

租船(charter)有租赁整船和租赁部分舱位两种,一般以前者为多。租船运输(charter transport),又称不定期船运输,是指租船人向船东租赁船舶用于运输货物的业务。它与班轮运输有很大差别,船舶航运的时间、行驶的航线、停靠的港口和船方收取的运费或租金,以及装卸费用等均由出租方与租船人双方临时议定。

1. 租船运输的特点

(1) 没有固定的航线、装卸港口和船期,可根据货主不同的需要,结合租船市场时的各种因素临时决定,这是租船运输的最大优点。

(2) 没有固定的运价,运价可随租船市场的供求变化而变动。

(3) 适用于运量大的运输,如大宗货物的运输,特别是矿产品及其他大宗交易货物。

(4) 租船人有较大的自由度。

2. 租船方式

按租船性质,可分为定程租船与定期租船两种。

(1) 定程租船(voyage charter; trip charter),又称程租船或航次租船,是指由船东负责提供船舶,在指定港口之间进行一个航次或数个航次,承运指定货物的租船运输。它是根据船舶完成一定航程(航次)来租赁的。一般可分为按单航次、来回航次、连续单航次和连续来回航次等方式租赁船舶。程租船的特点是:船方根据租船合同(charter party)规定的航程,负责将货物运至目的港,并承担船舶的经营管理和一切开支。租船运费一般根据船级吨位和租船市场的运费行市等条件,在租船合同中作出具体规定。

(2) 定期租船(time charter),又称期租船,是指按一定期限租赁船舶。船期可长可短,从数日到几年不等。定期租船的特点是:在租赁期间,船舶交由租船人管理、调度和使用。货物的装卸、配载、理货等一系列工作都由租船人负责,由此而产生的燃料费、港口费、装卸费、垫舱物料费等都由租船人负担。租金一经约定即固定不变。船方负担船员薪金、伙食等费用,并负责保持船舶在租赁期间的适航状态(seaworthy)以及因此而产生的费用和船舶保险费用。所谓适航状态一般是指使船舶能够正常运转,具有航海安全能力,能够适合接受和保管货物。

在海运租船业务中,有一种称为"光船租船"(bare boat charter),亦称"净船期租船"的方式,也属于定期租船的一种。它与一般期租船相同之处是租金也按时计算,不同之处是在租船期间，船舶的占有权由船东移至租船人，船东只是空船出租，船上的工作人员均由租船人雇用。

近年来，国际上出现一种介于航次租船和定期租船之间的租船方式，即航次期租(time charter on trip basis，TCT)，这是以完成一个航次运输为目的，根据完成航次所花的时间，按约定的租金率计算租金的一种租船方式。

就外贸企业来说，使用较多的是定程租船，主要用于运输批量较大的大宗初级产品，如粮食、油料、矿产品和工业原料等。

3. 租船运输费用

租船运输费用可以分为期租船租金和程租船运输费用。

(1) 期租船租金。在期租船情况下，租船人为使用船舶而付给船舶所有人的代价称为租金(rent)。租金率取决于船舶的装载能力和租期的长短，通常规定为按月每载重吨若干金额或整船每天若干金额。租船人必须按时按规定的金额支付租金，如租金未在到期之日付到船舶所有人指定的收款银行，则船舶所有人有权撤回船舶。

(2) 程租船运输费用。主要包括程租船运费和装卸费。此外，还有滞期费、速遣费。

程租船运费是指货物从装运港至目的港的海上运费，其计算方法和支付时间，须由租船人和船东在程租船合同中明确规定。计算方法主要有两种：一种是按运费率(rate of freight)，即规定每单位重量或单位体积的运费额，同时还要规定是按装入量(intaken quantity)计还是按卸出量(delivered quantity)计；另一种是整船包价(lump sum freight)，即规定一笔整船运费，船东保证船舶能提供的载货重量和容积，不管租方实际装货多少，一律整船包价付费。

程租船运费率的高低取决于诸多因素：租船市场的运费水平、承运的货物价值、装卸货物所需设备和劳动力、运费的支付时间、装卸费用的负担方法、港口费用高低及船舶经纪人的佣金高低等。

程租船装卸费。程租船对于装卸费的负担问题有多种规定方法，究竟按哪一种规定必须与买卖合同一致，特别是要与使用的贸易术语及其变形相吻合，否则即会造成经济损失。程租船装卸费的规定有四种：

① 船方不负担装卸费用(free in and out，缩写为 FIO)。
② 船方不负担卸货费用，而负担装货费(free out，缩写为 FO)。
③ 船方不负担装货费，而负担卸货费(free in，缩写为 FI)。
④ 船方装卸费都负担(gross terms 或 liner terms 或 berth terms)。

目前，我国采用的程租船合同，大多数规定 FIO 条件。

4. 程租船的装卸时间、滞期费与速遣费

在程租船运输中，装卸时间长短影响到船舶的使用周期和在港费用，直接关系到船方利益。对于装卸时间如何约定，国际上没有立法提供具体的约束或指引，主要通过合同来约定。在程租船合同中，除了规定装卸时间外，还须规定奖励处罚措施，以督促租船人实现快装快卸。

装卸时间或称装卸期限，指租船人承诺在一定期限内完成装卸作业。对于装卸时间的规定方法，主要有以下几种：规定装卸货物的定额标准，即每船或每个舱口每一工作日装卸若干吨;规定固定的装卸天数,即不规定装卸率,只规定装卸总的天数;按港口习惯快速装卸(customary quick dispatch,CQD),即不具体规定装卸率或可用于装货和卸货的天数,而按照有关港口习惯的装卸方法和装卸速度尽快装卸。后一种规定方法,由于没有确切的装卸期限,使用时容易引起争议。

在规定的装卸期限内,还要具体明确装卸时间的计算方法,其计算方法一般有以下四种。

① 按连续日(或时)(running or consecutive days/hours):时间连续满 24 小时即为一日。

② 工作日(working days):按照港口习惯属于正常工作的日子,星期日和例假日除外。

③ 好天气工作日(weather working days):按正常工作日且适宜装卸作业的天气计算装卸时间,即星期日和例假日以及因天气不能进行装卸作业的时间都除外。

④ 连续 24 小时好天气工作日(weather working days of consecutive 24 hours):这种规定同好天气工作日,但按在天气适宜装卸工作日内时钟连续 24 小时为一个工作日,星期日、例假日和不能装卸的坏天气都一律扣除。使用这一用语时,不论港口的正常工作日规定工作几小时,均按 24 小时算,此用语实务中使用最多。

使用程租船运输货物时,在规定的装卸期限内,如果租船人未能完成作业,为了补偿船方由此而造成船舶延期所产生的损失,由租船人向船方支付一定的罚金,此项罚金称为滞期费(demurrage)。如果租船人在程租船合同规定的时间内提前完成装卸,给船方节省了船期,船方为了鼓励租船人,而向租船人支付一定金额作为报酬,此项报酬称为速遣费(dispatch)。速遣费一般为滞期费的一半,也有其他的规定方法。

装卸时间和滞期费、速遣费的规定对外贸企业在采用程租船方式运输进出口货物时是非常重要的。为了明确买卖双方的装卸责任,并使进出口合同的规定与程租船合同保持一致,必须根据货物的种类、船舶舱口数、港口装卸能力和港口习惯装卸时间等因素,并参考同一航线、港口装卸同类货物的租船合同,正确规定装卸时间和装卸率,防止进出口合同的规定与程租船合同脱节或者相互矛盾而造成经济损失。

二、铁路运输

在国际货物运输中,铁路运输(rail transport)是仅次于海洋运输的另一种主要运输方式,海洋运输的进出口货物也大多是靠铁路运输进行货物的集中和分散的。尤其是在内陆国家间的贸易,铁路运输显得更为重要。铁路运输有许多优点,一般不受气候条件的影响,可保障全年的正常运输,而且运量较大,速度较快,有高度的连续性,运转过程中可能遭遇的风险也较小。办理铁路货运手续比海洋运输简单,而且发货人和收货人可以在就近的始发站(装运站)和目的站办理托运和提货手续。我国对外贸易铁路运输包括对香港、澳门特别行政区铁路运输和国际铁路货物联运两部分。对港、澳铁路运输目前做法与国内一般货物铁路运输基本相同,本节主要介绍国际铁路货物联运。

(一) 国际铁路联运的概念与发展

国际铁路联运是两个或两个以上不同国家铁路当局联合起来完成一票货物的铁路运输。它使用一份统一的国际联运票据,由铁路部门负责经过两国或两国以上铁路的全程运送,并且由一国铁路当局向另一国移交货物时,不需发货人和收货人参加。它通常是基于有关的国际条约进行的。

国际贸易中的铁路联运开始于19世纪中叶的欧洲。为了协调跨国铁路联运业务,1886年一些欧洲国家建立了国际铁路常设机构——国际铁路协会。1890年,一些欧洲国家代表又在瑞士首都伯尔尼举行会议,制定了著名的《国际铁路货物运送规则》,也称《伯尔尼公约》。该公约经过历次修订,最新的修订于1970年2月7日完成,于1975年1月1日生效,该公约的名称为《国际铁路货物运送公约》(Convention Concerning International Carriage of Goods by Rail),简称《国际货约》。国际铁路运输中央事务局总部设在伯尔尼。目前参加该公约的有32个国家,主要来自欧洲,也包括伊朗、黎巴嫩、叙利亚、突尼斯等少数亚、非国家。

第二次世界大战以后,苏联、阿尔巴尼亚和已经参加《国际货约》的保加利亚、匈牙利、罗马尼亚、波兰、捷克和民主德国等8国为了协调这些国家之间的国际铁路联运业务,于1951年11月1日签订并开始施行《国际铁路货物联运协定》,简称《国际货协》。1954年1月,中国、朝鲜、蒙古也参加了该协定,1956年6月越南加入。随着东欧形势的变化和苏联的解体,《国际货协》的成员国发生很大变化,民主德国、捷克退出,苏联解体后独立的国家相继加入,目前该协议拥有23个成员国。此外,国际铁路合作组织和国际铁路联盟两大组织近些年来一直在为完善《国际铁路直通联运公约》草案而努力工作,新公约一旦生效,将会为国际铁路联运提供一个统一的国际铁路联运法律制度。

在我国对外贸易活动中,国际铁路联运一直发挥重要作用。中俄等铁路合作建立起了第一座西伯利亚亚欧大陆桥,中哈等铁路合作建立起了第二座新亚欧大陆桥。中越、中朝、中蒙间的货物运输大多是经过铁路联运实现的。

特别是近些年来,随着铁路集装箱专列的开启,前述两座亚欧大陆桥在中国与欧洲和中亚的货物运输中起着越来越重要的作用。西伯利亚欧亚大陆桥东起中国东北沿海港口,经满洲里口岸西行出域,穿越俄罗斯西伯利亚铁路可达欧洲主要港口;新亚欧大陆桥是从中国连云港到荷兰鹿特丹的铁路联运线。与西伯利亚大陆桥相比,新亚欧大陆桥具有明显优势。它东起中国江苏连云港和山东日照港,途径江苏、山东、河南、安徽、陕西、甘肃、山西、四川、宁夏、青海、新疆11个省、区,经阿拉山口口岸或霍尔果斯口岸换装西行出境与哈萨克斯坦铁路接轨,分北、中、南三线接欧洲铁路网。新亚欧大陆桥将中国与独联体国家、伊朗、罗马尼亚、南斯拉夫、保加利亚、匈牙利、捷克、斯洛伐克、波兰、德国、奥地利、比利时、法国、瑞士、意大利、英国紧密相连,我国西南、华南、华东地区与上述国家的进出口货物,东亚国家与上述国家的进出口货物均可经过这座陆桥进行运输。

(二) 国际铁路联运范围

国际铁路联运主要在欧亚大陆,业务分为两大片,分属不同的国际公约管辖。一片由《国际铁路货物运输公约》(简称《国际货约》)成员国组成,包括德国、法国、比利时、伊朗、伊拉克等欧亚国家。我国没有加入该公约。另一片由《国际铁路货物联运协定》(简称《国际货协》)成员国组成,包括俄罗斯、中国、朝鲜、越南、伊朗等欧亚国家。《国际货约》和《国际货协》都规定片内可办理同一运单的联运。由于一些国家同时作为两个公约的成员国,另外一些分属不同公约的接壤国之间亦缔结有双边协定,因此实际上也可以办理两大片之间的联运。近几年蓬勃发展的中欧班列就是例证。

中欧班列(英文名称 CHINA RAILWAY Express,缩写 CR express)是由中国铁路总公司组织,按照固定车次、线路、班期和全程运行时刻开行,运行于中国与欧洲以及"一带一路"沿线国家间的集装箱铁路国际联运列车,是深化我国与沿线国家经贸合作、推进"一带一路"建设的重要载体。

目前中欧班列有西、中、东三条通道:西部通道(南线)由我国中西部经阿拉山口(霍尔果斯)出境,中部通道(中线)由我国华北地区经二连浩特出境,东部通道(北线)由我国东南部沿海地区经满洲里(绥芬河)出境。

我国是《国际货协》成员国,通过铁路出口的货物主要利用《国际货协》范围内的国际铁路货物联运。其业务范围是:(1)参加国际货协国家之间的货物运送;(2)向未参加国际货协的国家铁路间的货物运送;(3)通过参加国际货协国的港口向其他国家运送货物。

根据《国际货协》规定,参加国的进出口货物从始发站至终到站,不论经过几个国家,只需办理一次托运手续,有关国家的铁路根据一张运单负责将货物一直运到终到站交给收货人。

(三) 国际铁路联运的运输单据

铁路运单(international railway through transport bill)和运单副本,是国际铁路联运的主要运输单据,是参加联运的发送国铁路与发货人间订立的运输契约,主要载明货物描述、参加联运各铁路公司名称和发货人、收货人、运输车辆描述和运输过程记载等内容。国际货协运单由运单正本、运行报单、运单副本、货物交付单和货物到达通知单组成。运单应当按照铁路公司的规定填写。

铁路运单随同货物全程附送,最后交给收货人,它既是铁路承运货物的凭证,也是铁路在终到站向收货人核收运杂费用和点交货物的依据,运单副本在铁路加盖戳记证明货物的承运和承运日期后,交还发货人,凭以向买方结算货款。

(四) 国际铁路联运业务种类

国际铁路货物联运的业务种类分为整车(full wagon cargo)、零担(less than wagon cargo)和大吨位集装箱。集装箱运输是目前国际铁路联运的主要方式之一。此外,还有小部分快件托运和危险品运输。

(五) 国际铁路联运费用

国际铁路联运费用主要包括货物运费、押运人乘车费、杂费及运送有关的其他费用。运费计算的两项原则:(1)发送国和到达国铁路的运费,均按铁路所在国家的国内规章办理;(2)过境国铁路的运费,均按承运日当日统一规定运价计算,由发货人或收货人支付。我国出口的联运货物,交货条件一般均规定为在卖方车辆上交货,因此我方仅负责运至国境站一段的费用。但是,联运进口货物我方则要负担过境运费和我国铁路段的费用。

国际铁路联运促进了我国边境的发展,加强了我国与国际货协国之间的贸易往来。它具有手续简便、节省运输费用、降低运输中风险、加速资金周转、减少运输费用等优点。

三、航空运输

航空货物运输(air transport)是一种现代化的运输方式,其特点是交货速度快、时间短、安全性能高、货物破损率小、节省包装费、保险费和储藏费,航行便利,不受地面条件限制,可以通往世界各地,将货物送至收货人所在地或接近收货人所在地的机场。特别是对鲜活货物、易腐易烂货物和季节性较强的货物的运送更为有利。我国于1974年正式参加了国际民航组织(International Civil Aviation Organization,ICAO),并成为该组织的理事国之一。实行对外开放政策以来,我国的航空运输业有了空前迅速的发展。我国的航空运输网已成为世界航空运输网的重要组成部分。

(一)航空运输的方式

航空货物运输方式主要有班机运输(airliner transport)、包机运输(chartered carrier transport)、集中托运(consolidation transport)和航空急件传送(air express service)等。航空急件传送是目前国际航空运输中最快捷的运输方式。它不同于航空邮寄和航空货运,而是由一个专门经营此业务的机构与航空公司密切合作,设专人用最快的速度在货主、机场、收件人之间传送急件,特别适合于急需的药品、医疗器械、贵重物品、图纸资料、货样及单证等的传送,被称为"桌到桌运输"(desk to desk service)。

(二)航空运输的承运人

航空运输的承运人包括航空运输公司和航空货运代理公司。航空运输公司是航空货物运输业务中的实际承运人,负责办理从启运机场至到达机场的运输,并对全程运输负责。航空货运代理公司可以是货主的代理,负责办理航空货物运输的订舱,在始发机场和到达机场的交、接货与进出口报关等事宜,也可以是航空公司的代理,办理接货并以航空承运人的身份签发航空运单,对运输全程负责,亦可两者兼而有之。

(三)航空运价

航空运价只是货物从始发机场至到达机场的运价,不包括提货、报关、仓储等其他费用。航空运价仅适用于单一方向。航空运价一般是按货物的实际重量(千克)和体积重量(以6 000立方厘米或366立方英寸体积折合1千克)两者之中较高者为准。针对航空运输货物的不同性质与种类,航空公司规定有特种货物运价(specific cargo rate,SCR)、货物的等级运价(class cargo rate,CCR)、一般货物运价(general cargo rate,GCR)和集装设备运价等不同的计收标准。

四、邮政运输、公路运输、内河运输和管道运输

(一)邮政运输

邮政运输(parcel post transport)是指通过邮局寄交进出口货物的一种运输方式。国际上,各国邮政之间订有协定和公约(《万国邮政公约》),借此使邮件包裹的传递畅通无阻、四通八达,形成全球性的邮政运输网,从而使国际邮政运输在国际贸易中常被采用。

国际邮政运输手续比较简便,托运人只需按邮局章程办理一次托运、一次付清足额邮费,取得邮政包裹收据,就完成交货任务。邮件在国际间的传递,由各国的邮政部门负责,邮件到达目的地后,收件人可凭邮局到件通知向邮局提货。可见,国际邮政运输具有国际多式联运和"门到门"运输的性质,但与国际贸易的大量货物运输业务有所不同,国际邮政运输对邮件重量和体积均有限制,以我国为例,每件重量不得超过 20 千克,长度不得超过 150 厘米,长度和长度以外最大横周合计不得超过 300 厘米,所以通常只适宜运送量轻体小的货物,如精密仪器、机器零件、金银首饰、贸易样品、工程图纸等零星贵重物品。

(二) 公路运输

公路运输(road transport)与铁路运输同为陆上运输的基本运输方式。

公路运输机动灵活,简捷方便,可以深入到可通公路的各个角落,不仅可以直接运进或运出货物,而且也是港口、车站、机场集散进出口货物的重要手段。尤其在实现"门到门"运输业务中,更离不开公路运输。但是,公路运输载货有限,运输成本高,运输风险也较大。我国与俄罗斯、朝鲜、蒙古、哈萨克斯坦、吉尔吉斯斯坦、缅甸、越南、尼泊尔均有公路相通,与这些国家之间的货物运输有相当部分是由公路运输完成的。

公路运费通常以"吨/千米"计费,运费费率分为整车和零担两种。

(三) 内河运输

内河运输(inland waterway transport)是连接内陆腹地和沿海地区的纽带,也是边疆地区与邻国边境河流的连接线,在进出口货物的运输和集散中起着重要作用。

内河运输具有投资少、运量大、成本低的优点,主要适合运送矿砂、粮食、化肥、煤炭等大宗货物的运输。

我国有着广阔的内河运输网,长江、珠江等一些主要河流的内河港口已对外开放,我国同一些邻国还有国际河流相通连,这为发展我国对外贸易内河运输提供了有利条件。

(四) 管道运输

管道运输(pipeline transport)是货物在管道内借助于高压气泵的压力输往目的地的一种特殊运输方式,主要适用于运输液体和气体货物,具有固定投资大、建成后运输成本低等特点。

我国管道运输起步较晚,但随着石油工业的发展,石油管道迅速发展起来。迄今为止,我国不少油田均有输油管道直通海港。我国至朝鲜也早已铺设管道,以供应朝鲜石油。为满足我国日益增长的原油资源需求,我国已建中哈原油管道、中缅原油管道、中俄原油管道、中俄原油管道二线等 4 条进口原油管道,进口能力达 7 000 万吨/年。

管道运输费用按油类不同品种和规格规定不同费率,在计算时多数按传统做法,以桶为计费单位,但也有以公吨为单位来计算运费的。

五、集装箱运输

所谓集装箱(又称货柜)是指具有一定强度、刚度和规格,专供周转使用的大型装货容器。集装箱运输(container transport)是以集装箱作为运输单位进行货物运输的一种现代化运输方式。它可适用于海洋运输、铁路运输、公路运输、内河运输与国际多式联运等。航空运输也有使用集装箱的。

按照国际标准化组织(International Standard Organization，ISO)第 104 技术委员会的规定,集装箱应具备下列条件:(1)能长期反复使用;(2)途中转运,不动容器内的货物,可直接换装;(3)能快速装卸,并能从一种运输工具上直接和方便地换装到另一种运输工具上;(4)便于货物的装满和卸空;(5)每个容器具有 1 立方米(即 35.32 立方英尺)或以上的容积。

为了适应不同货物的需要,集装箱设计成各种不同类型,如干货集装箱、冷藏集装箱、挂式集装箱、开盖集装箱、框架集装箱、牲畜集装箱、罐状集装箱和平台集装箱等。

(一)集装箱运输的优点

集装箱运输有许多优点,具体表现为:提高货物装卸速度;提高港口吞吐能力;加速船舶周转;减少货损货差;减少运杂费用,降低营运成本;简化运输手续,便利货物运输;节省包装材料,节省包装费用;促进国际多式联运的发展。

集装箱运输(见表 6-3)不仅改变了传统的运输面貌,而且对传统的国际惯例及国际条约也产生了深远影响。

表 6-3 集装箱类型及英文缩写

箱类中文名称	箱类英文名称	箱类英文缩写	装载货物类型
普柜	general purpose	GP	普货
高柜/超高柜	high cube container	HC/HQ	体积大的货物
框架集装箱	flat rack container	FR	重型机械等
开顶集装箱	open top container	OT	重型机械等大型货,特别适合平板玻璃
保温冷冻集装箱	reefer container	RF	需要温度控制的货物
罐式集装箱	tank container	TK	酒类、油类等液体货物

(二)集装箱运输干线

随着集装箱船舶大型化,世界上形成了连接集装箱运输中心港口的几条大的集装箱运输干线。运输干线两端是货物流量、地理位置、泊位能力都很好的中心港口。以中心港口为核心,有向外辐射的为干线服务的支线运输,将邻近的港口与支线港口联系起来,从而形成海上集装箱运输网络。

构成集装箱运输干线的另一子系统是集装箱陆上运输网络。这些陆上运输网络以各中心港口或支线港口为中心,向内陆辐射,形成多个扇面网络。这些网络的联系点是集装箱港口附件的集装箱堆场(container yard，CY)及向内陆延伸的各地的集装箱货运站(container freight station，CFS)。连接这些站点的是内陆的公路或铁路运输线。

目前,世界上主要集装箱运输干线有:远东、东南亚至北美、中南美的太平洋干线;远东至欧洲的欧亚干线;欧洲至南北美的大西洋干线;澳洲至美洲、亚洲至欧洲干线。此外,还有众多的区域性运输线路。

（三）集装箱运输货物的交接

集装箱货物运输有整箱货（full container load，FCL）和拼箱货（less than container load，LCL）两种。整箱货由发货人在工厂或仓库自行进行装箱，也可由承运人代为装箱，直接送往集装箱堆场（container yard，CY）等待装运，承运人也可在内陆货运站（inland depot）接箱。拼箱货是指货量不足一整箱，由发货人将货物送交集装箱货运站（container freight station，CFS）或港口外的内陆货运站由承运人负责将不同发货人的货物拼装在一个集装箱内。货到目的地后，整箱货由收货人直接提走，拼箱货则由承运人拆箱后分拨给各收货人。由此可见，集装箱货物交接方式为堆场到堆场（CY to CY）或货运站到货运站（CFS to CFS）。此外，集装箱运输也可实现"门到门"（door to door）的运输服务，即由承运人在发货人工厂或仓库接货，在收货人工厂或仓库交货。现在普遍使用的是后一种方式，它给发货人和收货人带来很多方便。

（四）集装箱运输费用

集装箱运输的费用构成和计算方法与传统的运输方式不同。

1. 运费结构

以海运为例，集装箱运输的全过程可分为发货地内陆运输、装运港港区运输及作业、海上运输、卸货港港区运输及作业、收货地内陆运输五个区段的运输及作业。交接方式不同，集装箱运输承运人收取的费用结构也不同（见表 6-4）。

表 6-4　集装箱运输中不同交接方式承运人收取的费用结构

交接方式	发货地				海上运输	收货地				费用结构
	A	B	C	D	E	D	C	B	A	
Door to Door	＊		＊		＊		＊		＊	A＋C＋E＋C＋A
Door to CFS	＊		＊		＊		＊	＊		A＋C＋E＋C＋B
Door to CY	＊		＊		＊	＊	＊			A＋C＋E＋D＋C
CFS to Door		＊	＊		＊		＊		＊	B＋C＋E＋C＋A
CFS to CFS		＊	＊		＊		＊	＊		B＋C＋E＋C＋B
CFS to CY		＊	＊		＊	＊	＊			B＋C＋E＋D＋C
CY to Door			＊	＊	＊		＊		＊	C＋D＋E＋C＋A
CY to CFS			＊	＊	＊		＊	＊		C＋D＋E＋C＋B
CY to CY			＊	＊	＊	＊	＊			C＋D＋E＋D＋C

注：A. 内陆运输费；B. 装/卸港集装箱货运站装/拆箱费；C. 装/卸港集装箱作业区码头搬运费；D. 装/卸车费（换装费）；E. 海运运费。

2. 计费方法

根据当前国际海上集装箱运输的实际情况，对集装箱海运基本运费的计算方法有两种：一种是沿用传统的件杂货运费计算方法，即按航线和货物的等级，以每运费吨作为计费单位;另一种是以每个集装箱作为计费单位,即包箱费率(box rate)。这种方法对整箱货较为合适。在包箱费率中有的不论货种和箱容利用程度,有的则规定最低的箱容数,有的还规定所装货物的等级线,装运货物超过规定等级的按实际等级计费,低于规定等级的按规定等级计收;有的船公司还有最低运费的规定。拼箱货最低运费的规定与班轮运输中的规定基本相同,对整箱货如由货主自行装箱而箱内所装货物未达规定的最低计费标准时,其亏舱损失由货主负担。各船公司都分别按重量吨和尺码吨给不同类型和用途的集装箱规定有最低的装箱吨数,并以两者中高者作为装箱货物的最低运费吨。因此,在实际操作中,提高集装箱积载技术,充分利用集装箱容积空间以节省运输费用,是至关重要的。

六、国际多式运输

国际多式运输(international multi-modal transport)又称国际多式联运,是伴随着集装箱运输的发生和发展而发展起来的一种综合性的连贯运输方式。根据《联合国国际货物多式联运公约》,国际多式运输指按照多式联运合同,以至少两种不同的运输方式,由多式联运经营人将货物从一国境内接管货物的地点运至另一国境内指定交付货物的地点的一种运输方式。其中,多式联运经营人(multi-modal transport operator,MTO)是指其本人或通过其代表订立多式联运合同的任何人,他负有履行多式联运合同的责任。

(一) 构成国际多式联运的基本条件

根据《联合国国际货物多式联运公约》的定义,结合国际上一般做法构成国际多式联运有六项基本条件:(1)必须有一个多式运输合同;(2)必须使用包括全程的运输单据,如联合运输单据(multi-modal transport document,MTD);(3)必须是两种或两种以上的不同运输方式连贯运输;(4)必须是国际的货物运输;(5)必须是多式联运经营人负全程运输责任;(6)必须实行全程单一的运费费率(single factor rate)。

(二) 国际多式联运的优越性

国际多式联运一般都利用集装箱进行运输,这有利于不同运输方式之间的交接和连贯运输。当发货人向多式联运经营人将货物托运后,无论经过几种运输方式,均由多式联运经营人负责安排运输,并统一向发货人负责。国际多式联运极少由一个经营人承担全部运输,往往是接受货主的委托后,联运经营人自己办理一部分运输工作,而将其余各段的运输工作再委托其他的承运人。但是,这又不同于单一的运输方式,这些接受多式联运经营人负责转托的承运人,只是依照运输合同关系对联运经营人负责,与货主不发生任何业务关系。因此,多式联运经营人可以是实际承运人,也可是"无船承运人"(non-vessel operating carrier,NVOC)。他们为了提高服务质量,增加收入,常要选择合理运输路线,把多种运输方式有机地结合起来。货主只需办理一次委托,支付一笔费用,手续十分简便。所以,国际多式联运的优越性是多方面的:手续简便,安全省费,迅速合理,提早结汇,统一理赔。货物的交接方式也可以做到门到门、门到港站、港站到港站、港站到门等。

(三) 国际多式联运运费

多式联运的特点之一是采用单一运费率,由运输成本加经营管理费用和利润构成,其中最复杂的是运输成本。以陆-海-陆集装箱货物"门到门"联运为例,其运输总成本主要由下列费用构成:(1)从内陆接货地至枢纽港的费用(主要包括内陆接管货物地点发生的费用、中转站至码头堆场运费及其他费用和干线港(枢纽港)码头服务费等费用);(2)海运费(指多式联运经营人为实现货物海上干线段运输,根据海上承运人订立的分运合同,需要支付的全部费用);(3)从海运目的港至最终交货地费用(指从货物干线运输的卸货港至交货地点之间完成货物运输的全部费用);(4)集装箱租用费和保险费用。经营管理费主要包括多式联运经营人与货主、各派出机构、代理人和实际承运人之间的信息、单证传递费用、通信费用、单证成本和制单手续费以及各派出机构的管理费用。利润是指多式联运经营人预期从该线路货物联运中获得的毛利润。

目前,我国对外贸易进出口货物采用多式联运方式已日趋增多,形式也多种多样。办理此项业务的地区由原来仅限于沿海港口城市及其周围地区,现已发展到内地各省市的许多城市及其附近地区,这为我国内地省市出口货物的按时装运和及时结汇创造了有利条件。

七、大陆桥运输

大陆桥运输(land bridge transport)是指以大陆上铁路或公路运输系统为中间桥梁,把大陆两端的海洋连接起来的运输方式。从形式上看,这是海-陆-海的连贯运输,一般以集装箱为媒介。它具有集装箱运输和国际多式运输的优点,并且更能体现利用成熟的海陆运输条件,形成合理的运输路线,大大缩短营运时间,降低营运成本。

大陆桥运输诞生于1967年,当时中东发生战争,苏伊士运河被封闭,巴拿马运河堵塞,远东至欧洲的船舶,被迫绕道南非好望角或南美洲,加上石油价格猛涨,航运成本剧增,于是世界上第一条大陆桥即美国大陆桥就应运而生,从远东到欧洲,使用美国大陆桥运输线,取得了航程短、时间快、运费低的良好效果。随着苏伊士运河的开放和巴拿马运河的畅通,现在这条大陆桥已经萎缩。目前被广泛利用的是西伯利亚大陆桥,它是利用西伯利亚铁路作为陆地桥梁,把太平洋远东地区与波罗的海和黑海沿岸以及西欧大西洋口岸连接起来的一条运输线,全长约13 000千米。它东端由俄罗斯的纳霍德卡港于海上连接日本、韩国、中国香港和中国台湾等地,西端则延伸发展到欧洲各地和伊朗等中、近东地区,在运输方式上也逐步演绎出铁路/铁路、铁路/公路、铁路/海路相联合的方式。由于这条路线横跨欧洲和亚洲,故称欧亚大陆桥,又称第一条欧亚大陆桥。

新欧亚大陆桥或称第二条欧亚大陆桥于1992年9月正式开通。它东起我国江苏省的连云港,经陇海和兰新铁路至乌鲁木齐,再经北疆铁路向西至新疆阿拉山口站和哈萨克斯坦德鲁日巴站接轨,在我国境内全长4 213千米,再途经莫斯科、华沙、柏林,直至荷兰鹿特丹,全线共长10 800千米。这条运输线是连接亚欧两洲最便捷的通道,比海上运输缩短3 000千米,可节省一半运输时间和20%的费用,将我国和东欧、西欧国家的铁路连接了起来,从而形成了一条新的国际运输大动脉,对发展我国的对外贸易和促进沿途省区的经济发展极为有利。

第二节 交货时间

交货时间是指卖方按买卖合同规定将合同货物交付给买方或承运人的期限,故而又称

"交货期"或"装运期"。在国际贸易中,交货与装运是两个不同的概念,但是在使用 FOB、CFR、CIF、FCA、CPT、CIP 六种价格术语时,卖方在装运港(地)将货物装上运载船只或交付给承运人后就算完成了交货义务。因此,在采用这六种术语时,交货时间(time of delivery)和装运时间(time of shipment)基本是一致的,在实际业务中,人们往往将两者视为同一含义。《公约》第 33 条规定:"卖方必须按以下规定的日期交付货物:(1)如果合同规定有日期,或从合同可以确定日期,应在该日期交货;(2)如果合同规定有一段时间,或从合同可以确定一段时间,除非情况表明应由买方选定一个日期外,应在该段时间内任何时候交货;(3)在其他情况下,应在订立合同后一段合理时间内交货。"按照各国法律规定,如果卖方未按合同规定的时间交货,即构成卖方的违约行为,买方有权拒收货物,撤销合同,并要求卖方承担由此而造成的损失。

一、交货期的规定方法

国际贸易买卖合同中,对交货期(装运期)的规定方法一般有以下两种。

(一)明确规定交货期

(1)限于某月或某几个月内交货。例如,"Delivery/shipment during October,2020"(2020 年 10 月份交货/装运),指卖方可在 2020 年 10 月 1 日至 31 日内的任何时候交货/装运。再如,"Shipment during Nov./Dec.,2020"(2020 年 11/12 月份装运),也称跨月装运,指可在 2020 年 11 月 1 日至 12 月 31 日内的任何时候装运。

(2)限于某月某日或以前装运。例如,"Shipment on or before 15th November,2020"(2020 年 11 月 15 日或以前装运),指自订立合同之日起,在 2020 年 11 月 15 日或于此日前的任何时候装运。再如,"Shipment on or before the end of June,2020"(2020 年 6 月底或月底前装运),指自订立合同之日起,最迟不超过 2020 年 6 月 30 日装运。

这种规定方法比较明确具体,既可使卖方有一定时间进行备货和安排运输,也可利于买方预先掌握货物的装运日期,做好支付货款和接受货物的准备。

(二)规定在收到信用证或收到预付货款后若干天装运

使用这种方法规定交货期的主要原因是合同签订以后,买方因申请不到进口许可证或其国家不批准外汇,或者因货物市场价格下跌对买方不利等情况,迟迟不开信用证。卖方为了避免因买方不及时开证而带来的损失,即以这种方法来约束买方,只有在收到买方开来的信用证之后才装运。如规定"Shipment within 30 days after receipt of L/C"(收到信用证后 30 天内装运)。但是,买方遇到不利的情况有时有意拖延开证时间或根本不欲开证。卖方为了防止这种情况的发生,在规定收到信用证或收到预付货款若干天后装运的同时,还要在合同中规定"The relevant L/C must reach the seller not later than July 15th"(买方最迟于 7 月 15 日以前将信用证开抵卖方)。如果不订明信用证开到期限,则可能由于买方拖延开证,使卖方无法及时安排生产、包装、装运,而陷于被动。

以上两种规定装运期的方法是最常用的方法,在国际贸易实践中有时也会出现规定在某一特定日期、具备某一特定条件时装运。须指出的是,过去业内通常理解为"开证之日起 30 天内装运"的一些术语,如"immediate shipment"(立即装运)、"shipment as soon as possible"(尽快装运)、"prompt shipment"(即期装运)等,在国际商会《跟单信用证统一惯例》(UCP600)第 3 条中则明确规定:"除非确需在单据中使用,对诸如'迅速''立即''尽可能快'及类似词语,银行将不予置理。"因此,为避免误解而引起纠纷,在买卖合同中应避免使用。

二、规定交货期应注意的问题

(1) 应考虑货源和船源的实际情况,使船、货相互衔接。如果不考虑货源盲目成交,就可能造成有船无货,无法按时履约;如果不考虑船源(包括运输能力、船期、航线和港口情况)盲目签约,就可能出现有货无船,同样造成不能如期履约的后果,或者要经过多次转船,出现多付运费,甚至倒贴运费的严重情况。

(2) 要根据不同货物特性和季节规定交货期。如果无妥善装载工具和设备,易腐、易烂、易潮、易溶化的货物一般不宜在夏季、雨季装运。

(3) 对交货期的规定,既要明确,又不宜订得过死。不应使用"立即装运""即期装运"和"尽速装运"等一些不确定的装运术语。同时,也不能规定为某年某月某日装运,一般订明装运月份,争取跨月装运。

(4) 装运期的长短应当适度。装运期过长,对买方安排销售带来困难;装运期过短,对卖方备货、安排装运带来困难。应当根据货物的成交数量、船源等情况合理确定装运期的长短。

(5) 采用信用证支付时,应注意交货期的规定必须明确合理,与信用证的开证日期吻合。

第三节 交 货 地 点

交货地点是指买卖合同规定的卖方将货物交付给买方或承运人的地点。它直接关系到买卖双方交接货物的具体安排,在涉及运输的合同中,还涉及租订、接运船舶等运输工具或指定承运人等事宜。因此,交货地点对买卖双方均至关重要。

货物的交付地点和交付时间一样,也是随合同所采用的贸易术语而有所不同。在采用 FOB、CFR、CIF、FCA、CPT、CIP 六种术语的合同中,交货地点条款通常包括装运港或装运地和目的港或目的地。它不仅关系到卖方于何地履行交货义务,货物的风险何时由卖方转移到买方,还关系到运输的安排,运费、保险费以及成本核算和售价的确定等问题。因此,必须在国际货物买卖合同中作出具体规定。

一、装运港或装运地的规定方法

为了便利卖方安排货物的装运和适应买方接受或转售货物的需要,在一般情况下装运港或装运地都是由卖方提出,经买方同意后确定。在实际业务中,应根据合同适用的贸易术语和运输方式正确地选择和确定装运地点,原则上应选择接近货源所在地、交通便利、费用低廉、基础设施较完善的地方。

通常,买卖合同只规定一个装运港或装运地,如"Port of shipment:Dalian"(装运港:大连)。如果成交量大、货源分散,也可以同时规定两个或多个装运港,如"Port of shipment:Shanghai and Guangzhou"(装运港:上海和广州)。在国际贸易中规定装运港时,甚至会作笼统规定,如"Port of shipment：China ports"(装运港：中国港口)。

当买卖合同中规定两个或多个装运地,或对此仅做笼统规定时,凡由卖方负责安排运输的 CFR、CIF、CPT、CIP 合同,可由卖方于实际装运货物时在合同规定的范围内任意选定装运港或装运地；凡由买方负责安排运输,即由买方选派接运船舶或指定承运人的 FAS、FOB、FCA 合同,则卖方应在合同规定的装运时间前的一段适当的时间,或者按合同规定的时限将选定的装运港或装运地通知买方,以便买方凭以办理派船接运或指定承运人等事宜。

二、目的港或目的地的规定方法

为便于安排运输,CIF、CFR 合同均须规定目的港,而在 CIP、CPT 合同中,则须规定目的地。以 FOB、FCA 条件订立的出口合同由买方安排运输,但为了防止产生与政策或经营相抵触的问题,有时也须明确规定目的港或目的地。在实践中,目的港或目的地通常由买方提出,经卖方同意后确定。一般规定一个目的港或目的地,有时按实际业务需要,也可规定两个或两个以上,在发运前由买方确定后通知卖方据以安排运输。如："Port of destination：London"(目的港：伦敦)；"Port of destination：London/Liverpool"(目的港：伦敦/利物浦)；"Port of destination：European main port"(目的港：欧洲主要港口)。

确定国外目的港(地)时,须注意以下几个方面。

(1) 要根据我国对外政策的规定来选择港口,不应选择我国政策不允许往来的国家的港口或地方作为目的港或目的地。

(2) 对目的港或目的地的规定应力求具体明确。在一般情况下,出口合同不能笼统地订为"European main port, EMP"(欧洲主要港口)、"African main port, AMP"(非洲主要港口)等,因为国际上对此并无统一解释。

(3) 必须注意目的港或目的地的具体运输和装卸条件,如有无直达班轮、港口装卸设备、码头泊位的深度、冰冻期和港口的惯例和制度,以及运费、附加费的标准等。

(4) 对内陆国家的贸易,如采用 CFR、CIF 条件的,一般应选择离该国最近的、我方能安排船舶的港口为目的港。

(5) 对小批零星杂货的出口,一般不能接受指定码头或泊位装卸货物的条款。对于大宗出口业务,也应特别慎重考虑,事先向买方了解有关码头的吃水、长度、设备能力、费用水平、装卸速度等情况。

(6) 为防止产生差错,应注意国外港口或地名有无重名。如有重名,在买卖合同中要注明其所在国家或地区的名称。

(7) 如在签订合同时,卖方对货物还未找到适当的买主,不便确定卸货地点,为便于对方采用"卖路货"的办法,把进口在途货物转卖出去,可同意给予买方有"选择港"(optional ports)的权利。所谓选择港,又称任意港,是指允许收货人在预先提出的两个或两个以上的卸货港中,在货轮驶抵第一个备选港口前,按船公司规定的时间(通常是在货轮驶抵第一个备选港口前 48 小时),将最后确定的卸货港通知船公司或其代理人,船方负责按通知的卸货港卸货。在我国出口业务中,为了促进成交和照顾买方的需要,有时也在合同中规定选择目的港的条款。但须注意,在条款中还应明确规定：因"选择港"而增加的运费、附加运费,应由买方负担；所选港口必须在同一航线上；选择港的数目一般不要超过 3 个,运费一般按选择港中最高的费率及附加运费计算,如:"CIF London/Hamburg/Rotterdam, optional. optional additionals for buyer's account."(CIF 伦敦/汉堡/鹿特丹,任选。选港附加费由买方负担。)

第四节　分批装运和转运

分批装运(partial shipment)和转运(trans shipment)直接关系到买卖双方的利益,也是买卖合同交货条款中的重要内容。

一、分批装运

分批装运是指一个合同项下的货物,先后分若干期或分若干批次于不同的航次、车次、班次的装运。买卖合同中往往都规定分批装运条款。出现分批装运的原因很多,如:运输工具的限制,目的港卸货条件差,船源紧张,市场销售需要,卖方一次备货有困难,期货成交后需要逐批生产等。对于分批装运,从卖方来说,成交数量大、货源不充分或国内运输紧张或租船有困难时,总是希望允许分批装运。对买方来说,除非市场销售需要,一般都不希望分批装运。所以,是否允许分批装运的问题应该在洽商交易和签订合同时予以明确规定。

对于分批装运,一般有三种规定方法。

(1) 只规定"允许分批装运",对批次、时间、数量不加任何限制。如:"Shipment during March/April, 2020, with partial shipment allowed."(2020 年 3/4 月份装运,允许分批。)值得注意的是:准许分批装运并不等于必须分批装运。是否分批装运由卖方决定。

(2) 订明分若干批次装运,而不规定每批装运的数量。如:"shipment during March/April, 2020, in two equal monthly lots."(2020 年 3/4 月份分两批等量装运。)

(3) 订明每批装运的时间和数量,即定期、定量分批装运。这种做法对卖方的限制非常严格。《跟单信用证统一惯例》(UCP600)第 32 条作了如下规定:"如信用证规定在指定的时间段内分期支款或分期装运,任何一期未按信用证规定期限支取或装运时,信用证对该期及以后各期均告失效。"

有必要指出,UCP600 第 31 条 b 款规定:"表明使用同一运输工具并经由同次航程运输的数套运输单据在同一次提交时,只要显示相同目的地,将不视为分批装运,即使运输单据上标明的装运日期不同或装卸港、接管地或发运地点不同。如果交单由数套运输单据构成,其中最晚的一个装运日将被视为装运日。含有一套或数套运输单据的交单,如果标明在同一种运输方式下经由数件运输工具运输,即使运输工具在同一天出发运往同一目的地,仍将被视为分批装运。"另外,第 31 条 c 款又规定:"含有一份以上快递收据、邮政收据或投邮证明的交单,如果单据显示由同一快递或邮政机构在同一地点和日期加盖印戳或签字并且表明同一目的地,将不视为分批装运。"

二、转运

转运,指自装货港或装运地至卸货港或目的地的货运过程中,货物从一运输工具上卸下,再装上同一运输方式的运输工具或在不同运输方式的运输情况下,从一种运输工具上卸下,再装上另一种运输工具的行为。

货物在中途转运,容易受损和散失,延迟到达目的地的时间,所以是否允许转运,必须在合同中加以明确规定,甚至还要规定转运地和转运方式。但是,随着运输工具的不断改进和大型化,集装箱船、滚装船、母子船的不断涌现,以及各种新的运输方式广泛运用,转运在实际业务中已变得不可避免。为了促进国际贸易的顺利发展,减少转运可能引发的纠纷,《跟单信用证统一惯例》(UCP600)对此做了淡化和从宽处理(参见第20条b款、第21条b款、第23条b款、第24条d款的有关规定)。按照规定,装于海运中集装箱、装在滚装船上的拖车、母子船上的驳船项下的装运不被视作转运;海运以外的其他各种运输方式下的同种运输方式转运,也均不被视作转运。新规定在各种运输单据的条款中均分别明确:即使信用证不准转运,银行可接受表明转运或将予转运的运输单据,只要有关单据包括全程运输。简言之,所谓"禁止转运",实际上仅指禁止海运除集装箱以外的货物港至港运输的转运。但是,以上解释仅适用于信用证业务的处理。因此,在实际业务中,尤其在出口合同中,还是以明确规定允许转运条款为宜,这使卖方较为主动。

第五节 运输单据

运输单据(transport documents)是指代表运输中的货物或证明货物已经装运或已被承运人或其代理人接管的单据。它具体说明与货物运输有关当事人的责任、权利及义务,是货物运输业务中最为重要的证件,也是出口结汇不可缺少的单据。不同的运输方式下有不同的运输单据。

一、海上货物运输单据

海上货物运输单据主要为海运提单,此外还有近年开始使用和逐渐推广使用的海上货运单。

(一)海运提单

1. 海运提单的含义和作用

海运提单(ocean bill of lading),简称提单(bill of lading,B/L),是指用以证明海上货物运输合同和货物已经由承运人接收或者装船,以及承运人保证据以交付货物的单据。提单的性质和作用主要表现为以下三个方面。

(1) 提单是承运人或其代理人应托运人的要求所签发的货物收据(receipt for the goods)。它证明承运人或其代理人已按提单所列内容收到货物。

(2) 提单是一种货物所有权的凭证(document of title)。提单是货物的象征。提单的合法持有人凭提单可在目的港向轮船公司提取货物,也可以在载货船舶到达目的港之前,通过转让提单而转移货物所有权,或凭以向银行办理抵押贷款或续作押汇。

(3) 提单是托运人与承运人之间所订立的运输契约的证明(evidence of the contract of carriage)。提单条款明确规定了有关当事人的权利与义务、责任与豁免,它是处理承运人与托运人在海洋货物运输中产生争议的依据。

2. 提单的种类

提单可以从不同角度加以分类。

(1) 根据货物是否已装船,分为已装船提单和备运提单。

已装船提单(on board B/L or shipped B/L)是指承运人已将货物装上指定的船只后签发的提单。这种提单的特点是提单上面必须以文字表明货物已装上或已装运于某具名船只,提单签发日期即为装船日期。

备运提单(received for shipment B/L)又称收妥待运提单,是指承运人已收到托运的货物等待装船期间,签发给托运人的提单。在签发备运提单情况下,发货人可在货物装船后凭以调换已装船提单;也可经承运人或其代理人在备运提单上批注货物已装上某具名船舶及装船日期,并签署后使之成为已装船提单。按照国际贸易惯例,除非另有约定,卖方有义务向买方提交已装船提单。

(2) 根据提单上对货物外表状况有无不良批注,提单分为清洁提单和不清洁提单。

清洁提单(clean B/L)是指货物装船时,表面状况良好,承运人在签发提单时未加任何货损、包装不良或其他有碍结汇批注的提单。

不清洁提单(unclean B/L or foul B/L)是指承运人收到货物之后,在提单上加注了货物外表状况不良或货物存在缺陷和包装破损的提单。例如,在提单上批注"insufficiently packed"(包装不固)、"6 packages in damaged condition"(6 件损坏)等。

但是,并非提单有批注即为不清洁提单。国际航运公会(International Chamber of Shipping)于 1951 年规定,下列三种内容的批注不能视为不清洁:① 不明白地表示货物或包装不能令人满意,如只批注"旧包装""旧箱""旧桶"等;② 强调承运人对于货物或包装性质所引起的风险不负责任;③ 否认承运人知悉货物内容、重量、容积、质量或技术规格。

这三项内容已被大多数国家和航运组织所接受。在使用信用证支付方式时,银行一般不接受不清洁提单。有时在装船时会发生货损或包装不良,托运人常要求承运人在提单上不作不良批注,而向承运人出具保函,也称赔偿保证书(letter of indemnity),向承运人保证如因货物破损以及承运人因签发清洁提单而引起的一切损失,由托运人负责。承运人则给予灵活,签发清洁提单,便于在信用证下结汇。对这种保函,有些国家法律和判例并不承认,如美国法律认为这是一种商业欺骗行为。所以,使用保函时要视具体情况而定。

按照国际贸易惯例,除非另有约定,卖方有义务提交清洁提单。清洁提单也是提单转让的必备条件之一。

(3) 根据提单收货人抬头不同,分为记名提单、不记名提单和指示提单。

记名提单(straight B/L),又称收货人抬头提单,是指在提单的收货人栏内具体写明特定收货人名称的提单。由于这种提单只能由提单内指定的收货人提货,所以提单不能背书转让,因此在国际贸易中只在特定情况下使用,如在国外举办展览会使用的展品,由特定承办人收取。

不记名提单(bearer B/L),又称空白提单或来人抬头提单,是指在提单收货人栏内不填明具体收货人,而只写明"货交提单持有人"(To bearer)或留空的提单。《中华人民共和国海商法》第 79 条 3 款规定:"不记名提单:无须背书,即可转让。"可见,不记名提单的转让不需任何背书手续,仅凭提单交付即可,提单持有者凭提单提货,在国际贸易中极少使用。

指示提单(order B/L)是指收货人栏内填写"To order"(凭指示)或"To order of ..."

（凭某人指示）字样的一种提单。这种提单必须通过背书才能生效，也可通过背书方式流通或转让，使用方便，又具有安全性。所以，在国际贸易中使用最广。背书有空白背书和记名背书两种。前者指背书人在提单背面签字，而不注明被背书人名称；后者指背书人除在提单背面签名外，还列明被背书人的名称。目前实际业务中使用最多的是"凭指示"并经空白背书的提单，俗称"空白背书、空白抬头"提单。

(4) 根据不同运输方式，分为直达提单、转船提单和联运提单。

直达提单（direct B/L）是指货物在装运港装上海轮后，中途不再换船而直接驶往指定目的港卸货，承运人按此条件签发的提单。转船提单（transshipment B/L），是指货物装上某一海轮后，在航运的中途港要将货物卸入另一船舶再驶往目的港卸货的情况下所签发的包括运输全程的提单。转船提单内一般注明"在某港转船"的字样，有的还注明二程船甚至三程船的船名。联运提单（through B/L）是指货物经过海运和其他运输方式的联合运输时，由第一程承运人（船公司）所签发的包括全程运输并能在目的港或目的地凭以提货的提单。

转船提单和联运提单虽然都包括全程运输，但这两种提单的签发人（一般是第一程承运人）一般都在提单上载明只负责自己直接承运区段发生的货损，只要货物卸离其运输工具，其相应责任即告终止。

(5) 根据船舶营运方式的不同，分为班轮提单和租船提单。

班轮提单（liner B/L）是指由班轮公司承运货物后签发给托运人的提单。租船提单（charter party B/L）是承运人根据租船合同签发的提单。提单上通常注明"一切条件、条款和免责事项按照某租船合同"的字样。这种提单受租船合同条款的约束，银行或买方在接受这种提单时，有时要求卖方提供租船合同副本。

(6) 根据提单使用效力，分为正本提单和副本提单。

正本提单（original B/L）是指提单上有承运人、船长或代理人签字盖章并注明签发日期的提单。正本提单一般签发一式两份或三份，凭其中任何一份提货后，其余各份作废。因此，一般买方或银行要求卖方提供全部正本提单，即全套（full set）提单，以防他人冒领货物。正本提单上要标明"正本"（original）字样。副本提单（copy B/L）是指没有承运人、船长或代理人签字盖章，仅作工作上参考之用的提单。一般注明"副本"（copy）或"不可转让"（non-negotiable）字样。

(7) 根据提单内容的繁简，分为全式提单和略式提单。

全式提单（long form B/L），又称繁式提单，是指既有正面内容又带有背面条款的提单。提单背面条款详细规定了承运人与托运人的权利与义务。略式提单（short form B/L），又称简式提单，是指只列出提单正面内容而省略提单背面条款的提单。

(8) 根据提单出具方，可分为"船公司提单"和"运输代理行提单"。

船公司提单（master B/L）是船公司出具的提单；运输代理行提单（house B/L）是运输代理人签发的提单，它只是运输代理人收到托运货物的收据，而不是可以转让的物权凭证，因此银行一般不接受这种提单。

(9) 在实际业务中经常遇到的其他提单。

舱面提单（on deck B/L），又称甲板提单，是指承运人签发的表明货物装于船舶甲板上的提单。在这种提单上一般都有"装舱面"（on deck）字样。舱面货（deck cargo）风险较大，因此买方和银行一般不愿意接受舱面提单。但是，有些货物如易燃、易爆、剧毒、体积大的货物和活牲畜等必须装在甲板上。在这种情况下,合同和信用证中就应规定"允许货物装在甲板上"的条款,这样,舱面提单才可结汇。采用集装箱运输时,根据《汉堡规则》规定和国际航运中的一般解释,装于舱面的集装箱是"船舱的延伸",与舱内货物处于同等地位。

过期提单(stale B/L),是指提单签发后超过规定期限才交到银行的提单或银行按正常邮程寄单预计收货人不能在船到达目的港前收到的提单,即发生"货先到、单后到"的现象。此外,根据《跟单信用证统一惯例》(UCP600)第 14 条 c 款的规定,"提示若包含一份或多份按照本惯例第 19 条、20 条、21 条、22 条、23 条、24 条或 25 条出具的正本运输单据,则必须由受益人或其代表按照相关条款在不迟于装运日后的 21 个公历日内提交,但无论如何不得迟于信用证的到期日",即在提单签发日期 21 天后才向银行提交的提单也属过期提单。

倒签提单(antedated B/L),是指承运人应托运人的要求,签发提单的日期早于实际装船完毕日期的提单,以符合信用证对装船日期的规定,便于在该信用证下结汇。装船日期的确定,主要是通过提单的签发日期证明的。提单日期不仅对买卖双方有着重要作用,而且银行向收货人提供垫款和向发货人转账,对海关办理延长进口许可证,对海上货物保险契约的生效等都有密切关系。因此,提单的签发日期必须依据接受货物记录和已装船的大副收据来签发。

在我国出口业务中,往往在信用证即将到期或不能按期装船时,采用倒签提单。有人认为倒签提单是解决迟期装船的有效方式,用起来特别随便,好像是一种正常签发提单的方式。根据国际贸易惯例和有关国家的法律实践,倒签提单日期是一种欺骗行为,后果严重,在我国出口业务中一般不应采用。

预借提单(advanced B/L),又称无货提单,是指因信用证规定装运日期和交单期已到,货物因故而未能及时装船,但已被承运人接管;或已经开装而未装毕,托运人出具保函,要求承运人签发已装船提单。预借提单与倒签提单同属商业欺骗行为,在实际业务中不应采用。

电子提单(electronic bill of lading),是通过 EDI 技术将纸面提单的全部内容与条款以电子数据交换系统进行传送的有关海上货物运输合同证明的电子数据。电子提单不是书面单证,而是显示在计算机屏幕上的一系列结构化了的电子数据。有关各方,包括卖方、发货人或托运人、银行、货物检验检疫机构、保险公司、港口、买方和收货人,都以承运人为中心,通过专有计算机密码完成在货物运输过程中的货物交付和所有权的转让。收货人提货,不需要出示任何书面文件,只要出示身份证明,由船舶代理验明即可。

电子提单的使用加速单证流转,防止在流转过程中的欺诈行为的发生。为了进一步完善电子提单的使用规则,国际海事委员会于 1990 年 6 月 24 日至 29 日在巴黎召开了国际海事委员会第 34 届大会通过了《国际海事委员会电子提单规则》(*CMI Rules for Electronic Bill of Lading*),本规则是当前指导电子提单使用的法律依据。

电子提单的流转是通过 EDI 系统,将有关各方的计算机联成网络而实现的。电子计算机将货物运输合同中的数字、文字、条款等,按特定的规则,转化为电子信息(electronic message),借助于电子通讯设备,从一台计算机转送到另一台计算机上。其完整流转过程是:

① 托运人向承运人发出订舱电子信息(booking message),承运人确认托运人提出的各项条款。

② 承运人接受订舱,则电子信息系统自动产生并向托运人发送接受订舱及有关运输合同条件的 EDI 信息,由托运人的 EDI 系统加以确认并通知运输调度,将货物交给承运人或

其代理人接管。

③ 托运人的 EDI 系统向海关和货物检验检疫机构的 EDI 系统发送申请报关,检验出口的 EDI 证书,经确认后传送给承运人或其代理人的 EDI 系统批准放行。

④ 承运人或其代理人收到货物后,由 EDI 系统自动向托运人发送收货信息(receipt message),托运人确认后,托运人即成为电子提单的持有人。

⑤ 货物装船后,大副签发 EDI 收据并由承运人的 EDI 系统发送电子提单给托运人和银行的 EDI 系统,同时给托运人一个更新的电子签名的电讯密码,经托运人确认后即对货物具有支配权,电子提单签发完结。

⑥ 托运人的 EDI 系统向银行的 EDI 系统发送电子发票、电子保险单和电子提单等电子单据,经银行确认后即完成结汇。

⑦ 托运人的 EDI 系统发送信息通知承运人,货物已转移给银行,随后承运人的 EDI 系统销毁与托运人的通讯密码,并向银行提供一个新的通讯密码。

⑧ 收货人向银行支付货款后,取得对货物的所有权。银行的 EDI 系统向承运人发出电讯通知货物所有权已转移给收货人。

⑨ 承运人的 EDI 系统向收货人的 EDI 系统发送 EDI 信息确认其控制着货物,并传送电子提单及一个新的通讯密码。

⑩ 承运人的 EDI 系统向目的港代理人发送 EDI 信息,将货物的说明、船舶情况及收货人的名称通知代理人,由代理人在船到港时,向收货人发出到货通知的 EDI 信息。

收货人得到到货通知后通知运输调度,凭其身份证明在指定地点提货。

在电子提单形成和流转过程中,电子提单安全是一个非常重要的问题。电子提单的安全关键在于密码的保密性和在传递过程中防止被人偷换,必须严加防范,同时还要加强和完善对电子提单的立法工作。

3. 提单的内容

国际贸易中通常使用的提单,内容包括正面内容及背面条款两部分。

提单的正面内容主要有承运人名称、提单名称、提单号码、托运人、收货人、被通知人、收货地点、船名、装运港、卸货港、最后目的地、集装箱号、唛头、件数、包装种类、货物描述、毛重、尺码、运费、提单正本份数、提单签发地、提单签发日期、承运人或代理人签字等。

提单的背面条款包括:(1)承运人的责任与义务;(2)承运人免责条款;(3)索赔与诉讼的责任与义务条款;(4)有关特殊货物运输条款;(5)其他条款。

各运输公司在签发提单时,其背面条款不尽相同。为了统一提单背面条款的内容,国际上先后签署了以下四个国际公约。

(1) 1924 年 8 月 25 日在布鲁塞尔签订的《统一提单的若干法律规则的国际公约》,简称《海牙规则》。

(2) 1968 年 2 月 23 日在布鲁塞尔签订的《修改统一提单的若干法律规则的国际公约的议定书》,简称《维斯比规则》。

(3) 1978 年 3 月在汉堡通过的《联合国海上运输公约》,简称《汉堡规则》。

(4) 2009 年,联合国国际贸易法委员会颁布了《联合国全程或部分海上国际货物运输合同公约》,简称《鹿特丹规则》。

以上公约签署的背景不同,故内容不尽相同,加上缔约国不同,所以各国运输公司签发提单时背面条款也有差异,但大多以《海牙规则》的内容为依据。

(二) 海上货运单

海上货运单,简称海运单(sea waybill,ocean waybill),是证明海上货物运输合同和货物由承运人接管或装船,以及承运人保证据以将货物交付给单据所载明的收货人的一种不可流通的单据,因此又称"不可转让海运单"(non-negotiable sea waybill)。海运单不是物权凭证,所以不可转让,这也是它与海运提单的区别所在。承运人不凭运单,而凭收货人的提货或收货凭条付货,只要该凭条能证实其为运单指明收货人即可。海运单能方便进口人及时提货,简化手续,节省费用,还可以在一定程度上减少单据欺诈现象,所以某些地区的贸易界越来越倾向使用海运单。

二、航空货运单据

航空货运单据(air transport document)是由空运承运人或其代理人签发的货运单据,通常称为航空运单(air waybill)。它是航空承运人与托运人之间缔结的运输契约的书面凭证,也是承运人或其代理人签发的接受货物的收据,但不具有物权凭证的性质,收货人不以航空运单提货,而是凭航空公司的提货通知单在目的地机场或仓库提取货物,所以空运单据是不可转让的(non-negotiable),应该在航空运单的收货人栏内详细填写收货人全称和地址,而不得做成指示抬头。

航空运单分为两种:一种是航空公司签发的运单,又称总(主)运单(master air waybill,MAWB);另一种是航空货运代理公司签发的运单,又称分运单(house air waybill,HAWB),航空货运公司办理集中托运、联运及实行门到门运输时使用。两者内容基本相同,具有同等法律效力。

每个航空货运单都有承运人(航空公司)的标志部分,用以区分不同航空公司的货运单。该部分包括承运人的名称、总部所在地、图案标志、票证代号(三位数字),以及检查位在内的货运单号。

航空货运单应由托运人填写,盖章后的货运单经承运人和托运人双方签字确认后即开始生效。当货物运至目的地,收货人提取货物并在货运单的交付联上签字,此时货运单作为运输凭证其有效期即告结束。

三、国际铁路联运运单

国际铁路联运运单(international railway transport bill of lading)是参加联运的发送国铁路与发货人间订立的运送合同,具体规定了参加联运的各国铁路和收、发货人的权利和义务,对收、发货人和铁路都具有法律效力。当发货人向始发站提交全部货物,并付清由发货人支付的一切费用,经始发站在运单正本和副本上加盖始发站承认日期戳记,证明货物已被接受承运后,即认为运输合同已经生效。

国际铁路联运运单共有一式五联,除运单正本和副本外,还有运行报单、货物交付单、货物到达通知单。运单正本随货同行,在到达站连同货物到达通知单及货物一并交给收货人,作为交接货物和结算费用的依据。运单副本交给发货人,作为向收货人证明货物已经发运并凭以结算货款的依据。货物交收货人时,收货人在货物交付单上签收,作为收妥货物的收据,退车站备查。运行报单则为铁路内部使用。

国际铁路联运运单通常还须随附出口货物报关单、出口许可证、货物检验证书等单证。此外,根据不同出口货物的情况,有的还须随附磅码单、装箱单、检疫证书、兽医证明书、化验单等买卖合同所规定的以及按照海关、出入境检验检疫等法律规范所规定的单证。

四、集装箱运输单据

集装箱运输单据不同于传统运输的货运单据,主要有场站收据(dock receipt,D/R)、集装箱装箱单(container load plan,CLP)、提单(bill of lading)或集装箱联运提单(combined transport B/L,CT B/L)或多式联运单据(multi-modal transport document,MTD)。此外,还有设备交接单(equipment receipt,E/R)、收(交)货记录(delivery record)等。

五、国际多式联运单据

国际多式联运单据(multi-modal transport document,MTD)是指证明国际多式联运合同以及证明多式联运经营人接管货物,并负责按照合同条款交付货物的单据。

国际多式联运单据根据发货人的要求,可以分成两大类,即可转让单据与不可转让单据,应由多式联运经营人或经他授权的人签署。

单据的内容主要包括下列事项:货物品类及主要标志;货物外表状况;多式运输经营人的名称和主要营业所;发货人名称;收货人名称(经发货人指定);多式运输经营人接管货物的地方和日期;交货地点;交货日期或期间;表明该多式运输单据为可转让或不可转让的声明;单据的签发日期和地点;多式运输经营人或经其授权的人的签字;运费的支付等。

思考题

1. 班轮运输和租船运输各有哪些特点?
2. 班轮运费计收标准有哪几种?
3. 海运提单主要分为哪几种?班轮提单的性质和作用表现在哪些方面?
4. 何为不可转让的海运单?与海运提单有哪些区别?
5. 什么是集装箱运输、国际多式联运和大陆桥运输?
6. 国际贸易中规定交货时间有几种方法?规定交货时间应该注意什么问题?
7. 装运港(地)和目的港(地)如何规定?应该注意什么问题?
8. 什么是分批装运?买卖合同中关于分批装运的规定方法,主要有哪几种?对这些规定方法,按照国际惯例,应当如何理解?
9. 在国际货物买卖合同中通常对转运是如何规定的?
10. 何为装卸时间、滞期费、速遣费?
11. 某公司出口货物共3 500箱,对外报价为每箱USD380 CFR Sydney。国外商人要求将价格改报为FOB C3%价。(已知该批货物每箱的体积为40 cm×35 cm×25 cm,毛重为30千克,净重25千克,货物计费标准为W/M,基本运费为每运费吨100美元,到悉尼港需加收燃油附加费20%,货币附加费10%,港口拥挤附加费20%。）

试问：FOB C3％价为多少？

12. 我按CFR价格出口洗衣粉100箱,该货物内包装为塑料袋,每袋0.5千克,外包装为纸箱,每箱100袋,箱的尺寸47 cm×30 cm×20 cm,基本运费为每尺码吨USD＄367,另加收燃油附加费33％,港口附加费5％,转船附加费15％,计费标准为"M"。

试问：该批货物的运费为多少？

案例分析

1. 我外贸A公司与欧洲B客商订立供应500公吨某种商品的出口合同。该合同规定1—4月由中国上海港装船运往欧洲某港,允许卖方交货数量可增减5％。B客商按时开来信用证,其装运条款为：1月100公吨、2月150公吨、3月150公吨、4月100公吨,每月内不得分批。A公司审查信用证后接受。A公司分别于1月和2月如期如数按信用证规定装运,并顺利收到货款。3月,由于货源不足,经协商得到船公司同意,3月10日在青岛装C轮70公吨,C轮续航烟台时,于3月18日在烟台再装货75公吨。A公司向议付行办理议付时,提交了分别于青岛和烟台装运的共计145公吨的两套提单。当议付行将单据寄到开证行索偿时,遭到开证行拒付。拒付理由是：信用证规定3月应装150公吨,不准分批；而现在仅装了145公吨,而且是分别在青岛和烟台两地装运,与信用证规定不符。

试问：开证行拒付的理由是否成立？为什么？

2. 出口方以CIF条件出口一批货物,以信用证方式结算。该信用证规定：交货期为9月份,信用证有效期至10月15日止。出口方于9月20日将货物装船并取得清洁提单,于10月14日持全套合格单据向银行交单议付。

试问：银行是否会接受单据并支付货款？为什么？

第七章 货物运输保险

货物在国际运输、装卸和储存当中，可能招致各种风险而遭受损失。为了保障货物遭受损失后得到经济补偿，就需要取得货物运输保险。货物运输保险（cargo transportation insurance）是指被保险人（the insured）或投保人（applicant）在货物装运以前，估定一定的投保金额（即保险金额）向保险人（insurer）或称承保人（underwriter），即保险公司投保货物运输险。被保险人按投保金额、投保险别及保险费率，向保险人支付保险费并取得保险单据。由于进出口货物运输通常有海洋运输、陆上运输、航空运输或邮包运输，因此国际货物运输保险也相应地分为海运货物保险、陆运货物保险、空运货物保险和邮包运输保险。

在我国对外贸易实践中，进出口货物运输保险最常用的保险条款由原中国人民保险公司（现为中国人民保险公司旗下的中国人民财产保险股份有限公司）于 1981 年 1 月 1 日修订的"中国保险条款"（China Insurance Clause, C.I.C.）。该条款现行版本在 2009 年向中国保险监督管理委员会报备，故称 2009 版，于 2010 年起使用，该 2009 版与 1981 年修订版内容相同。

"中国保险条款"按运输方式不同分为海洋运输货物保险、陆上运输货物保险、航空运输货物保险和邮包运输货物保险。针对某些特殊货物，还配备有专门保险，如海运/陆运冷藏货物险、海运散装桐油险、活牲畜/家禽的海陆空运输险。

第一节　保险的基本原则

按保险标的的不同，保险可分为财产保险、责任保险、信用保险和人身保险四类。国际货物运输保险是财产保险的一种，是投保人与承保人在某保险项目上利益一致的体现，因此双方要订立合同并共同遵守特定的国际原则。

一、保险利益原则

保险标的是保险所要保障的对象，它可以是任何财产及其有关利益或者人的寿命和身体。保险利益，又称可保权益，是指投保人对保险标的具有的法律上承认的利益。投保人对保险标的应当具有保险利益。投保人对保险标的不具有保险利益的，保险合同无效。这就是保险利益原则。

就货物运输保险而言，反映在运输货物上的利益主要是货物本身的价值，但也包括与此相关联的费用，如运费、保险费、关税和预期利润等。当保险标的安全到达时，被保险人就受益；当保险标的遭到损毁或灭失，被保险人就受到损害或负有经济责任。

二、最大诚信原则

最大诚信的含义是指当事人真诚地向对方充分而准确的告知有关保险的所有重要事实，不允许存在任何虚伪、欺瞒、隐瞒行为。不仅在保险合同订立时要遵守此项原则，在整个合同有效期内和履行合同过程中也都要求当事人间具有"最大诚信"。

最大诚信原则的含义可表述为：保险合同当事人订立合同及合同有效期内，应依法向对方提供足以影响对方做出订约与履约决定的全部实质性重要事实，同时绝对信守合同订立的约定与承诺。否则，受到损害的一方按民事立法规定可以此为由宣布合同无效，或解除合同，或不履行合同约定的义务或责任，甚至对因此受到的损害还可以要求对方予以赔偿。

三、近因原则

近因是指在风险和损失之间，导致损失的最直接、最有效、起决定作用的原因，而不是指在时间上或空间上最接近的原因。

近因原则的含义是指在风险与保险标的损失关系中，如果近因属于被保风险，保险人应负赔偿责任；近因属于除外风险或未保风险，则保险人不负赔偿责任。

四、损失补偿原则

损失补偿原则，又称损害赔偿原则，是指保险合同生效之后，当保险标的发生保险责任范围内的损失时，通过保险赔偿，使被保险人恢复到受灾前的经济原状，但不能因损失而获得额外收益。

当保险标的发生保险责任范围内的损失，保险人在对被保险人理赔时，对补偿原则掌握的标准主要有三项：(1) 赔偿金额既不能超过保险金额，也不能超过实际损失；(2) 被保险人必须对保险标的具有保险利益；(3) 被保险人不能通过保险赔偿而得到额外利益。

第二节　货物运输保险保障的范围

一、海运货物运输风险

根据中国人民保险公司《海洋运输货物保险条款》的规定，海运货物运输风险主要分两类：一类是海上风险；另一类是外来风险。

(一) 海上风险

海上风险(perils of the sea)又称海难，一般指船舶或货物在海上运输过程中发生的或随附海上运输所发生的风险。它包括自然灾害和意外事故。

自然灾害(natural calamity)是指由于自然界的变化产生的破坏力量所造成的灾害，如被保险货物在运输途中遭遇恶劣气候、雷电、海啸、地震、洪水等造成的损失。

意外事故(fortuitous accidents)是指由于不能预料的原因或者偶然的原因所造成的事故，如船舶搁浅、触礁、沉没、互撞与流冰或其他物体碰撞、火灾、爆炸等造成货物的损失。

由此可见,海上风险并非局限于海上发生的灾害和事故,还包括那些与海上航行有关的发生在陆上或海陆、海河或与驳船相连接之处的灾害和事故。

(二) 外来风险

外来风险(extraneous risks)是指海上风险以外的其他外来原因引起的风险,又可分为一般外来风险和特殊外来风险。一般外来风险如偷窃、雨淋、短量、渗漏、破碎、受潮、受热、发霉、串味、玷污、钩损、锈损等,特殊外来风险如战争、罢工、交货不到、拒收等。

二、损失和费用

(一) 海上损失

海上损失(sea damage/marine loss)是指被保险的货物在运输过程中,由于发生海上风险导致保险标的直接或间接的损失。根据损失程度,海上损失分为全部损失和部分损失。

1. 全部损失

全部损失(total loss),又称全损,指整批或不可分割的一批被保险货物在运输途中全部遭受损失,分为实际全损和推定全损。

实际全损(actual total loss)是指保险标的全部灭失,或保险标的损坏后不能复原,或标的物权丧失已无法复归于被保险人,或载货船舶失踪经过相当长时间仍无音讯等损失。发生实际全损时,被保险人可按其投保金额就全部损失向保险公司索赔。

推定全损(constructive total loss)是指被保险货物的实际全损已经不可避免,或者恢复、修复受损货物,以及运送货物到原定目的地所花费的费用超过该目的地的货物价值。

在发生推定全损时,被保险人可以要求保险人按保险货物的部分损失赔偿,也可以要求按全损赔付。如果要求按全损赔,被保险人必须向保险公司及时发出委付通知(notice of abandonment),提出委付(abandonment),经保险人同意才能按全损赔付。

所谓委付是指保险标的发生推定全损的时候,被保险人自愿将保险标的的一切权利转移给保险人,请求保险人按保险标的全部保险金额予以赔偿的表示。委付必须经保险人同意才能生效,保险人应在合理时间内将是否同意委付的决定通知被保险人。委付一经保险人接受,不得撤回。

2. 部分损失

部分损失(partial loss)是指保险标的的一部分毁损或灭失,没有达到全损程度的损失。部分损失根据造成损失的原因的不同可以分为共同海损和单独海损。

共同海损(general average, G.A.)是指载货的船舶在航行途中遭遇自然灾害或意外事故,威胁到船、货等各方面的共同安全,船方为解除共同危险或使航程得以继续进行,有意识并合理地采取措施所做出的一些特殊牺牲和支出的额外费用。例如,载货船舶在航行中搁浅,船长为了使船、货脱险,下令将部分货物抛弃,船舶浮起转危为安。被弃的货物就是共同海损的牺牲。再如,在船舶搁浅后,为谋求脱险起浮而不正常地使用船上机器,导致主机破坏,船舶无法航行,被其他船拖至安全港。因此,支付救助的报酬就是额外费用。

共同海损的构成,必须具备以下四个条件。第一,载货船舶必须确实遭遇危及货、船等共同安全的风险,风险必须真实存在或是不可避免的。如果因船长判断错误,采取了某些措施,或因可以预测的常见事故所造成的损失,不能构成共同海损。第二,共同海损牺牲必须是自愿的和有意识的行动所造成的。共同海损牺牲的产生是由人为的故意行动,而不是遭遇海上风险造成的意外损失。第三,共同海损牺牲和费用的支出必须是合理的。共同海损牺牲和费用的支出必须以解除危难局面为限,船长不能滥用职权,任意扩大物资牺牲和费用的支出。第四,牺牲和费用的支出最终必须是有效的,也就是说,经过采取某种措施后,船舶和/或货物的全部或一部分最后安全抵达航次的终点港或目的港,从而避免了船、货同归于尽的局面。共同海损牺牲和费用支出都是为使船舶、货物免于损失,因而应该由船、货各方按最后获救的价值共同按比例分摊,通常称为共同海损分摊(G.A. contribution)。

单独海损(particular average,P.A.),是指除共同海损以外的部分损失,或由各受损者单独负担的损失。例如,载货船舶在航行中遇到狂风巨浪,海水入舱造成部分货物受损。

单独海损与共同海损的主要区别有两个。

第一,造成损失的原因不同。单独海损是承保风险所直接导致的船、货损失;共同海损,则不是承保风险所直接导致的损失,而是为了解除或减轻共同危险人为地造成的一种损失。

第二,损失承担方不同。单独海损一般由受损方自行承担,而共同海损则由受益的各方按照受益大小的比例分摊。

(二) 海上费用

海上费用(maritime charges)是指为营救被保险货物所支出的费用,包括施救费用和救助费用。

1. 施救费用

施救费用(sue and labour expenses)是指当被保险货物遭受保险责任范围内的自然灾害和意外事故时,被保险人或其代理人或其受雇人等为抢救被保险货物,防止损失继续扩大所支付的费用。保险人对这种施救费用负责赔偿。

2. 救助费用

救助费用(salvages charges)是指被保险货物遭受承保范围内的灾害事故时,除保险人和被保险人以外的无契约关系的第三者采取救助措施,并救助成功,依据国际上的相关法律,被救方应向救助的第三者支付的报酬。救助费用应由保险人负责赔偿。保险人在赔付时,必须要求救助成功。国际上,一般称为"无效果—无报酬"。

第三节 我国海洋运输货物保险的险别与条款

根据中国保险条款(C.I.C.)中《海洋运输货物保险条款》(Ocean Marine Cargo Clauses)的规定,保险人的承保责任范围——保险险别,包括基本险和附加险两大类。

一、基本险

基本险(basic insurance/basic perils),也称主险,是可以独立承保的险别。海洋货物运输保险的基本险包括平安险、水渍险和一切险。

(一) 平安险

平安险(free from particular average,F.P.A.)的承保责任范围如下。

(1) 被保险货物在运输途中由于恶劣气候、雷电、海啸、地震、洪水等自然灾害造成整批货物的全部损失或推定全损。被保险货物用驳船运往或运离海轮的,每一驳船所装的货物可视作一个整批。

(2) 由于运输工具遭受搁浅、触礁、沉没、互撞、与流冰或其他物体碰撞以及失火、爆炸意外事故造成货物的全部或部分损失。

(3) 在运输工具已经发生搁浅、触礁、沉没、焚毁意外事故的情况下,货物在此前后又在海上遭受恶劣气候、雷电、海啸等自然灾害所造成的部分损失。

(4) 在装卸或转运时由于一件或数件整件货物落海造成的全部或部分损失。

(5) 被保险人对遭受承保责任内危险的货物采取抢救、防止或减少货损的措施而支付的合理费用,但以不超过该批被救货物的保险金额为限。

(6) 运输工具遭遇海难后,在避难港由于卸货所引起的损失以及在中途港、避难港由于卸货、存仓以及运送货物所产生的特别费用。

(7) 共同海损的牺牲、分摊和救助费用。

(8) 运输契约订有"船舶互撞责任"条款,根据该条款规定应由货方偿还船方的损失。

(二) 水渍险

水渍险(with particular average,W.P.A.)的承保范围除包括上列平安险的各项责任外,还负责被保险货物由于恶劣气候、雷电、海啸、地震、洪水等自然灾害所造成的部分损失。

(三) 一切险

一切险(all risks)的承保责任范围,除包括平安险和水渍险的责任外,还包括被保险货物在运输过程中,由于一般外来原因所致的全部损失或部分损失。

二、附加险

附加险(additional insurance/additional risk/accessory risks)是不能单独承保的险别。它必须依附于基本险项下,即只有投保某种基本险之后才可加保附加险,并须另外支付一定的保险费。附加险分为一般附加险和特殊附加险。

(一) 一般附加险

一般附加险(general additional risk)是指投保人只能在投保平安险或水渍险的基础上,根据货物的特性和需要加保的一些附加险种。一般附加险有十一种。

(1) 偷窃、提货不着险(theft,pilferage and non-delivery,TPND):本保险对保险货物

遭受下列损失,按保险价值负责赔偿:偷窃行为所致的损失;整件提货不着。

(2) 淡水雨淋险(fresh water and rain damage):本保险对被保险货物因直接遭受雨淋或淡水,以及冰雪融化所致的损失负责赔偿,但包装外部应有雨水或淡水痕迹或其他适当证明。

(3) 短量险(risk of shortage):本保险对被保险货物在运输过程中,因外包装破裂或散装货物发生数量散失和实际重量短缺的损失负责赔偿,但正常的损耗除外。

(4) 混杂险、污染险(risk of intermixture and contamination):本保险对被保险货物在运输过程中,因混杂、玷污所致的损失负责赔偿。

(5) 串味险(risk of odour):本保险对被保险的食用物品、中药材、化妆品原料等货物在运输过程中,因受其他物品的影响而引起的串味损失,负责赔偿。

(6) 受潮受热险(damage caused by sweating and heating):本保险对被保险货物在运输过程中因气温突然变化或由于船上通风设备失灵致使船舱内水汽凝结、发潮或发热所造成的损失,负责赔偿。

(7) 钩损险(hook damage):本保险对被保险货物在装卸过程中因遭受钩损而引起的损失,以及对包装进行修补或调换所支付的费用,均负责赔偿。

(8) 包装破裂险(loss for damage caused by breakage of packing):本保险对被保险货物在运输过程中因搬运或装卸不慎致使包装破裂所造成的损失,以及为继续运输安全所需要对包装进行修补或调换所支付的费用,均负责赔偿。

(9) 锈损险(risk of rust):本保险对被保险货物(金属或其制品)在运输过程中,发生锈损,负责赔偿。

(10) 渗漏险(risk of leakage):本保险对被保险货物在运输过程中,因容器损坏而引起的渗漏损失,或用液体储藏的货物因液体的渗漏而引起的货物腐败等损失,负责赔偿。

(11) 破损、破碎险(risk of clash and breakage):本保险对被保险货物在运输过程中因震动、碰撞、受压造成的破碎和碰撞损失,负责赔偿。

(二) 特殊附加险

特殊附加险(special additional risk)是指承保由于特殊外来原因的风险而造成损失的险别。特殊附加险主要有八种。

(1) 战争险(war risks):负责赔偿直接由于战争、类似战争行为和敌对行为、武装冲突或海盗行为所致的损失;由于上述原因引起的捕获、拘留、扣留、禁止、扣押所造成的损失;各种常规武器,包括水雷、鱼雷、炸弹所致的损失,以及本条款责任范围引起的共同海损的牺牲、分摊和救助费用。本保险对下列各项不负赔偿责任:由于敌对行为使用原子或热核武器所致的损失和费用;根据执政者、当权者或其他武装集团的扣押、拘留引起的承保航程的丧失和挫折而提出的任何索赔。

(2) 进口关税险(import duty risks):如果被保险货物到达目的港后,因遭受本保险单责任范围以内的损失而被保险人仍须按完好货物完税时,保险公司对该项货物损失部分的进口关税负赔偿责任,但以不超过受损部分的保险价值为限。

(3) 交货不到险(failure to deliver risks):本保险自货物装上船舶时开始,不论由于任何原因,如果货物不能在预定抵达目的地的日期起六个月以内交货,保险公司同意按全损予以赔付,但该货物之全部权益应转移给保险公司。被保险人保证已获得一切许可证。所有运输险及战争险项下应负责的损失,概不包括在本条款责任范围之内。

(4) 黄曲霉素险(aflatoxin risks):本保险对被保险货物在保险责任有效期内,在进口港或进口地经当地卫生当局的检验证明,因含有黄曲霉毒素,并且超过了进口国对该毒素的限制标准,必须拒绝进口、没收或强制改变用途时,保险公司按照被拒绝进口或被没收部分货物的保险价值或改变用途所造成的损失,负责赔偿。本条款不负责由于其他原因所致的被有关当局拒绝进口或没收或强制改变用途的货物的损失。

(5) 舱面险(on deck risks):本保险对被保险货物存放舱面时,除按保险单所载条款负责外,还包括被抛弃或风浪冲击落水在内的损失。

(6) 罢工险(strike risks):对被保险货物由于罢工、工人被迫停工或参加工潮、暴动等人员的行动或任何人的恶意行为所造成的直接损失,和上述行为或行动所引起的共同海损的牺牲、分摊和救助费用负责赔偿。但是,对在罢工期间由于劳动力短缺或不能使用劳动力所造成的被保险货物的损失,包括因罢工而引起的动力和燃料缺乏使冷藏机停止工作所致的冷藏货物的损失,以及无劳动力搬运货物,使货物堆积在码头淋湿受损,不负赔偿责任。

(7) 拒收险(rejection risks):对被保险货物在进口港被进口国的政府或有关当局拒绝进口或没收,按货物的保险价值负责赔偿。

(8) 货物出口到香港(包括九龙)或澳门存仓火险责任扩展条款(fire risk extension clause, F.R.E.C. — for storage of cargo at destination Hong Kong, including Kowloon, or Macao):所保货物运抵目的地香港(包括九龙在内)或澳门卸离运输工具后,如直接存放于本保险单载明的过户银行所指定的仓库,本保险对存仓火险的责任至上述银行收回押款解除对货物的权益时止,或自运输险责任终止时起满30天时为止。

三、除外责任

除外责任(exclusion)是由保险公司明确规定不予承保的损失和费用。除外责任中所列的各项致损原因,一般都是非意外的、偶然性的,或者是比较特殊的风险,由保险公司明确作为一种免责规定。除外责任还起到划清保险人、被保险人和发货人各自应负责任的作用。

(一) 三种基本险的除外责任

海洋货物运输保险的三种基本险,保险公司对下列各项不负赔偿责任:(1) 被保险人的故意行为或过失所造成的损失;(2) 属于发货人责任所引起的损失;(3) 在保险责任开始前,被保险货物已存在的品质不良或数量短差所造成的损失;(4) 被保险货物的自然损耗、本质缺陷、特性以及市价跌落、运输延迟所引起的损失或费用;(5) 本公司海洋运输货物战争险条款和货物运输罢工险条款规定的责任范围和除外责任。

(二) 战争险的除外责任

投保战争险时,保险公司对下列各项不负赔偿责任:(1) 由于敌对行为使用原子或热核制造的武器所致的损失和费用;(2) 根据执政者、当权者、其他武装集团的扣押、拘留引起的承保航程的丧失和挫折而提出的任何索赔。

四、保险责任的起讫期限

（一）基本险的责任起讫期限

平安险、水渍险和一切险的承保责任的起讫期限是采用国际保险业中惯用的"仓至仓条款"（warehouse to warehouse clause，W/W Clause）。所谓仓至仓条款是指保险公司的保险责任自被保险货物运离保险单所载明的起运地仓库或储存处所开始运输时生效，包括正常运输过程中的海上、陆上、内河和驳船运输在内，直至该项货物到达保险单所载明目的地收货人的最后仓库或储存处所或被保险人用作分配、分派或非正常运输的其他储存处所为止。如果未抵达上述仓库或储存处所，则以被保险货物在最后卸载港全部卸离海轮后满 60 天为止；如果在上述 60 天内被保险货物需转运到非保险单所载明的目的地时，则以该项货物开始转运时终止。

由于被保险人无法控制的运输延迟，绕道，被迫卸货，重新装载，转载或承运人运用运输契约赋予的权限所作的任何航海上的变更或终止运输契约，致使被保险货物运到非保险单所载明目的地时，在被保险人及时将获知的情况通知保险人，并在必要时加缴保险费的情况下，本保险仍继续有效，保险责任按下列规定终止：（1）被保险货物如果在非保险单所载明的目的地出售，保险责任至交货时为止，但不论任何情况，均以被保险货物在卸载港全部卸离海轮后满 60 天为止；（2）被保险货物如果在上述 60 天期限内继续运往保险单所载原目的地或其他目的地时，保险责任仍按上述规定终止。

被保险人应按照以下规定的应尽义务办理有关事项，如果因未履行规定的义务而影响保险人利益时，保险公司对有关损失，有权拒绝赔偿：（1）当被保险货物运抵保险单所载明的目的港（地）以后，被保险人应及时提货，当发现被保险货物遭受任何损失，应即向保险单上所载明的检验、理赔代理人申请检验，如果发现被保险货物整件短少或有明显残损痕迹应即向承运人，受托人或有关当局（海关、港务当局等）索取货损货差证明。如果货损货差是由于承运人，受托人或其他有关方面的责任所造成，并应以书面方式向他们提出索赔，必要时还须取得延长时效的认证。（2）对遭受承保责任内危险的货物，被保险人和本公司都可迅速采取合理的抢救措施，防止或减少货物的损失，被保险人采取此措施，不应视为放弃委托的表示，本公司采取此措施，也不得视为接受委付的表示。（3）如果遇航程变更或发现保险单所载明的货物、船名或航程有遗漏或错误时，被保险人应在获悉后立即通知保险人并在必要时加缴保费，本保险才继续有效。

该保险索赔时效，从被保险货物在最后卸载港全部卸离海轮后起算，最多不超过 2 年。

（二）海运战争险的责任起讫期限

（1）保险责任自被保险货物装上保险单所载起运港的海轮或驳船时开始，到卸离保险单所载明的目的港的海轮或驳船时为止。如果被保险货物不卸离海轮或驳船，本保险责任最长期限以海轮到达目的港的当日午夜起算满 15 天为限。海轮到达上述目的港是指海轮在该港区内一个泊位或地点抛锚、停泊或系缆；如果没有这种泊位或地点，则指海轮在原卸货港或地点或附近第一次抛锚、停泊或系缆。

（2）如果在中途港转船，不论货物在当地卸载与否，保险责任以海轮到达该港或卸货地点的当日午夜起算满 15 天为止,待再装上续运海轮时恢复有效。

(3) 如果运输契约在保险单所载明目的地以外的地点终止时,该地即视为本保险目的地,仍照前述第 1 款的规定终止责任,如需运往原目的地或其他目的地时,在被保险人于续运前通知保险人并加缴保险费的情况下,可自装上续运海轮时重新有效。

(4) 如果运输发生绕道,改变航程或承运人运用运输契约赋予的权限所作的任何航海上的改变,在被保险人及时将获知情况通知保险人,在必要时加缴保险费的情况下,本保险仍继续有效。

五、被保险人义务

被保险人应按照以下规定的应尽义务办理有关事项。

(1) 当被保险货物运抵保险单所载明的目的港(地)以后,被保险人应及时提货,当发现被保险货物遭受任何损失,应即向保险单上所载明的检验、理赔代理人申请检验,如果发现被保险货物整件短少或有明显残损痕迹应即向承运人、受托人或有关当局(海关、港务当局等)索取货损货差证明。如果货损货差是由于承运人、受托人或其他有关方面的责任所造成,并应以书面方式向他们提出索赔,必要时还须取得延长时效的认证。如果未履行上述规定义务,保险人对有关损失不负赔偿责任。

(2) 对遭受承保责任内危险的货物,被保险人和保险人都可迅速采取合理的抢救措施,防止或减少货物的损失,被保险人采取此项措施,不应视为放弃委付的表示,保险人采取此项措施,也不得视为接受委付的表示。

对由于被保险人未履行上述义务造成的扩大的损失,保险人不负赔偿责任。

(3) 如果遇航程变更或发现保险单所载明的货物、船名或航程有遗漏或错误时,被保险人应在获悉后立即通知保险人并在必要时加交保险费,本保险才继续有效。

(4) 在向保险人索赔时,必须提供下列单证:保险单正本、提单、发票、装箱单、磅码单、货损货差证明、检验报告及索赔清单。如果涉及第三者责任,还须提供向责任方追偿的有关函电及其他必要单证或文件。

被保险人未履行前款约定的单证提供义务,导致保险人无法核实损失情况的,保险人对无法核实的部分不承担赔偿责任。

(5) 在获悉有关运输契约中船舶互撞责任条款的实际责任后,应及时通知保险人。否则,保险人对有关损失不负赔偿责任。

第四节 我国陆、空、邮运输货物保险的险别与条款

一、陆运货物保险条款

(一)风险与损失

货物在陆运过程中,可能遭受各种自然灾害和意外事故。常见的风险有:车辆碰撞、倾

覆和出轨、路基坍塌、桥梁折断和道路损坏,以及火灾和爆炸等意外事故;雷电、洪水、地震、火山爆发、暴风雨,以及霜雪冰雹等自然灾害;战争、罢工、偷窃、货物残损、短少、渗漏等外来原因所造成的风险。这些风险会使运输途中的货物造成损失。货主为了转嫁风险损失,就需要办理陆运货物保险。

(二)承保责任范围及责任起讫

1. 陆运基本险

根据《陆上运输货物保险条款》(2009版),陆运基本险分为陆运险和陆运一切险两种。被保险货物遭受损失时,该保险按保险单上订明承保险别的条款规定负赔偿责任。

(1)陆运险(overland transportation risks)。本保险负责赔偿:① 被保险货物在运输途中遭受暴风、雷电、洪水、地震自然灾害或由于运输工具遭受碰撞、倾覆、出轨或在驳运过程中因驳运工具遭受搁浅、触礁、沉没、碰撞;或由于遭受隧道坍塌,崖崩或失火、爆炸意外事故所造成的全部或部分损失。② 被保险人对遭受承保责任内危险的货物采取抢救,防止或减少货损的措施而支付的合理费用,但以不超过该批被救货物的保险金额为限。

(2)陆运一切险(overland transportation all risks)。本保险还负责被保险货物在运输途中由于一般外来原因所致的全部或部分损失。陆运险的承保责任范围同海运水渍险相似,陆运一切险的承保责任范围同海运一切险相似。上述责任范围,均适用于火车和汽车运输,并以此为限。此外,还有陆上运输冷藏货物险,它也具有基本险性质。

陆上运输货物基本险的责任起讫也采用"仓至仓条款",保险责任自被保险货物运离保险单所载明的起运地仓库或储存处所开始运输时生效,包括正常运输过程中的陆上和与其有关的水上驳运在内,直至该项货物运达保险单所载目的地收货人的最后仓库或储存处所或被保险人用作分配、分派的其他储存处所为止,如果未运抵上述仓库或储存处所,则以被保险货物运抵最后卸载的车站满60天为止。陆上运输货物险的索赔时效,从被保险货物在最后目的地车站全部卸离车辆后起算,最多不超过2年。

2. 陆上运输货物战争险(火车)

陆上运输货物战争险(火车)是陆上运输货物保险的特殊附加险。保险公司负责赔偿在火车运输途中由于战争、类似战争行为和敌对行为、武装冲突所致的损失,以及由于各种常规武器包括地雷、炸弹所致的损失。但是,由于敌对行为使用原子或热核武器所致的损失和费用,以及根据执政者、当权者或其他武装集团的扣押、拘留引起的承保运程的丧失和挫折而造成的损失除外。陆运战争险的责任起讫与海运战争险相似,以货物置于运输工具时为限,即自被保险货物装上保险单所载的起运地火车时开始,到保险单所载目的地卸离火车时为止。如果被保险货物不卸离火车,则以火车到达目的地的当日午夜起计算,满48小时为止;如果在运输途中转车,不论货物在当地卸载与否,保险责任以火车到达该中途站的当日午夜起计算,满10天为止。如果货物在此期限内重新装车续运,仍恢复有效。但须指出,如果运输契约在保险单所载目的地以外的地点终止时,该地即视为本保单所载目的地。在货物卸离该地火车时为止,如果不卸离火车,则保险责任以火车到达该地当日午夜起计算满48小时为止。

(三) 除外责任(基本险)

本保险对下列损失不负赔偿责任：(1) 被保险人的故意行为或过失所造成的损失；(2) 属于发货人责任所引起的损失；(3) 在保险责任开始前，被保险货物已存在的品质不良或数量短差所造成的损失；(4) 被保险货物的自然损耗、本质缺陷、特性以及市价跌落、运输延迟所引起的损失或费用；(5) 陆上运输货物战争险条款和货物运输罢工险条款规定的责任范围和除外责任。

二、空运货物保险条款

(一) 风险与损失

货物在空运过程中，有可能因自然灾害、意外事故和各种外来风险而导致货物全部或部分损失。常见的风险有雷电、火灾、爆炸、飞机遭受碰撞倾覆、坠落、失踪、战争破坏，以及被保险货物由于飞机遇到恶劣气候或其他危难事故而被抛弃等。为了转嫁上述风险，空运货物一般都必须办理保险，以便当货物遭到承保范围内的风险损失时，可以从保险公司挽回损失。

(二) 承保责任范围及责任起讫

空运货物保险的基本险别有航空运输险(air transportation risks)和航空运输一切险(air transportation all risks)。这两种基本险都可单独投保，在投保其中之一的基础上，经投保人与保险公司协商可以加保战争险等附加险。

1. 航空运输险

航空运输险负责赔偿：(1) 被保险货物在运输途中遭受雷电、火灾、爆炸或由于飞机遭受恶劣气候或其他危难事故而被抛弃，或由于飞机遭碰撞、倾覆、坠落或失踪意外事故所造成全部或部分损失。(2) 被保险人对遭受承保责任内危险的货物采取抢救，防止或减少货损的措施而支付合理费用，但以不超过该批被救货物的保险金额为限。

2. 航空运输一切险

除包括上列航空运输险责任外，还负责被保险货物由于外来原因所致的全部或部分损失。

这两种基本险的责任起讫也采用"仓至仓"条款，即保险责任自被保险货物运离保险单所载明的起运地仓库或储存处所开始运输时生效，包括正常运输过程中的运输工具在内，直至该项货物运达保险单所载明目的地收货人的最后仓库或储存处所或被保险人用作分配、分派或非正常运输的其他储存处所为止。如果未运抵上述仓库或储存处所，则以被保险货物在最后卸载地卸离飞机后满30天为止。如果在上述30天内被保险的货物需转送到非保险单所载明的目的地时，则以该项货物开始转运时终止。如果由于被保险人无法控制的运输延迟、绕道、被迫卸货、重新装载、转载或承运人运用运输契约赋予的权限所作的任何航行上的变更或终止运输契约，致使被保险货物运到非保险单所载目的地时，在被保险人及时将获知的情况通知保险人，并在必要时加缴保险费的情况下，本保险仍继续有效，保险责任按下述规定终止：(1) 被保险货物如在非保险单所载目的地出售，保险责任至交货时为止。但不论任何情况,均以被保险的货物在卸载地卸离飞机后满 30 天为止;(2) 被保险货物在上述 30 天期限内继续运往保险单所载原目的地或其他目的地时,保险责任仍按上述有关规定终止。

空运货物保险的基本险的索赔时效,从被保险货物在最后卸载地卸离飞机后起计算,最多不超过 2 年。

航空运输货物战争险的保险责任,是自被保险货物装上保险单所载明的启运地的飞机时开始直至卸离保险单所载明的目的地的飞机时为止。如果被保险货物不卸离飞机,则以载货飞机到达目的地的当日午夜起计算,满 15 天为止。如果被保险货物在中途转运时,保险责任以飞机到达转运地的当日午夜起计算,满 15 天为止;待装上续运的飞机,保险责任再恢复有效。

(三) 除外责任

投保空运货物保险的基本险别时,保险公司对下列损失不负赔偿责任:(1) 被保险人的故意行为或过失所造成的损失;(2) 属于发货人责任所引起的损失;(3) 保险责任开始前,被保险货物已存在的品质不良或数量短差所造成的损失;(4) 被保险货物的自然损耗、本质缺陷、特性以及市价跌落、运输延迟所引起的损失或费用;(5) 本保险公司航空运输货物战争险条款和货物及罢工险条款规定的责任范围和除外责任。

三、邮政包裹运输保险

(一) 风险与损失

邮包运输通常须经海、陆、空辗转运送,实际上是属于"门到门"运输,在长途运送过程中遭受自然灾害、意外事故,以及各种外来风险的可能性较大。寄件人为了转嫁邮包在运送中的风险损失,故须办理邮包运输保险,以便在发生损失时能从保险公司得到承保范围内的经济补偿。

(二) 承保责任范围及责任起讫

根据中国人民保险公司制定的《邮政包裹保险条款》的规定,其基本险有邮包险(parcel post risks)和邮包一切险(parcel post all risks)。此外,还有作为附加险的邮包战争险。

1. 邮包险

邮包险负责赔偿:(1) 被保险邮包在运输途中由于恶劣气候、雷电、海啸、地震、洪水自然灾害或由于运输工具遭受搁浅、触礁、沉没、碰撞、倾覆、出轨、坠落、失踪,或由于失火、爆炸意外事故所造成的全部或部分损失。(2) 被保险人对遭受承保责任内危险的货物采取抢救,防止或减少货损的措施而支付的合理费用,但以不超过该被救货物的保险金额为限。

2. 邮包一切险

除包括上述邮包险的各项责任外,邮包一切险还负责被保险邮包在运输途中由于外来原因所致的全部或部分损失。

本保险责任自被保险邮包离开保险单所载起运地点寄件人的处所运往邮局时开始生

效,直至该项邮包运达本保险单所载目的地邮局,自邮局签发到货通知书当日午夜起算满15天终止。但是,在此期限内邮包一经递交至收件人的处所时,保险责任即行终止。

在投保邮包运输基本险之一的基础上,经投保人与保险公司协商可以加保邮包战争险等附加险。邮包战争险承保责任的起讫,是自被保险邮包经邮政机构收讫后自储存处所开始运送时生效,直至该项邮包运达保险单所载明的目的邮政机构送交收件人为止。

(三) 除外责任

邮包险和邮包一切险对下列损失不负赔偿责任:(1) 被保险人的故意行为或过失所造成的损失;(2) 属于发货人责任所引起的损失;(3) 在保险责任开始前,被保险邮包已存在的品质不良或数量短差所造成的损失;(4) 被保险邮包的自然损耗、本质缺陷、特性,以及市价跌落、运输延迟所引起的损失或费用;(5) 邮包战争险条款和货物运输罢工险条款规定的责任范围和除外责任。

第五节　伦敦保险业协会海运货物保险条款

伦敦保险业协会制订的《协会货物条款》(Institute Cargo Clauses,I.C.C.)是国际知名的保险条款,最早制订于1912年,现已修改多次。现行版本为2008年11月24日公布的新版协会货物运输保险条款,该版本于2009年1月1日生效。协会货物条款扩展了保险责任起讫期限,对保险公司引用免责条款作出了一些条件限制,对条款中容易产生争议的用词作出更加明确的规定,其中的文字结构也更简洁、严密。

伦敦保险业协会的海运货物保险条款的险别分为六种:协会货物(A)险条款[Institute Cargo Clause A,简称 ICC(A)];协会货物(B)险条款[Institute Cargo Clause B,简称 ICC(B)];协会货物(C)险条款[Institute Cargo Clause C,简称 ICC(C)];协会战争险条款(货物)(Institute War Clause Cargo);协会罢工险条款(货物)(Institute Strikes Clause Cargo);恶意损害险条款 (Malicious Damage Clause)。

以上六种险别条款中,除恶意损害险外,其余五种险别均按条文的性质统一划分为八个部分:承保范围、除外责任、保险期限、索赔、保险利益、减少损失、防止延迟和法律惯例。各个险别的结构统一,体系完整。ICC(A)、ICC(B)、ICC(C)是主险,可以单独投保,战争险、罢工险和恶意损害险为附加险。但是,战争险和罢工险在投保人提出申请并经保险人同意后,也可单独投保。

对于 ICC(A)、ICC(B)、ICC(C)三种险别的风险责任,ICC(A)是以除外责任的方法规定,ICC(B)和 ICC(C)则以列明风险的方法规定。

一、承保责任范围

(一) ICC(A)险条款

ICC(A)险的承保范围较广,采用了"一切风险减去除外责任"的规定方式。除外责任包括一般除外责任、不适航和不适货除外责任、战争除外责任、罢工和恐怖主义除外责任。除了在除外责任项下所列风险所致损失不予负责外,其他风险所致损失均予负责。

2009年版的ICC(A)险的除外责任不同于1982年版,不再列有副标题,而直接用除外条款表示。其除外责任可分为以下四类。

1. 一般除外责任
(1) 被保险人故意的不法行为所造成的损失或费用。
(2) 保险标的自然渗漏、重量或容量的内在缺陷或特征或自然磨损。
(3) 由于保险标的包装不固或包装不当或配载不当造成无法抵抗运输途中发生的通常事故而产生的损失或费用,但仅适用于包装或配载是由被保险人或其雇员完成,且在保险单责任开始前完成(包装包括集装箱)。
(4) 由延迟引起的损失或费用。
(5) 因船舶所有人、经理人、承租人或经营人破产或经济困难造成的损失或费用,但仅适用于在保险标的装上船舶之时,被保险人知道,或者被保险人在正常业务经营中应当知道,此种破产或经济困难会导致该航程取消。
(6) 因使用任何原子或核子裂变和/或聚变或其他类似反应或放射性物质的武器或设备直接或间接所致或引起的损失或费用。

2. 不适航、不适货除外责任
(1) 被保险人在保险标的装船时已知船舶或驳船的不适航,以及船舶或驳船不适合安全运输保险标的所引起的损失或费用。
(2) 集装箱或运输工具不适合安全运输保险标的,但仅适用于在保险合同生效前装货已经开始,或被保险人或其雇员在货物装船时已经知道这一情况。

3. 战争除外责任
(1) 由于战争、内战、敌对行为等所造成的损失和费用。
(2) 由于捕获、拘留、扣留等(海盗除外)所造成的损失。
(3) 由于漂流水雷、鱼雷等所造成的损失或费用。

4. 罢工和恐怖主义除外责任
(1) 由于罢工者、被迫停工工人或参加工潮、暴动或民变人员所造成的损失或费用。
(2) 由于罢工、被迫停工、工潮、暴动或民变所造成的损失或费用。
(3) 由于恐怖主义行为、或与恐怖主义行为相联系,任何组织通过暴力直接实施旨在推翻或影响法律上承认的或非法律上承认的政府的行为所致的损失或费用。
(4) 任何人出于政治、信仰或宗教目的实施的行为所致的损失或费用。

(二) ICC(B)险条款

ICC(B)险承保风险的规定是采用"列明风险"的方式,保险公司对于归因于以下原因的灭失或损害,无论是全部损失还是部分损失,均按损失程度负责赔偿。这些原因包括:(1) 火灾、爆炸；(2)船舶或驳船触礁、搁浅、沉没或倾覆；(3)陆上运输工具倾覆或出轨；(4)船舶、驳船或运输工具同水以外的任何外界物体碰撞；(5)在避难港卸货；(6)地震、火山爆发或雷电；(7)共同海损的牺牲；(8)抛货；(9)浪击入海；(10)海水、湖水或河水进入船舶、驳船、运输工具、集装箱、大型海运箱或储存处所；(11)货物在装卸时落海或跌落造成整件的全损。

ICC(B)险的除外责任方面，除对"海盗行为"和"恶意损害险"的责任不负责外，其余均与ICC(A)险的除外责任相同，是条款ICC(A)的除外责任再加上条款ICC(A)承保的"海盗行为"与"恶意损害险"。

(三) ICC(C)险条款

ICC(C)险承保风险比ICC(B)险少，它只承保"重大意外事故"的风险，而不承保条款(B)中的自然灾害(如地震、火山爆发、雷电等)和非重大意外事故(如装卸过程的整件灭失等)所致的损失。

ICC(C)险的承保风险是灭失或损害要合理归因于：(1)火灾、爆炸；(2)船舶或驳船触礁、搁浅、沉没或倾覆；(3)陆上运输工具倾覆或出轨；(4)船舶、驳船或运输工具同水以外的任何外界物体碰撞；(5)在避难港卸货；(6)共同海损的牺牲；(7)抛货。

ICC(C)的除外责任与ICC(B)相同。

二、保险期限

2009年版《协会货物条款》扩展了保险人的保险责任期限，即保险责任自保险标的为了开始航程立即搬运至运输车辆或其他运输工具的目的，开始进入仓库或储存处所(本保险合同载明的地点)时生效，直至运到下列地点时终止。

(1)保险合同载明的目的地最后仓库或储存处所，从运输车辆或其他运输工具完成卸货。

(2)保险合同载明的目的地任何其他仓库或储存处所，或在中途任何其他仓库或储存处所，从运输车辆或其他运输工具完成卸货(上述任何其他仓库或储存处所是由被保险人或其雇员选择用作：在正常运送过程之外的储存货物，或分配货物，或分派货物)。

(3)被保险人或其雇员在正常运送过程之外选择任何车辆或其他运输工具或集装箱储存货物。

(4)自保险标的在最后卸载港卸离海轮满60天为止。

上述情况以先发生者为先。如果保险标的在最后卸货港卸离海轮后，但在保险责任终止前，需被转运至非保险单载明的其他目的地时，该保险在依然受上述有关终止规定所制约的同时，截止于该保险标的开始转运之时。

此外，在"保险利益"条款中，将被保险人扩展为包括根据保险合同提出索赔的人员或收货人。

第六节 进出口货物运输保险业务

在进出口货物运输保险业务中，被保险人向保险公司办理保险时，须选择适当的险别，确定保险金额,交纳保险费,并办理有关业务手续,取得保险单据,并在发生货损时办理索赔。

一、投保险别的选择

保险公司承担的保险责任是以投保的险别为依据的。不同的险别,由于保险公司承担的责任范围不同,对被保险货物的风险损失的保障程度就不同,保险费率也不同。因此,如何适当地选择险别是个十分重要的问题。一般说来,选择投保险别时,应该考虑以下三点。

(1) 应视被保险货物同运输中可能遭致的风险与损失之间的关系而定。因为不同种类的货物,在运输途中遭遇意外事故,其损失情况和程度是不同的。所以,在选择投保险别之前,应分析各种风险对货物致损的影响程度,以确定适当的险别。例如,有些货物容易吸潮,有些货物易于生热甚至燃烧,又有些货物极易遭受虫蛀、鼠咬等。无论选择何种险别,保险公司对于货物潜在的缺点及运输途中的自然损耗,一般是不承保的。

(2) 要考虑货物的包装状况,特别是一些容易破损的包装,对货物致损影响很大。选择险别时要考虑这一点。但是,由于包装不良或由于包装不适合国际贸易运输的一般要求而使货物受损,保险公司不负责任。

(3) 要考虑运输工具的航行路线和停靠地点的情况。如果某些航线途经热带,如载货船舶通风不良就会增大货损;在海盗经常出没的海域内航行,则货船遭受意外损失的可能性就大一些。另外,世界各地港口在设备、装卸能力以及安全程度等方面也有很大差异。所以,在投保前对上述情况应调查清楚,考虑可能发生的货损货差,以便选择适当的险别。出口采用 CIF 条件成交时,卖方投保时一定要根据买卖双方约定的险别予以投保。

二、保险金额的确定与保险费的计算

(一) 保险金额的确定

保险金额(insured amount)是被保险人向保险公司申报的被保险货物的价额,是保险公司承担保险责任的标准,也是在被保险货物发生保险范围内损失时,保险公司赔偿的最高限额,还是保险公司计收保险费的基础。保险金额是根据保险价值确定的。保险价值一般包括货价、运费、保险费,以及预期利润等。在国际货物买卖中,凡按 CIF 或 CIP 条件达成的合同一般均规定保险金额,而且各国保险法及国际贸易惯例都允许国际贸易运输保险的保险金额可在 CIF 或 CIP 货价基础上适当加成。按《INCOTERMS 2020》的规定,卖方有义务按 CIF 或 CIP 合同价格另加 10% 作为最低保险金额。当然,保险公司与被保险人可以根据不同货物、不同地区、不同的经营费用和预期利润水平,约定不同的加成率,因此而增加的保险费原则上由买方承担。

据此,保险金额的计算公式为

$$保险金额 = CIF 或 CIP 货价 \times (1 + 投保加成率)$$

以 CIF 货价为计算保险金额的基础,这表明不仅货物本身而且包括运费和保险费都作为保险标的而投保,在发生损失时应该获得赔偿。因此,对 CFR 合同项下货物进行投保,须先把 CFR 变成 CIF 货价,再加成计算保险金额。以 CFR 为基础换算为 CIF 时,可用以下两个计算公式:

$$CIF = \frac{CFR}{1-(1+投保加成率)\times 保险费率}$$

$$CIP = \frac{CPT}{1-(1+投保加成率)\times 保险费率}$$

我国进口货物的保险金额，根据双方签订的预约保险合同，以进口货物的 CIF 货价作为保险金额，一般不再加成。如果按 CFR 货价进口，则按平均保险费率直接计算保险金额。

$$保险金额 = CFR\ 或\ CPT\ 货价 \times (1+平均保险费率)$$

如果按 FOB 货价进口，则按平均运费率和平均保险费率直接计算保险金额。

$$保险金额 = FOB\ 或\ FCA\ 货价 \times (1+平均保险费率+平均运费率)$$

（二）保险费的计算

被保险人交纳保险费是保险合同生效的重要条件。被保险人投保时须向保险公司交纳一定金额的保险费，双方的契约关系才能成立，保险公司只有在收到保险费后才能承担相应的保险责任。

出口货物保险费可按以下公式计算：

$$保险费 = CIF\ 或\ CIP\ 货价 \times (1+投保加成率) \times 保险费率$$

保险费率是保险公司根据一定时期货物的赔付率情况而确定的。因此，不同的货物、不同的险别、不同的目的地，保险费率也是不同的，我方在对外核算 CIF 或 CIP 价格中的保险费时，要考虑上述情况。

进口货物的保险金额是按进口货物的 CIF 或 CIP 货价计算的，其保险费的计算公式为以 FOB 或 FCA 价格成交的进口货物：

$$保险金额 = FOB\ 或\ FCA\ 货价 \times (1+平均保险费率+平均运费率)$$

$$保险费 = 保险金额 \times 平均保险费率$$

以 CFR 或 CPT 价格成交的进口货物：

$$保险金额 = CFR\ 或\ CPT\ 货价 \times (1+平均保险费率)$$

$$保险费 = 保险金额 \times 平均保险费率$$

三、投保业务手续

保险的目的在于保障被保险的标的在遭受意外风险时能获得补偿，所以投保人应当在风险可能出现之前办理投保。进出口货物运输保险一般是按照"仓至仓条款"承保，因此 CIF 出口货物应在运离装运地仓库进入码头准备装船之前办理投保。CFR 或 FOB 出口货物是由买方办理投保的，但货物在装运港装船之前一段的保险仍需卖方自行安排。进口货物的投保，应在风险转移给进口人承担之前办理为宜。

保险人承保的是今后可能发生的意外风险，所以投保时如果被保险的标的已经发生损失,保险理当无效。在国际贸易中,由于买卖双方相距遥远,传递消息不及时,投保时货物在外地或运输途中已经发生损失的事也是常有的。所以,国际货物运输保险的习惯公认,投保时货物已经发生损失,只要是出于善意,保险仍然有效。如果投保人投保时已知被保险货物发生损失,而保险人不知情的,则保险无效。

被保险人向保险人投保,是一种签订契约的法律行为,被保险人就是发出要约人,习惯上多以书面形式提出,经保险人承诺,双方就确立了契约关系,被保险人提出的书面申请,称为投保单或投保书(Application for Marine Insurance)。被保险人填制投保单,应注意以下三点。

(1) 申报真实。保险是建立在最大诚信原则基础上的契约关系,保险人一般只能根据投保单列明的资料进行审核,决定是否承保,并据以计算保险费,签发保险单。被保险人有将有关被保险货物的标的情况及资料向保险人告知和正确陈述的义务,如果所报情节不实或隐瞒,都会导致保险契约无效。

(2) 投保单内容应与进出口合同、信用证有关规定相一致,如货物名称、数量、装卸港口、投保险别等,均应符合合同或信用证规定,否则保险人根据投保单签发的保险单可能遭到买方或银行的拒付。

(3) 保险金额、投保险别、被保险货物的名称、数量、包装以及载货船舶、航程、起航日期等均系投保单的重要内容,对于保险人决定承保、计收保险费以及未来赔偿关系极大,被保险人须慎重对待,正确填写。

四、保险单据

保险单据是保险人与被保险人之间有关权利与义务关系的书面证明,也是保险人的承保证明。一旦发生保险责任范围内损失,它就是被保险人要求赔偿的依据。保险单据的形式主要有四种。

(一) 保险单

保险单(insurance policy),俗称大保险单或正式保险单,它是使用最多的普通保险单,用于承保一个指定的航区内某一批货物发生的损失。世界各地保险公司签发的货物运输保险单,格式互有差异,但其内容基本一致。

1. 保险单正面的内容

保险单正面一般包含以下三个方面的内容。

(1) 证明双方当事人建立保险关系的文字,说明保险人根据被保险人的要求,由被保险人缴付约定的保险费,按照该保险单条件承保货物运输险。

(2) 载明被保险货物的情况,包括:货物品名、标记、数量、包装;承保险别及保险金额;运输工具;保险责任起讫的时间和地点;保险费等。

(3) 理赔地点、出立保单的时间和地点、保险人签字等。

2. 保险单背面的内容

保险单背面所列保险条款,是确立保险人与被保险人之间权利与义务关系的依据。主要包括承保责任范围、除外责任、责任起讫、被保险人的义务、索赔期限等。

(二) 保险凭证

保险凭证(insurance certificate)俗称小保单,是简化的保险合同,所以它也是保险公司表示接受承保的一种证明文件。保险凭证仅载明被保险人名称、被保险货物名称、数量、标记、运输工具种类和名称、承保险别、起讫地点和保险金额等,而对保险公司和被保险人的权利和义务等方面的详细条款则不予载明,通常按保险公司的保险单所载条款办理。保险凭证具有与保险单同等的效力。但是,如果信用证内规定提供的是保险单时,受益人一般不能以保险凭证代替。为实现单据规范化,不少保险公司已废弃此类保险凭证。

(三) 联合凭证

联合凭证(combined certificate)是指保险公司将承保险别、保险金额和保险编号加列在投保人开具的出口货物商业发票上,作为已经承保的证据。至于其他项目,均以发票上所列明的为准。它是发票与保险单相结合的一种凭证,是最简单的保险单据。这种单据目前只适用于对港澳地区部分华商和少数新加坡、马来西亚地区的出口业务,对其他地区,除双方有约定外,一般均不使用。

(四) 预约保险单

预约保险单(open policy)是保险人与被保险人之间订立的总合同,能达到简化保险手续,并使货物一经装运即可取得保障的目的。这种保险单载明预约保险货物的范围、险别和保险费率以及每批货物的最高保险金额、保险费结算办法等。凡属于预约保险范围内的进出口货物,一经启运,即自动按预约保险单所列条件承保。

五、保险索赔

保险索赔(claim)也称提赔,是指当被保险货物遭受承保范围的风险损失时,被保险人依据保险合同向保险人要求赔偿的行为。被保险人发现货损必须依据索赔的要求和程序处理提赔事宜。

(一) 提赔手续

被保险货物运抵目的港,发生货损货差,收货人首先应判定损失责任,以确定索赔对象,向有关责任方要求损失赔偿。进出口货物发生残损,除货物在装运时品质不佳、包装不良或数量不足而引起的损失,以及由于货物本身特性引起的损失,应由卖方或发货人负责外,一般在运输途中由于自然灾害或意外事故造成货物的损失,只要在保险单承保责任范围内,保险人应负赔偿责任,被保险人可向保险人提出索赔。

1. 损失通知与残损检验

被保险货物运抵目的地后,被保险人或其代理人应及时察看,发现属于保险人承保责任范围内的损失时,应立即通知保险人在当地的检验或理赔代理人,被保险人及时发出损失通知,是向保险人请求损失赔偿的必备手续。保险人应根据通知及时派人到现场进行查看检验,调查损失原因,搜集有关证据,以便确定责任。同时,保险人与被保险人均应及时采取施救措施,防止损害继续扩大。如果被保险人未能及时发出损失通知或不发通知,则有可能导致丧失请求赔偿的权利。

在一般情况下,对于遭受残损的货物应尽可能保留现场,以便保险人及有关各方进行检验,确定责任。某些明显的货损货差,如包装破裂、件数短少等,应取得承运人或港务理货部门的证明,并应向有关责任方请求赔偿,在保留索赔权的前提下先行办理提货手续。如果包装破裂而使货物外露,货物有可能遭致损失时,也应在现场由承运人、保险人及其他有关方面会同检验,取得检验报告;如果货物表面完好,收货人也须在货物进入仓库之后及时查看,发现货损立即通知保险人检验。如果卸货港没有保险人的检验或理赔代理,根据保险单规定,收货人需聘请公证机构进行检验并出证。

被保险货物的损失,凡应由承运人或其他第三者负责时,被保险人首先应向有关责任方索赔,在第三者责任方拒赔或赔偿不足或拖延不理赔时,可转向保险人索赔,并将有关索赔文件转交保险人,保证保险人向第三者责任方行使追偿权利。

2. 提赔证据及时效

被保险人向保险人或其代理人提赔,除以书面提出索赔申请,开列索赔清单外,还须提供下列文件,以证明被保险货物损失程度和保险人应负赔偿责任。

(1) 货物残损检验报告。检验报告是检验机构对受损货物实地检验的客观记录,证明被保险货物损失情况,是被保险人提赔的客观证据,但它不是确定保险责任的依据,而是保险人了解货物损失情况的重要根据。

(2) 保险单或保险凭证。保险单或保险凭证是保险人的承保证明;保险人是否负赔偿责任,就是依据保险单及其所列条款确定的。

(3) 发票、提单、装箱单和重量单。这些单据是证明被保险货物原有状况的,对于确定货物残损情况有重要参考价值。

(4) 海事报告。海事报告是载货船舶在航行途中遭遇恶劣天气、意外事故或其他海难时,船长据实记录的报告,目的在于证明航程中遭遇海难,船舶或货物可能遭致损失,并且声明船长及船员已经采取一切必要措施,是人力不可抗拒的损失,船方应予免责。海事报告对于海难情况、货损原因以及采取的措施都有证明。对于确定损失原因和保险责任都有重要的参考作用。

(5) 被保险人为保全被保险货物支付的合理损害防止费用以及货物残损检验费用的开支清算,根据保险条款规定,这些费用均可从保险人获得补偿。

(6) 向承运人或其他第三者索赔的有关文件和来往函电。

除上列文件和单据外,保险人可根据损失情况和理赔需要,要求被保险人提交其他证据。这些单据和文件是被保险人提赔的依据,保险人是否承担赔偿责任,除根据现场调查搜集的资料外,主要是依据这些文件进行判断。它是保险人审核理赔案件的重要依据。

被保险人向保险人索赔,应在索赔期限内提出,各国有关保险的法律和保险人的保险条款,对索赔时间都有规定。逾期索赔,被保险人就会丧失索赔权利。《中华人民共和国海商法》第264条规定:"根据海上保险合同向保险人要求保险赔偿的请求权,时效期间为二年,自保险事故发生之日起计算。"

3. 保险人利益的保护

保险合同是经济补偿合同。被保险货物发生损失后,被保险人能否及时得到经济补偿,保险人是否受理,不仅关系到双方当事人的经济利益,而且关系到保险人的信誉和未来业务的开展。因此,保险人既要严格履行保险责任,又要保障自身的正当利益,做到以保险合同规定的条款为根据,分清损失责任,合理赔付。为此,保险人受理被保险人的索赔,以遵循下列两个原则为条件。

(1) 索赔人必须拥有保险利益。保险利益是保险合同成立的前提条件。被保险人对被保险货物不拥有保险利益,保险合同无效。在国际贸易实践中,被保险人往往需要在不拥有保险利益情况下办理投保,所以进出口货物运输保险一般不要求被保险人投保时一定拥有保险利益。货物发生损失被保险人提出索赔时,必须拥有保险利益,否则就不能取得保险人的赔偿。

(2) 被保险人货物损失,必须是由于保险人承保责任范围内风险直接所致的损失。被保险货物发生损失,原因是多种的,而保险人所承担的损失赔偿责任,只限于保险单承保风险直接造成的损失。保险单承保风险以外的原因造成的损失,或保险单除外风险所致损失,保险人均不负赔偿责任。

在实际业务中,载货船舶在航行中情况复杂多变,而被保险货物发生残损往往是在错综复杂的情况下造成的。因此,要确定保险人的赔偿责任,就必须弄清造成损失的原因。分析损失原因,就是要分析承保风险与损失之间的关系。货物发生损失,同保险人承保风险之间有的是直接关系,有的是间接关系。保险人只对承保风险与货物损失之间有直接因果关系的损失负赔偿责任,这在国际保险业中称为"近因"(proximate cause)原则。

保险人收到被保险人的赔偿请求后,需要及时就是否属于保险责任作出核定,并将核定结果通知被保险人。情形复杂的,保险人在收到被保险人的赔偿请求并提供理赔所需资料后30日内未能核定保险责任的,保险人与被保险人根据实际情形商议合理期间,保险人在商定的期间内作出核定结果并通知被保险人。对属于保险责任的,在与被保险人达成有关赔偿金额的协议后10日内,履行赔偿义务。

(二) 提赔应注意的问题

海运货物运输保险一般是定值保险,当货物发生全损时,应赔偿全部保险金额。如果为部分损失,则须合理确定赔偿比例。但是,对于易碎和易短量货物的赔偿,保险业有两种规定方法。

一种是当货物发生破碎和短量时,保险人可以免赔一定的百分数,即通常所说的免赔率。免赔率可分为相对免赔率(franchise)和绝对免赔率(deductible)。两者相同点是:如果损失数额不超过免赔率,均不予赔偿。两者不同点是:如果损失数额超过免赔率,相对免赔率不扣除免赔率,全部予以赔偿;绝对免赔率要扣除免赔率,只赔超过部分。根据"中国保险条款"的规定,对某些指明货物是采取绝对免赔率的,如果不计免赔率,保险公司要加收保险费。

另一种规定是不论损失程度(irrespective of percentage, I.O.P.),保险公司都对破碎和短量货物进行赔偿。

当被保险货物遭受严重损失,被保险人要求按推定全损赔偿时,必须将货物及其一切权利委托(abandonment)给保险人。保险人一经接受委付就只能按推定全损赔偿,并取得处理残余货物的权利。如果被保险人不提出委付通知,则被认为被保险人要保留残余货物的权益,保险人只给予部分损失的赔偿。被保险人向保险人发出委付通知,保险人可以接受,也可以不接受。

第七节　买卖合同中的保险条款

订立明确合理的保险条款是国际货物买卖合同的重要内容之一。国际贸易合同中保险条款的内容,必须根据贸易术语而定。

一、FOB、FCA 和 CFR、CPT 合同中的保险条款

如果按 FOB、CFR 或 FCA、CPT 条件成交,签订出口合同时,保险条款可规定为:"Insurance to be effected by the Buyers."(保险由买方自理。)

如果对方委托我方代办,可以订为:"Insurance to be effected by the Sellers on behalf of the Buyers for ××% of invoice value against ×× Risk, premium to be for Buyer's account."(由买方委托卖方按发票金额××%代为投保××险,保险费由买方负担。)

签订进口合同时,由于需要我方办理货物运输保险,可作如下规定:"Insurance to be effected by the Buyers after Loading."(装船后保险由买方负责。)

二、CIF、CIP 合同中的保险条款

如果按 CIF 或 CIP 条件成交,签订出口合同时,应将双方约定的险别、保险金额以及保险条款等内容在合同中加以明确。如:"Insurance to be effected by the Seller for ××% of invoice value against ×× Risk as per Ocean Marine Cargo Clauses of the Peoples Insurance Company of China dated ×/×/×."(由卖方按发票金额××%投保××险,按×年×月×日中国人民保险公司的海运货物保险条款负责。)

如果按 CIF 或 CIP 条件成交,签订进口合同时,可以作如下规定:"Insurance to be effected by the Seller for ××% of total invoice value against ×× Risk, as per Institute Cargo Clauses ×× dated ×/×/×."[保险由卖方按发票金额的××%投保××(险别)险,按伦敦保险业协会×年×月×日货物××险条款负责。]

思考题

1. 简述保险的基本原则有哪些?
2. 什么是实际全损和推定全损?
3. 何为共同海损?构成共同海损应该具备哪些条件?共同海损与单独海损的异同点是什么?
4. 我国的海洋运输货物保险条款的基本险分为哪几种?各自的承保范围和责任起讫期限如何规定?

5. 我国海洋运输货物保险的附加险有哪些？在投保一切险时，是否包括上述所列举的附加险？为什么？

6. 按 CIF 或 CIP 条件成交，保险金额是如何确定的？为什么？

7. 伦敦保险业协会货物保险条款有哪几种险别？这些险别能否单独投保？

8. 什么是预约保单？预约保险对被保险人有何好处？

9. 我某进出口公司按每公吨 4 000 欧元 CIF 汉堡条件对外出口某货物，按发票总值 110% 投保一切险和战争险，保险费率分别为 0.6% 和 0.04%，客户要求按发票金额的 130% 投保，我方应改报多少？

10. 某公司出口货物一批，原报价每 M/T USD2000，CFR C4% MANCHESTER，客户要求改报 CIF C3% MANCHESTER，按发票金额的 110% 投保一切险加保战争险。经查，一切险和战争险的保险费率分别为 0.8% 和 0.4%。

试问：CIF C3% MANCHESTER 的价格是多少？

11. 某货主在货物装船前，按发票金额的 110% 办理了货物投保手续，投保一切险加保战争险。该批货物以 CIF 成交的总价值为 20.75 万美元，一切险和战争险的保险费率合计为 0.6%。

试问：(1) 该货主应缴的保险费是多少？
(2) 若发生了保险公司承保范围内的风险导致该批货物全部灭失，保险公司的最高赔偿金额是多少？

案例分析

1. 一艘载运出口货物的轮船，在航行途中前舱起火，船长下令灭火，火被扑灭后船上造成以下损失：(1) 烧毁全部服装；(2) 烧毁一部分木材；(3) 灭火时一部分布匹被浇坏；(4) 为了灭火方便，船甲板切开，损失一部分修理费；(5) 一部分纸张被水浸毁。

试问：哪些损失是共同海损？哪些损失是单独海损？

2. 有一份 FOB 合同，货物在装船后，卖方向买方发出装船通知，买方向保险公司投保了"仓至仓条款一切险"(All Risks with Warehouse to Warehouse Clause)，但货物在从卖方仓库运往码头的途中，被暴风雨淋湿了 10% 的货物。事后卖方以保险单含有仓至仓条款为由，要求保险公司赔偿此项损失，但遭到保险公司拒绝。后来卖方又请求买方以投保人名义凭保险单向保险公司索赔，也遭到保险公司拒绝。

试问：在上述情况下，保险公司能否拒赔？为什么？

第八章 货款的支付

国际贸易货款的支付是涉及买卖双方切身利益的重要条款。货款的结算工具和结算方式必须在合同中加以订明。国际贸易的从业人员要对各种票据的内容及其使用方法熟练掌握,同时还要掌握汇款、托收、信用证和银行保函等各种支付方式并加以灵活运用,以确保及时、安全地收、付汇。

第一节 支付工具

在国际贸易中,虽然用货币计价和结算,但由于各国对货币几乎都实行严格管制,并且货币输送上存在诸多不便,所以很少直接用货币进行支付,而多以票据作为实际的支付工具。国际贸易货款结算使用的支付工具主要是票据,包括本票、支票和汇票。

一、汇票

国际贸易货款结算方式从资金流向和结算工具传递的方向来看,可分为顺汇和逆汇。所谓顺汇(remittance)是由债务人或付款人主动将货款交给银行,委托银行使用某种结算工具,支付一定金额给债权人或收款人的结算方法。所谓逆汇(honor of draft)是由债权人以出具票据方式,委托银行向国外债务人或付款人收取一定金额的结算方法。卖方在索取货款时,往往开出汇票作为要求付款的凭证。

(一)汇票的含义和内容

汇票(draft, bill of exchange)是一个人向另一个人签发的、要求即期或定期或在可以确定的将来时间,对某人或某指定人或持票人支付一定金额某种货币的无条件书面支付命令。

根据我国《票据法》的规定,汇票必须记明下列事项:(1)写明"汇票"字样;(2)无条件支付命令;(3)出票人(drawer),即签发汇票者,在进出口业务中通常是卖方或银行;(4)付款人(payer),即汇票的受票人(drawee),在进出口业务中通常是买方或其指定的银行;(5)受款人(payee),即受领汇票所规定的金额的人,在进出口业务中通常是卖方本人或其指定的银行;(6)汇票金额;(7)出票日期。只要汇票上未出现上述规定事项中的任何一项,汇票就无效。

(二)汇票的种类

从不同的角度来划分,汇票可分为许多种类。

1. 按其流转时是否附有货运单据,汇票可以分光票和跟单汇票

光票(clean bill)是指在流转时不附任何货运单据的汇票。跟单汇票(documentary bill)是指在流转时附有货运单据的汇票。在国际贸易中,大多数情况下使用的是跟单汇票。

2. 按其付款时间的不同,汇票可分为即期汇票和远期汇票

即期汇票(sight bill)是指规定付款人见票后应立即付款的汇票。远期汇票(time bill)是指汇票上规定付款人于将来的一定日期付款的汇票。远期汇票规定付款日期的方法一般有以下五种。

(1) 付款人见票后若干天付款(At ×× days after sight)。

(2) 出票后若干天付款(At ×× days after date of draft)。

(3) 提单日期后若干天付款(At ×× days after date of Bill of lading)。

(4) 货物到达后若干天付款(At ×× days after date of arrival of goods)。

(5) 指定的日期付款(Fixed date)。

3. 按其承兑人不同,汇票可分为商业承兑汇票和银行承兑汇票

在远期汇票付款之前,都必须经过付款人承兑。商业承兑汇票(commercial acceptance bill)是以商业企业为付款人所承兑的远期汇票。银行承兑汇票(banker's acceptance bill)是以银行为付款人承兑的远期汇票。

4. 按其出票人不同,汇票可分为商业汇票和银行汇票

商业汇票(commercial bill)是指出票人是工商企业或者个人的汇票。银行汇票(banker's bill)是指出票人是银行的汇票。

(三) 汇票的使用

汇票在使用过程中通常要经过出票、提示、承兑和付款等环节。如需转让,还要经过背书手续。汇票遭到拒付时,还要涉及追索等环节。

1. 出票

出票(issue or to draw)是指在汇票上填写付款人、付款金额、付款日期和地点、受款人等事项并签字后交给受款人的行为。在出票时,对汇票上的"受款人"一栏,通常有三种写法。

(1) 限制性抬头。例如:"Pay ×× Co. only"(仅付××公司);"Pay ×× Co. not negotiable"(付给××公司,不准流通)。这种抬头的汇票不能流通转让,只有指定的公司可以收取票款。

(2) 指示式抬头。例如:"Pay ×× Co.or order/Pay to the order of ×× Co."(付××公司或其指定人)。这种抬头的汇票,除指定的某公司可以收取票款外,也可以经过背书转让给第三者来收取票款。

(3) 持票人或来人抬头。例如:"Pay bearer"(付给来人)。这种抬头的汇票无须由持票人背书即可转让,受让方凭汇票来收取票款。

2. 背书

汇票可以在国际金融市场上流通转让,这时必须履行背书手续。所谓背书(endorse)是指汇票的持票人(背书人)将收款的权利转让给他人的行为。其做法是:汇票持票人或受款人[这时被称为转让人或背书人(endorser)]在汇票的背面签上自己的名字后将汇票交给受让人(endorsee)。有时在汇票背面会同时写上被转让人的名字。通过背书,汇票的收款权利就转让给了受让人。

背书方式通常有以下三种。

(1) 记名背书(special endorsement),又称正式背书、完全背书(endorsement in full)。作记名背书时,背书人先作被背书人的记载,再签字。

如:Pay to the order of Henry Brown.

William White(签字)

被背书人 Henry Brown 可以再作记名背书来转让票据权利,也可以仅作空白背书来达到再转让的目的。

(2) 空白背书(endorsement in blank)。空白背书的背书人仅在票据背面签名,而不记载谁是被背书人,因此空白背书又称为无记名背书、略式背书。指示抬头的汇票作了空白背书以后就成了来人抬头汇票,因为受让人可以不作背书仅凭交付汇票来转让收款权利。空白背书汇票的持票人可以在空白背书上加上自己的名字,把空白背书转变为记名背书,再作空白背书或记名背书来转让票据权利,也可以在空白背书上直接加上受让人的名称来转让票据权利。在采用最后一种方式时,该持票人在汇票上没有留下签名,他就没有被追索的可能了。

(3) 限制性背书(restrictive endorsement),又称不可转让背书,是指背书人对支付给被背书人的指示带有限制性的词语。

如:Pay to Henry Brown only.

William White(签字)

远期汇票被承兑之后,持有人如想在汇票到期之前取得票款,可以经过背书将汇票转让给银行,银行扣除一定利息和手续费后将票款付给持票人,这称作贴现(discount)。银行贴现汇票后,就成为汇票的持票人。该汇票在到期之前仍可以在金融市场上继续转让,一直到汇票到期付款为止。对于受让人来说,所有在他以前的背书人以及原出票人都是他的"前手";而对于出票人来说,所有在他让与以后的受让人都是他的"后手",前手对后手负有担保汇票必然会被承兑或付款的责任。

3. 提示

提示(presentation)是指持票人(holder)将汇票提交付款人,要求承兑和付款的行为。付款人见到汇票称为见票(sight)。如果是即期汇票,付款人见票后立即付款;如果是远期汇票,付款人见票后办理承兑手续,汇票到期再付款。

4. 承兑

承兑(acceptance)是指付款人对远期汇票表示承担到期付款责任的承诺行为。其手续是由付款人在汇票的正面写上"承兑"(accepted)字样、注明承兑日期,并由承兑人签名,交还持票人。付款人对汇票做出承兑,即成为"承兑人"(acceptor)。承兑人有在远期汇票到期时付款的责任。

5. 付款

对即期汇票,在持票人提示时,付款人即应付款(payment),无须经过承兑环节;对远期汇票,付款人经过承兑后,在汇票到期日付款。付款后,汇票上的一切债务责任即告结束。

汇票在提示时,如果付款人拒绝付款或拒绝承兑,称为拒付(dishonour)。当汇票被拒付时,出票人要根据买卖合同向付款人进行交涉,并不是根据汇票。但是,当付款人承兑汇票后,即承担到期付款的责任,而出票人则获得票据权利,到期可以得到票款。当汇票转让,持票人被拒付时,最后的持票人有权向其前手直至出票人进行追索(recourse)。持票人为行使其追索权(right of recourse),应到当地法院或公证机构作出拒绝证书(letter of protest),拒绝证书就是为保全票据权利所作的公证书,然后由汇票持票人凭拒绝书向法院起诉,要求债务人付款。因此,汇票的出票人或背书人为了避免承担被追索的责任,可以在背书时加注"不受追索"(without recourse)字样。但是,有这样批注的汇票很难在市场上流通转让。

二、本票

(一) 本票的含义及内容

本票(promissory note)是出票人签发的、以自己为付款人,承诺于见票日或指定日期向受款人或其指定人或持票人无条件支付一定金额某种货币的书面票据。

各国票据法对本票内容的规定各不相同。我国《票据法》规定,本票必须记载下列事项:(1)表明"本票"字样;(2)无条件的支付承诺;(3)确定的金额;(4)受款人的名称;(5)出票日期;(6)出票人签字。上述规定应记载事项中只要有一项未在本票上载明,该本票无效。

(二) 本票的种类

依据出票人不同,本票可分为一般本票(或称商业本票)与银行本票。

一般本票(general promissory note)是指由工商企业或个人为出票人所签发的本票。一般本票有即期和远期两种。一般本票在当作借款抵押时,借款人一方面要按规定出具借据,另一方面交付以银行为受款人的本票。这种本票常常随附单据,所以又称为跟单本票(documentary promissory note)。

银行本票(banker's promissory note)是指由银行为出票人出具的本票。这种本票都是即期本票。银行本票如果做成来人抬头的,即可代替现钞流通,流通的范围一般只限于出票银行所在地。

(三) 本票与汇票的区别

作为支付工具,本票与汇票都属于票据的范畴,但两者又有所不同,其主要区别有四点。

(1) 本票是无条件的支付承诺,而汇票是无条件的支付命令。

(2) 本票票面有两个当事人,即出票人与受款人;而汇票票面有三个当事人,即出票人、付款人和受款人。

(3) 本票的出票人即是付款人,远期本票无须承兑手续;而远期汇票则要办理承兑手续。

(4) 本票在任何情况下,出票人都是绝对的主债务人,一旦拒付,持票人可以立即要求法院裁定,命令出票人付款;而汇票的出票人在承兑前是主债务人,在承兑后,承兑人是主债务人，出票人则处于从债务人的地位。

三、支票

支票（check）是银行存款户对银行签发的、以银行为付款人，向某人或其指定人或持票人见票即付一定金额某种货币的无条件书面支付命令。

我国《票据法》规定，支票必须记载下列事项：（1）表明"支票"字样；（2）无条件的支付委托；（3）确定的金额；（4）付款人的名称；（5）出票日期；（6）出票人签字。支票上未记载规定事项之一，支票无效。

支票一般分为记名支票、持票人抬头支票、划线支票、保付支票、银行支票和旅行支票等。

支票的出票人必须保证在付款银行有存款，出票人在签发支票时，应在付款银行存有不小于支票票面金额的存款；如果存款不足，发生透支现象，出票人要承担法律责任。

第二节 汇 款

一、汇款的含义及当事人

汇款（remittance）也称汇付，是指付款人（通常是国际贸易中的进口人）主动通过银行或其他途径将货款汇交收款人的一种结算方法。利用汇款方法进行结算的情况很多，如寄售的货款归还、预付货款和订金、汇交和退还履约金，以及汇付佣金、代垫费用、索赔款和欠款等。

在汇款业务中，通常涉及四个当事人。

（1）汇款人（remitter），即汇出款项的人。在国际贸易中，汇款人通常是进口人。

（2）受款人（payer or beneficiary），即收取款项的人。在国际贸易中，受款人通常是出口人。

（3）汇出行（remitting bank），即受汇款人的委托汇出款项的银行。在国际贸易中通常是进口地的银行。

（4）汇入行（paying bank），即受汇出行委托解付汇款的银行，又称解付行。在国际贸易中通常是出口地银行。

办理汇款须由汇款人向汇出行填交汇款申请书，汇出行有义务按申请书上的要求，通过它的代理行（汇入行）给收款人解付货款。汇出行和汇入行对不属于自身的过失而造成的事故不负责任；汇出行对汇入行工作上的失误也不负责。目前，随着国际贸易的发展，外贸业务不断扩大，有时国外买方直接将票据寄给我出口公司，出口公司接到票据后应及时送交中国的结算银行，办理收汇。

二、汇款的种类

汇款可分为电汇、信汇和票汇三种。

（一）电汇

电汇（telegraphic transfer，T/T）是汇出行应进口人的申请，用电报或电传委托国外的汇入行向出口人付款。采用电汇对出口人来说，收汇迅速，但费用相对较高。

（二）信汇

信汇（mail transfer，M/T）是汇出行应进口人的申请，用银行信件委托国外的汇入行向出口人付款。采用信汇方式收汇在时间上比电汇慢，但费用较电汇低。

（三）票汇

票汇（demand draft，D/D）是进口人向本地银行购买银行汇票，自行寄给出口人，出口人凭以向汇票上指定的银行取款。这种银行汇票和逆汇中的商业汇票不同，银行汇票用于银行代客拨款，故出票人和付款人是同一银行（代理行）。

无论采用何种汇款方法，货运单据都由出口人自行寄交进口人，银行并不经手，所以又称单纯支付（clear payment or simple payment）。

在国际贸易中，汇款方式通常用于预付款（payment in advance）、随订单付现（cash with order，C.W.O.）、交货付现（cash on delivery，C.O.D.）和记账交易（open account trade）等业务。由于汇款方式属于商业信用，采用预付货款和随订单付现，对出口人来说，是先收款后交货，资金不受挤占，这是进口人对出口人一种信任的表示。反之，采用交货付现和记账付现时，对出口人来说，先交货后收款，挤占资金，这是出口人对进口人的信任，对出口人有一定的风险。

买卖合同中的预付货款的条款订立，一般应这样规定："The Buyer shall pay the total value(partial value)to the Seller in advance by T/T(M/T or D/D)not later than ×××."
［买方应于×年×月×日前将全部（或部分）货款用电汇（信汇或票汇）方式预付给卖方。］

三、汇款方式的支付程序

汇款方式支付的一般程序如图8-1所示。

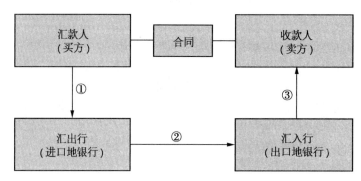

图8-1 汇款方式支付的一般程序

说明：
① 汇款人（买方）到汇出行（进口地银行）办理汇款手续，填写汇款申请书，说明汇款方式并将汇付金额交汇出行。
② 汇出行按汇款申请书的要求，向汇入行（代理行）发出汇款指示。
③ 汇入行收到汇款后，立即向收款人（卖方）解付。

第三节 托 收

一、托收的含义及特点

托收（collection）是指出口人于货物装运后，开具以进口人为付款人的汇票，连同有关单据（主要指提单、发票和保险单等）委托当地银行通过它的国外的分支行或代理行向进口人收取货款的方式。近些年来，出口贸易采用托收方式结算的有所增加，其原因是国际市场竞争激烈，为了扩大出口，而采取有利于进口人灵活支付的方式。

托收方式是以进口人为付款人，委托人与银行之间只是委托代理关系，银行不负责保证付款，因此托收是商业信用。银行办理托收业务时，只是作为委托人的代理行事，既无检查装运单据是否齐全或正确的义务，也无承担付款的责任。如果付款人借故拒绝付款赎单提货，除非另有约定，银行也无义务代为保管货物。

在付款交单的情况下，进口人没有付清货款之前，货物的所有权仍属于出口人。如果进口人拒付，出口人有权另行转卖货物，但出口人需承担仓储保管费用、损耗、手续费和风险等。至于在承兑交单的情况下，进口人只要在汇票上履行承兑手续，即可取得装运单据，凭以提货。出口人收款的保障就是进口人的信用，一旦进口人拒付，虽然可以起诉，但往往进口人已陷于无力付款的境地，甚至破产倒闭，出口人便可能遭受到款、货两空的损失，所以承兑交单的风险比付款交单更大。

二、托收方式的种类

托收方式依据汇票是否随附装运单据来分，可以分为光票托收与跟单托收。

（一）光票托收

光票托收（clean bill for collection）是指出口人在委托银行收取货款时，仅凭汇票，不随附任何装运单据的托收方式。这种方式一般用于收取信用证项下余额的结算、代垫费用、佣金，以及样品费等结算。

（二）跟单托收

跟单托收（documentary collection）是指出口人将汇票连同装运单据一并交给银行，委托其收取货款的方式。依据交单条件的不同，可分为付款交单和承兑交单两种。

1. 付款交单

付款交单（documents against payment，D/P）是指出口人的交单以进口人的付款为条件，即出口人将汇票连同装运单据交给银行托收时，指示银行只有在进口人付清货款时才能交出装运单据。按支付时间的不同，付款交单又可分为即期付款交单和远期付款交单。

（1）即期付款交单（documents against payment at sight，D/P at sight）是指出口人装运

之后,开具即期汇票,连同装运单据交给当地银行,通过银行向进口人提示,进口人见票后须立即付款,付清货款后,领取装运单据,即通常所说的"一手交钱,一手交货"。

(2) 远期付款交单(documents against payment after sight, D/P after sight)是指出口人装运之后,开具远期汇票,连同装运单据交给当地银行,通过银行向进口人提示,由进口人承兑远期汇票,于汇票到期日付清货款后领取装运单据。

在远期付款交单条件下,进口人为了抢行应市,不失时机地转销货物,可与代收行商量在汇票到期前借单提货,待汇票到期日再付清货款。这是代收行给予资信较好的进口人的一种通融方式。代收行要求进口人出具信托收据,借取装运单据,先行提货。所谓信托收据(trust receipt, T/R)是指进口人向代收行借取装运单据时,提供的一种书面担保的文件,用来表示愿意以代收行的受托人身份代为提货、报关、存仓、保险、出售并承认货物所有权仍属银行,货物售出后所得货款应交银行。这是代收行向进口人提供信用便利,而与出口人无关。因此,如在代收行借出单据后,当汇票到期不能收到货款,则代收行应对出口人负全部责任,它具有银行信用的性质;如果由出口人主动授权代收行向进口人凭信托收据借装运单据提货,这种做法称为"付款交单凭信托收据借单"(D/P·T/R),若汇票到期,进口人拒付,则与代收行无关,由出口人自己承担拒付风险。

2. 承兑交单

承兑交单(documents against acceptance, D/A)是指出口人装运之后,开具远期汇票连同装运单据交给当地银行,通过银行向进口人提示,由进口人承兑远期汇票之后,即可取得装运单据,提取货物,待汇票到期再付清货款。这种方式即出口人通过银行向进口人交单,是以进口人承兑远期汇票为条件的,对于出口人来说风险较大。

三、托收方式的支付程序

托收方式的当事人有四个。

(1) 委托人(principal),委托银行代收货款的出口人。

(2) 托收行(remitting bank),接受出口人委托代为收款的出口地银行。

(3) 代收行(collecting bank),接受托收行委托向付款人收款的进口地银行,代收行大多是托收行的国外分支行或代理行。

(4) 付款人(payer),合同项下的进口人。

按照一些国家银行办理托收业务的做法,委托人在送交银行办理托收时,须填写一份托收申请书,申请书中应提出确切的指示,银行接受委托后,则按照申请书规定内容办理,银行在执行中遇到困难,有权不予照办,但必须立即转告委托人。托收申请书的内容一般有:托收方式的种类;是否允许分期付款和分批提货;远期汇票提前付款是否给予回扣利息;逾期付款是否追加利息;货物到达目的港而付款人拒付时,是否请代收行代办存仓和投保火险;拒付时是否暂代保管装运单据,并代办拒付证书;托收费用负担问题等。

即期付款交单(D/P sight)托收方式支付程序如图8-2所示。

远期付款交单(D/P after sight)托收方式支付的程序如图8-3所示。

承兑交单(D/A)托收方式支付的程序如图8-4所示。

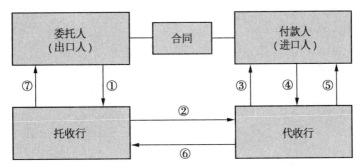

图 8-2 即期付款交单托收方式支付的一般程序

说明:

① 出口人按合同规定装运后,填写托收委托申请书,开具即期汇票,连同装运单据交托收行,请求代收货款。

② 托收行根据托收申请书缮制托收委托书,连同汇票、装运单据寄交进口地代收行,委托代收货款。

③ 代收行按照委托书的指示向买方提示汇票与单据。

④ 进口人付款。

⑤ 代收行交单。

⑥ 代收行办理转账并通知托收行款已收妥。

⑦ 托收行向委托人转账付款。

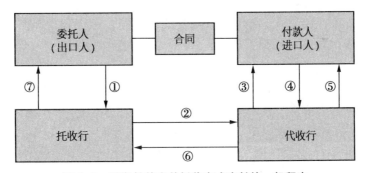

图 8-3 远期付款交单托收方式支付的一般程序

说明:

① 出口人按合同规定装运后,填写委托申请书,开具远期汇票连同装运单据交托收行,请求代为收款。

② 托收行根据委托申请书缮制托收委托书,连同汇票和装运单据寄交进口地代收行,委托代收货款。

③ 代收行按照委托书的指示向进口人提示汇票与单据,进口人在汇票上承兑后交回代收行。

④ 进口人在远期汇票到期时向代收行付款。

⑤ 代收行向进口人交单。

⑥ 代收行办理转账并通知托收行款已收妥。

⑦ 托收行向委托人转账付款。

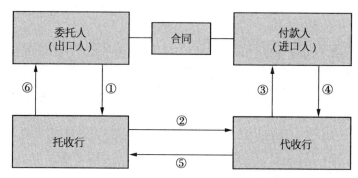

图 8-4　承兑交单托收方式支付的一般程序

说明：
① 出口人按合同规定装运后，填写托收申请书，开具远期汇票，连同装运单据交托收行，请求代收货款。
② 托收行根据托收申请书缮制托收委托书，连同汇票、装运单据寄交进口地代收行，委托代收货款。
③ 代收行按照托收委托书的指示向进口人提示汇票和单据，进口人在汇票上承兑，代收行收回汇票，同时将装运单据交给进口人。
④ 进口人到期付款。
⑤ 代收行办理转账并通知托收行款已收妥。
⑥ 托收行向委托人转账付款。

四、托收的国际惯例

国际商会为给办理托收业务的银行与委托人提供可遵循的共同规则，以利于商业和金融业的发展，于1958年拟订了《商业单据托收统一规则》。此后，国际商会又于1967年、1978年、1993年多次对上述规则进行修订，并定名为《托收统一规则》(Uniform Rules for Collection)（国际商会第322号出版物），现行的《托收统一规则》是1995年5月由国际商会银行委托会一致通过的国际商会第522号出版物，简称"URC522"，于1996年1月1日实行。URC522有以下四个特点。

(1) 明确规定URC522适用条件。在URC522第4条中规定："一切寄出的托收单据均须附有托收指示书，注明该托收按照URC522办理，并给予完全而准确指示。"

(2) 详细规定托收指示书的内容。对托收指示书的内容作出规定，共11项：① 发出托收单据的银行的详情；② 委托人的详情；③ 付款人的详情；④ 提示行的详情；⑤ 托收金额及货币；⑥ 寄送单据清单及每一单据份数；⑦ 据以取得付款和/或承兑的条款及条件；⑧ 对应收取的费用，注明是否可以放弃；⑨ 如有应有利息，也须注明是否可以放弃；⑩ 付款方法及通知付款的方式；⑪ 发生不付款、不承兑和/或与其他指示不符合时的指示。

(3) 详细列明银行负责条款。在URC522的"D.义务与责任"中，详细列明负责条款：单据与货物/服务行为；受托方行为免责；对所收单据的负责；对单据有效性的负责；对寄送途中的延误、丢失及对翻译的负责；不可抗力等。

(4) 规范用语。在URC522中明确指出，用语要准确，诸如"第一""迅速""立即"及类似词语，在与提示相关或涉及付款人必须接受单据或必须采取任何其他行动的时限时不应使用。如果使用了这类词语，银行将不予理会。

五、使用托收方式应注意的问题

托收对出口人有一定风险,特别是承兑交单风险更大,但对扩大出口有利。进口人可以免交开证押金和手续费,还有预借单据提货之便利。在我国的出口业务中,应该根据不同货物的销售情况、不同客户、不同国家的贸易习惯,适当使用托收方式。在使用托收方式时,应注意以下六个问题。

(1) 应该在调查研究的基础上,选择资信好的和经营作风正派的国外商人作为采用托收方式的交易对象。

(2) 采用托收方式时,成交金额不宜过大,特别是不能超过国外商人的支付能力。

(3) 要了解进口国家的贸易管制和外汇管理制度,以免货到目的港后,进口人未领到进口许可证或未申请到外汇等,从而给我方造成被动和损失。

(4) 要了解进口国家的贸易习惯,以免影响安全迅速收汇。有的国外代收行只接受即期付款交单的托收委托,而把远期付款交单当作承兑交单处理,并不承担任何责任和风险;有的国家银行对D/P概念很陌生,常常要求将D/P远期改为D/A;有的国家商人在即期付款交单情况下,要按"当地习惯",即在货物到达目的港后,而不是代收行提示后即行"见票",这种"习惯"在欧洲和非洲都有。按此"习惯",万一货物到达不了目的港,进口商就可永不"见票",永不付款。因此,为避免进口商以"当地习惯"为借口迟付或逃避付款,除应在出口合同中加列利息条款外,尚应明确规定进口商应在汇票第一次提示时即行付款或承兑。另外,还可以在合同中明确规定"自装船后××天交单付款"。

(5) 为避免或减轻托收方式给我方带来的风险,可以按CIF价格成交,装运前投保卖方利益险和海运货物运输险,防止在拒付的情况下货物又遭受损失,进口人逃之夭夭,我方可凭保险单向保险公司索赔。

(6) 采用托收方式成交,提单不应以进口人为收货人,最好采用"空白抬头、空白背书"提单;为了维护我方出口利益,在取得代收行同意的条件下,也可以代收行作为提单抬头人。

六、合同中的托收条款

(一) 即期付款交单条款

在合同中应规定:"Upon first presentation the Buyers shall pay against documentary draft drawn by the Sellers at sight. The shipping documents are to be delivered against payment only."(买方应凭卖方开具的即期跟单汇票,于第一次见票时立即付款,付款后交单。)

(二) 远期付款交单条款

在合同中应规定:"The Buyers shall duly accept the documentary draft drawn by the Sellers at ×× days sight upon first presentation and make payment on its maturity. The shipping documents are to be delivered against payment only."(买方对卖方开具的见票后××天付款的跟单汇票,于第一次提示时应予承兑,并应于汇票到期日即予付款,付款后交单。)

(三) 承兑交单条款

在合同中应规定:"The Buyers shall duly accept the documentary draft drawn by the

Sellers at ×× days sight upon first presentation and make payment on its maturity. The shipping documents are to be delivered against acceptance."(买方对卖方开具的见票后××天付款的跟单汇票,于第一次提示时应予承兑,并应于汇票到期日即予付款,承兑后交单。)

第四节 信 用 证

国际贸易中的买卖双方利害冲突不断发展,导致互不信任。卖方不信任买方,担心货物装运之后,如先将装运单据交给买方,货款有落空的可能,即使通过银行办理托收,也可能遭到拒付。同样,买方也不信任卖方,如先付货款,对方可能少发货或不发货。总之,双方都不愿意将货或款先交给对方,因此出现了"商业信用危机"。在这种情况下,为了保障买卖双方的利益,需要一个为双方信得过的第三者作为中间人来起担保作用。这一任务历史地落到银行身上。因为银行具有资信雄厚和信誉卓著的特点,完全能够承担这项任务。这样,就产生了银行保证付款的信用证支付方式。信用证的产生一定程度上解决了买卖双方之间的信用危机,以银行信用代替了商业信用。

一、信用证的含义及特点

信用证(letter of credit,L/C)是开证银行根据开证申请人的请求,以自身的名义向受益人开立的在一定金额和一定期限内凭规定的单据承诺付款的书面文件。简而言之,信用证是一种银行开立的有条件的承诺付款的书面文件。

信用证是银行信用的支付方式,具有以下三个特点。

(一)开证银行负有第一性付款责任

信用证是由开证银行以自己的信用作出付款的保证。在信用证付款条件下,银行负有第一性付款责任。国际商会《跟单信用证统一惯例》(UCP600)第2条规定:"信用证意指一项约定,无论其如何命名或描述,该约定不可撤销并因此构成开证行对于相符提示予以兑付的确定承诺。兑付意指:对于即期付款信用证即期付款;对于延期付款信用证发出延期付款承诺并到期付款;对于承兑信用证承兑由受益人出具的汇票并到期付款。"因此,开证银行是首先的付款人。

(二)信用证是一种独立自足文件

信用证的开立是以买卖合同作为依据,但信用证一经开出,即成为独立于买卖合同和其他合同之外的另一种契约,不受买卖合同和其他合同的约束。UCP600第4条规定:"就性质而言,信用证与可能作为其依据的销售合同或其他合同,是相互独立的交易。即使信用证中提及该合同,银行亦与该合同完全无关,且不受其约束。因此,一家银行作出兑付、议付或履行信用证项下其他义务的承诺,并不受申请人与开证行之间或与受益人之间在已有关系下产生的索偿或抗辩的制约。受益人在任何情况下,不得利用银行之间或申请人与开证行之间的契约关系。"所以,信用证是一项独立自足文件,开证银行和参与信用证业务的其他银行只按信用证规定履行自己的义务。

（三）信用证是一种单据交易

在信用证项下，实行凭单付款原则。UCP600 第 5 条规定："银行处理的是单据，而不是单据所涉及的货物、服务或其他行为。"所以，信用证业务是一种纯粹的单据业务。UCP600 第 14 条 a 款规定，"按照指定行事的被指定银行、保兑行（如有）以及开证行必须对提示的单据进行审核，并仅以单据为基础，以决定单据在表面上看来是否构成相符提示"。银行虽有义务审核所提示的单据，但这种审核只是用以确定单据表面上是否符合信用证条款，因此"银行对任何单据的形式、充分性、准确性、内容真实性、虚假性或法律效力，或对单据中规定或添加的一般或特殊条件，概不负责"（UCP600 第 34 条）。但是，考虑到国际贸易的实践，UCP600 对"严格符合的原则"做了较为宽松的安排。UCP600 第 14 条 d 款规定，"单据中内容的描述不必与信用证、信用证对该项单据的描述以及国际标准银行实务完全一致，但不得与该项单据中的内容、其他规定的单据或信用证相冲突"。

二、信用证的当事人

信用证方式的当事人一般有六个。

（1）开证申请人（applicant），是指向银行申请开立信用证的进口人。在信用证中又称开证人（opener）。

（2）开证银行（opening bank or issuing bank），是指接受开证申请人的委托，向出口人开立信用证并承担付款责任的银行。开证银行一般是进口人所在地银行，也可能是出口人所在地银行或第三国的银行。

（3）通知银行（advising bank or notifying bank），是指受开证银行委托，将信用证转交出口人的银行。它只证明信用证的真实性，并不承担其他义务。通知银行一般是出口人所在地银行。

（4）受益人（beneficiary），是指信用证上所指定的有权开具汇票向开证银行或其指定的付款银行索取货款的出口人。

（5）议付银行（negotiation bank），是指愿意接受受益人跟单汇票，办理押汇业务的银行。议付银行可以是信用证指定的银行，也可以是非指定的银行。

（6）付款银行（paying bank or drawee bank），是指信用证上指定的付款银行。如果信用证未指定付款银行，开证银行即为付款银行。

信用证的当事人除上述六个之外，根据需要还可能涉及的当事人有保兑行、偿付行、承兑行与转让行等。

三、信用证方式支付的一般程序

使用信用证结算货款，从开证申请人向银行申请开立信用证到开证银行付清货款，需要经过很多业务环节，并须办理各种手续。由于信用证种类不同，信用证条款有着不同的规定，其业务环节和手续也不尽相同。但是，信用证方式支付的一般程序如图 8-5 所示。

四、信用证的基本内容

信用证的内容必须完整、明确和简洁。目前信用证大多采用全电开证，各国银行使用的

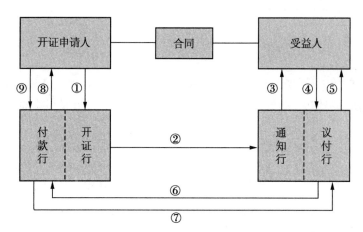

图 8-5 信用证方式支付的一般程序

说明:
① 开证申请人按合同规定向银行提出开证申请,并交纳若干押金和开证手续费。
② 开证银行接受开证申请,开出信用证寄交通知银行。
③ 通知银行接到信用证经审查并证实无误转交受益人。
④ 受益人经审查信用证无误后,即可按规定的条件装运。出口人装运后,缮制信用证要求的各种单据并开具汇票,在信用证有效期内向议付行交单。
⑤ 议付行经过审核信用证与单据相符时,按汇票金额,扣除若干利息或手续费,将垫款付给受益人。
⑥ 议付行将单据寄交开证行或其指定的付款银行要求付款。
⑦ 开证行在审单无误后,向议付行付款。
⑧ 开证行办理转账或汇款给议付行的同时通知开证申请人付款赎单。
⑨ 开证申请人付款并取得装运单据,凭以向承运人提货。

格式不尽相同,文字语句也有很大差别,但基本内容大致相同,主要包括以下九个方面。

(一) 信用证本身的说明

(1) 信用证的类型:说明可否转让;是否经另一家银行保兑;兑付方式等。

(2) 信用证号码和开证日期、到期日和到期地点等。

(二) 信用证的当事人

(1) 必须记载的当事人:申请人、开证行、受益人、通知行。

(2) 能记载的当事人:保兑行、指定议付行、付款行、偿付行等。

(三) 信用证的金额和汇票条款

(1) 信用证的金额:币别和总金额。币别通常包括货币的缩写和名称,总金额一般分别用大写文字与阿拉伯数字书写。信用证金额是开证行付款责任的最高限额,有的信用证还规定有一定的加减百分率。

(2) 汇票条款:汇票的种类、金额、出票人、付款人(受票人)及出票日期等。凡不需汇票的信用证无此内容。

（四）货物条款

货物条款包括货物名称、规格、数量、包装、单价以及合约号码等。

（五）运输条款和保险条款

运输条款包括运输方式、装运地和目的地、最迟装运日期、可否分批装运或转运及如何分批装运和转运的规定。保险条款包括以 CIF 或 CIP 贸易术语达成的交易项下的保险要求,所需投保的金额和范围等。

（六）单据条款

这主要是说明要求提交的单据种类、份数、内容要求等。基本单据包括商业发票、运输单据和保险单；其他单据有检验证书、产地证、装箱单或重量单等。

（七）特殊条款

这要视具体交易的需要而定。常见的有：(1) 对交单期的说明；(2) 银行费用的说明；(3) 对议付行寄单方式、议付背书和索偿方法的指示；(4) 要求通知行加保兑；(5) 限制某船或不准在某港口停靠；(6) 信用证生效条件；等等。

（八）开证行的责任文句

通常说明根据《跟单信用证统一惯例》(UCP600)开立以及开证行保证付款的承诺。

（九）开证行签字或密押等

五、信用证的种类

根据 UCP600 第 3 条的释义,"信用证是不可撤销的,即使信用证中对此未作指示也是如此",因此任何信用证按其性质,都是不可撤销的信用证。所谓不可撤销的信用证(irrevocable L/C)是指开证银行一经将信用证开出之后,在信用证的有效期内,开证银行未经受益人或有关当事人(开证行、保兑行)的同意,对其内容不得随意修改或撤销的信用证。只要受益人按照信用证提出的要求,提供有关单据和汇票,开证银行或其指定的银行保证付清货款。

信用证从不同角度可分为以下九类。

（一）光票信用证与跟单信用证

1. 光票信用证

光票信用证(clean credit)是指受益人根据信用证要求,在收取货款时,只需开具汇票,即可索回货款的信用证。

2. 跟单信用证

跟单信用证(documentary credit)是指受益人根据信用证的要求,在议付货款时,除开具汇票之外,还要随附货运单据的信用证。

(二) 即期信用证与远期信用证

1. 即期信用证

即期信用证(sight credit)是指规定受益人可凭即期汇票收取货款的信用证。在即期信用证中,如加列"电报索偿条款"(L/C with T/T Reimbursement Clause)称为带电报索偿条款的信用证(L/C·T/T),它是指开证银行将最后审单付款的权利交给议付银行,只要议付行审单无误后,即可以电报向开证行或其指定的付款行索偿收款。所以,这种信用证比一般即期信用证收汇快,有时当天即可收回货款。

2. 远期信用证

远期信用证(usance L/C)是指信用证规定凭远期汇票收取货款的信用证。使用远期信用证时,如果远期汇票贴现,其贴现费用和迟期付款利息均由受益人承担。远期信用证可以分为以下三种。

(1) 银行承兑远期信用证(banker's acceptance credit)是指以开证银行作为远期汇票付款人的信用证。这种信用证项下的汇票,在承兑前,银行对出口人的权利与义务以信用证为准;在承兑后,银行作为汇票的承兑人,应按票据法规定,对出票人、背书人、持票人承担付款责任。

(2) 延期付款信用证(differed payment credit)是指在信用证上规定货物装运后若干天付款,或开证行收取单据后若干天付款的信用证。延期付款信用证一般不要求出口人出具汇票,或出具远期汇票也不准贴现,所以出口人不能利用贴现市场资金,只能自行垫款或向银行借款。

(3) 假远期信用证(usance credit payable at sight L/C)是指信用证规定受益人开具的远期汇票,由付款行负责贴现,并规定贴现利息和贴现费用及承兑费用由开证人负担,这种信用证,又称"买方远期信用证"(buyer's usance L/C)。假远期信用证条款一般规定:"Drawee Banker's discount charges and acceptance commission are for the account of the applicant and therefore the beneficiary is to receive value for usance draft as if drawn at sight."(受益人开具远期汇票,按即期收款,而付款行的贴现费用和承兑费用及贴现利息由开证申请人负担。)应注意受益人接受这种信用证时,要承担汇票到期前的被追索的风险。

(三) 可转让信用证与不可转让信用证

1. 可转让信用证

可转让信用证(transferable credit)是指信用证的受益人(第一受益人)可以要求授权付款、承担延期付款责任、承兑或议付的转让银行(transferring bank),或当信用证自由议付时,可以要求信用证中特别授权的转让银行,将该信用证全部或部分转让给一个或数个受益人(第二受益人)使用的信用证。可转让信用证的受益人往往是中间商,他将信用证转让给实际出口人(第二受益人),由实际出口人办理装运交货收款。根据UCP600第38条b款规定:"转让信用证意指明确表明其'可转让'(transferable)的信用证。"在该惯例第38条e款还规定:"任何有关转让的申请必须指明是否以及在何种条件下可以将修改通知第二受益人。转让信用证必须明确指明这些条件。"f款规定:"如果信用证被转让给一个以上的第二受益人,其中一个或多个第二受益人拒绝接受某个信用证修改并不影响其他第二受益人接受修改。对于接受修改的第二受益人而言,信用证已作相应的修改;对于拒绝接受修改的第二受益人而言,该转让信用证仍未被修改。"该惯例还规定,转让银行所涉及转让费用,除另有规定外,应由第一受益人支付,除非信用证另有说明,可转让信用证只能转让一次。

可转让信用证除信用证金额、单价、到期日、最后交单日期及装运期限等任何一项或全部均可减少或缩短外,信用证只能按原证中规定的条款转让。第一受益人有权用自己的发票(和汇票)替换第二受益人提交的发票(和汇票),其金额不得超过原证金额,如信用证对单价有规定,应按原单价出具发票。

2. 不可转让信用证

不可转让信用证(non-transferable credit)是指受益人不能将信用证的权利转让给他人使用的信用证。凡信用证中未注明"可转让"字样者,则不能转让。

(四)保兑信用证与非保兑信用证

1. 保兑信用证

保兑信用证(confirmed L/C)是指开证行开出的信用证请另一银行保证对符合信用证条款的单据履行兑付或议付义务。对信用证承担保证兑付义务的银行称为保兑行(confirming bank)。UCP600 第 2 条规定:"保兑意指保兑行在开证行之外对于相符提示作出兑付或议付的确定承诺。保兑行意指应开证行的授权或请求对信用证加具保兑的银行。"

信用证的"不可撤销"是指开证银行对信用证承担付款责任。"保兑"是指开证银行以外的银行对信用证保证付款责任。保兑行通常是通知行,有时也可能是出口地的其他银行或第三国银行。保兑的手续一般是由保兑银行在信用证上加列保兑文句,如"此证已经我行保兑"(This credit is confirmed by us)。

2. 非保兑信用证

非保兑信用证(unconfirmed L/C)是指未经另一银行保证兑付的信用证。它通常是不可撤销的信用证。

(五)循环信用证

循环信用证(revolving L/C)是指当受益人全部或部分使用完信用证的金额以后,其信用金额又恢复原金额再供受益人使用,直至达到规定次数或累计总金额为止的信用证。循环信用证主要用于长期供货,开证申请人为了免交多次开证费用和节省开证押金,才使用此种信用证。循环信用证可根据信用证的不同规定,有不同使用办法。一般分为:(1)自动循环,即受益人每次使用信用证时,不须开证行的通知;(2)半自动循环,即开证行保留停止使用信用证的权利,如开证行没有停止使用通知时,受益人可以循环使用信用证;(3)非自动循环,即受益人每次使用信用证时,必须经开证行通知,否则不能使用。除此之外,还有根据时间循环和按累计总金额限制等形式。

(六)对开信用证

对开信用证(reciprocal L/C)是指在对等贸易中,买卖双方互为买卖双方,双方对其进口部分向对方开出信用证,这两个信用证称为对开信用证。这种信用证有两种:一种是同时生效的对开信用证,即一方开出的信用证,虽已被受益人接受,但暂不能生效,须另一方开出的回头信用证也被证下受益人接受时,才通知对方银行两证同时生效;另一种是分别生效的对开信用证,即一方开出的信用证,被受益人接受之后即可使用,无须等待另一方开出回头信用证。分别生效的对开信用证,虽然是两个受益人,但互有联系,互相约束,互为条件。双方必须承担购买对方货物的义务,双方成交金额相等或大体相等,也可以有一定差额。这种信用证多用于易货贸易、补偿贸易和加工装配贸易等业务。

(七) 背对背信用证

背对背信用证(back to back L/C)是指出口人凭进口人开来的信用证作为抵押,要求出口地银行再向实际的出口人开出信用证。两个信用证在出口地银行是"背对背"的形式,进口人开来的信用证称为母证,出口地银行向实际出口人开出的信用证称为子证,母证的金额一般要大于子证的金额,其交货期前者要长于后者。背对背信用证主要适用于中间商经营进出口业务的需要。

(八) 预支信用证

预支信用证(anticipatory credit)是指开证行允许受益人在未交装运单据以前,可凭汇票或其他证件支付货款的信用证。使用这种信用证主要是在求大于供的情况下,进口人急需购买指定的货物而预支货款;购买大型机械设备、船舶、飞机等投资较大,先备料须进口人预支价款;进口人通过银行实行外汇转移而预付货款等。预支信用证可分为全部预支和部分预支两种。

1. 全部预支信用证

全部预支信用证(clean payment credit)是指进口人购买货物的价款全部预付给出口人,出口人只需开具光票支付货款。

2. 部分预支信用证

部分预支信用证(partial payment credit)又分为"红条款"信用证和"绿条款"信用证。"红条款"信用证(red clause credit)是指开证行允许受益人凭以后补交装运单据的声明书和汇票预支部分货款,待装运之后,单据交到银行再付清余额,但开证行须扣除预支部分资金的利息。"绿条款"信用证(green clause credit)是指开证行要求受益人必须将预支货款项下的货物以开证行名义存放在出口地海关仓库,受益人凭"栈单"和以后补办装运单据的声明书以及汇票预支部分货款,开证行也会扣除预支部分资金的利息。

(九) 付款信用证、承兑信用证与议付信用证

1. 付款信用证

付款信用证(payment credit)是指信用证规定开证银行保证当受益人向开证银行或其指定的付款行提交符合信用证规定的单据时付款,或受益人开具汇票而不准议付的信用证。

2. 承兑信用证

承兑信用证(acceptance credit)是指使用远期汇票的跟单信用证。开证行或指定付款行在收到符合信用证规定的汇票和单据时,先履行承兑手续,待汇票到期再行付款的信用证。

3. 议付信用证

议付信用证(negotiation credit)是指信用证规定由某一银行议付或任何银行都可议付的信用证。指定某银行议付的信用证称为"限制议付信用证"(restricted negotiation credit);任何银行都有权议付的信用证称为"公开议付信用证"(open negotiation credit)或称"自由议付的信用证"(freely negotiation credit)。议付信用证的信用证有效期的失效地点通常在出口国,汇票的付款人可以是开证行或其指定的其他银行。根据《跟单信用证统一惯例》(UCP600)第2条规定:"议付意指被指定银行在其应获得偿付的银行日或在此之前,通过向受益人预付或者同意向受益人预付款项的方式购买相符提示项下的汇票(汇票付款人为被指定银行以外的银行)及/或单据。被指定银行意指有权使用信用证的银行,对于可供任何银行使用的信用证而言,任何银行均为被指定银行。"

六、SWIFT信用证

SWIFT(Society for Worldwide Interbank Financial Telecommunication),又称"环球同业银行金融电讯协会",是国际银行同业间的国际合作组织,于1973年5月在比利时成立。它专门从事传递各国之间非公开性的国际金融电讯业务,包括外汇买卖、证券交易、开立信用证、办理信用证项下的汇票业务和托收等,同时还兼理国际财务清算和银行间的资金调拨。目前全球大多数国家大多数银行已使用SWIFT系统。SWIFT的使用,为银行的结算提供了安全、可靠、快捷、标准化、自动化的通讯业务,从而大大提高了银行的结算速度。SWIFT的费用较低。同样多的内容,SWIFT的费用只有TELEX(电传)的18%左右,只有CABLE(电报)的2.5%左右。因此,SWIFT信用证现在已被许多国家和地区的银行所使用,在我国银行的电开信用证或收到的信用证电开本中,SWIFT信用证也已占很大比重。

凡依据国际商会所制定的电讯信用证格式设计,利用SWIFT网络系统设计的特殊格式,通过SWIFT网络系统传递的信用证的信息,即通过SWIFT开立的或通知的信用证,都称为SWIFT信用证,也称"环银电协信用证"。

采用SWIFT信用证,必须遵守使用手册的规定,使用SWIFT手册规定的代号,而且信用证必须按国际商会制定的《跟单信用证统一惯例》的规定,在信用证中可省去银行的承诺条款,但不能免去银行所应承担的义务。

目前开立SWIFT信用证的格式代号为MT700和MT701,表8-1和表8-2是这两种格式中的代号和栏位名称对照表。

表8-1 SWIFT信用证的格式代号为MT700

代码(Tag)	栏位名称(Field Name)
27	合计次序(Sequence of Total)
40A	跟单信用证类别(Form of Documentary Credit)

续表

代码(Tag)	栏位名称(Field Name)
20	信用证编号(Documentary Credit Number)
23	预先通知编号(Reference to Pre-Advice)
31C	开证时间(Date of Issue)
31D	有效期和到期地点(Date and Place of Expiry)
50	申请人(Applicant)
51a	开证申请人的银行(Applicant Bank)
59	受益人(Beneficiary)
32B	币别代号、金额(Currency Code，Amount)
39A	信用证金额加减百分率(Percentage Credit Amount)
39B	最高信用证金额(Maximum Credit Amount)
39C	可附加金额(Additional Amount Covered)
41a	向……银行押汇,押汇方式为……(Available … by …)
42C	汇票期限(Drafts at …)
42a	付款人(Drawee)
42M	混合付款指示(Mixed Payment Details)
42P	延期付款指示(Deferred Payment Details)
43P	分运(Partial Shipments)
43T	转运(Transshipment)
44A	由……装船/发送/接管(Loading on Board/Dispatch/Taking in Charge at/from …)
44B	装运至……(For Transportation to …)
44C	最后装船日(Latest Date of Shipment)
44D	装运期(Shipment Period)
45A	货物描述与交易条件(Description Goods and/or Services)
46A	应具备单据(Documents Required)
47A	附加条件(Additional Conditions)
71B	费用(Charges)
48	提示期间(Period for Presentation)
49	保兑指示(Confirmation Instructions)
53a	清算银行(Reimbursement Bank)
78	对付款/承兑/议付银行之指示(Instructions to the Paying/Accepting/Negotiation Bank)

续表

代码(Tag)	栏位名称(Field Name)
57a	收讯银行以外的通知银行("Advise Through" Bank)
72	银行间的备注(Sender to Receiver Information)

注：合计次序是本证的页次，共两个数字，前后各一。例如"1/2"，其中 2 指本证共 2 页，"1"指本页为第 1 页。

表 8-2　SWIFT 信用证的格式代号 MT701

代码(Tag)	栏位名称(Field Name)
27	合计次序(Sequence of Total)
20	信用证编号(Documentary Credit Number)
45B	货物描述与交易条件(Description Goods and/or Services)
46B	应具备单据(Documents Required)
47B	附加条件(Additional Conditions)

以下是 SWIFT 信用证实例。

HONGKONG & SHANGHAIBANKING CORP.
Incorporated in Honk Kong with limited liability
P.O. Box 085-151,
185 Yuan Ming Yuan Road, Shanghai

CHINA ARTEX SHANGHAI IMPORT AND
EXPORT CORPORATION
Our ref：6431124 Nov 2019
18 XIZANG NORTH ROAD
SAHANGHAI, CHINA

Dear Sirs,

IRREVOCABLE DOCUMENTARY CREDIT NO.A53915
In accordance with the terms of Article 7a of UCP 600 we advise, Without any engagement on our part, having received the following Teletransmission
Sated 24 Nov 2019
Form <u>ISRAEL DISCOUNT BANK OF NEW YORK</u>
<u>NEW YORK BRANCH</u>

40A　　FORM OFDC：……………IRREVOCABLE

20   DC NO： A53915
31C DATE OF ISSUE............23NOV2019
31D EXPRIRY DATE AND PLACE：30JAN2020 CHINA
50   APPLICANT..............THE ABCDE GROUP, INC,
                            445 KENNEDY DRIVE
                            SAYREWLLE, NEW JERSEY
59   BENEFICIARY...........CHINA ARTEX SHANGHAI IMPORT AND
                            EXPORT CORPORATION
                            18 XIZANG NORTH ROAD
                            SHANGHAI, CHINA
32B DC AMT................USD44，202.4
41D AVAILABLE WITH/BY......ANY BANKIN CHINA
                            BY NEGOTIATION
42C DRAFTS AT.............SIGHT
42D DRAWEE................OURSELVES
                   FOR 100.00PCTINVOICE VALUE
43P PARTIAL SHIPMENTS.........ALLOWED
43T TRANSHIPMENT..............ALLOWED
44A LOADING/DISPATCH AT/FROM......CHINA
44B FOR TRANSPORTATION TO......NEWYORK
44C LATEST DATE OF SHIPMENT......10JAN2020
45A GOODS：
ALL COTTON CUSHIONS WITH MACHNE EMBROIDERY, FULLY STLTFED FACE——100 PERCENT COTTON, BACK—100 PERCENT COTTON, FILLING 100 PERCENT POLYESTER FIBER UNDER SALES CONTRACT04/MC205 PART. TERM CIF
46B DOCUMENTS REQUIRED：
   1. COMMERCIAL INVOICE IN QUINTUPLICATE
   2. PACKING LIST IN TRIPLICATE
   3. CERTIFICATE OF ORIGIN IN TRIPLICATE
   4. WEIGHT LIST IN TRIPLICATE
   5. TEXTILE EXPORT LICENSE
   6. INSURANCE POLICY AND/OR CERTIFICATE IN NEGOTIABLE FORM
   7. FULL SET OF ON BOARD MARINE BILLS OF LADING TO ORDER OFISRAEL DISCOUNT BANK OF NEW YORK N.Y. L/C A-53915 MARKED NOTIFY APPLICANT
49   CONFIRMATION IN STRUCTION WITHOUT
78   INFO TO PRESENTING BK

ALL DOCUMENTS ARE TO BE DESPATCHED TO US AT 511 FIFTH AVENUE NEW YORK, NY 10017 IN ONE LOT BY AIRMALL.

47B ADDITIONAL CONDITIONS:
COMMERCIAL INVOICE ALSO INCLUDES 4 PERCENT BUYNG COMMISSION EACH SET OF DISCREPANT DOCUMENTS WILL BE ASSESSED USD70.00 REPRESENTING OUR FEES FOR HANDLING DISCREPANCIES THESE FEES ARE FOR THE BENEFICIARYS ACCOUNT AND WILL BE AUTOMATICALLY
DEDUCTED FROM THE PROCEEDS OF THE PAYMENT WHEN EFFECTED ALL DRAFTS MUST BE MARKED DRAWN UNDER ISRAEL DISCOUNT BANK OF NEW YORK, NEW YORK STATING THE DOCUMENTARY CREDIT NUMBER AND THE DATE OF THIS CREDIT
THIS DOCUMENTARY CREDITIS SUBJECT TO THE UCP (2007 REVISION),
ICC PUBLICATION NO.600.

Here ends the forgoing teletransmission. This advice constitutes a documentary credit issued by the above and must be presented with documents/drafts for negotiation/payment. The amount of each drawing must be endorsed by the negotiating bank on the reverse hereof.

James C M Wong　　　Rapheal Z F Yin
　　(0678)　　　　　　　(4431)

Except so far as otherwise expressly stated, this documentary credit is subject to Uniform Customs and Practice for Documentary Credits (2007 Revision), International Chamber of Commerce Publication No.600.

如对已经开出的SWIFT信用证进行修改,则需采用MT707标准格式传递信息。表8-3是SWIFT MT707格式中的代号和栏位名称对照表。

表8-3　SWIFT MT707格式

代号(Tag)	栏位名称(Field Name)
20	送讯银行的编号(Sender's Reference)
21	收讯银行的编号(Receiver's Reference)
23	开证银行的编号(Issuing Bank's Reference)
52a	开证银行(Issuing Bank)
31c	开证日期(Date of Issue)
30	修改日期(Date of Amendment)

续表

代号(Tag)	栏位名称(Field Name)
26E	修改序号(Number of Amendment)
59	受益人(修改以前的)[Beneficiary(before this amendment)]
31E	新的到期日(New Date of Expiry)
32B	信用证金额的增加(Increase of Documentary Credit Amount)
33B	信用证金额的减少(Decrease of Documentary Credit Amount)
34B	修改后新的信用证金额(New Documentary Credit Amount After)
39A	信用证金额加减百分率(Percentage Credit Amount Tolerance)
39B	最高信用证金额(Maximum Credit Amount)
39C	可附加金额(Additional Amount Covered)
44A	由……装船/发送/接管(Loading on Board/Dispatch/Taking in Charge at/from…)
44B	装运至……(For Transportation to…)
44C	最后装船日(Latest Date of Shipment)
44D	装船期间(Shipment Period)
79	叙述(Narrative)
72	银行间备注(Sender to Receiver Information)

七、《跟单信用证统一惯例》

(一)《跟单信用证统一惯例》的发展过程

国际商会自1928年发布了《跟单信用证统一惯例》(Uniform Regulations for Commercial Documentary Credits,UCP)第74号出版物,迄今已90余年。为适应贸易、金融、运输、保险等方面的变化,有利于各国银行在解释信用证条款和单证操作方面进一步达成共识,《跟单信用证统一惯例》历经数次修改,即1933年版82号、1952年版151号、1962年版222号、1974年版290号、1984年版400号、1993年版500号,2007年版600号,修订后的版本文字更严谨,操作更明确,从而保证了信用证在世界贸易中作为可靠的支付手段之一,促进了国际结算的标准化与统一化。

(二)《跟单信用证统一惯例》的适用范围

《跟单信用证统一惯例》(以下简称统一惯例)2007年修订本,国际商会第600号出版物,适用于所有在正文中标明按本惯例办理的跟单信用证(包括本惯例适用范围内的备用信用证)。除非信用证中另有规定,本惯例对一切有关当事人均具有约束力。

通过SWIFT系统开立的信用证未提及统一惯例,因SWIFT手册已明确说明,通过SWIFT开立信用证自出具之日即自动受到《跟单信用证统一惯例》的约束,但通知行在信用证通知书中应明确表明所通知的信用证适用于统一惯例。

(三)《跟单信用证统一惯例》现行版本的重要变化

《跟单信用证统一惯例》第 600 号出版物与第 500 号出版物相比,其重要变化主要体现在六个方面。

1. 结构上的变化

(1) 条款数量上的变化,将 UCP500 的 49 条精简为 UCP600 的 39 条。

(2) 第二、三两个条款第一次系统地对有关信用证的 14 个概念(advising bank、applicant、banking day、beneficiary、complying presentation、confirmation、confirming bank、credit、honour、issuing bank、negotiation、nominated bank、presentation 和 presenter)进行了定义和释义。

(3) 按照业务环节对条款进行了归结,把通知、修改、审单、偿付、拒付等环节涉及的条款在原来 UCP500 的基础上分别集中,使得对某一问题的规定更加明确和系统化;条款排序遵从 ISP98(《国际备用证惯例》)模式,UCP600 在结构上的变化借鉴了 ISP98 的模式,改变了原 UCP500 在次序排列上的不足,极大地方便了使用者。

2. 重要概念的新界定

(1) Honour:"兑付"。这一概念取代了 UCP500 中的"payment"一词,概括了开证行、保兑行、指定行在信用证下除议付以外的一切与支付相关的行为,即对即期和远期信用证的付款承诺,及对承兑信用证项下受益人出具商业汇票的承兑和到期支付;强调了付款人的终局性付款责任,没有追索权。

(2) Complying Presentation:"相符交单"。这意为受益人所提交的单据须与信用证条款、适用的惯例条款以及国际银行标准实务(ISBP)相符合。这一对"相符"的界定,隐含了符合信用证条款的优先性,不再仅局限于人们熟知的"单证相符,单单一致"的相对机械和表面的信用证付款条件,可能会减少实务中对单据不符点的争议,但对于出口商来说却须注意了解有关惯例和国际银行标准实务的规定。事实上,这已在实际业务中有所体现。

(3) Negotiation:"议付"。UCP500 中规定不付出对价并不构成议付,UCP600 定义的"议付"则是:"议付意指被指定银行在其应获得偿付的银行日或在此之前,通过向受益人预付或者同意向受益人预付款项的方式购买相符提示项下的汇票(汇票付款人为被指定银行以外的银行)及/或单据。"这强调的是对单据(汇票)的买入行为,明确银行可以垫付或者同意垫付给受益人,将指定银行在信用证下对受益人进行融资的行为纳入了受统一惯例保护的范围。

3. 对出口企业利益的保护

(1) 开证行付款责任的进一步明确。在 UCP600 第 35 条中增加了开证行的付款责任条款如下:"如果指定银行确定交单相符并将单据发往开证行或保兑行,无论指定的银行是否已经承付或议付,开证行或保兑行必须承付或议付,或偿付指定银行,即使单据在指定银行送往开证行或保兑行的途中,或保兑行送往开证行的途中丢失。"

(2) 严格相符原则的适当放松。UCP600 第 3 条规定"在适用的条款中,词汇的单复数同义",使得在实际应用中对于一些比较模糊的规则有了比较明确的理解,也就避免了出口商交单时由于用词单复数不符而被拒绝的案例发生。UCP600 第 14 条规定:"出口商所交单据不一定要完全与信用证相同,只需不相抵触即可;除发票以外,其余单据上对货物名称的表达只要求使用与信用证不相矛盾的统称;受益人和开证申请人的名称和地址,只要求与信用证规定的地址同属一个国家,而不要求单据与信用证相符、单据与单据一致,相关的联系方式银行也不关心,只是当开证申请人作为运输单据中的收货人和通知方时需要与信用证一致。"

(3) 对出口商的融资许可。除了在议付的定义中明确了其预付性质以外,UCP600 还明确了开证行对于指定行进行承兑、做出延期付款承诺的授权,同时包含允许指定行进行提前买入的授权,即通过指定一家银行承兑汇票或承担延期付款承诺,开证行即授权该被指定银行预付或购买经其承兑的汇票或由其承担延期付款的承诺。这项规定旨在保护指定行在信用证下对受益人进行融资的行为。为受益人提供融资,即给受益人的资金运转提供便利,出口商在信用证项下能提前得到银行的资金周转,同时银行也能得到国际惯例的保护。

(4) 通知行费用问题。信用证中不可规定通知行或第二通知行需在受到相关费用后才通知信用证。这在目前的信用证业务操作过程中很常见,通知行常常收到手续费后才发出通知,但 UCP600 明确规定这不许可。

4. 更好地考虑了实际操作的需要

(1) 第二通知行的出现。在实际业务中,当开证行所指定的通知行不能直接通知受益人时,通知行便会联系另一家银行进行通知,即第二通知行,当此银行决定成为第二通知行时,它的责任便和原通知行一样,通知信用证的同时审核信用证的真实性。UCP500 中没有出现这一概念,而在 UCP600 第 9 条中却作了明确规定。

(2) 出单人的不加限制性。UCP500 中,提单的出单人明确规定为船长和/或船东,而将运输行签发的单据单独给以描述。UCP600 取消了 FREIGHT FORWARDERS(运输行)这一用语,改为以承运人、船东、船长或租船人以外人士取代,运输单据也需由这些人签发,解决了过去在海运业在签发提单和银行押汇过程中所面临的困扰。这实际上可以认为是 FREIGHT FORWARDERS 地位提高,也说明 UCP600 的修改顺应了海运业务实际发展的情况;取消多式联运经营人的身份,意为将此归纳为承运人,也有类似考虑;与此类似的还有承认由保险代理人签发的保险单的效力;其他单据不限制出单人。

5. 单据操作更规范

(1) 交单期的规定。与 UCP500 一样,UCP600 第 14 条规定了"受益人或其代表按照相关条款在不迟于装运日后的 21 个公历日内提交(正本运输单据),但无论如何不得迟于信用证的到期日",但有所不同的是取消了原有"除规定一个交单到期日外,信用证尚须规定一个在装运日后按信用证规定必须交单的特定期限"条款,即日后的信用证中无须规定特定交单期,受益人的交单期均不能迟于装运日后 21 天,且不超过信用证有效期。

(2) 银行的审单日期。关于开证行、保兑行、指定行在收到单据后的处理时间,在 UCP500 中规定为"合理时间,不超过收单翌日起第 7 个工作日",而在 UCP600 中改为了"最多不超过 5 个银行工作日的时间"。取消了以前"合理时间"这种模糊的工作时间概念,同时将各银行审核时间一律明确缩短为至多5个银行工作日,这就意味着出口商收汇将比以前更快一些。总体来说,对受益人更为有利,能够尽快地完成整个交易的运作过程。

(3) 不符单据的处理。对于不符单据的处理,UCP600作出了较大的修改,具体有四个不同点。

第一,"当开证行、保兑行、指定行认为是不符交单时,可以拒付或拒绝议付",此条款中除规定开证行、保兑行的拒付不符单据的权利外,增加了议付行拒绝议付的权利。

第二,如果开证行、保兑行、指定行决定拒付或拒绝议付,则必须向交单人发出单独的拒付通知,而银行对不符点的处理有如下选择:持单听候交单人的处理;持单直到开证申请人接受不符单据;径直退单;依据事先得到交单人的指示行事。

第三,该拒付通知须于收到单据翌日起算第五个银行工作日内以电讯方式,如不可能,以其他快捷方式发出。

第四,如果银行根据规定发出拒付通知,不符单据的退单时间则不加以限制。

(4) 关于提单日期与装运日期。在实际业务中,提单上常出现"装船日期"和"提单签发日期"不同的情况(一般提单签发日期晚于装船日期),UCP500中并未规定哪一天视作装运期,因此在出口商计算收款时间、进口商计算交单时间时常发生不一致的理解而引发纠纷,而UCP600中增加了对装运日期的明确规定,提单签发日期视为装运日期,除非提单上有已装船批注。此时,该批注中的日期视为装运日期,以解决相关问题。

6. 其他内容的变更

(1) 可转让信用证。可转让信用证最大的变化在于UCP600中明确了第二受益人的交单必须经过转让行。此条款主要是为了避免第二受益人绕过第一受益人直接交单给开证行,损害第一受益人的利益,这是因为信用证一经转让就存在第二受益人直接向开证行交单的风险,转让行应在通知中要求单据交由转让行,这时开证行为了保护第一受益人的利益,必须要和转让行进行联系。

(2) 措辞更简洁、更明确。UCP600中关于装运日期起讫范围的规定中,加上了"between"一词,当该词用于决定装运日期时,应理解为包括起讫日期在内;还值得注意的是"from"一词的应用,当用于装运日期时,理解为包括起讫日期在内,而用于表示汇票到期日时,则理解为不包括起讫日期;UCP600第30条规定:只有用"about"或"approximately"两个词语表示信用证数量、金额和单价时,才有10%增加,而UCP500中的"circa or similar expressions"将不再使用。

第五节 银行保证函与备用信用证

一个企业与另一个企业签订了贸易合同、借贷合同或其他项目合同,由于是首次交往,该企业希望得到另一方如期履约的保证。在以往的国际贸易业务中,要求提供现金作为保证金是很常见的。然而,随着国际贸易的发展,这种保证方式显然制约了国际贸易和国际经济技术合作业务的发展。于是,通过银行开立包括银行保证函和备用信用证在内的银行保证文件的担保方式应运而生。

一、银行保证函

(一) 银行保证函的含义

银行保证函(banker's letter of guarantee,L/G)又称银行保证书或银行保函,是指银行(保证人)根据委托人(被保证人)的申请,向受益人开立的担保履行某项义务的,有条件地承担经济赔偿责任的书面承诺文件。银行保证函属于银行信用。

(二) 银行保证函的当事人

银行保证函的当事人主要有委托人、受益人、保证人。

委托人(principal)又称申请人,是指要求银行开立保证函的当事人,即为被保证人。受益人(beneficiary)是指凭银行保证函要求银行承担经济赔偿责任的当事人。保证人(guarantor)也称担保人,是指开立保证函的银行,有时可能是其他金融机构,如信托投资公司、保险公司等。

银行保证函除上述三个主要当事人外,有时根据需要可以扩展出转递银行、转开行、保兑行等当事人。转递行(transmitting bank)是指根据保证人的要求将保证函转递给受益人的银行。保证人银行与转递行一般是代理行,转递行只对保证函负有核对印鉴或密押的责任,不承担任何经济赔偿责任。转开行(reissuing bank)是指接受保证人的要求,向受益人开立保证函的金融机构。如果发生赔付时,受益人只能向转开行索偿。保兑行(confirming bank)是指在保证人出具的保证函上加以保证兑付的银行。保兑行只有在保证人不履行担保义务时,才向受益人赔付。

(三) 银行保证函的种类

银行保证函,按其用途不同,基本分为两大类,即国际贸易保证函与借款保证函。

1. 国际贸易保证函

这是指银行代替进口人或出口人向对方开立的以对方为受益人的保证承担付款、签约或履约的书面文件。国际贸易保证函主要包括投标保证函、履约保证函、预付款保证函、进口保证函、补偿贸易保证函等。

(1) 投标保证函(tender guarantee)是指投标人(委托人)通过银行(保证人)向招标人(受益人)所作出的投标保证。保证投标人在开标前不能中途撤标或片面修改标书内容,中标后不拒绝签约和不拒绝交付履约保证金。否则,银行按保证函所列金额向招标人赔偿款项。如果投标人按期履约,则保证函应按时退回保证人。

(2) 履约保证函(performance guarantee)是指担保银行应委托人(进口人或出口人)的请求向受益人(出口人或进口人)开立的保证委托人与受益人签约后一定履行合同的书面文件。在合同有效期内,如果委托人违约,担保银行必须根据受益人的要求赔付一定金额给受益人。履约保证函主要使用在国际贸易中,由担保银行向买方或雇主提出保证,通过这一保证,担保卖方按时、按质、按量供应符合合同规定的货物及提供有关单据和证件,并保证在合同有效期间内不违反合同。履约保证函的担保期限可由买方与卖方或雇主与承包人商定,一般为货物到达目的港 1—3 年,担保金额为合同标的金额的 5%—10%,有些履约保证函的担保金额高达合同标的金额的 100%。

(3) 预付款保证函(advance payment guarantee)是指担保银行应卖方或承包人的请求向买主或雇主开立的保证卖方或承包人履行合同的书面文件。卖方或承包人不履约时,由担保银行负责偿还买方或雇主已预付款项的本息。

预付款保证函主要使用在购买成套设备、大型机械、船舶、飞机或其他货物时,按通常惯例,其合同签订并生效后,由买方先向卖方支付一定预付款,作为定金。买方要求卖方通过银行开立以买方为受益人的保证函,保证卖方一旦不履行合同交付购买标的物或违反合同有关条款时,由担保银行负责偿付买方预付的款项及利息。预付款保证函也使用在工程承包项目中,投标人中标并与雇主签约后,雇主向承包人预付一定款项。为了使已预付款项真正用于工程承包项目,承包人必须通过所在地银行向雇主出具预付款保证函。如果承包人不履约或不按合同规定使用预付款时,雇主可凭保证函向担保银行索回预付款本息。

(4) 进口保证函(guarantee under import contract)是指担保银行应进口人的请求开给出口人的保证函。

在保证函中规定,出口人按有关合同交货和交来规定的单据时,如果进口人未能及时付款,由担保银行负责付款。所以,进口保证函是一种付款性质的保证函。

进口保证函可分为成套设备进口保证函(L/G opened for import of equipment)、加工装配业务保证函(L/G opened for assembly processing)等。

(5) 补偿贸易保证函(guarantee under compensation trade)是指担保银行应购买机械设备的本国企业的请求开给以国外提供机械设备的卖方为受益人的保证函。担保银行保证如果由于本国企业自身的原因,使外商企业不能如期、如数地收回其机械设备或技术价款及补偿期产生的利息,则担保银行必须负责偿还。

2. 借款保证函

借款保证函(bank guarantee for loan)是指在使用出口信贷时,担保银行应借款人(委托人)的请求开立给贷款人的保证函。担保银行承诺,如果借款人未能按借款合同规定向贷款人还本付息时,担保银行在接到贷款人的书面通知后,负责偿还借款人应付而未付的本金和利息。

借款保证函一般规定在借款人收到所借的款项时生效,并在借款人或担保银行向贷款人偿还完本金与利息后而失效。在保证函中应规定随借款人每次还本付息,担保银行的责任相应递减。

(四) 银行保证函的主要内容

由于银行保证函的用途不一,各种保证函的内容也不完全相同。但是,总的来说其基本内容还是一致的,主要应该包括以下九个方面。

1. 保证函的名称与性质

保证函根据其用途不同,它的名称也不一。应该将保证函的名称予以明确规定,如"履约保证函"(performance guarantee)、"投标保证函"(tender guarantee)等。保证函还必须明确性质,即"不可撤销保证函"(irrevocable L/G)。

2. 保证函的当事人

本项略。

3. 保证函编号与开立日期及有关合约号

这包括：(1) 保证函编号；(2) 保证函开立日期；(3) 有关合约号。

4. 工程项目名称和(或)标的物名称

本项略。

5. 担保金额

担保金额是由委托人与受益人约定的，可以是合同总金额的 5%—15%，也可以是合同总金额的 100%；担保金额还可以不明确规定。

6. 银行保证责任条款

银行保证责任条款是银行承担的责任。银行承担的责任常常是委托人是否履约或以受益人是否履约为前提条件。银行保证责任条款是保证函的主要内容。

7. 索偿佐证文件

索偿佐证文件是在保证函中规定，证明委托人已经违约的证据，应由受益人提供。根据国际商会制定的《合约保证书统一规则》第 9 条规定，如保证书中未指定必须提交作为索偿要求的佐证文件，或只规定受益人出具索偿清单者，则受益人必须提供：

(1) 如系投标保证书，受益人应提出其自身声明，说明委托人的标书已被选中，而委托人嗣后未签订合约，或未能按标书中规定提交履约保证书；受益人并应提交其致委托人的声明，同意委托人向其索取凭保证书已付款的全部或一部分之争议，可按标书规定由司法或仲裁法庭解决。如果未有如此规定，或已另行商定者，可按国际商会仲裁规则，或按联合国国际商事法律委员会仲裁规则进行仲裁解决，任由委托人抉择。

(2) 在履约保证书或还款保证书情况下，受益人应交一份证明索赔有理之法庭判决书或仲裁裁决书，或委托人对索偿及应支付金额之同意书。

8. 索偿期限与保证函的到期失效

保证函的索偿期限是从保证函生效日期开始至失效之日为止。具体生效日期根据不同保证函由有关当事人确定。投标保证函，一般自保证函开立之日起生效；补偿贸易保证函，自合同规定设备运抵委托人所在地并经检验合格生效。但是，应特别注意预付款保证函、借款保证函及定金保证函，为防止保证人(银行)承担委托人收到有关款项之前被无理索偿的风险，应规定在委托人收到有关款项之日起生效。

9. 保证函的退还

根据《合约保证书统一规则》第 6 条的规定："当保证函按其自身条款及条件，或按本规则中止失效时，留置该保证书的行为本身，不能给予受益人以任何效益，保证函应立即退还保证人。"所以，在银行保证函最后结尾部分都规定："Upon expiry, please return the guarantee to us for cancellation."（本保证函到期后，请将其退回我行注销。）

二、备用信用证

由于美国法律禁止其国内银行开立保证函，而世界各国银行一般均可开立保证函，为与外国银行竞争，达到为客户担保之目的，美国银行于二战后开始广泛开立备用信用证。备用信用证的内在灵活性及用途的多样性使得备用信用证日益广泛地得到应用。

备用信用证（stand-by letter of credit）又称商业票据信用证（commercial paper letter of credit）、担保信用证（guarantee letter of credit），是指开证行根据开证申请人的请求对受益人开立的承诺担保某项义务的凭证。当开证申请人在违约的情况下，受益人只要凭备用信用证规定的开证申请人的违约声明或证明文件，即可取得开证行的偿付。备用信用证其实质是一种跟单信用证，它代表了开证行对受益人的以下责任：(1) 偿还开证申请人的借款；(2) 支付由开证申请人承担的任何债务；(3) 支付由开证申请人违约所造成的任何损失。

备用信用证通常作投标、还款、履约保证金的担保业务。在备用信用证下，只要受益人向指定银行提交符合信用证规定的汇票及/或开证申请人未履约的声明或证明文件，即可取得开证行的偿付。"跟单信用证"定义中的"单据"一词意指信用证规定的任何单据，而不特指代表货物的商业单据，因此备用信用证属于跟单信用证的一种，它是相对于一般附有商业单据的商业信用证而言的。商业信用证由受益人将货物装运出口并提交符合信用证要求的单据这一履约行为而使信用证成为可使用的结算方式；备用信用证则由于开证申请人的违约而支持了受益人，如到时开证申请人履约无误，则备用信用证就成为"备而不用"的结算方式，故称"备用信用证"。

备用信用证与一般的跟单信用证在使用方面有所不同。后者用于一笔具体贸易的支付，而前者却更多地用于当开证申请人不履行其应履行的义务时，如不交货、不支付货款、不偿还贷款等，受益人得开具汇票（或不开汇票）随附关于开证申请人不履约的书面声明或证件向开证行或通过受益人所在地银行向开证行或指定银行取款。在上述声明或证件符合备用信用证的条件下，开证行承担付款责任。

备用信用证与银行保证函同是银行信用，又都是银行为其被保证人提供的保证履行合同义务或偿还债务的一项承诺，但在其性质上仍有两个方面的不同。一是出具保证函的银行多数处于次债务人的地位，只有当被保证人（主债务人）不履行付款或其他义务时，才承担付款责任；而备用信用证是开证行对受益人开立的信用证，受益人只要履行了信用证规定提交的声明书和（或）证件，就可取得款项。二是，银行保证函的付款依据是有关合同或某项诺言未被履行，因此保证银行在确定是否应当付款时可能牵连到合同中去，甚至介入被保证人和受益人的讼争之中；而备用信用证的付款依据是受益人在信用证有效期内提供的按信用证所规定的声明书或证件，银行与开证申请人和受益人之间的合同无关。

第六节　各种支付方式的结合使用

在国际贸易中选择和运用各种不同的支付方式，对我国的进出口都很重要。选择和运用各种不同的支付方式,应在保证贯彻我国对外贸易方针政策的前提下,要做到安全收汇和妥善付汇,加速资金周转和扩大贸易。为了保障上述要求能够顺利地实现,我们必须认真了解和掌握国际市场各种惯用的支付方式和近期出现的新支付方式,根据我国对外贸易的实际,灵活地加以运用。

在我国出口业务中,一般情况下使用即期信用证,它收汇比较迅速、安全。如果采用远期信用证,计算价格时应将利息因素考虑在内。为了促进某些货物对外成交,对有的地区一些资信较好的客户,可用付款交单(D/P)托收方式,以适应市场特点,扩大销售。对某些积压货物或库存较大又急于处理的货物,必要时可采用承兑交单(D/A)托收方式。在使用寄售方式出口时,要争取由国外银行出具银行付款保证函,证明代售人未能履约,保证行承担付款责任。我国依据银行付款保证函,可以先发货寄售后收款,可以使用赊账办法。

在我国进口业务中,使用信用证、托收、汇款和银行保证函对于成交金额大的应争取使用托收方式,也可以使用银行保证函;尽量减少使用即期信用证。

上述进出口业务采用的支付方式都是单一的支付方式。我们也可根据实际情况,征得对方同意后,将不同支付方式相结合来运用。

一、汇款与信用证结合

汇款与信用证结合是指部分货款采用信用证支付,余额用汇款方式结算。例如,对于矿砂等大宗初级产品的交易,双方约定,信用证规定凭装运单据先付发票金额若干成,余额待货到目的地后或再经检验合格后用汇款支付。但是,必须明确规定使用何种信用证和何种汇款方式以及采用信用证支付金额的比例等,以防出现争议。

二、信用证与托收结合

信用证与托收结合是指部分货款采用信用证支付,余额用托收方式结算。一般做法是:出口人开具两张汇票,属于信用证部分货款凭光票付款,而全套装运单据附在托收的汇票之下,按即期或远期托收。但是,要明确信用证种类和支付金额以及托收的具体种类等。例如:"××% of the value of goods by Irrevocable Letter of Credit and remaining ××% on collection basis D/P at sight(or as … day, sight), the full set of shipping documents are to accompany the collection item. All the documents are not to be delivered to Buyers until full payment of the invoice value. In case of non-payment of the ××% in collection item, the documents should be held by the issuing bank at the entire disposal of the Sellers."[货款××%应开立不可撤销即期信用证,其余××%见票立即(或见票后××天)付款交单。全套装运单据随附于托收项下。在发票金额全数付清后方予交单。如××%托收金额被拒付时,开证行应掌握单据,听凭卖方处理。]

三、汇款与银行保证函结合

一些成套设备和大型产品,如船舶、飞机等业务由于成交金额大、生产周期长,应由买方根据制造、交货过程,按进度分期付款,一般采用汇款与保证函相结合的方式。在进口业务中,购买机器设备,国外出口人往往要求我方以汇款(信汇)方式预付全部价款的5%—10%,其余金额由我方银行出具保证函,再分期付款或迟期付款。

(一) 分期付款

分期付款(payment by installments)是指进口人根据购买货物的生产进度和交货程序分期付清货款,其具体分期次数和每次付款金额可根据交货时间长短和对出口人的约束程度来确定。在分期付款条件下,最后一批货款一般是在出口人全部完成其承担责任之后,经检验合格后再付清。

(二) 迟期付款

迟期付款(deferred payment)是指通常由进口人先付一定的定金,并根据货物生产的进度和交货程序分期支付若干货款。但是,大部分货款则于交货后若干月或若干年内分期付清。分期付款与迟期付款虽然都是在规定期限内分期付清货款,但两者有一定区别。

(1) 分期付款是进口人按照约定的方法分若干次付款,但在出口人完成交货任务时,进口人已付清或基本付清货款,所以称为付现即期交易;迟期付款是在大部分货款于交货之后较长的期限内摊还,所以是出口人给进口人的一种出口信贷,而对进口人来说是赊购,利用出口人资金的一种方式,但进口人要承担迟期付款的利息。

(2) 分期付款是进口人在付清最后一期货款后,才取得货物所有权;迟期付款是出口人履行交货后,进口人即取得货物的所有权,而如果出口人交货之后,进口人不履行付款义务,出口人只能依法要求偿付货款,而不能恢复货物所有权。

第七节 合同中的支付条款

合同中的支付条款是根据所采用的支付方式来确定的。不同的支付方式,合同中规定支付条款的内容也不一样。

一、汇款方式的规定方法

采用汇款方式时,应在合同中明确规定汇款的办法、汇款时间、汇款的金额和汇款的途径等。例如:"The Buyers shall pay 50% of the sales proceeds in advance by M/T to reach the Sellers not later than Feb.15th 2020."(买方应不迟于2020年2月15日将50%的货款用信汇预付给卖方。)

二、托收方式的规定方法

采用托收方式时,应在合同中明确规定托收种类、进口人的承兑和(或)付款责任,以及付款期限等。

(一) 即期付款交单条款的规定方法

例如,合同中规定:"Upon first presentation the Buyers shall pay against documentary draft drawn by the Sellers at sight. The shipping documents are to be delivered against payment only."(买方应凭卖方开具的即期跟单汇票于见票时立即付款,付款后交单。)

（二）远期付款交单条款的规定方法

例如，合同中规定："The Buyers shall duly accept the documentary draft drawn by the Sellers at ... days upon first presentation and make payment on its maturity. The shipping documents are to be delivered against payment only."（买方对卖方开具的见票后××天付款的跟单汇票，于提交时应即予承兑，并应于汇票到期日即预付款，付款后交单。）或者应规定："The Buyers shall pay against documentary draft drawn by the Sellers at ... days after date of B/L. The shipping documents are to be delivered against payment only."（买方应凭卖方开具的跟单汇票，于提单日后××天付款，付款后交单。）或者应规定："The Buyers shall pay against documentary draft drawn by the Seller at ... days after date of draft. The shipping documents are to be delivered against payment only."（买方应凭卖方开具的跟单汇票，于汇票出票日后××天付款，付款后交单。）

（三）承兑交单条款的规定办法

例如，合同中规定："The Buyers shall duly accept the documentary draft drawn by the Seller at ... days sight upon first presentation and make payment on its maturity. The shipping documents are to be delivered against acceptance only."（买方对卖方开具的见票后××天付款的跟单汇票，于提出当时应即予承兑，并应于汇票到期日付款，承兑后交单。）

三、信用证方式的规定方法

采用信用证方式时，应在合同中明确规定信用证种类、开证日期、信用证有效期和议付地点等。

（一）即期信用证条款的规定方法

例如，在合同中规定："The Buyers shall open through a bank acceptable to the Sellers an Irrevocable sight Letter of Credit to reach the Sellers ... days before the month of shipment, valid for negotiation in China until 15th day after shipment."（买方应通过卖方所接受的银行于装运月份前××天开立并送达卖方的不可撤销即期信用证，有效期至装运后15天在中国议付。）

（二）远期信用证条款的规定方法

例如，合同中规定："The Buyers shall open through a bank acceptable to the Sellers an Irrevocable Sight Letter of Credit to reach the Sellers ... days before the month of shipment, valid for negotiation in China until 15th day after shipment."（买方应通过卖方所接受的银行于装运月份前××天开立并送达卖方不可撤销见票后××天付款的信用证，有效期至装运后15天在中国议付。）

四、部分信用证、部分托收的规定方法

采用部分信用证和部分托收方式时，应注意有关装运单据必须全部随附托收项下的汇

票,待全部货款收妥后,银行才能将单据交给买方。一般在合同中可以作如下或类似的规定:"The Buyers shall open through a bank acceptable to the Seller an Irrevocable L/C to reach the Sellers … days before the month of shipment, stipulating that 80% of the invoice value available against clean draft at sight while the remaining 20% on D/P at sight. The full set of the shipping documents of 100% invoice value shall accompany the collection item and shall only be released after full payment of the invoice value. If the Buyers fail to pay full invoice value, the shipping documents shall be held by the issuing bank at Sellers disposal."(买方应通过卖方所接受的银行于装运月份前××天开立以卖方为受益人的不可撤销即期信用证,规定80%发票金额凭即期光票支付,余20%即期付款交单。100%发票金额的全套装运单据随附托收项下,于买方付清发票的全部金额后交单。如果买方不付清全部发票金额,则装运单据须由开证行掌握凭卖方指示处理。)

思考题

1. 本票、支票与汇票的含义及其用途各是什么?
2. 汇票分为哪几种?汇票的使用环节有哪些?
3. 什么是汇付?汇付分为哪几种?
4. 托收的含义和特点是什么?
5. 托收分为哪几种?出口采用托收方式应注意哪些问题?
6. 说明信用证的含义、性质与特点。
7. 信用证对买卖双方有哪些风险?如何防范?
8. 国外一家开证银行在审查我某进出口公司(受益人)通过中国银行(议付行)提交的全套单据期间发现开证申请人倒闭,开证银行便以开证申请人倒闭为由通知议付行转告受益人拒付货款。你认为开证行这种做法是否正确?为什么?
9. 说明信用证的有效期、交单期与装运期之间的关系。
10. 什么是银行保证函?它与信用证有何区别?
11. 试述分期付款与迟期付款的含义及其区别。

案例分析

1. 出口公司规定的支付条款为装运前15天电汇付款,买方延至装运月中才邮寄来银行汇票一纸,为保证按期交货,出口企业于收到该汇票次日即将货物托运,同时委托银行代收票款。1个月后,接银行通知,因该汇票系伪造,已被退票。此时,货已抵达目的港,并已被买方凭出口企业自行寄去的单据提走。事后追偿,对方早已人去楼空。

试问:对此损失,我方的主要教训何在?

2. 我向某外商发盘,其中付款条件为即期付款交单(D/P at sight),对方答复可以接受,但付款须按以下条件:"付款交单见票后 45 天"(D/P at 45 days after sight)并通过 A 银行代收。按一般情况,货物从我国运至该国最长不超过 10 天。

试问:该外商为何要提此项条件?

3. 我出口公司与某外商订立一出口合同,规定货物分两批装运,支付条件为即期不可撤销信用证。对方按约开来限定通知行议付的信用证,经审核无误,第一批货物随即装运,我出口公司在规定交单期限内向通知银行交单议付,经审单认可后向出口公司议付了货款,接着,开证行也向议付行作了偿付。出口公司正准备发运第二批货物时,我通知行忽然接开证行电传,声称申请人收到第一批货物后,发现品质不符合同,要求拒付第二批货物的货款,据此,请通知受益人停止发运第二批货物,如已发运,则不要再议付该项货款。我通知行在与出口公司联系后,立即回电拒绝。

试问:我通知行这样做是否合理?为什么?

4. 买卖合同规定买方开立以卖方为受益人的全部金额的不可撤销信用证,但以卖方先期提供一份其金额为价金 10%的备用信用证。卖方按合同要求按时开出备用信用证,但买方未能如约开立令卖方满意的信用证,卖方因而拒交货物。买方根据备用信用证向开证行要求付款,卖方以不交货是由于未收到满意的信用证为由要求开证银行拒付,并诉至法院要求发布不准开证银行付款的禁令。

试问:你认为开证银行与法院法官应如何处理?并申述理由。

5. 我国出口商出售一批货物给外国进口商,合同规定的支付方式是 50%货款凭不可撤销信用证见票后 30 天付款,其余 50%凭即期付款交单(D/P)付款。我出口商委托当地银行(托收行)转托进口国 A 银行凭单据向进口商收取货款,同时凭进口商通过 A 银行开立的以我出口商为受益人的见票后 30 天付款的信用证开出了 50%价款的汇票。其后,A 银行根据进口商按即期 D/P 支付的 50%货款将全部货运单据交给了进口商,并将代收的 50%货款划拨给了托收行,与此同时,对我出口商开立的汇票作了承兑。日后不久 A 银行宣布破产,已承兑的汇票在到期向其提示时也遭到退票。我出口商于是以货物已被进口商全部收取为由,向进口商追偿尚余的原信用证项下 50%的货款。进口商借口开证押金收不回来而拒不偿还。为此,我出口商诉诸法院。

试问:你认为此案应如何判决?在这笔交易中,我出口商应从中吸取什么教训?

6. 某外贸企业与某外商初次交易出售一批货物,出口合同的支付条款仅规定:"凭不可撤销即期信用证在上海议付。"合同规定的交货条款为"7 月在中国港口装船,运往欧洲××港,不准转运"。货物备妥后,经再三催促,信用证于 7 月 25 日方才开到。由于直达船的船期每月均安排在月中,因此要在 7 月间将货物装运已无可能,为此我方电请外商将信用证的装运期延至最迟 8 月 31 日,并将信用证议付到期日延至 9 月 15 日。由于该项货物市价下跌,该商非但不同意展延信用证装运期和议付到期日,反而还借口我方未能在 7 月装运而违反了合同的规定,向我方索赔××美元。

试问:这笔交易中究竟是何方违约?我外贸企业应吸取什么教训?

第九章 货物的检验

货物的检验是指在国际货物买卖过程中，对卖方交付的货物或准备交付的货物进行品质、数量和包装等方面的检验；对于某些货物，还包括根据一国法律或政府法令的规定进行的安全、卫生、环境保护和劳动保护等条件的检验和动植物病虫害检疫。货物检验是确定卖方交货是否符合合同规定和法律要求的必不可少的环节，同时也是确定造成货物残损责任承担者的途径。

第一节 检验时间和地点的确定

货物检验的时间和地点的确定与贸易双方使用的贸易术语有很大的关系。在不同的贸易术语下，货物所有权和风险转移的时间和地点存在差异。一般来讲，货物检验时间和地点与货物所有权及风险转移的时间和地点相一致。

一、货物的交接

按国际上一般解释，货物的交接包含两层意思：一个是接受货物，一个是接收货物。所谓接受货物(acceptance of the goods)是指买方收到货物后，经检验认为货物符合合同的规定而同意接纳货物。接收货物(receipt of the goods)是指买方已经收到货物，但尚未决定接受货物。国际上一般都承认买方在接受货物以前，有权检验货物，甚至以检验货物作为买方付款的前提条件。《公约》第58条(3)款规定："买方在未有机会检验货物以前，无义务交付货款，除非这种机会与双方当事人议定的交货或支付程序相抵触。"英国《1983年货物买卖法》第31条规定："当货物交付买方时，如他以前未曾对该货进行过检验，则除非等到他有一个合理的机会加以检验，以便确定其是否与契约规定者相符，不能认为他已经接受了货物。""除另有规定者外，当卖方向买方提出交货时，根据买方的请求，卖方应向其提供一个检验货物的合理机会，以便能确定其是否符合契约的规定。"所以，国际贸易买卖双方在交接货物过程中，一般要经过三个环节，即交货(delivery)、检验或检查(inspection or examination)、接受或拒收(acceptance or rejection)。美国《统一商法典》第2—606条对买方构成接受货物的条件作出这样的规定：(1)在有合理时间检查货物后，买方向卖方表明货物是符合合同要求的，或虽然货物与合同不符，但愿意收受或保留此项货物；(2)在有合理机会检查货物后，买方没有作出有效的拒收；(3)买方作出与卖方所有权相抵触的行为。

大陆法系国家法律规定，因买卖标的物含有隐蔽的瑕疵，致丧失其通常效用或减少通常效用，出卖人应负担保责任；出卖人即使不知标的物含有隐蔽的瑕疵，仍负担保责任。这里虽未明示买方对货物具有复验权，但是卖方不知道隐蔽瑕疵能被发现，这就默示了买方在收到货物之后,有权对货物进行检验。

《公约》对上述内容也作了具体规定,在第 38 条(1)款规定:"买方必须在按情况实际可行的最短时间内检验货物或由他人检验货物。"第 36 条(1)款规定:"卖方应按照合同和本公约的规定,对风险转移到买方时所存在的任何不符合同情形,负有责任,即使这种不符合同情形在该时间后方始明显。"

从上述规定可以看出,当买方决定是否接受货物前必须对货物进行检验,如果发现不符合合同规定,而且证明这种不符合同情况在转移风险时就存在,而不是由于运输中发生的自然灾害、意外事故或外来原因造成的,卖方就应对此负责。

二、检验时间和地点

在国际贸易中货物交接的时间、地点是与所采用的贸易术语紧密相连的。因此,货物检验时间和地点的确定,同样要考虑买卖合同使用的贸易术语。一般说来,检验时间和地点,应与交货时间和地点相一致,如工厂交货、完税后交货等实际交货合同,它们的检验时间和地点随着交货时间而进行,检验地点即在交货地点。但是,FOB、CFR 和 CIF 合同,检验时间和地点,则有不同规定。《公约》规定,凡涉及运输合同,"可推迟到货物到达目的地进行"。由此可见,在按装运港交货贸易术语成交的情况下,有必要明确规定检验时间和地点。另外,有些货物根据它们的性质在装运港检验可能不适宜,有损于其性质或无法测定其质量,这样,只能在货物目的地或用户所在地进行检验。

国际贸易合同对货物检验时间和地点的规定,主要分为三种不同做法。

(一) 在出口国装船前检验

1. 工厂检验

由产品制造工厂或买方的验收人员在产品出厂前进行检验或验收。在这种情况下,卖方只承担产品在离厂前的责任,至于运输途中的品质、数量变化的风险,概由买方负担。

2. 以离岸品质、重量为准

在以离岸品质、重量(shipping quality, weight)为准的条件下,卖方所交货物的品质、重量是以装船前检验机构或个人所签发的检验证明书为最后依据。卖方对货物到达目的地后的品质状况和重量(数量)原则上不承担责任。只要装船前检验合格,说明卖方已按合同规定交货,买方原则上一般不得根据到货时的品质或数量与离岸时不符而提出异议或索赔。除非买方能证明,货物到达目的地时变质或短量是由于卖方没有严格履行合同规定货物的品质、数量或包装等义务,或是由于货物在装船时由一般检验无法发现的瑕疵引起的。这种做法一般意味着买方无复验权。

(二) 在进口国卸货后检验

1. 以到岸品质、重量为准

这种做法又称卸货时检验,它是指货物到达目的港后,在约定时间内进行检验。检验的地点可因货物性质不同而异。一般可在目的港码头仓库检验,易腐货物通常应在卸货后,在关栈或码头尽快进行检验,并以检验结果作为货物品质和数量交货的最后依据。在采用这种条件时,卖方应承担货物在运输途中品质、重量变化的风险,买方有权根据货物到达目的港时的检验结果,在分清责任的基础上,对属于卖方责任造成的货损、货差向卖方提出索赔,直至拒收货物。

2. 在用户所在地检验

对于一些不便于在目的港卸货检验的货物,如密封包装或大型机械设备等,一般不能在目的港卸货时进行检验,须将检验时间和地点推延到用户所在地进行。使用这种条件时,货物的品质和重量(数量)是以用户所在地检验为准。

(三) 出口国检验,进口国复验

这种做法是货物在装船前进行检验,以装运港检验机构出具的检验证书,作为卖方议付货款的单据之一;货到目的港后,买方有权复验,以目的港检验机构出具的检验证书作为买方向有关当事人对货损、货差提出异议、索赔的依据。这种方法恰是当年我国对外贸易合同大量使用的规定检验时间和地点的方法。

国际贸易货物须经过长途运输,其品质、数量或重量在运输过程中难免会有变化,装船时和到达时两次检验结果经常有差异。出现差异的原因是多方面的,既可能由于两地检验机构使用的检验标准或方法不同,也可能产生于运输装卸照顾不善,还可能因货物自然损耗等。为了保证合同的顺利履行,尽量减少因两地检验结果不同产生争议,一般在检验条款中作下列三项规定。

(1) 凡属保险公司及承运人责任者,买方不得向卖方提出索赔,只能向有关责任方要求赔偿。

(2) 如果两地检验结果的差距在一定范围之内,则以出口国检验结果为准,如果超过一定范围,由双方协商解决;如果未解决,可交第三国检验机构进行仲裁性检验,或者规定超过范围部分由双方平均分担。

(3) 在进口国检验和出口国检验,允许进口国复验的条件下,要明确卖方应承担或不应承担的责任。

首先应明确 FOB、CIF 合同,卖方有责任交付符合合同规定品质、数量的货物,货物的风险在装运到船上时转移。所以,卖方对品质、数量所承担的责任也应该到此为止。即使在进口国检验的条件下,卖方也只是承担在正常运输过程中,由于货物本身的缺陷或固有性质而发生的品质变化或损耗。至于由于运输过程中因意外事故或外来原因造成的损失或灭失,应由买方承担。

进口国检验和出口国检验、进口国复验有根本的差别。前者是以进口国检验结果为准,卖方除了要承担由于货物本身缺陷所造成的货损、货差之外,也要对货物的自然损耗承担责任。后者是卖方只有在两地检验的差距超过一定范围时,才承担责任。这实际上是排除了自然损耗的责任。这种做法,买方复验的结果不能作为最后依据,而是由双方根据两地检验结果进行协商,求得解决办法。

第二节 出入境货物检验

一、货物检验的法律依据

由于国际贸易货物的检验不仅事关双方当事人,还关系到生产、生活、环境安全、疫情传播等多方面问题,各国一般都通过立法来加强出入境货物的检验工作。2001年初,我国决定成立国家质量监督检验检疫总局,扩大了货物检验检疫的业务范围,并逐步完善了相关法律。

(一) 商品检验法

《中华人民共和国进出口商品检验法》(以下简称《商品检验法》)于2002年4月28日第九届全国人民代表大会常务委员会第二十七次会议通过,同时以第67号中华人民共和国主席令公布,同年10月1日起施行。该法共6章41条,包括总则、进口商品的检验、出口商品的检验、监督管理、法律责任和附则。2018年又进行了修订,并于2018年12月29日施行。

(1) 规定了国家进出口货物检验工作的管理体制。在该法第2条规定,国务院设立进出口货物检验部门,主管全国进出口货物检验工作,国家检验部门设在各地的进出口货物检验机构管理所辖地区的进出口货物检验工作,国家通过法律形式赋予检验部门以进出口检验工作的主管地位。

(2) 规定了检验机构实施进出口货物检验的内容和检验依据。国家质量监督检验检疫总局根据对外贸易的发展,制定、公布并调整《出入境检验检疫机构实施检验检疫的进出境商品目录》(简称《检验检疫法检目录》)。对列入法检目录的货物,必须经检验机构和国家检验部门、检验机构指定的检验机构实施强制性检验,即法定检验。

(3) 检验机构对进出口货物及其检验工作实行监督管理。

(4) 进出口货物鉴定业务。

(5) 法律责任。对违反《商品检验法》的行为作了明确的处罚规定,并依情节比照刑法追究刑事责任,同时也规定了对检验机构工作人员滥用职权、徇私舞弊、伪造检验结果、延误检验出证等行为,根据情节轻重,给予行政处分或追究刑事责任。

《中华人民共和国进出口商品检验法实施条例》(以下简称《商品检验法实施条例》)于2005年8月10日经国务院批准,2005年12月1日实施。《商品检验法实施条例》是《商品检验法》规定的具体化,是目前我国唯一与《商品检验法》配套的规范进出口检验工作的行政法规。

(二) 动植物检疫法

1991年10月30日第七届全国人大常委会全体会议表决通过了《中华人民共和国进出境动植物检疫法》(以下简称《检疫法》),自1992年4月1日起执行。2009年6月27日,该法进行了修订,并同时实施。该法共8章50条,包括立法宗旨、适用范围、动植物检疫行政管理体制、检疫制度、检疫措施、法律责任和动植物检疫法与国际条约的关系等。

《进出境动植物检疫法实施条例》于1996年12月2日以国务院第206号令发布,自1997年1月1日起施行。《进出境动植物检疫法实施条例》的实施,对进一步贯彻执行《检疫法》,深化口岸管理体制改革,提高依法行政水平,更好地防止动物传染病,寄生虫病和植物危险性病、虫、杂草以及其他有害生物传入传出国境,保护农、林、牧、渔业生产和人体健康,促进对外经济贸易的发展发挥了积极作用。

(三)卫生检疫法与食品安全法

1986年12月2日全国人大常委会第十八次会议正式通过《中华人民共和国国境卫生检疫法》,自1987年5月1日起施行。2018年4月27日,第十三届全国人民代表大会常务委员会第二次会议通过新修订的《中华人民共和国国境卫生检疫法》,于当日公布并施行。并且,我国参照国际卫生条例及国际惯例,制定并修改了《中华人民共和国国境卫生检疫法实施细则》,最新版的实施细则于2019年3月2日公布并施行。

为保证食品安全,保障公众身体健康和生命安全,我国高度重视食品安全,早在1995年就颁布了《中华人民共和国食品卫生法》。在此基础上,2009年2月28日,第十一届全国人大常委会第七次会议通过了《中华人民共和国食品安全法》,自2009年6月1日起施行。食品安全法是适应新形势发展的需要,为了从制度上解决现实生活中存在的食品安全问题,更好地保证食品安全而制定的,其中确立了以食品安全风险监测和评估为基础的科学管理制度,明确食品安全风险评估结果作为制定、修订食品安全标准和对食品安全实施监督管理的科学依据。2015年4月24日,《中华人民共和国食品安全法》经第十二届全国人民代表大会常务委员会第十四次会议通过,自2015年10月1日起施行。现行的《中华人民共和国食品安全法》于2018年12月29日由第十三届全国人民代表大会常务委员会第七次会议通过。

根据法律的规定,国家质量监督检验检疫机构的职能就是依据这些相关的法律法规进行进出口货物检验、检疫、鉴定和监督管理等工作。

二、法定检验

(一)法定检验的概念与特点

法定检验(legal inspection)是货物检验检疫机构按照国家的法律或法规,对指定的重要进出口货物或检验事项实施强制性的检验,非经检验合格,不准出口或者进口销售、使用。法定检验的性质是属于政府的行政行为,体现了国家意志,具有强制性。其主要特点有五个。

1. 有明确的法律依据

《商品检验法》第一章第5条规定:"列入目录的进出口商品,由商检机构实施检验。前款规定的进口商品未经检验的,不准销售、使用;前款规定的出口商品未经检验合格的,不准出口。"这为法定检验提供了法律依据。

2. 有授权的主管机关和检验机构

我国《商品检验法》规定:"国务院设立进出口商品检验部门,主管全国进出口商品检验工作。国家商检部门设在各地的进出口商品检验机构管理所辖地区的进出口商品检验工作。""商检机构和经国家商检部门许可的检验机构,依法对进出口商品实施检验。"《商品检验法实施条例》规定:"中华人民共和国国家质量监督检验检疫总局(以下简称国家质检总局)主管全国进出口商品检验工作。"法律赋予国家质检部门统一主管全国商检工作的权力以及实施法定检验的法律地位。

3. 规定了法定检验的范围

我国相关法规指定货物检验机构实施法定检验的范围:(1)《出入境检验检疫机构实施检验检疫的进出境商品目录》内的进出口商品;(2)出口食品卫生检验和检疫,以及出口动物产品的检疫;(3)出口危险品包装容器的性能鉴定和使用鉴定;(4)装运出口易腐烂变质食品的船舱、集装箱等;(5)其他法律或者行政法规规定必须经商检机构检验的进出口商品;(6)我国与进口国主管部门协定必须凭我国商检机构证书方准进口的商品;(7)对外贸易合同、信用证规定由商检机构检验出证的商品;(8)对外贸易关系人申请的鉴定业务;(9)委托检验业务。

法定检验的内容一般涉及人、畜的健康与安全卫生,工农业生产的安全与环境保护以及贸易有关当事人的合法权益和国家利益。我国《商品检验法实施条例》规定:"出入境检验检疫机构对进出口商品实施检验的内容,包括是否符合安全、卫生、健康、环境保护、防止欺诈等要求以及相关的品质、数量、重量等项目。"

4. 确定进出口货物合格与否,必须依据相应的检验技术标准

我国《商品检验法实施条例》明确规定:"国家质检总局根据进出口商品检验工作的实际需要和国际标准,可以制定进出口商品检验方法的技术规范和标准。"

5. 制定了逃避法定检验的处罚措施

《商品检验法》第33条明确规定:"违反本法规定,将必须经商检机构检验的进口商品未报经检验而擅自销售或者使用的,或者将必须经商检机构检验的出口商品未报经检验合格而擅自出口的,由商检机构没收违法所得,并处货值金额百分之五以上百分之二十以下的罚款;构成犯罪的,依法追究刑事责任。"

(二)法定检验货物的免验

法定检验货物的免验是指列入法检目录的进出口货物,经检验机构检验,质量长期稳定或者经国家检验部门认可,以外国有关组织机构实施质量认证的,由进出口货物收货人、发货人或者生产企业申请,经国家检验部门审查批准,可以免予检验的一种特许。

实施免验货物的范围:一是"进出境的样品、礼品、暂准进出境的货物,以及其他非贸易性物品,免予检验,但法律、行政法规另有规定的除外";二是"列入目录的进出口商品符合国家规定的免予检验条件的,由收货人、发货人或者生产企业申请,经国家质检总局审查批准,出入境检验检疫机构免予检验"。

三、检验监督管理

监督管理(supervision and administration)是指对出口货物生产、经营单位和进出口货

物收购、用货单位的检验工作和进出口货物质量,进行监督检查和管理指导。监督管理是国家检验部门及其各分支机构统一管理进出口货物检验工作的基本任务之一,主要目的是为了提高出口货物质量,扩大出口,维护国家信誉;防止次劣货物进口,保障国家建设和人民群众利益。

监督管理的对象和具体内容有以下八个方面。

(1) 对进出口货物的收货人、发货人及生产、经营、储运单位及指定和认可的检验机构和认可的检验人员的检验工作实施监督管理。

(2) 对法律规定必须经商检机构检验的进出口商品以外的进出口商品,根据国家规定实施抽查检验。

(3) 按照国家规定对列入目录的出口商品进行出厂前的质量监督管理和检验。

(4) 许可符合条件的国内外检验机构承担委托的进出口商品检验鉴定业务。

(5) 对经国家商检部门许可的检验机构的进出口商品检验鉴定业务活动进行监督,可以对其检验的商品抽查检验。

(6) 根据国家统一的认证制度,对有关的进出口商品实施认证管理。

(7) 根据国家商检部门同外国有关机构签订的协议或者接受外国有关机构的委托进行进出口商品质量认证工作,准许在认证合格的进出口商品上使用质量认证标志。

(8) 对实施许可制度的进出口商品实行验证管理,查验单证,核对证货是否相符。对检验合格的进出口商品,可以加施商检标志或者封识。

四、公证鉴定

公证鉴定(notarial survey)是相关检验机构根据对外贸易关系人(包括买卖合同、运输合同、保险合同的当事人,以及收购单位、用货单位和供货部门等)的申请,受理与对外贸易有关的各项鉴定业务,并根据需要签发各种鉴定证书,作为对外贸易关系人办理进出口货物交接、结算、计费、理算、报关、纳税和处理争议、索赔的有效凭证。公证鉴定业务范围较广,主要包括:进出口货物的品质、数量、重量和包装的鉴定;货载衡量;车辆、船舱、集装箱等运输工具的清洁、密固和冷藏效能等装运技术的检验;监视装载;积载鉴定;舱口监视、监视卸载以及货物残损、海损鉴定等。另外,公证鉴定还包括接受国外检验机构、仲裁机构、司法部门的委托而进行的鉴定。

第三节 检验检疫证书及其作用

一、检验检疫证书的种类

检验检疫证书(testing certificate)是检验机构签发的、证明检验结果的书面文件。在我国进出口业务中,所使用的检验检疫证书,主要有以下几种。

(1) 品质检验证书(Inspection Certificate of Quality)。它是证明进出口货物品质规格的证书。

(2) 重量检验证书(Inspection Certificate of Weight)。它是证明进出口货物的重量的

证书。

（3）数量检验证书（Inspection Certificate of Quantity）。它是证明进出口货物的数量的证书。

（4）兽医检验证书（Veterinary Inspection Certificate）。它是证明出口动物产品在出口前经过兽医检验，符合检疫要求，而出具的证书。

（5）卫生（健康）检验证书（Sanitary Inspection Certificate or Inspection Certificate of Health）。它是证明出口供食用的动物产品、食品经卫生检验，未受传染疾病感染，可供食用，如罐头食品、蛋品、乳制品、冻鱼、肠衣等货物，即可使用此种证明书。

（6）消毒检验证书（Disinfections Inspection Certificate）。它是证明出口动物产品经过消毒，如猪鬃、马尾、羽毛、山羊皮及人发等货物，即可使用此种证书。

（7）产地检验证书（Inspection Certificate of Origin）。合同规定须出具产地证明，按施惠国要求，我方出具原产地证明时，由检验机构签发原产地证书。

（8）价值检验证书（Inspection Certificate of Value）。有些货物需要证明其价值时，证明出口货物价值或发货人提供的发票上价值完全正确，由检验机构出具的证书。

（9）残损检验证书（Inspection Certificate on Damaged Cargo）。它是证明进口货物残损情况，估定残损贬值程度，判断致损原因，供索赔使用时，由检验机构出具此证书。

此外，还有验舱检验证书、衡量证书等。如果国外商人要求提供其他证书，可建议对方采用上述其中的一种或两种证书，不另出具其他证书。如果国外商人坚持要求出具其他证书，可与检验机构协商，经检验机构同意，方可按对方要求提供。

二、检验证书的作用

一般来说，检验证书是证明卖方所交货物品质、数量和包装方面是否符合合同规定的依据，也是买方对品质、数量和包装提出异议的必不可少的法律依据。应该说明的是，在出口国检验、出证，允许买方在进口国目的地复验的条件下，双方检验机构所出具的证书，都不具备最终依据的效力。买方可以根据复验结果提出异议和索赔要求，但卖方也可根据出口地检验机构出具的证明书进行抗辩。在这种情况下，争议只能通过协商解决，或委托第三国进行仲裁性的检验。即使在这种情况下，检验证书仍然是买方提赔必不可少的证明文件。因此，在国际贸易中，检验证书究竟具有何种作用，可由买卖双方的意愿而确定，它既可以是确定货物品质、数量的最后依据，也可只作为议付依据。双方应在贸易合同中予以明确规定。

值得注意的是，即使在以离岸品质、重量为准，以出口地检验机构出具的检验证书作为最后依据的条件下，也不是一旦检验证明货物符合合同规定，卖方就不承担品质和数量方面的任何责任。如果由于货物本身的缺陷造成的，而这种缺陷又不是在检验时所能发现的，则卖方仍须对货物到达目的港时的货损、货差及内在缺陷承担责任。

第四节　检验条款的规定

在规定检验条款时，我们应该在平等互利原则的基础上与对方协商订立检验条款，以利于我国对外贸易的顺利发展。

一、出口合同检验条款的规定

在出口合同中,一般都采用装船前出口口岸检验机构签发的检验证书作为向银行议付货款的依据;货到目的港允许买方有复验权,并可以目的港检验证书作为索赔依据的办法。

有些出口合同,如来料加工、来件装配检验条款,除规定以装运口岸检验机构出具的证明书作为议付单据外,还常常规定买方派人到生产工厂进行检验,以买方代表签署的验收合格证明书作为议付单据之一。但是,这种规定一般取消了货物到达目的地复检后对卖方责任的异议索赔权。

二、进口合同检验条款的规定

进口合同的检验条款有多种规定方法。

(1) 以制造厂出具的品质及数量或重量证明书作为在信用证项下付款的单据之一。但是,货物品质及数量或重量的检验应按下列规定办理:货物到达目的港××天内经中国国家质量监督检验检疫局复验,如果发现品质及数量或重量与本合同不符,除属保险公司或承运人责任外,买方可凭中国国家质量监督检验检疫局出具的检验证明书,向卖方提出索赔或退货。所有因索赔或退货引起的一切费用(包括检验费)及损失均由卖方负担。在此情况下,如抽样是可行的话,买方可应卖方要求,将有关货物的样品寄交卖方。

(2) 以卖方同意的买方国家检验机构或公证行出具的品质及数量或重量证明书和买方派人监造、监运、监装的证明书共同作为检验议付单据。货物到目的港××天内经中国国家质量监督检验检疫局复检,如果发现品质及数量或重量与本合同不符,买方可凭中国国家质量监督检验检疫局出具的检验证书,向除卖方之外的有关当事人索赔。

(3) 对于某些重要的进口货物,可以在不违反出口国有关法律情况下,根据合同的规定,到出口国进行装运前预先检验、监造或监装,但是应当以到货后的检验为准。

三、订立检验条款应注意的问题

(1) 检验条款应与合同其他条款相一致,不能相互矛盾。在检验条款中,规定检验时间和地点时,不能与使用的贸易术语相矛盾。例如,出口合同规定采用 CIF 贸易术语成交,卖方的责任是在装运港交货后,即可凭单据议付货款,若规定到岸品质与数量或重量和买方验货后决定付款,便使贸易术语与检验条款发生矛盾,而以检验条款的实质内容改变了合同的性质,使此合同成为名不副实的 CIF 合同了。

(2) 检验条款的规定应切合实际,不能接受国外商人提出的不合理检验条件。有的合同检验条款的规定与出口货物的生产与检验实际情况相脱离,如规定出口的山鸡应在死前检验,卖方根本做不到,山鸡往往猎获之后就死掉了,根本无检验之机会,所以接受这种检验条件必然给我方造成被动。

(3) 要明确规定复验的期限、地点和机构。出口合同,买方如有复验权时,应对其复验的期限、地点作出明确规定。按照一般的解释,复验的期限实际就是买方索赔期限,买方只有在规定的期限内行使其权利,索赔才有效,否则无效。我方应根据货物性质、运输港口等情况决定适宜的复验期限和地点。至于复验机构的选择,必须是在政治上对我方友好、在业务上有能力的检验或公证机构。

（4）应在检验条款中明确规定检验标准和方法。业务中出现异议案件，有时是由于两地检验机构采用的检验标准不一致或采用的检验方法不同造成的。为了避免或减少这种现象出现，有的货物应该明确其检验标准和检验方法。

（5）进口合同检验条款应规定我方有复验权。进口货物到达目的港后应允许我方复验，经复验如发现所交货物与合同不符，有权向国外商人提出索赔或退货。同时，应根据进口货物的实际情况，规定复验期限和地点。对于一些货物如大型机械、矿山使用大载重汽车应在目的地复验，而且时间应该稍长一些，进口的成套设备的复验期限应更长一些，必须经过安装、试车和正式投产几个阶段，再复验其性质、质量。

思考题

1. 什么是货物检验？它在国际贸易中有何作用？
2. 接受货物与接收货物有什么区别？为什么说货物的接收不意味着买方接受货物？
3. 货物检验时间与地点有哪几种规定方法？
4. 法定检验的内容与范围有哪些？
5. 订立检验条款时应注意哪些问题？

案例分析

1. 我国某电信企业从国外进口程控电话交换机，价值300多万美元。合同规定：索赔有效期为到货后60天，并同时规定应由外商代表前来开箱才能检验的条款。货到后，我方立即电告卖方要求派代表来开箱验货，但外商寻找各种借口拖延，致使货到后60天内未能完成检验工作。后发现货物品质上存在与合同不符之处，但外商以索赔有效期已过为由拒绝赔偿。

试问：从该案中应当吸取哪些教训？

2. 我国某塑料厂从国外进口一套热塑料造型注入机，设备价值为83万美元。在开箱时发现数量短少，申请检验局复验。凭检验局出具的检验证书，对外索赔到41万美元。在安装调试过程中，工厂又发现设备有质量问题，产品达不到合同规定的质量指标。进口厂家经办人以为检验局已经出过检验证书了，不能再第二次出证，因而未再次申请检验局复验出证。设备到货已经两年多，但一直无法调试好，不能正常投入生产使用，白白丧失了对外索赔权，工厂蒙受了重大经济损失。

试问：检验部门出具检验证书后能否再次出证？

第十章
争议、索赔、仲裁和不可抗力

在国际货物买卖中,买卖双方往往会因各自的权利、义务问题而引起争议,甚至导致仲裁、诉讼等情况发生。为了在合同履行中尽量减少争议或者在发生争议时能妥善解决,以使交易得以继续顺利地进行,在国际贸易合同中通常会订立异议、索赔和罚金条款,国际经济贸易仲裁和不可抗力条款等来进行争议的预防和处理。

第一节 争议和索赔

一、争议的含义

争议(disputes)是指交易的一方认为另一方未能全部或部分履行合同规定的责任而引起的业务纠纷。在国际货物买卖中,买卖双方因各自的权利、义务问题而引起争议屡见不鲜,双方发生争议的原因很多,主要有以下五种情况。

(1) 关于合同是否成立的问题。双方国家法律和国际贸易惯例解释不一,容易引发争议。

(2) 由于卖方不履行或不完全履行合同规定的义务。例如,卖方不按时交货,不按合同规定的品质、数量、包装交货,卖方不提供合同和信用证规定的单据等。

(3) 由于买方不履行或不完全履行合同规定的义务。例如,买方不按时派船、不按时开证、不按时赎单付款、无理拒收货物等。

(4) 合同条款规定不明确。双方对合同条款解释不一致或从本身利益出发各执一词。

(5) 在履行合同时产生了双方不能预见和无法控制的情况,导致合同无法履行或无法按时履行,但双方对发生的不可抗力的法律后果解释不一致。

凡此种种,都可能引起买卖双方的争议。一旦产生争议,双方均应本着诚信的原则,采取适当的方法予以解决。解决争议的方法主要有以下四种。

(1) 友好协商(consultation),指争议双方本着互相谅解的精神自行协商解决争议的一种方法,是实践中最常用的争议解决方法。

(2) 调解(conciliation),指当事人自愿将争议提交给一个第三者,在查清事实的基础上分清是非,分清楚责任,对所发生的争议予以调解解决。

(3) 仲裁(arbitration),指当事人之间达成协议,自愿将有关争议提交各方所同意的仲裁机构进行裁决的一种方式。

(4) 诉讼(litigation),指一方当事人向法院起诉,控告另一方有违约行为,要求法院依法给予救济或惩处另一方当事人。

二、索赔和理赔

索赔(claim)是指在国际货物买卖过程中,因一方违反合同规定,直接和间接地给另一方造成损失,受损方向违约方提出要求损害赔偿的行为。理赔(claim settlement)是一方对于对方提出的索赔进行处理。因此,索赔和理赔是一个问题的两个方面。

在国际贸易中,任何一方不履行或不完全履行合同规定的义务,就构成违约行为。按照各国法律的规定,当一方违约使对方的权利受到损害时,受害的一方有权采取补救措施,以维护其合同权益和合法的权利。

(一) 违约的形式及救济方法

对于违约的形式和违约的法律后果,在各国货物买卖法和国际性公约中都作了明确的规定,比较有代表性的主要有以下五种。

1. 大陆法系的规定

大陆法系将违约形式概括为不履行债务和延迟履行债务两种情况。违约方是否要承担违约责任,首先要看是否有归责于他的过失,然后根据违约情况采取实际履行、损害赔偿等补救措施。

2. 英国相关法律的规定

《英国货物买卖法》将违约的形式分为违反要件(breach of condition)和违反担保(breach of warranty)。违反要件时受损方有权解除合同,并可要求赔偿损失。违反担保时受损方无权要求解除合同,只能要求给予损害赔偿。

3. 美国相关法律的规定

美国相关法律根据违反合同的轻重程度把违约分为重大违约(material breach of contract)和轻微违约(minor breach of contract)。在重大违约的情况下,受损方有权要求解除合同,并要求给予赔偿。轻微违约时,受损方只能要求损害赔偿,而无权要求解除合同。

4.《联合国国际货物销售合同公约》的规定

《公约》把违约分为根本违约(fundamental breach of contract)和非根本违约(non-fundamental breach of contract)。《公约》第25条规定:"一方当事人违反合同的结果,如使另一方当事人蒙受损害,以至于实际上剥夺了他根据合同规定有权期待得到的东西,即为根本违反合同(fundamental breach)。"如果构成根本违约,受损害方可解除合同,并要求赔偿;如果是非根本违约,受损害方只能要求损害赔偿或采取其他的补救措施。

在国际贸易中,损害赔偿是最重要的,也是最常用的违约补救措施。即使当事人已经采取了要求交付替代物、对货物不符合同之处进行修理、减低货价、规定一段合理的额外的时间让对方履行合同义务或宣告合同无效等补救措施,都不影响该当事人向违约一方提出损害赔偿的权利。关于赔偿的金额,根据《公约》第74条的规定:一方当事人违反合同应负责的损害赔偿额,应与另一方当事人因他违反合同而遭受的包括利润在内的损失额相等。但是,这种损害赔偿不得超过违反合同一方在订立合同时,依照他当时已知道或理应知道的事实和情况,对违反合同预料到或理应预料到的可能损失。

5.《中华人民共和国合同法》的规定

根据我国《合同法》有关条款规定,对违约的补救措施主要有继续履行合同、采取补救措施、赔偿损失、违约金、定金五种。按照《合同法》规定,违约金和定金两者只能选择一个,不能同时并用。但是,损害赔偿可以和其他措施同时并用。

(二)索赔与理赔应注意的问题

在国际贸易实践中,违约的情况多种多样。有时可能是合同签订后,由于种种原因,确实无法按照合同来履行;有时可能是由于国际市场行情发生变化,对其中一方不利,所以寻找各种借口拒不履约或延迟履约。凡此种种情况都可能导致索赔和理赔情况的发生,如何正确处理好对外索赔和理赔工作,既关系到维护国家的声誉和权益,又涉及比较复杂的业务技术问题,是一项政策性很强的涉外工作。所以,必须严肃对待和认真处理索赔和理赔工作。

在对外索赔和理赔工作中,索赔依据和索赔期限,以及合理确定索赔金额都是很重要的问题。根据国际贸易的实践,索赔一般发生在进口业务中,理赔发生在出口业务中。

1. 对外索赔

对外索赔时,应该注意以下四个问题。

(1)必须有充分的索赔依据。索赔依据包括法律依据和事实依据:前者是指买卖合同和适用的法律规定;后者则指违约的事实、情节及其书面证明。所以,索赔时必须查明造成损害的事实,分清责任,备妥必要的索赔证据和单证,一般包括提单、发票、保险单、装箱单、磅码单正本和副本、检验机构出具的货损检验证明或由承运人签字的短缺残损证明及索赔清单等。

(2)正确确定索赔项目和金额。正确而合理地确定索赔项目和金额是公平合理地处理索赔的基础。对索赔项目和金额的确定,既不能让自己蒙受不应有的损失,也不能脱离实际损失的情况提出无理要求。如果合同预先规定有约定的损害赔偿的金额,应按约定的金额提赔;如果预先未约定损害赔偿的金额,则应根据实际损失确定适当赔偿金额。

(3)认真制订索赔方案。在查明事实、备妥单证和确定索赔项目以及金额的基础上,结合客户与我方的业务往来情况,制订好索赔方案。

(4)及时向国外提出索赔。提赔时要注意索赔期限,按照法律和国际惯例,受损害一方只能在一定的索赔期限内提出索赔,否则丧失索赔权。索赔期限有约定与法定之分:约定的索赔期限是指买卖双方在合同中明确规定的索赔期限;法定索赔期限则是指根据有关法律规定,受损害一方有权向违约方要求损害赔偿的期限。约定索赔期限的长短,须视买卖货物的性质、运输、检验的繁简等情况而定。法定索赔期限则较长,按《公约》规定,自买方实际收到货物之日起两年之内。我国《合同法》第158条也规定法定索赔期限为买方自标的物收到之日起两年内。由于约定索赔期限的效力可超过法定索赔期限,因此在买卖合同中应针对交易的具体情况,规定合理、适当的索赔期限,防止因逾期而遭致拒赔。如果在索赔期内提赔有困难,可以通知外卖方要求延长索赔期。

2. 对外理赔

在我方对外从事出口业务时,往往会出现被对方索赔的情况。这时,我方就应当正确处理理赔事项。一般来说,对外处理理赔时应注意以下三个方面的问题。

(1) 要认真细致地审核国外买方提出的单证和出证机构的合法性。

(2) 注意调查研究,弄清事实,分清责任。要向货物的生产部门、国外运输部门了解货物品质、包装、存储、运输等情况,查明货差、货损的原因和责任对象。如果确属我方责任,就应实事求是地予以赔偿。对国外商人提出的不合理要求,应该给予详细解释,对无理取闹的应以理拒绝并予以揭露。

(3) 合理确定损失和赔付办法。赔付办法,可以采取赔付部分货物、退货、换货、补货或修理,或赔付一定金额,对索赔货物给予价格折扣或按残次货物百分比对全部货物降价等。

三、合同中的异议、索赔和罚金条款

买卖双方为了在索赔和理赔工作中有所依据,一般在合同中订立索赔条款。其订立方式有两种:一种是异议和索赔条款;另一种是罚金条款。在一般的买卖合同中,多数只订立异议和索赔条款,有的还同检验条款合订在一起。在大宗货物买卖合同中,一般只订立异议、索赔条款,而不订立罚金条款。

(一) 异议、索赔条款

异议、索赔条款(discrepancy and claim clause)是买卖合同中关于处理和索赔违约责任的规定。

异议、索赔条款的内容除规定一方违约另一方有权提出索赔外,还包括关于索赔依据、索赔期限、索赔方法和索赔金额等的规定。索赔依据部分主要是规定索赔必须具备的证据,以及出证的机构。索赔的期限应根据货物的不同特性来规定:一般货物规定为货物到达目的地后 30 天或 45 天;对于机电、仪器一般定为货物到达目的港或目的地后 60 天或 90 天,通常不超过 180 天;对有质量保证期的机械设备的索赔期,可长达 1 年或 1 年以上。因为违约的情况比较复杂,难以预料,合同对处理索赔的办法和赔偿金额通常不做具体规定。异议、索赔条款一般是针对卖方交货的品质、数量或包装不符合合同规定而订立的。

(二) 罚金条款

罚金条款(penalty clause),又称违约金条款(liquidated damage clause),是指合同中规定如由于一方未履约或未完全履约,应向对方支付约定数额的罚金,以补偿对方的损失。金额的多少视延误时间长短而定,并规定最高罚款金额。这一条款的规定一般适用于卖方延期交货或买方延期接运货物、拖延开立信用证、拖欠货款等场合。它的特点是在合同中先约定赔偿金额或赔偿的幅度。例如,有的合同规定:"如卖方不能按期交货,在卖方同意由付款行从议付货款中扣除罚金的条件下,买方可同意延长交货。但是因延期交货的罚金不得超过货物总金额的 5%,罚金每 7 天收取 0.5%,不足 7 天按 7 天计算。如卖方未按合同规定的装运期交货,延长 10 周时,买方有权撤销合同,并要求卖方支付上述延期交货罚金。"罚金的支付,并不能解除卖方的交货义务。如果卖方根本不履行交货义务,仍要承担因此而给买方造成的损失。

在订立罚金条款时,要注意各国的法律对于罚金条款持有不同态度和不同的解释与规定。在法国、德国等国家的法律中,对合同中的罚金条款是予以承认和保护的。在美国、英国、澳大利亚和新西兰等英美法系国家的法律中则有不同的解释。例如,在英国的法律中,对合同中订有固定赔偿金额条款,按其情况分为两种性质:一种是作为"预定损害赔偿金额"(liquidated damage),是指双方当事人在订立合同时,根据估计可能发生违约所造成的损害,事先在合同中规定赔偿的百分比;另一种是作为"罚款",是指当事人为了保证合同的履约,对违约一方征收的罚金。对上述性质的区分是根据当事人在合同中表示的意思由法官来确定。按照英国法院的主张:如属预定的损害赔偿,不管损失金额的大小,均按合同规定的固定金额判付;反之,如属"罚金",对合同规定的固定金额不予承认,而根据受损方提出损失金额的证明另行确定。

我国《合同法》第114条规定:"当事人可以约定一方违约时应当根据违约情况向对方支付一定数额的违约金,也可以约定因违约产生的损失赔偿额的计算方法。"在我国《合同法》中没有规定"罚金",而规定"违约金"。违约金与罚金是不同性质的两个概念。违约金是违约责任的承担方式,对违约救济的措施之一。违约方通过支付一定违约金,有时可以终止合同的效力,再不承担任何义务。罚金是一种督促履行合同的措施,带有惩罚性质的方法,违约方支付罚金后不能终止合同,必须按规定继续履行合同。

我国《合同法》还规定:"约定的违约金低于造成损失的,当事人可以请求人民法院或者仲裁机构予以增加;约定的违约金过分高于造成的损失的,当事人可以请求人民法院或者仲裁机构予以适当减少。"违约金的约定并不是毫无限制的自由约定,而要受到国家法律的正当干预。这种干预是通过法院或仲裁机构适当减少或者增加的方法来实施的。违约一方支付违约金并不当然免除继续履行义务,受害方要求履行合同,而违约方有继续履行能力的,必须继续履行。

第二节 仲 裁

仲裁(arbitration),这里所说的仲裁是指国际经济贸易仲裁,它是指买卖双方达成协议,自愿将有关争议交给双方同意的仲裁机构进行裁决(award),这个裁决是终局的,对双方当事人都有约束力,双方必须执行。通过仲裁解决国际货物买卖过程中出现的争议,是当前国际上普遍采用的方式。因为,它较一般的友好协商易于解决问题,裁决对双方的约束力也较大;仲裁比司法诉讼有较大的灵活性。仲裁员多由国际贸易和法律专家担任,解决争端比法院诉讼快,仲裁费用也较低,裁决的结果双方在自愿的基础上执行,双方解决争议的感情和气氛比较好,有利于未来业务的发展。

一、仲裁的特点

仲裁同诉讼相比,仲裁具有以下三个特点。

(1)诉讼通过法院进行,具有法定管辖权,一方向法院起诉时,无须事先征得对方的同意,而由有管辖权的法院发出传票,传唤对方出庭,接受诉讼。仲裁机构是民间组织,没有法定的管辖权;仲裁是在自愿的基础上进行的,如果双方当事人没有达成仲裁协议,任何一方都不能迫使另一方进行仲裁；仲裁机构也不受理无仲裁协议的案件。

（2）处理诉讼案件的法官是由国家任命或选举产生的，双方当事人没有任意选择法官的权利。处理仲裁案件的仲裁员由双方当事人指定。

（3）仲裁员熟悉国际贸易业务，处理问题时能够更多地考虑国际贸易惯例，比较切合实际和迅速，收费也较低，而且仲裁一般不公开进行，对双方当事人之间的贸易关系损害较小。对当事人来说，仲裁比司法诉讼具有较大的灵活性和非强制性。

我国《合同法》第129条规定："因国际货物买卖合同和技术进出口合同争议提起诉讼或者申请仲裁的期限为四年，自当事人知道或者应当知道其权利受到侵害之日起计算。"2017年修订、2018年1月1日施行的《中华人民共和国仲裁法》（以下简称《仲裁法》）第一章第4条规定："当事人采用仲裁方式解决纠纷，应当双方自愿，达成仲裁协议。没有仲裁协议，一方申请仲裁的，仲裁委员会不予受理。"

二、仲裁协议

仲裁协议是双方当事人表示愿意把他们之间的争议交付仲裁解决的一种书面协议，是仲裁机构或仲裁员受理争议案件的依据。

（一）仲裁协议的形式

仲裁协议必须是书面的，它有两种形式。

一种是合同中的仲裁条款（arbitration clause）。这是指在争议发生之前，合同双方当事人表示愿意把将来可能发生的争议提交仲裁解决的协议。

另一种是以其他方式达成的提交仲裁的协议（submission agreement）。这也可以在争议发生之后订立协议，表示同意把已经发生的争议交付仲裁解决。这种仲裁协议是单独订立的，是独立于合同之外的协议。两者具有同等的法律效力。

我国《仲裁法》第三章第16条规定："仲裁协议包括合同中订立的仲裁条款和其他书面方式在纠纷发生前或者发生后达成的请求仲裁的协议。"该法还规定："仲裁协议应当具有下列内容：（一）请求仲裁的意思表示；（二）仲裁事项；（三）选定的仲裁委员会。"

（二）仲裁协议的作用

根据多数国家仲裁法的规定，仲裁协议，其中包括仲裁条款的作用，主要表现在以下三个方面。

（1）约束双方当事人只能以仲裁方式解决争议。签订仲裁协议后，双方当事人在和解不成时，只能以仲裁方式解决争议，不得向法院起诉，也不能任意改变仲裁机构和仲裁地点，更不能单方面要求撤销仲裁协议。

（2）使仲裁机构取得对争议案件的管辖权。大多数国家规定，仲裁协议是仲裁机构和仲裁员取得对有关争议案件的管辖权的依据。任何仲裁机构都无权受理没有仲裁协议的案件，这是仲裁的基本原则。

（3）有仲裁协议，可以排除法院对有关争议案件的管辖权。世界上绝大多数国家的法律都规定法院不受理争议双方订有仲裁协议的争议案件。

以上三个方面的作用是相互联系而不可分开的。但是，最重要的一点是排除法院的管辖权。这就是说,双方当事人有了仲裁协议,任何一方就不能把争议向法院提起诉讼,如果有一方当事人违反仲裁协议向法院提交诉讼,另一方当事人有权依据仲裁协议要求法院停止司法诉讼程序,把有关争议归还仲裁机构或仲裁员审理。

三、仲裁程序

仲裁程序是指进行仲裁的程序和做法,主要包括仲裁申请、仲裁庭的组成、审理、裁决。各国仲裁法和仲裁机构的仲裁规则对仲裁程序都有明确的规定。下面以我国仲裁规则的有关规定为主,介绍仲裁的基本程序。

(一)提出仲裁申请

仲裁申请是仲裁机构立案受理的前提。仲裁申请书的主要内容为:申诉人和被申诉的人名称、地址;申诉人所依据的仲裁协议;申诉人的要求及所依据的事实和证据。仲裁申请书应由申诉人或申诉人授权的代理签名。申诉人向仲裁委员会提交仲裁申请书时,应当附具申诉人要求所依据的事实的证明文件,如合同、来往函电等的正本或副本。

《中华人民共和国仲裁法》第24条规定:"仲裁委员会收到仲裁申请书之日起五日内,认为符合受理条件的,应当受理,并通知当事人;认为不符合受理条件的,应当书面通知当事人不予受理,并说明理由。"

仲裁委员会受理仲裁申请后,应当在仲裁规则规定的期限内将仲裁规则和仲裁员名册送达申请人,并将仲裁申请书副本和仲裁规则、仲裁员名册送达被申请人。被申请人收到仲裁申请书副本后,应当在仲裁规则规定的期限内向仲裁委员会提交答辩书。仲裁委员会收到答辩书后,应当在仲裁规则规定的期限内将答辩书副本送达申请人。被申请人未提交答辩书的,不影响仲裁程序的进行。

(二)组成仲裁庭

我国《仲裁法》第30条规定:"仲裁庭可以由三名仲裁员或者一名仲裁员组成。由三名仲裁员组成的,设首席仲裁员。"

当事人约定由三名仲裁员组成仲裁庭的,应当各自选定或者各自委托仲裁委员会主任指定一名仲裁员,第三名仲裁员由当事人共同选定或者共同委托仲裁委员会主任指定。第三名仲裁员是首席仲裁员。当事人约定由一名仲裁员成立仲裁庭的,应当由当事人共同选定或者共同委托仲裁委员会主任指定仲裁员。

当事人没有在仲裁规则规定的期限内约定仲裁庭的组成方式或者选定仲裁员的,由仲裁委员会主任指定。仲裁庭组成后,仲裁委员会应当将仲裁庭的组成情况书面通知当事人。

被指定的仲裁员,如果与案件有利害关系,应当自行向仲裁委员会请求回避,当事人也有权向仲裁委员会提出书面申请,要求该仲裁员回避。当事人要求仲裁员回避,应当在案件第一次开庭审理之前提出。如果要求回避原由的发生或者得知是在第一次开庭审理以后,可以在其后到最后一次开庭审理终结以前提出。

(三)审理案件

仲裁庭一般应开庭审理案件。但是,经双方当事人申请或者征得双方当事人同意,也可以不开庭审理,只依据书面文件进行审理并作出裁决。我国《仲裁法》规定,仲裁不公开进行;当事人协议公开的,可以公开进行,但涉及国家秘密的除外。各国仲裁机构对仲裁的审理过程基本相似,包括开庭、收集证据和调查事实,必要时还须采取保全措施。

1. 开庭

仲裁开庭审理的日期,由仲裁庭与仲裁委员会秘书处协商决定,并于开庭前30日通知双方当事人。当事人有正当理由的,可以请求延期,但必须在开庭前12天向仲裁委员会秘书处提出请求,除非发生不能预见的特殊情况;延期请求由仲裁委员会秘书处转告仲裁庭,然后由仲裁庭和仲裁委员会秘书处作出决定。仲裁委员会受理的案件,如果双方当事人自行达成和解,申诉人应当及时申请撤销案件。案件的撤销,发生在仲裁庭组成以前的,由仲裁委员会主席作出决定;发生在仲裁庭组成以后的,由仲裁庭作出决定。当事人就已经撤销的案件再次向仲裁委员会提出仲裁申请的,由仲裁委员会主席作出受理或者不受理的决定。开庭时,如果一方当事人不出席,仲裁庭可以进行缺席审理和作出缺席裁决。

2. 调解

采用仲裁与调解相结合的方法解决争议是我国涉外仲裁的一个重要特点。凡是中国国际经济贸易仲裁委员会受理的争议案件,在仲裁程序进行过程中,如果双方当事人有调解愿望或一方当事人有调解愿望并经仲裁庭征得另一方当事人同意,仲裁庭可以按照其认为适当的方法对其审理的案件进行调解。经仲裁庭调解达成和解的,双方当事人应签订书面和解协议;除非当事人另有约定,仲裁庭应按照双方当事人达成的书面和解协议的内容作出裁决书结案。仲裁庭在进行调解的过程中,任何一方当事人提出终止调解或仲裁庭认为已无调解成功的可能时,可停止调解,继续进行仲裁。

中国国际经济贸易仲裁委员会还首创会同国外有关的仲裁机构采用联合调解的方法来解决争议。其做法是:我方当事人向我国仲裁机构提出申请,外国当事人向其本国仲裁机构提出申请,由双方仲裁机构各派一人或双方人数相等的人员组成调解委员会共同进行调解。有的国家也规定在作出裁决之前,如双方当事人同意和解,仲裁员或仲裁庭可以停止仲裁程序。但是,调解不是仲裁的必要程序。

3. 收集、审定证据

在仲裁审理过程中,当事人双方应对其申请、答辩和/或反请求所依据的事实提出证据,并由仲裁庭审定。仲裁庭认为必要时,可以自行调查事实和收集证据,也可以就案件中的专门问题向有关专家咨询或指定鉴定人进行鉴定。

4. 采取保全措施

保全措施又称临时性保护措施(interim measure of protection),是指仲裁程序开始后作出裁决前对争议的标的或有关当事人的财产采取临时性强制措施。例如,临时性扣押财产,以防止转移或变卖;对有争议的易腐烂货物先行出售等。我国《仲裁法》第68条规定:"涉外仲裁的当事人申请证据保全的,涉外仲裁委员会应当将当事人的申请提交证据所在地的中级人民法院。"

（四）仲裁裁决

仲裁裁决（arbitral award）是仲裁程序的最后一个步骤。裁决作出后，审理程序即告终结。仲裁庭应当在案件审理终结之日起 45 天内作出仲裁裁决书。仲裁庭对其作出的裁决，除由仲裁委员会和仲裁庭可以对其受理的案件进行调解，经调解达成和解协议的案件，仲裁庭应当根据双方当事人和解协议的内容，作出裁决书之外，还应当说明裁决所依据的理由。仲裁裁决书应当由仲裁庭全体或者多数仲裁员署名，持有不同意见的仲裁员可以在裁决书上署名，也可以不署名，裁决书应加盖仲裁委员会印章，并写明作出裁决书的日期和地点。仲裁裁决书作出的日期即为仲裁裁决生效的日期。

仲裁裁决是终局的，任何一方当事人均不得向法院起诉，也不得向其他机构提出变更仲裁裁决的请求。

仲裁裁决对双方当事人都具有法律上的约束力，当事人必须执行。如果当事人一方在国外，就涉及一个国家的仲裁机构所作出的裁决要由另一个国家的当事人去执行的问题。为了解决各国在承认和执行外国仲裁裁决问题上所出现的分歧，国际上除通过双边协定就相互承认与执行仲裁裁决问题作出规定外，还订立了多边国际公约。目前有关承认和执行外国仲裁裁决的最重要的国际公约是 1958 年《承认及执行外国仲裁裁决公约》（*Convention on the Recognition and Enforcement of Foreign Arbitral Award* 1958），以及中国缔结或参加的其他国际公约。截至 2015 年 1 月，《承认及执行外国仲裁裁决公约》的缔约国已达到 153 个，该公约于 1987 年 4 月 22 日对我国生效。

由于我国已加入 1958 年《承认及执行外国仲裁裁决公约》，我国仲裁机构的涉外仲裁裁决可以在世界上已加入该公约的国家和地区得到承认和执行。仲裁裁决如果要在与我国既无 1958 年《承认及执行外国仲裁裁决公约》成员国关系，亦无司法协助或互惠关系的国家内申请执行的，应当通过外交途径向对方国家的主管机关申请承认和执行。

四、合同中的仲裁条款

国际货物买卖合同中的仲裁条款，一般应包括仲裁事项、仲裁地点、仲裁机构、仲裁规则和裁决效力等内容。

（一）仲裁事项

仲裁事项是指当事人提交仲裁裁决的争议范围，也是仲裁庭依法管辖的范围。所发生的争议超出仲裁条款所规定的范围时，仲裁庭无权受理。因此，仲裁条款中必须清楚规定仲裁事项。例如，买卖合同中可规定："凡因与执行本合同有关的一切争议均提交仲裁解决。"

（二）仲裁地点

仲裁地点是仲裁条款的主要内容。仲裁地点是说明决定在哪一个国家进行仲裁的问题，这是双方当事人比较关心的问题。一般来说，双方当事人都愿意在本国仲裁，其原因是：由于当事人对自己国家的法律和仲裁做法比较了解和信任；仲裁地点与仲裁适用的法律有密切关系，由于适用不同国家的法律，就可能对双方当事人的权利和义务作出不同的解释，得出不同的结果。因此，仲裁地点往往是双方当事人争论的焦点。

目前,在我国对外签订的进口买卖合同中,对于仲裁地点的规定有三种:第一是首先争取在我国仲裁;第二是根据业务需要在被告国家进行仲裁;第三是规定在双方同意的第三国进行仲裁。对于与我国有贸易协定的国家,仲裁地点按协定办。

(三) 仲裁机构

国际贸易仲裁有两种做法:一种是在常设仲裁机构进行仲裁;另一种临时仲裁,即不要常设的仲裁机构的主持,直接由双方当事人指定的仲裁员自行组成仲裁庭,即临时仲裁庭进行仲裁。

国际上常设商事仲裁机构有三类:第一类是国际性的或区域性的仲裁组织,如国际商会仲裁院(Arbitration Court of International Chamber of Commerce);第二类是全国性的仲裁机构,如中国国际经济贸易仲裁委员会、瑞典斯德哥尔摩商会仲裁院、瑞士苏黎世商会仲裁院、日本国际商事仲裁协会等;第三类是专业性的仲裁机构,如伦敦油籽协会、伦敦谷物商业协会等工商行业组织内设立的仲裁机构。目前,在国际贸易中几乎有95%的争议案件是在常设仲裁机构的主持下进行仲裁的。

(四) 仲裁规则

仲裁规则主要是规定进行仲裁的程序和做法,其中包括仲裁的申请、答辩、仲裁员的指定、案件的审理和仲裁裁决的效力以及仲裁费用的支付等。仲裁规则的作用主要是为当事人和仲裁员提供一套进行仲裁的行动规则,便于在仲裁过程中有所遵循。在仲裁条款中要明确规定仲裁规则。我方订立仲裁条款时,一般规定使用仲裁国的仲裁规则。

(五) 仲裁效力

仲裁效力是仲裁裁决的效力,它是指仲裁裁决是否具有终局性、对双方当事人有无约束力、能否向法院起诉等。

我国进出口业务合同的仲裁条款,一般都规定仲裁裁决是终局的,对双方当事人都有约束力,任何一方都不能向法院或者其他机关提出变更和起诉。但是,有些国家规定允许向上级仲裁庭或法院上诉,法院可根据请求,对明显违背法律的裁决,依法予以撤销。

至于仲裁的费用,一般都规定由败诉一方负担,或规定按仲裁裁决办理。

在我国的国际贸易合同中,仲裁条款有以下三种规定方法。

例 10-1　规定在我国仲裁的条款

"All disputes arising out of the performance of or relating to this contract, shall be settled amicably through friendly negotiation. In case no settlement can be reached through negotiation the case shall then be submitted to the China International Economic and Trade Arbitration Commission of the China Council for the Promotion of International Trade, Beijing China, for arbitration in accordance with its Provisional Rules of Procedure. The arbitral award is final and binding upon both parties."(凡因执行本合同所发生的或与本合同有关的一切争议,双方通过友好协商解决;如果协商不能解决应提交北京中国国际贸易促进委员会中国国际经济贸易仲裁委员会,根据该会的仲裁程序规则进行仲裁。仲裁裁决是终局的,对双方都有约束力。)

例 10-2 规定在被告国家仲裁的条款

"All disputes arising out of the performance of or relating to this contract, shall be settled amicably though friendly negotiation. In case no settlement can be reached though negotiation, the case shall then be submitted for arbitration. The location of arbitration shall be in the country of the domicile of the defendant. If in China the arbitration shall be conducted by the China International Economic and Trade Arbitration Commission of the China Council for the Promotion of International Trade, Beijing in accordance with its Provisional Rules of Procedure. If in ... the arbitration shall be conducted by ... in accordance with its arbitral rules of procedure. The arbitral award is final and binding upon both parties."[因执行本合同所发生的或与本合同有关的一切争议,由签字合同双方友好协商解决。如果签订合同双方经协商后尚不能解决时,得提交仲裁。仲裁在被告所在国进行。如在中国,由中国国际贸易促进委员会中国国际经济贸易仲裁委员会根据该委员会的仲裁程序规则进行仲裁。如在×(国家)由××(仲裁机构)根据该(仲裁机构)的仲裁程序规则进行仲裁;仲裁裁决是终局的,对双方都有约束力。]

例 10-3 规定在双方同意的第三国仲裁的条款

"All disputes arising out of performance of or relating to this contract, shall be settled amicably through friendly negotiation. In case no settlement can be reached through negotiation, the case shall then be submitted to ... in accordance with its arbitrate rules of procedure. The arbitral award is final and binding upon both parties."[凡因执行本合同所发生的或与本合同有关一切争议,双方应通过友好协商来解决;如果协商不能解决。应提交××(国)××(地)××(仲裁机构),根据该仲裁组织的仲裁规则进行仲裁。仲裁裁决是终局的,对双方都有约束力。]

第三节 不可抗力

一、不可抗力的含义

不可抗力(force majeure)是指买卖合同签订后,非合同当事人过失或疏忽,而是由于发生了合同当事人无法预见,无法预防、无法避免和无法控制的事件,以致不能履行或不能如期履行合同,发生意外事件的一方可以免除履行合同的责任或推迟履行合同。因此,不可抗力是一项免责条款。

不可抗力事件包括两种类型:一种是由于自然原因引起的,如水灾、风灾、干旱、大雪、地震等,因人类无法控制的自然力引起的天灾;另一种是社会原因引起的,如战争、骚乱、政府颁布禁令、封锁禁运和调整政策制度等。总之,所谓不可抗力事件,其可能包括的范围比较广泛,其中除对自然力引起的天灾,各国的解释比较一致外,对于社会原因引起的意外事件,则经常发生解释上的分歧。这一方面是由于社会现象比较复杂,解释起来有一定的困难;另一方面,也是更重要的,则是由于不可抗力是一种免责条款,买卖双方都可以援引来解除其合同义务。在实践中,卖方援引的机会一般比较多。从卖方的观点考虑,扩大不可抗力的范围,还是有一定好处的;反过来却对买方不利。

值得注意的是,有的国家的卖方总是力图扩大不可抗力的范围,以便日后发生问题时,有更多的理由为自己开脱责任。对此,我们必须认真分析研究,区别不同情况,作出不同处理,不能无原则地接受。对于确实属于不可抗力的,理应接受;对于一些含义不清或根本不属于不可抗力范围的事件,如战争预兆、航运公司怠慢等解释上很容易引起分歧、没有确定标准的概念,则不应列入;至于一些属于政治性的事件,如革命、暴动、罢工等,可由买卖双方在事件发生时根据具体情况,另行协商解决。但是,对于诸如商品价格波动、汇率变化、利率变化等正常的贸易风险与不可抗力事件要严格区别开来。

二、不可抗力的法律后果

不可抗力事故发生的法律后果有两种:中止履行合同和解除合同。解除或中止合同,一般要视不可抗力事故对履行合同影响的程度。如果不可抗力事故的发生,只是暂时或在一定期限内阻碍合同的履行,就只能中止合同,或称为延期执行合同,不能解除有关当事人履行合同的义务,一旦事故消除后仍必须履行合同。解除合同是不可抗力一旦发生,经过一段时间以后完全影响履行合同的根本基础,使履约已成为不可能,即可解除合同。

世界上有许多国家的法律,对于发生意外事故时可以解除和不能解除合同的条件,都有一些规定。

例如,关于合同标的物因意外事故灭失时可否解除合同的问题,有的国家规定,如果买卖的是特定物,则在合同签订后,不是由于买卖双方的过失,该特定物在风险转移给买方之前灭失,则可解除合同。但是,如果买卖的是种类物,那么即使遇到不能预防的意外事故,只要卖方还有可能从其他地方取得合同规定的货物,他就不得免除履约责任。

又如,在合同签订后,政府颁布了禁止出口或进口的法令,也要看该项禁令生效和持续的时间对履约的影响,来决定合同是解除,抑或延期履行。如果政府的禁令并不致使合同根本无法履行,而只是缩短了履约的时间,或延迟了合同的履行,卖方则不得免除交货义务。只有经过一段合理时间之后,政府禁令所引起的延迟已影响合同的基础时,才能免除卖方的交货责任。

《公约》第79条(1)款规定:"当事人不履行义务,不负责任,如果他能证明此种不履行义务,是由于某种非他所控制的障碍,而且对于这种障碍,没有理由预期他在订立合同时能考虑到或能避免或克服它或它的后果。"《公约》明确说明一方当事人由于发生了他不能控制的障碍(自然灾害和意外事故),而且这种障碍又是在订约时无法预见、避免或克服的,这个当事人即可以免责。

英美国家的法律将不可抗力事故称为合同落空(frustration of contract),是指合同签订以后,不是由于合同双方当事人的自身过失,而是由于签订合同以后发生了双方当事人想不到的变化情况,致使签约的目的受挫,据此未履约,当事人得予免除责任。但是,构成合同落空是有特定条件的。

大陆法系通常称为"情势变迁原则"或"契约失效原则",其意是指由于履约的基础,不属当事人的原因,发生了预想不到的变化,履行起来显然不合理。因此,不可能再履行或对原有的法律效力需作相应的变更。

我国《合同法》第七章第117条规定:"因不可抗力不能履行合同的,根据不可抗力的影响,部分或者全部免除责任,但法律另有规定的除外。当事人迟延履行后发生不可抗力的,不能免除责任。"

三、合同中的不可抗力条款

不可抗力条款是买卖双方在合同中关于不可抗力有关内容的规定。各国法律都承认当事人规定不可抗力内容的有效性,并允许当事人规定与法律的规定不同的范围和内容。虽然每个合同规定的内容不完全相同,但通常包括以下四个方面:(1)不可抗力事故的范围;(2)不可抗力事故的法律后果;(3)出具事故证明的机构;(4)事故发生后通知对方的期限。

不可抗力事故出具证明,在我国一般由中国国际贸易促进委员会或其设在口岸的贸促会分会出具。在国外是由事故发生地点的政府主管当局签发,或由当地的商会以及登记注册的公证人出具。我国《合同法》第七章第118条规定:"当事人一方因不可抗力不能履行合同的,应当及时通知对方,以减轻可能给对方造成的损失,并应当在合理时间内提供证明。"

在我国对外贸易合同中,不可抗力条款规定方法有三种。

(一)概括式规定

概括式规定即在合同中不具体订明哪些现象是不可抗力事故。例如,"由于人力不可抗拒事故影响而不能履行合同的一方,在与另一方协商同意后,可根据实际所受影响的时间,延长履行合同的期限,对方对由此而产生的损失不得提出赔偿要求"。

(二)列举式规定

列举式规定即应在不可抗力条款中明确规定不可抗力事故。凡合同中没有规定的均不能作为不可抗力事故援引。例如,"由于战争、洪水、火灾、地震、雪灾、暴风的原因致使卖方不能按时交货,则可以推迟装运时间,或者撤销部分或全部合同,但卖方必须向买方提交发生事故的证明书,该证明书由××出具"。

(三)综合式规定

综合式规定即采用概括和列举综合并用的方式。例如,"如因战争行为或其他人力不可抗拒的原因。买方或卖方不能在本合同第×条规定的有效期内履行合同,如此种行为或原因在合同第×条规定的有效期后继续3个月,则本合同未交货部分即视为取消。买卖双方的任何一方,不负任何责任"。

上述三种方法,第三种比较灵活,可适应多变的情况。

思考题

1. 在国际贸易中引起争议的主要原因有哪几种情况?
2. 对于违约和违约的法律后果,在《公约》中是如何规定的?
3. 什么是索赔和理赔?在进出口合同中应怎样规定索赔和罚金条款?
4. 什么是国际经济贸易仲裁?仲裁协议有何作用?

5. 为什么买卖双方对确定仲裁地点是非常重视的？

6. 什么是不可抗力？不可抗力的法律后果有几种情况？

案例分析

1. 我某出口公司出口一批原料给国外B公司。合同规定当年6月份装运。但是，5月18日我出口公司厂房失火，导致生产好的出口货物全部烧毁，生产设备也严重受损。7月12日，B公司未见来货，便来电查问。这时我出口公司方电告对方失火情况，并以不可抗力为由，要求撤销合同。B公司不同意。由于B公司急需该种原料生产，便立即从市场上补进同类原料。市场行情表明：5月15日到6月20日国际市场上该种原料的价格与合同价基本接近，但6月21日开始价格日趋上涨，至7月12日，市场价比合同价高出30%。

试问：B公司在补进原料后是否可以向我出口公司要求赔偿损失？为什么？

2. 某国公司以CIF鹿特丹出口食品1 000箱，即期信用证付款，货物装运后，凭已装船清洁提单和已投保一切险及战争险的保险单，向银行收妥货款，货到目的港后经进口人复验发现下列情况：(1) 收货人是实收998箱，短少2箱；(2) 有15箱货物外表情况良好，但箱内货物共短少60千克。

试问：进口人应分别向谁索赔？并说明理由。

3. 有一份合同，中国某公司向美国公司出口一批稀土原料。在履约过程中，中国政府宣布对稀土原料实行配额和出口许可证制度。该出口公司因无法取得出口许可证而无法向美国公司出口稀土原料，遂以不可抗力为由主张解除合同。

试问：中国公司能否主张这种权利？为什么？

第十一章 进出口交易洽商

交易洽商是进出口双方当事人达成交易、签订合同、实现各自交易目的必不可少的重要环节。国际贸易从业人员,应熟悉进出口交易磋商的一般程序和磋商过程中的有关注意事项,深入了解"发盘"和"接受"两个重要步骤的有关法律规定,重点掌握"发盘"的含义、构成要件、撤回、撤销、失效,以及"接受"的构成条件、撤回和逾期接受的效力等关键问题。

第一节 进出口交易洽商概述

进出口交易洽商(import and export business negotiation)是进出口买卖双方以一定的方式并通过一定的程序就交易货物及各项交易条件进行磋商,达成协议的过程。交易洽商的直接目的是促成磋商当事人订立一份国际货物买卖合同,并由此确立当事人在该合同中的权利和义务关系。它是交易前的一个重要环节。一旦交易洽商成功,国际货物买卖合同即告成立,当事人也就受该合同的约束。因而,对进出口双方而言,交易洽商是外贸业务活动中极为重要的环节,关系到双方的切身经济利益,必须认真对待交易洽商的全过程,切实掌握交易洽商每一个步骤的内在要求。

一、交易洽商的形式

在国际贸易实践中,交易洽商主要有两种形式——口头洽商和书面洽商。

口头洽商一般是指买卖双方直接地或面对面地进行磋商、谈判。买卖双方在谈判桌上面对面谈判是典型的口头洽商形式。此外,如邀请国外客户来访,派贸易代表团出访,参加各种货物交易会或者国际博览会,委托驻外机构、海外企业代为在当地洽谈等都属口头洽商,通过电话洽商,也是口头磋商形式。口头洽商因为是买卖双方直接地、面对面地接触,便于沟通,能准确传达自己的意图,同时也易于了解对方的意图及态度,并能根据谈判的进展实况及时调整谈判策略,采取相应对策。这种交易洽商方式比较适合内容复杂、涉及事项较多的交易。但是,为了防止日后发生不必要的纷争,买卖双方在口头达成一致的基础上,应签订书面合同。

书面洽商是指买卖双方以文字形式进行磋商、谈判。书面洽商主要通过合同书、信函、电报、电传(telex)、传真、电子数据交换(EDI)、电子邮件(email)等传达交易条件,进行磋商。随着现代通信技术的发展,这种交易洽商方式也越来越简便易行、节省费用,是国际贸易实践中普遍采用的洽商方式。值得注意的是,虽然现在电子邮件和电子数据交换已被很多企业运用到交易磋商中,但由此而订立的贸易合同的法律效力,可能会因为各国法律规定的不同,产生不同的结果。

口头洽商和书面洽商这两种方式,既可以单独使用也可以交叉结合使用,在实践中买卖双方可针对具体情况,灵活运用。

二、交易洽商的内容

在国际货物买卖中,买卖双方将就贸易合同的各项条款展开洽谈和协商。交易洽商的重点是货物的品质、数量、包装、价格、交货和支付等六项内容,因为它们是任何一个买卖合同成立所必不可少的交易条件,直接关系到合同目的能否实现,也是确定买卖双方权利义务的根本标准,而且因交易标的的不同,它们的具体内容也会截然不同,因此买卖双方如欲达成协议必须至少就上述六项内容进行磋商并取得一致意见。从这个意义上说,人们通常把这六项交易条件称为"主要交易条件"。交易洽商时对主要交易条件应尤为注意。此外,一个完整的贸易合同还要涉及检验、索赔、不可抗力、仲裁等其他交易条件,因为这类条件在不同的贸易合同中都具有相似性,而且并非是合同成立的构成要件,因而被视为"一般交易条件",但值得注意的是,它在预防和解决合同争议等方面具有不可替代的作用,所以仍是不能忽视的。在实践中,一般交易条件也称为格式条款,通常由出口商或进口商事先印制在买卖合同格式文本的背面或正面文本的下部,有的则被单独印制成文。这种做法,可简化交易磋商的内容,加速磋商进程。否则,如果在具体交易达成之后,再向对方提出一般交易条件,则有可能被视为新的交易条件,继而引发合同纠纷。值得注意的是,只有事先获得确认、双方没有异议的一般交易条件才能成为双方进行交易的基础、对双方日后订立的合同具有约束力。如果确有需要,买卖双方当事人可根据实际情况通过协议而对一般交易条件加以修改或摒弃;而且,根据合同法意思自治的原则,如果买卖双方重新拟订的交易条件与一般交易条件不一致,应当采用重新拟订的合同条款。

三、交易洽商的注意事项

交易洽商对国际货物买卖合同的当事人各方都是极为重要的,交易洽商的成败直接关系到贸易合同的成立与否,交易洽商的过程和内容也直接影响着贸易合同买卖双方的权利和义务,对任何一个环节的忽视,轻则可能招致企业的利益损失,重则可能影响国家的声誉和形象,因此在交易洽商中无论是作为进口方还是出口方,我们都应认真对待其中的每一个具体细节,洽商人员除了应具备完备的专业知识之外,还要具备一定的谈判能力和技巧。

(一)交易洽商前应做好精心准备

1. 熟悉目标客户和交易对象

国际市场错综复杂,市场形势瞬息万变,只有在交易前做好充分的准备才能准确地抓住市场机遇,达成令双方都满意的买卖合同。对国际市场的综合调研是我们成功进行对外贸易的第一步。通过多种途径,运用现代科学的方法和手段,搜集和储存市场信息和资料,并对之加以全面和深入的分析,从而就贸易伙伴和交易货物作出正确的判断。在对客户的调研中,着重考察国外客户的文化背景和政治态度、资信状况、经营范围、经营能力和条件,防范国际商业风险;既要巩固老客户,也要积极发展新客户,同时处理好与各类客户之间的关系,从而培养一个有潜力、有活力的客户群。在对进出口货物的调研中,应注意考察各国同类货物在国际市场中的占有率,从货物自身及各国市场特性等多方面,分析研究此种占有率形成的原因,从而寻求扩大我国出口的途径和突破点,另一方面也为我国择优选择进口货物提供必要的决策基础。

2. 组织高素质的谈判团队

交易洽商前的另一个重要准备就是成立一个具有较高政策水平和业务能力的谈判小组。国际货物买卖合同往往金额较大,且常常涉及一些技术性较强的内容,每一个合同的条款都比较复杂,因此除了小规模的或是一般性的货物交易外,重大的交易洽商都需要企业的负责人统一领导,由若干人员分工协作,共同完成。一般而言,由业务人员负责商务方面的谈判,技术人员负责技术方面的谈判,法律工作者负责合同条款的拟订和相关法律问题的咨询、把关,财务人员负责经济效益的核算等工作。所有谈判组的成员都应当熟悉国家的对外贸易政策和各项法律法规,熟悉各种有关的业务知识,具备丰富的业务经验,具有较好的心理素质,能灵活运用谈判策略和技巧化解业务矛盾和利益冲突,快速有效地达成双赢的谈判结果。

(二)交易洽商应遵循平等互利、友好协商的原则

国际贸易的目的归根结底就是买卖双方互通有无、各取所需、各得其利。因此,促成交易、达成合同是买卖双方所共同追求的。交易合同作为双方协商一致的结果,本身就是平等原则的体现,只有在平等的基础上,买卖双方才能真实地进行意思表示,由此而确立的权利和义务才能真正对价。所以,在交易洽商中,我们既不能一味地迎合、退让,也不能处处抢占上风,盲目推崇民族自尊,迫使外方接受不对等的贸易条件。很多谈判者错误地以为谈判具有零和效应,但实践表明,成功的谈判应该是"双赢"的谈判,这样,谈判双方的利益才能同时得到满足,以后的合作才能持续下去。这就要求我们在洽商过程中,做到有理、有利、有节,在平等互利、友好协商的原则指导下,订立一份符合法律、国际贸易惯例的规定和要求,符合国家、企业利益的合同。

(三)交易洽商应当遵循诚信原则

诚实信用原则是民法的"帝王条款",也是商事活动的基本原则。在交易洽商的过程中,国际贸易的买卖双方都应当讲究信用,恪守诺言,诚实不欺;严格保守在谈判交易洽商中获悉的对方当事人的商业秘密,即使合同最终没有谈成,也不得随意泄露。"通知、协商、保密"的义务是买卖双方在洽商过程中必须履行的法定义务,同时也是合同履行过程中以及合同履行完毕后,双方所应做到的。

四、交易洽商的一般程序

国际货物买卖不仅涉及货物本身的品质、规格、包装、价格等条件,也涉及货物的运输、保险、货款支付等跨越国界的环节,这种复杂性决定了国际货物买卖的磋商必定是要经过一个复杂的过程。一般而言,这个过程包括询盘、发盘、还盘、接受等步骤,最终双方在协商一致的基础上,签订合同。在实际业务中,并不是每一笔贸易洽商都必须经过上述诸步骤,其中只有发盘和接受是达成交易、合同成立必不可少的两个基本环节和法律步骤。

询盘(inquiry),又称询价、问价或索盘,法律上称为"要约邀请",是交易的一方向另一方探询交易条件,希望另一方向自己发出订立合同的意思表示。

发盘(offer),又称报盘、报价、发价,在法律上称为"要约",是交易的一方(发盘人)向另一方(受盘人)提出一定的交易条件,并且愿意按此条件与受盘人达成交易、签订合同的意思表示。

还盘(counter offer),又称还价,在法律上称为"反要约"或"新要约",是受盘人对发盘内容不同意或不完全同意而提出修改或变更的意思表示。

接受(acceptance),在法律上称为"承诺",是受盘人在发盘的有效期内,无条件地同意发盘中的各项交易条件,愿意按这些条件与对方达成交易、订立合同的意思表示。

一旦"接受"到达对方交易人,买卖合同即告成立,双方当事人都应按照合同的规定,履行义务,享受权利。

第二节 询 盘

一、询盘的性质

询盘是准备购买或出售商品的一方向潜在的一个(或多个)供货方或买主探询该商品的成交条件或交易的可能性的业务行为。询盘虽不是交易洽商的必经程序,但往往是一个交易磋商的起点。询盘表达了与对方进行交易的愿望,希望对方接到询盘后能及时发出有效的发盘,以便确定能否接受。可见询盘其实是对交易对方的诚意和交易意向的试探,是联系客户、摸清市场动态的一个重要途径。因此,询盘本身对于询盘人和被询盘人均无法律约束力。一方面,询盘人在发出询盘后,可以修改或取消询盘的内容,而无须承担任何法律责任;另一方面,一方发出询盘后,被询盘人没有义务一定要给予发盘。在实践中,接到询盘的一方一般会尽快作出回答,及时恰当地处理好询盘,向对方正式发盘。

二、询盘的内容和形式

询盘的内容繁简不一,大多数是询问价格的,也可以询问其他交易条件,如品质、规格、数量、包装、支付方式、交货期及货物目录等。由于在实践中,大多数是询问价格,所以询盘也被称为询价。要注意的是,如果询盘的发出方只是想询问价格,并希望对方开出估价单(estimate),则对方应要开出的估价单只是参考价格,并非正式的报价。

发询盘时,人们通常使用下列一些词句:

PLEASE ADVISE ... (请告)

PLEASE ADVISE BY TELEX ... (请电传告)

INTERESTED IN ... PLEASE ... (对……有兴趣,请……)

PLEASE QUOTE ... (请报价)

PLEASE OFFER ... (请发盘)

询盘没有固定的形式。从传递形式上看,可以分为三种:书面形式(书信、电报、电传或传真、电子数据交换)、口头形式、询价单形式(enquiry sheet)。按发出者的不同,询盘又可分为买方询盘和卖方询盘。

买方询盘又称洽购,它仅仅表达了进口商的购买愿望,并没有必须购买的义务。有的进口商询盘是为了了解市场行情,并不准备立即采购,有的则是正式洽购前的询价。

例 11-1 PLEASE QUOTE NORTHEAST SOYABEAN MOST FAVOURABLE PRICE.(请报东北大豆最优惠价。)

例 11-2 PLEASE QUOTE MOST FAVOURABLE PRICE CFR NEW YORK FOR 2000 DOZEN LARGE SIZE MAXAM DENTAL CREAM MARCH SHIPMENT PLEASE LABLE PROMPTLY.(请报 2000 打大号美加净牙膏,成本加运费至纽约的最优惠价,3 月装运,请速电报。)

例 11-3 PLEASE OFFER CHINESE ROSIN WW GRADE AUGUST SHIPMENT 100 M/T CIF LONDON.(请报中国松香 WW 级 8 月份装船 100 公吨 CIF 伦敦。)

例 11-4 REFFERRING YOUR LETTER OF MARCH 10, PLEASE MAKE BEST FIRM OFFER FOR 100 REAMS OF GOOD QUALITY WHITE POSTER PAPER SUITABLE FOR POSTER WORK GENERALLY.(你 3 月 10 日函悉,请发实盘 100 令适用于做海报的白色海报纸。)

例 11-5 WE REQUIRE PAPER THAT WILL RETAIN ITS WHITE APPEARANCE AFTER POSTING ON WALLS AND BOARDING. YOUR EARLY REPLY WILL BE APPRECIATED.(我们所需的纸张,是要张贴于墙上或广告栏后仍能保持白色的。请尽早答复。)

卖方询盘又称洽销,它通常是指卖方为寻找客户而发出销售函、通知书、时价表等以促使买方注意,并向自己发盘,因此习惯上卖方询盘被称为"邀请发盘"(invitation to make an offer)。

例 11-6 CAN SUPPLY MAXAM DENTAL CREAM MAY SHIPMENT CABLE IF INTERSTED.(可供美加净牙膏,五月装运,如有兴趣请电告。)

例 11-7 CAN SUPPLY CHINESE ROSIN WW GRADE AUG/SEPT SHIPMENT PLEASE BID.(可供中国松香 WW 级,八九月份装船,请递盘。)

三、询盘的注意事项

询盘虽然不具有法律约束力,但是如果我方随意询盘或询盘不当,也会对交易的磋商产生一定的负面影响。在进口贸易中,我方可以同时向多家发出同一个询盘,以便货比三家,价比三家。应注意适当选择询盘对象:既不能对外滥发询盘,以免引起外商乘机哄抬物价,对我方不利;又要适当地多发些询盘,以充分了解国际市场行情,并利用国外出口商之间的竞争关系,争取有利条件。

此外,在询盘内容的设计上要注意策略性,询盘应力求简明,只要能使客户提供发盘资料即可,防止客户摸到我方的底细。尤其对大宗进口货物或急需进口的货物,应特别强化保护我方在购货计划、价格定位、数量控制等方面的商业秘密,以免在交易中处于不利地位。

第三节 发　　盘

一、发盘的性质和构成要件

（一）发盘的性质

发盘在法律上称为要约，在发盘的有效期内，一旦受盘人无条件接受发盘的所有条件，合同即告成立，发盘人必须按照发盘条件履行自己的义务。

（二）发盘的构成要件

《公约》第14条第(1)款的规定："凡向一个或一个以上特定的人提出的订立合同的建议，如果十分确定，并且表明发盘人在得到接受时承受约束的意旨，即构成发价。"《公约》第15条规定："发价于送达被发价人时生效。"一个有效的发盘应当具备以下四项构成要件。

1. 向一个或一个以上特定的人提出

发盘必须是发盘人向一个或一个以上特定的人（specific persons）作出的订立合同的意思表示，发盘中必须指明收受该发盘的公司、企业或个人的名称或姓名，只有特定的受盘人才能对有关发盘表示接受，从而与发盘人订立合同。

如果没有指明特定的受盘人，只是在报刊上刊登广告、向外国厂商寄送货物目录、价目单等，则不构成发盘，这类普通的商业广告行为通常被视为"发盘邀请"（invitation for offer）。发盘邀请是希望他人向自己发出订立合同的意思表示，实质上是邀请别人向自己发盘，它对发盘人或受盘人都没有法律约束力。但是，如果商业广告内容十分明确、肯定，在特定情况下也可以构成发盘。《公约》第14条第2款规定："非向一个或一个以上特定的人提出的建议，仅应视为邀请做出发价，除非提出建议的人明确地表示相反的意向。"这里的"明确表示"，可以有各种不同的表示方式。例如，在刊登商业广告时注明"本广告构成发盘"，或注明"广告所列的各种货物将售与最先支付现金或最先开来信用证的人"等。如果有上述此类特别说明，则该项广告就被认为是发盘。

在实际业务中，为防止发生误解，出口商在寄送货物目录或价目表时，一般应注明一些保留条件，如"以我方最后确认为准""价格仅供参考""价格不经事先通知得予变动"等。

2. 内容十分确定

发盘一般应当包括合同的主要交易条件，如货物的名称、数量、品质、价格、交货日期和地点以及支付方式等，一旦对方接受，合同即可成立。但是，发盘人也不需要在发盘中详尽无遗地列出合同的全部条款，只要其内容"十分确定"即可。《公约》第14条第1款规定："一个建议如果写明货物并且明示或默示地规定数量和价格，或者规定如何确定数量和价格的方法，即为十分确定。"具体而言，一个发盘只要包含了下列三项内容，就是内容十分确定的了。

(1) 发盘列明了货物的名称。例如，准备进行买卖交易的货物是煤炭、石油、汽车等。

（2）发盘明示或默示地规定了货物的数量或者规定如何确定货物的数量。例如，发盘时明确规定"小麦10 000公吨"；或者写明"拟购买某矿产公司在本年度第四季度内生产的全部钨矿砂"。

（3）发盘明示或默示地规定了货物的价格或者规定如何确定货物的价格。例如，发盘时直接写明"压缩机每台30 000美元"；或者写明"按交货时合同卖方所在地的市场价成交"。

如果一个包含了货物名称、数量、价格三项条件的订约建议送达对方，并被接受，买卖合同即可成立。至于所缺少的其他条款，可在合同成立之后，按双方之间已确立的习惯做法、惯例或按《公约》第三部分有关买卖双方义务的规定，予以补充。在实践中，发盘的交易条件太少或过于简单笼统，会给合同的履行带来困难，甚至引发不必要的争议。因此，我们主张外贸企业在对外发盘时，应明示或默示地至少规定六项主要交易条件：货物的品质、数量、价格、包装、交货和支付条件。这样，一旦受盘人作出接受的表示，双方当事人对合同的主要内容都能了然在心，不易引起误解和争议。

3. 表明发盘人在得到接受时承受约束的意旨

发盘是交易的一方向另一方发出的希望和其订立合同的意思表示。换言之，发盘的直接目的就是想要订立一份合同。一旦受盘人对发盘表示接受，合同即告成立，发盘人就必须根据发盘所确定的合同内容承担相应的义务，享受相应的权利。发盘人在发出的订约建议中，明确表示了订立合同的意思，实际上就是表明自己愿意在得到接受时承受该合同的约束。这种表明承受约束的意旨，可以是明示的，如发盘中直接采用"发实盘"等词句或明确规定发盘的有效期等；也可以是默示的，如通过交易各方当事人之间已确立的习惯，确定具备了有关交易条件就意味着发实盘。此外，还可综合考虑谈判的情形、当事人随后的行为以及与发盘有关的一切情况，来确定订约建议的发出人是否愿承受约束。

4. 送达受盘人

发盘无论是口头的或书面的，只有在送达到受盘人时方才生效。所谓"送达"受盘人是指，将发盘内容当面或通过电话直接告知受盘人，或者送到受盘人营业地或通讯地址。如果没有营业地或通讯地址，则送到受盘人的惯常居住地。我国《合同法》还规定，采用数据电文形式订立合同，收件人指定特定系统接收数据电文的，该数据电文进入该特定系统的时间，视为到达时间；未指定特定系统的，该数据电文进入收件人的任何系统的首次时间，视为到达时间。

发盘必须送达受盘人后才能生效，受盘人才能决定是否予以接受。如果受盘人仅凭以往交易的经验，或通过其他途径了解到发盘人可能向其发出报价的内容，并在收到发盘之前主动作出接受的表示，那么合同并不能因此而成立，这只能被认为是双方的交互报价（cross offer）。

二、发盘的形式

（一）发盘的基本形式

发盘可以是发盘人主动发出的，也可以是发盘人在别人邀请下作出的。在实践中，根据发盘人的不同,发盘可分为由卖方提出的售货发盘(selling offer)(或称卖方发盘)和由买方提出的购货发盘(buying offer)(或称买方发盘),后者也称"递盘"(bid)。

发盘时常采用的术语有发盘(offer)、发实盘(offer firm;firm offer)、报价(quote)、供应(supply)、可供应(can supply)、订购(book;booking)、订货(order;ordering)、可订(can book;bookable)、递盘(bid;bidding)、递实盘(bid firm;firm bid)。

在实践中,经对方询盘后发盘表示方法一般如下:

WE HAVE RECEIVED YOUR ENQUIRY OF APRIL 14 FOR ... AND TAKE PLEASURE TO OFFER AS FOLLOWS.(你公司4月14日对某某货物的询盘我方收悉,兹发盘如下。)

买方或卖方直接发盘的表示方法如:

WE ARE PLEASED TO MAKE YOU A FIRM OFFER.(本公司乐于向你公司提供实盘。)

例11-8 美国某公司向几内亚进出口公司的发盘

"ORDER 50M/T DRIED YEAST POWDER CONTENT ABOUT 30 PER CENT, PACKING 80 kg GLASSFIBRE PAKEAGES AUG/SEPT SHIPMENT USD500 PER M/T CIF GENOA IRREVOCABLE SIGHT L/C REPLY HERE 30/5 OUR TIME."(订购50公吨干酵母粉,含量约30%,80千克纤维包装,8月或9月装船,每公吨500美元CIF几内亚,不可撤销即期信用证付款,5月30日我方时间复到有效。)

(二)几种特殊的发盘方式

1. 联合发盘

联合发盘(combined offer)也称综合盘或一揽子盘,是指发盘中包括两种或两种以上品种或规格的货物,发盘人希望同时成交,在发盘时注明"combined"字样。对于这种联合发盘,受盘人要么全部接受,要么全部拒绝,不能只接受其中一部分,否则即为还盘。

例11-9 "COMBINED OFFER C4350 W2718 YARDS 10 000 50 000 USD 1 030 500 BOTH FOBS SHANGHAI SHIPMENT SEPTEMBER IRREVOCABLE OTHER TERMS AS USUAL."(联合发盘C4350、W2718分别为10 000、50 000码1 030、500美元FOB包括理舱,上海9月装船,不可撤销信用证,其他条件依旧。)

2. 重复发盘

重复发盘(repeat offer)是指交易达成后,如买卖双方还需按上次合同相同的条件再度交易某种货物,使用的一种内容简略的发盘。它在法律上也属于新的发盘。

例11-10 "REPEAT OFFER PER OUR CABLE AUG 14 SUBJECT REPLY HERE AUG 22."(参照我方8月14日电,重复发盘,以8月22日复到有效。)

3. 更新发盘

更新发盘(renew offer)是指原发盘的有效期已过,交易中的一方想再恢复,由此产生一种不列明各种交易条件的发盘,以节省时间和费用。

例11-11 "PER OUR CABLE MAY 18 RENEW OFFER SAME CONDITION

REPLY HERE 25TH."（参照我方 5 月 18 日电，按原条件更新发盘，25 日复到有效。）

此外，还有自由发盘、有效期至卖方撤回的发盘等不同方式。

三、发盘的有效期

每一个发盘都有一个有效期限，这个有效期限既是受盘人对发盘作出接受的期限，也是发盘人承受约束的期限。在这个有效期限内受盘人作出接受，合同即告成立；超过这个有效期限，受盘人再作答复，发盘人可以不予理睬。因此，发盘的有效期既是对发盘人的一种限制，也是对发盘人的一种保障。

口头发盘，如无约定，仅当场有效。书面发盘，发盘人通常会在发盘中明确规定发盘的有效期。明确规定有效期限的发盘，自发盘送达受盘人时起生效，至有效期届满时失效。如果没有明确规定发盘的有效期，按国际惯例，应理解为在"合理时间"内有效。"合理时间"究竟有多长，各国并无统一的标准。有的国家规定为 8 天，有的国家规定为 2 周，美国的《统一商法典》规定为不超过 3 个月，而《公约》第 18 条第 2 款则认为，判定"合理时间"，应"适当地考虑到交易的情况，包括发价人所使用的通讯方法的迅速程度"。可见，"合理时间"是个伸缩度很大的期限，为防止和减少纠纷，应避免使用此类含糊的语句，而明确规定有效期限。

发盘有效期限的规定方式通常有两种，即规定最迟接受的期限和规定一段接受的时间。

（一）规定最迟接受的期限

发盘明确规定了受盘人表示接受的最迟期限，如："OFFER SUBJECT REPLY TENTH."（发盘限 10 日复。）

但是，这种有效期限的规定并没有说明受盘人表示接受的最迟期限究竟是指受盘人发出其接受通知的最迟时间，还是受盘人的接受通知到达发盘人的最迟时间。由于国际贸易中，买卖双方远隔重洋，当受盘人以书信或电报等传统方式传递接受的意思时，上述两个"最迟时间"之间是有一段时间间隔的，而这个时间间隔对那些价格波动幅度较大的货物而言会产生较大影响，所以为避免误解，在规定最迟接受的期限时，可以同时限定以接受通知到达发盘人的时间为准。

例 11-12 "OFFER SUBJECT REPLY REACHING US EIGHTH FIVE PM."（发盘限 8 日下午 5 时复到我方。）

（二）规定一段接受的期限

发盘人可以规定发盘仅在一段时间内有效。如："OFFER VALID FOUR DAYS."（发盘有效 4 天。）

用这种方法规定发盘有效期间，必须注意该有效期间的起讫问题。《公约》第 20 条对接受的有效期间的计算作出了规定：发盘人以电报发盘的，从电报交发时刻起算；发盘人以信件发盘的，从信上载明的发信日期起算，如果信上未载明发信日期，则从信封上所载日期起算；发盘人以电话、电传或其他快速通讯方法发盘的，从发盘送达受盘人时起算。在计算接受期间时，接受期间内的正式假日或非营业日应计算在内。但是，如果接受通知在接受期间的最后一天未能送到发盘人地址，因为那天在发盘人营业地是正式假日或非营业日，则接受期间应顺延至下一个营业日。我国《合同法》对此作了类似的规定。

四、发盘生效的时间

发盘生效的时间根据发盘方式的不同存在不同的情况:采用口头方式发盘,其法律效力自对方了解发盘内容时生效;采用书面形式发盘,其生效时间取决于采用发信主义还是到达主义。发信主义认为发盘人将发盘发出的同时,发盘就生效;到达主义则认为发盘必须到达受盘人时才生效。根据《公约》规定,发盘送达受盘人时生效。我国《合同法》也采取到达生效原则。

明确发盘生效的时间,具有重要的意义。第一,关系到受盘人能否表示接受。只有在一项发盘生效后,受盘人才能表示接受,使合同成立。值得注意的是,在发盘生效之前,即使受盘人已经通过其他渠道知道发盘发出及发盘的内容,也不能接受。第二,关系到发盘人能否撤回发盘或修改其内容。

五、发盘的撤回与撤销

(一)发盘的撤回

发盘的撤回(withdrawal)是指发盘人将尚未生效的发盘予以取消的行为。《公约》第15条第2款规定:"一项发价,即使是不可撤销的,得予撤回,如果撤回通知于发价送达被发价人之前或同时,送达被发价人。"对于已经发出的发盘,如果发现发盘有错误,或者国际市场行情有变化,想要修改,必须以撤回通知的方式,阻止发盘生效,只要撤回通知先于发盘到达受盘人或者与发盘同时到达受盘人。因为撤回通知取消的是尚未生效的发盘,不会对受盘人产生任何影响,也不会对交易秩序产生不良影响。在实践中,发盘人可以用更迅速的通讯方法,将发盘的撤回通知赶在该发盘到达受盘人之前送达。但是,随着现代科技的发展,有些发盘,如采用传真、电传、电子邮件方式作出的发盘,即刻就能到达对方,已经不可能撤回了。

(二)发盘的撤销

发盘的撤销(revocation)是发盘人将已经生效的发盘予以取消的行为。对于一个有效的发盘能否被取消,各国法律规定不一样。《公约》综合了英美法系和大陆法系在此问题上的观点,进行协调并作出了折中规定。

《公约》第16条第1款规定:"在未订立合同之前,发价得予撤销,如果撤销通知于被发价人发出接受通知之前送达被发价人。"按公约的规定,发盘是可以被撤销的,但是发盘的撤销通知应当在受盘人发出接受通知之前传达到受盘人。

《公约》第16条第2款有规定:"在下列情况下,发价不得撤销:(a)发价写明接受发价的期限或以其他方式表示发价是不可撤销的;或(b)被发价人有理由信赖该项发价是不可撤销的,而且被发价人已本着对该发价的信赖而行事。"这说明,有两种情况下发盘是不可撤销的。第一,发盘规定了有效期,则在有效期限内发盘不能被撤销。如果发盘没有规定有效期,但以其他方式表示发盘是不可撤销的,如在发盘中使用了"不可撤销字样",那么在合理时间内也不能撤销。第二,受盘人有理由相信该发盘是不可撤销的,并本着这种信赖采取了一定的行动,则该发盘不能撤销。如受盘人作为买方已开出信用证,或受盘人作为卖方按照该发盘已做出了与发运货物有关的诸如组织货源等行为来表示接受。

六、发盘的终止

发盘的终止(termination)是指发盘法律效力的消失。一个失效的发盘对发盘人不再具有约束力;同时,受盘人对失效的发盘作出接受也不能导致合同的成立,而只是受盘人发出的新的发盘。发盘的终止主要有以下五种情况。

(一)发盘因被拒绝或还盘而终止

受盘人不同意发盘而作出不接受的表示即为拒绝。受盘人对发盘中的交易条件进行讨价还价,实际上也是对发盘的拒绝。《公约》第17条规定:"一项发价,即使是不可撤销的发价,应于拒绝该发价的通知送达发价人时终止。"这就是说,当受盘人拒绝发盘的通知到达发盘人时,该发盘即告终止,即使此时原发盘的有效期尚未届满。如果受盘人拒绝后表示反悔,在原发盘的有效期内又表示接受,合同仍不能成立,除非原发盘人对该"接受"(实际是原受盘人作出的一项新发盘)予以确认。

(二)发盘因有效期届满而终止

明确规定有效期的发盘,在有效期内未被受盘人接受的,有效期届满时,该发盘效力终止;没有明确规定有效期限的发盘,在合理时间内未被受盘人接受的,该发盘也失效。

(三)发盘因被发盘人撤销而终止

除《公约》特别规定不可撤销的发盘之外,其他的发盘均可因其被发盘人撤销而告终止。

(四)发盘因不可抗力而终止

发盘人发盘后,发生了不可抗力事件,如政府的外汇管制,则按照不可抗力可免除责任的一般原则,发盘失效。

(五)法律的适用

例如,若发盘人或受盘人为自然人,在发盘被接受前丧失行为能力(死亡、精神失常等),则发盘终止;若发盘人为法人,在发盘被接受前,该法人破产,则发盘依据法律而终止。

第四节 还 盘

一、还盘的性质

受盘人在接到交易另一方的发盘后,如果对发盘中的交易条件不同意或者不完全同意,可以向发盘人提出修改意见或新的交易条件,以进一步洽商交易,这就是还盘,在法律上被称为反要约。还盘可以是口头还盘,也可以是书面还盘。有时,还盘中会明确写明"还盘"字样,有时则不使用,而直接在内容中表示出对发盘的修改。

还盘从性质上讲,是对原发盘的拒绝,同时也是受盘人向原发盘人提出的一项新的发盘。此时,原受盘人成为新发盘的发盘人,原发盘人则成为新发盘的受盘人,原来的发盘不再具有法律约束力;而原受盘人要为新发盘所约束,原发盘人对新发盘有权作出接受、拒绝或再还盘。

还盘,又常被称作还价,是因为还盘经常是针对货物价格作出的;此外,还盘还可以就支付方式、交货期限等其他交易条件提出不同意见。《公约》规定:受盘人一旦修改价格、付款、品质、数量、交货时间与地点、赔偿责任范围或解决争端的方法,均视为实质性变更发盘条件。受盘人如果在实质上变更了发盘条件,就构成对原发盘的拒绝,原发盘失效。一方接到还盘后,可以表示接受,也可以进行再还盘。再还盘是对"还盘"进行的还盘,实质上是对新发盘的还盘。

二、还盘的运用

作为交易磋商的一个重要环节,还盘对促成交易有重要意义。在实践中,因为买卖双方利益的不同,往往一方所提的交易条件与对方愿意接受的条件相差甚远,于是在发盘之后,双方常常要经过还盘、再还盘,甚至几十次的来回往复,讨价还价,才可能最终协商一致,订立合同。还盘在买卖双方之间反复进行时,通常仅陈述需要变更或增添的条件,对双方均同意的交易条件则无须重复。

例 11-13 买方 5 月 12 日发电还盘:"RYC 10TH COUNTER OFFER SUBJECT REPLY REACHING HERE 15TH 600 CASES 7065 USD 84 CIF NEW YORK JULY L/C 60 DAYS."(你方 5 月 10 日电还盘限 15 日复到 600 箱 7065 货号 84 美元 CIF 纽约 7 月装信用证 60 天。)

卖方接到还盘后,对 84 美元的价格和远期信用证的付款条件表示不满意,而认为其他条件都可以接受,于是 5 月 14 日发出再还盘电:"RYC 12TH USD 96 L/C SIGHT SUBJECT REPLY HERE 17TH."(你方 12 日电 96 美元即期信用证 17 日复到有效。)

买方收到此电文,认为可以接受即期信用证,但是 96 美元的价格无法接受,要求降为 86 美元。于是 5 月 16 日再度发电还盘:"RYC 14TH BEST USD 86 COMPTITION KEEN PLEASE AGREE CABLE."(你方 14 日电最好价 86 美元竞争激烈请同意电复。)

如果卖方不同意买方 86 美元的还盘,还可以再还盘或者直接拒绝:"RYC 16TH YOUR PRICE IMPOSSIBLE."(你方 16 日电出价不可能。)

第五节 接 受

一、接受的构成要件

在交易洽商的过程中,当受盘人在发盘规定的期限内,以声明或做出其他行为对发盘表示同意的时候,发盘便被"接受"了。接受在法律上被称为承诺,它与在法律上被称为要约的发盘一样,是买卖合同成立不可缺少的一个环节。当接受到达发盘人时,合同即告成立,买卖双方就必须严格按照合同的条款,履行合同,任何一方不得擅自更改或解除合同。一个有效的接受是合同成立的必备前提,构成一个有效的接受,必须同时符合以下四个条件。

（一）接受必须是由受盘人作出的

发盘是向特定的受盘人发出的,所以接受只能由特定的受盘人作出,任何第三者即使知道该发盘的内容并对此作出同意的意思表示,也不构成接受,不能导致合同的成立。在性质上,第三者作出的"接受"其实是一项新的发盘。

（二）接受必须表示出来

接受的实质是受盘人对发盘的同意。这种同意必须由受盘人以某种方式向发盘人明确表示出来。按照《公约》的规定,受盘人通常可以用两种方式表示其对发盘的接受：一个是直接向发盘人发出声明,口头的或书面的均可,表示接受该项发盘。在实践中,受盘人常采用"接受"(accept)、"同意"(agree)、"确认"(confirm)等术语声明表示接受。有时,也使用"货装运中""信用证开立中""请开证"等词句。另一个是通过某种行为来表示接受。《公约》第18条第3款规定："如果根据该项发盘或依照当事人之间确立的习惯做法或惯例,受盘人可以做出某种行为,例如与发运货物或支付价款有关的行为,来表示同意,而无须向发盘人发出通知,接受于该行为做出时生效,但该行为必须在发盘的有效期内做出。"在实际业务中,我国的外贸企业则应以书面通知的形式对发盘表示接受。

如果受盘人在收到发盘后,仅保持缄默,不采取任何行动对发盘作出反应,这就不能构成接受。即使发盘中注明"如若不做任何表示,则视为接受",如果受盘人收到发盘后未做任何表示,仍然不构成"接受",合同仍不能成立,因为从法律上讲,受盘人没有必须对发盘进行答复的义务。

（三）接受必须是无条件的

《公约》第19条第1款规定："对发价表示接受但载有添加、限制或其他更改的答复,即为拒绝该发价并构成还价。"可见,对发盘的接受应当是无条件的同意,如果只接受发盘中的部分内容,对其他条件加以实质性的修改,则不是接受而是还盘。但是,在国际贸易实践中,受盘人在表示接受时,常常对发盘作出某些添加、限制或其他更改。为了促进贸易的发展,《公约》特别将接受中对原发盘条件的变更,分为实质性变更与非实质性变更两类。凡是有关货物价格、付款、货物质量和数量、交货地点和时间、一方当事人对另一方当事人的赔偿责任范围或解决争端等的添加或不同条件,均视为在实质上变更发盘的条件,这样的变更实际上就是对原发盘的还盘。凡属实质性变更以外的对原发盘条件的变更,如要求增加装箱单、原产地证明或某些单据的份数,都属于非实质性变更发盘的条件。对于非实质性变更发盘的行为,除非发盘人在不过分迟延的期间内以口头或书面通知反对这些变更,仍构成接受。此时,合同的条件以该项发盘的条件以及接受通知内所载的更改为准。

（四）接受应当在发盘规定的期限内送达发盘人

接受必须在发盘的有效期限内用口头、书面或行动传达到发盘人。《公约》规定,表示接受的通知送达到发盘人时生效。如果发盘明确规定了具体的有效期限,受盘人只有在此期限内表示接受才有效。如果发盘没有具体规定有效期限,则应在合理时间内,将接受送达发盘人。在实践中,为了避免争议,最好在发盘中明确规定接受的具体时限。如果接受传达到发盘人的时间超过有效期限,就叫"逾期接受"。逾期接受原则上是无效的,但是在下列两种情况下,仍然可以生效。

(1) 如果发盘人接到逾期接受后,毫不迟延地用口头或书面通知受盘人,确认该接受有效,那么该逾期接受仍有接受的效力。实质上,此时的逾期接受是个新发盘,而发盘人的确认表示则是真正意义上的接受。

(2) 如果载有逾期接受的信件或其他书面文件表明,它是在传递正常、能及时送达发盘人的情况下寄发的,则该项逾期接受具有接受的效力,除非发盘人毫不迟延地用口头或书面通知受盘人:他认为他的发盘已经失效。

综上所述,逾期接受是否有效,关键要看发盘人如何表态。

二、接受生效的时间

接受从何时开始生效对国际货物买卖合同是个十分重要的问题。因为接受一旦生效,合同即告成立,双方当事人就要受到合同的约束,全面履行合同的义务并享有相应的权利。接受生效的时间就是合同成立的时间,但是接受生效的标准是什么,各国法律规定不尽相同。英美法系采取所谓"投邮生效的原则"(mailbox rule),而大陆法系则采取所谓"到达生效的原则"(receive of the letter of acceptance rule)。

《公约》原则上采取了"到达生效的原则",第18条第2款规定:"接受发价应于表示同意的通知送达发价人时生效。"但是,也规定了例外,第18条第3款规定"如果根据该项发价或依照当事人之间确立的习惯做法或惯例,被发价人可以做出某种行为,例如与发运货物或支付价款有关的行为,来表示同意,而无须向发价人发出通知,则接受于该项行为做出时生效……"。可见,受盘人以做出某种行为表示接受时,接受于做出该项行为时即告生效。这样,有利于保护以做出上述行为表示接受的一方的利益。

三、接受的撤回

接受通常以通知方式送达发盘人,在接受通知送达发盘人之时,接受生效,合同成立。《公约》第22条规定:"接受得以撤回,如果撤回通知于接受原应生效之前或同时,送达发盘人。"可见,如果受盘人在发出接受后,想要阻止接受生效或对其作出修改,则可以发出撤回通知以撤回接受;但是撤回接受的通知必须先于或与接受通知同时到达发盘人。如果撤回接受的通知在接受通知到达发盘人之后方才到达,撤回接受的通知无效,因为此时接受已生效,合同已成立。接受一经到达发盘人就不能被撤销。因为,此时合同已生效,撤销接受就意味着违约。

思考题

1. 国际贸易中的交易洽商可以采取哪些形式?一项有效合同的订立不可缺少哪几个交易洽商环节?在交易洽商中须注意哪些事项?

2. 询盘和发盘有什么不同?发盘的构成要件是什么?

3. 发盘何时生效?若一项发盘中规定"本发盘的有效期为10天",应从何时算起?

4. 发盘的撤回与撤销有何区别？如何才能撤回发盘或者接受？
5. 发盘何时失效？有哪些情况会造成发盘的失效？
6. 什么是接受？一项有效接受应具备哪些条件？
7. 接受何时生效？一项接受发出后，若发现情况有变，或有差错，有何办法补救？
8. 逾期接受的法律效力如何？

案例分析

1. 2020 年 1 月，A 商场想要进口一批健身器材，于是向国外几家公司发出传真，称："本商场欲购进一批健身器材，如有相关产品，请寄送图样和操作说明，我方将派人洽谈购买事宜。"有几家器材公司都回电，称自己满足该商场的要求并且附上了图样与说明。其中一家器材公司 B 在寄送了图样和说明后，又寄送了一部小型跑步机到该商场，商场看货后不满意，决定不购买此家公司的产品。但 B 公司认为商场的行为构成发盘，商场拒绝购买是违约行为。然而，商场认为自己发传真行为是询盘，合同不成立。

试问：商场发出的传真到底是询盘还是发盘？为什么？

2. 一美国商人于某日上午走访我国外贸企业洽购某商品。我方口头发盘后，对方未置可否，当日下午美商再次来访表示无条件接受我方上午的发盘，那时我方已获知该项商品的国际市场价格有趋涨的迹象。

试问：你认为我方应如何处理为好？为什么？

3. 我出口企业于 6 月 1 日向英商发盘供应某商品，限 6 月 7 日复到有效。6 月 2 日收到英商电传表示接受，但提出必须降价 5%，我方正研究如何答复，由于该商品国际市场发生了对英商有利的变化，该商又于 6 月 5 日来电传表示无条件接受我方 6 月 1 日的发盘。

试问：我方应如何处理，我出口企业原发盘是否仍然约束我方至 6 月 7 日？为什么？

4. 9 月 2 日，国外某客商向我进口公司邮寄一份实盘；9 月 10 日，国外该客商又向我进口公司邮寄一份撤回实盘的通知；9 月 12 日，我进口公司收到国外该客商邮寄来的实盘，立即用电报发出接受通知；9 月 15 日，我进口公司又邮寄给国外该客商一份确认函，确认 9 月 12 日发出的电报接受通知；9 月 20 日，我进口公司收到国外该客商邮寄来的实盘撤回通知。双方对该项合同是否成立发生争议。

试问：双方之间的合同是否成立？为什么？

5. 某星期二上午，我方用电报向德国某进口商发盘，报供某种大众商品，有效期定为本周星期五（我方时间），复到有效。但发电后两小时，我方发现计算错误，报价过低，于是立即用加急电报通知客户撤回前电。然而，到了星期五上午却又收到了客户复电，表示接受我星期二上午发盘。在这段时间内双方电讯联络一切情况正常。

试问：应如何处理客户复电？为什么？

6. 我国 A 公司向国外 B 公司发盘,小麦 500 公吨,每公吨 250 美元,且发盘有效期为 10 天。第二天,B 公司回电称"对该批小麦感兴趣,但要进一步考虑。"5 天后,B 公司又来电,要求将每公吨小麦价格降为 225 美元。2 天后,我方将这批小麦卖给 C 公司,并在第 10 天回复 B 公司小麦已出售。但 B 公司坚持要我方交货,并以我方违约为由要求赔偿。

  试问:我方是否违约?为什么?

7. 买卖双方订有长期贸易协议,协议规定:"卖方必须在收到买方订单后 15 天内答复,若未答复则视为已接受订单。"11 月 1 日卖方收到买方订购的 2 000 件服装的订单,但直到 12 月 25 日卖方才通知买方不能供应 2 000 件服装。买方认为合同已经成立,要求供货。

  试问:双方的合同是否成立?为什么?

8. 我国某外贸公司 6 月 13 日向美国进口商发出电传,发盘供应 10 000 件瓷器,并列明"牢固木箱包装"。美国进口商收到我方电传后立即复电表示接受,并要求用新木箱装运。我方收到复电后立即着手备货,准备于双方约定的 7 月份装船。两周后,美国进口商来电称:"由于你方对新木箱包装的要求未予以确认,故双方之间的合同没有成立。"而我方认为合同已经成立,为此双方发生争执。

  试问:美国进口商的理由是否成立?为什么?

9. 我出口企业对意大利某客商发盘,限 3 月 10 日复到有效。3 月 9 日意商用电报通知我方:接受该发盘。由于电报局传递延误,我方于 11 日上午才收到对方的接受通知,而我方在收到对方的接受通知前已获悉:市场价格急升。

  试问:依据《联合国国际货物销售合同公约》,我方应如何处理?

第十二章
贸易合同的订立

在交易磋商过程中,一方发盘经另一方接受以后,交易即告成立,买卖双方就构成了合同关系。双方在磋商过程中的往返函电,是合同的书面证明。但是,根据国际贸易习惯,买卖双方往往还要签订正式的书面合同(written contract),以进一步明确双方的权利和义务。

第一节 书面合同的签订

一、签订书面合同的意义

合同的成立取决于一方的发盘和另一方对发盘接受的程序。买卖双方为达成交易所交换的载有发盘和接受内容的函电可以构成有效的书面合同。成交后,另行签署一份合同书或确认书不是合同有效成立的必备条件。虽然各国法律都承认书面合同,但有些国家的法律还承认口头合同(oral contract)。《公约》第11条也规定:"销售合同无须以书面订立或书面证明,在形式方面也不受任何其他条件的限制。销售合同可以用包括人证在内的任何方法证明。"但是,在国际贸易实践中,在当事人双方经过磋商一致,达成交易以后,一般都会另行签订一份具有一定格式的书面合同。这是因为书面合同是合同生效的标志,是双方当事人履行合同、处理和解决争议的依据;书面合同在司法实践中举证比较方便,是法院或仲裁机构受理案件、进行判决或裁决的依据。签订书面合同在国际贸易实践中具有重要意义。

(一) 书面合同是买卖法律关系成立的证据

根据法律要求,凡是合同必须能得到证明,提供证据,包括人证和物证。在用信件、电报或电传磋商时,书面证明自然不成问题。但是,通过口头磋商成立的合同,举证就难以做到。因此,口头磋商成立的合同,如不用一定的书面形式加以确定,就将由于不能被证明而得不到法律的保障。《中华人民共和国合同法》第10条虽然允许合同的订立可采用口头形式和其他形式,但它同时规定:"法律、行政法规规定采用书面形式的,应当采用书面形式。当事人约定采用书面形式的,应当采用书面形式。"因此,我国外贸企业在与国外客户订立买卖合同时,应采用书面形式。如果交易是通过口头磋商达成的,双方需在此基础上签署一份正式的书面合同。

(二) 书面合同是买卖法律关系生效的条件

书面合同虽不拘泥于某种特定的名称和格式,但假如在买卖双方磋商时,一方曾声言以签订书面合同为准,即使双方已对交易条件全部协商一致,在书面合同签订之前,合同不能生效。在此情况下,签订书面合同就成为合同生效的条件。按照我国法律,当事人采用合同书包括确认书形式订立合同的,自双方当事人签字或者盖章时合同成立。签字或者盖章不在同一时间的,最后签字或者盖章时合同成立。此外,按规定须经一方或双方所在国政府审核批准的合同,也必须是有一定格式的书面合同。

(三) 书面合同是履行合同的依据

在国际贸易中,货物买卖合同的履行涉及企业内外的众多部门和单位,过程也很复杂。口头合同,如不以书面形式订立,几乎无法履行。即使通过信件、电报或电传达成的交易,虽然双方在磋商过程中交换的信件、电报或电传可作为合同成立的证据,但如果不将分散于多份函电中的双方协商一致的条件,集中归纳到一份有一定格式的书面合同上来,也将难以得到准确的履行。所以,不论通过口头或是书面形式磋商达成的交易,均须把双方协商一致的交易条件综合起来,全面、清楚地列明在一份有一定格式的书面合同上,这对进一步明确双方的权利和义务,为合同的准确履行,提供了更好的依据。

二、书面合同的形式

书面合同具有多种形式。我国《合同法》第11条规定:"书面形式是指合同书、信件和数据电文(包括电报、电传、传真、电子数据交换和电子邮件)等可以有形表现所载内容的形式。"在国际货物买卖实践中,书面合同的名称和形式繁多,均无特定的限制。一般有销售合同、销售确认书、销售协议书、备忘录和来往的电报、电传、传真、电子数据交换和电子邮件等可以有形地表现所载内容的形式。

(一) 买卖合同

买卖合同(sales contract)的内容比较全面详细。除了包括合同的主要条款,即货物名称、品质规格、数量、包装、单价、总值、交货、支付方式之外,还包括一般合同条款,如保险、货物检验、异议索赔、仲裁和不可抗力等。出口人草拟提出的合同称为销售合同(sales contract),进口人草拟提出的合同称为购货合同(purchase contract)。使用的文字是第三人称语气。这种合同形式的特点是内容比较正式、全面,对双方的权利和义务以及发生争议的处理均有详细的规定。签订这种合同适合于大宗货物或成交金额较大的交易。

(二) 销售确认书

销售确认书(sales confirmation)是合同的简化形式。销售确认书的内容一般包括货物名称、品质规格、数量、包装、单价、总值、交货期、装运港和目的港、支付方式、运输标志、货物检验等条款。对于异议索赔、仲裁、不可抗力等一般条款都不予列入,且对买卖双方的义务规定也不是十分详细。这种格式的合同适用于成交金额不大,批次较多的轻工日用品、土特产品,或者已有包销、代理等长期协议的交易。

(三) 协议书

"协议"或"协议书"(agreement)在法律上是"合同"的同义词。因为,合同本身就是当事人为了设立、变更或终止民事权利义务关系而达成的协议。书面合同如冠以"协议"或"协议书"的名称,只要它的内容对买卖双方的权利和义务已作了明确、具体和肯定的规定,它就与合同一样对买卖双方有约束力。如果买卖双方所洽谈的交易比较复杂,经过谈判后,商定了一部分条件,还有一部分条件有待进一步商洽,在此情况下,双方可先签订一个初步协议(preliminary agreement)或原则性协议(agreement in general)把双方已商定的条件确定下来,其余条件容后再行洽谈;还应在这种协议内订明"本协议属初步性质,正式合同有待进一步洽商后签订"(This agreement is of preliminary nature, a formal contract will be signed after further negotiation),或作出其他类似意义的声明,以明确该协议不属于正式有效的合同,对买卖双方没有法律的约束力,防止引起误解。

(四) 备忘录

备忘录(memorandum)也可作为书面合同的形式之一,虽然在我国外贸实际工作中较少使用。如果买卖双方商定的交易条件,明确、具体地在备忘录中一一作了规定,并经双方签字,那么这种备忘录的性质与合同无异。但是,如双方经洽谈后,只是对某些事项达成一定程度的理解或谅解,并将这种理解或谅解用"备忘录"的形式记录下来,作为双方今后交易或合作的依据,或作为初步协议供将来进一步洽谈参考,这种备忘录可称为理解备忘录或谅解备忘录(memorandum of understanding),它在法律上不具有约束力。

(五) 意向书

在交易磋商尚未最后达成协议前,买卖双方为了就达成某项交易,将共同争取实现的目标、设想和意愿,有时还包括初步商定的部分交易条件,记录于一份书面文件上,作为今后进一步谈判的参考和依据。这种书面文件可称之为意向书(letter of intent)。意向书只是双方当事人为了达成某项协议所作出的一种意愿的表示(expression of intentions),它不是法律文件,对有关当事人没有约束力。根据意向书,有关当事人彼此负有道义上的责任,在进一步洽谈时,一般不应与意向书中所作的规定偏离太远。

(六) 定单和委托订购单

定单(order)是指由进口商或实际买方拟制的货物定购单。委托订购单(indent)是指由代理商或佣金商拟制的代客购买货物的订购单。在出口业务中,我国外贸企业于交易达成后,都主动缮制销售合同或确认书正本一式两份,经签署后寄送国外客户,要求其签署后退回一份,以备存查。但是,国外客户也往往将他们拟就的定单或委托订购单寄来一份,以便我方据以履行交货和交单等合同义务;有的还寄来正本一式两份,要求我方签署后退回一份。这种经磋商成交后寄来的定单或委托订购单,实际上是国外客户的购货合同或购货确认书。有时,事先并未与我方进行过磋商,国外客户径自寄来定单或委托订购单。对这类定单或委托订购单,我方就得按照其具体内容区别其为发盘还是发盘邀请,认真研究其内容后,决定是否与之交易,并及时答复对方。如果国外客户是在与我方达成交易、订立合同后寄来的定单或订购单,我方即使不予签退,也应仔细审阅其内容,若发现其中有些条款与双方磋商协议一致的条件不符或另有添加、更改的,则应区分情况予以处理。若不符或添加、更改的情况并不严重、性质轻微,我方可以接受;涉及实质性改变、出入较大,我方就不能接受。遇到后一种情况,就应及时向对方明确提出异议,而不能保持沉默,置之不理。否则,就会被对方认为我方已默认其定单或订购单中所列的条款。所以,遇有定单或订购单中列有为我方所不能接受的添加、修改或其他不符原协议的情形,必须及时向对方提出异议,以维护我方权益。有些国外商人签发的定单或订购单上还列有"限期提出异议,逾期不提出异议作为同意论"的条款。对这种定单或订购单,如我方审阅后发现问题,更应在限期内尽快提出异议,以免造成被动。

当前在我国的进出口业务中,书面合同主要使用销售合同和销售确认书。在实际工作中,我国外贸企业所采用的书面合同的形式,主要是合同(销售合同和购货合同)和确认书(销售确认书或售货确认书和购货确认书)。我国外贸企业一般都印有固定的格式,于成交后,由业务员按双方谈定的交易条件逐项填写即可。合同和确认书虽然在格式、条款项目的设立和措词上有所不同,但作为合同主体的双方协议一致的交易条件,都应完整、明确地加以订定。经买卖双方签署的合同和确认书,都是法律上有效的文件,对买卖双方有同样的约束力。

三、书面合同的内容

在国际贸易中,书面合同的内容一般包括三个部分:约首、本文和约尾。

(一) 合同的首部

合同的首部包括开头和序言、合同名称、编号、缔约时间、缔约地点、当事人的名称和地址等。在规定首部的内容时应注意两点:第一,要把当事人双方的全称和法定详细地址列明,有些国家法律规定这些是合同正式成立的条件;第二,要认真规定好缔约地点,因为合同中如未对合同适用的法律做出明确规定时,根据某些国家的法律规定和贸易习惯的解释,可适用合同缔约地国家的法律。

(二) 合同的本文

合同本文部分是合同的主体和核心部分,规定了双方的权利和义务,具体包括合同的各项条款,如货物名称、品质规格、数量、包装、单价和总值、交货期、装运港和目的港、支付方式、保险条款、检验条款、异议索赔条款、仲裁条款和不可抗力等,以及根据不同货物和不同交易情况加列的其他条款,如保值条款、溢短装条款、品质公差条款以及合同适用的法律等。

(三) 合同的约尾

合同的约尾部分包括合同的份数、使用的文字和效力,以及双方的签字。此外,有的合同有附件部分,附在合同之后作为合同不可分割的一部分。

书面合同的内容必须符合相关政策,并做到内容完备、条款明确、文字严密、前后一贯,与交易磋商的内容相一致。书面合同一经签订即成为约束双方当事人的法律文件,我国外贸业务人员在缮制和签订过程中,必须十分认真,严肃对待,谨防错漏。

四、合同成立的时间和条件

世界各国对国际货物买卖合同成立的时间和条件有不同的规定。在英美法系和大陆法系中,关于合同成立的时间和条件存在比较明显的差异,从事外贸业务时值得注意。我国在对外贸易中一般遵循我国的法律和《联合国国际货物销售合同公约》的规定。

(一) 我国《合同法》对合同成立的规定

(1) 承诺生效时合同成立。

(2) 采用数据电文形式订立合同的,承诺到达时间为合同成立时间。

(3) 当事人采用合同书形式订立合同的,自双方当事人签字或者盖章时合同成立。

(4) 当事人采用信件、数据电文等形式订立合同的,可以在合同成立之前要求签订确认书。签订确认书时合同成立。

(5) 法律、行政法规规定或者当事人约定采用书面形式订立合同,当事人未采用书面形式但一方已经履行主要义务,对方接受的,该合同成立。

(6) 采用合同书形式订立合同,在签字或者盖章之前,当事人一方已经履行主要义务,对方接受的,该合同成立。

(二)《联合国国际货物销售合同公约》的规定

《公约》第二部分第 23 条规定:"合同于按照本公约规定对发价的接受生效时订立。"从上面所述内容来看,对于合同成立的时间与条件,我国《合同法》的规定与《公约》规定相同。

五、签订书面合同应注意的问题

签订对外贸易合同时,应注意如下一些问题。

(1) 必须贯彻我国的对外贸易方针政策,特别要体现平等互利的原则,我们既反对对方把片面维护对方利益的条款订入合同,也决不把对方不愿意接受的某些条款强加于人。

(2) 必须符合合同有效成立的要件,即双方当事人的意思表示必须一致和真实;当事人都有订约行为能力;合同标的、内容必须合法等。

(3) 合同内容应与洽商达成的协议内容一致,同时在条款的规定上必须严密,要明确责任,双方权利义务对等。切记避免订立有多种解释的任意性和不确定性的条文。特别是对可能引起合同性质改变的内容,尤应慎重。如果有些条款事先未商妥,订入书面合同时,要进一步协商达成一致才可订入。

(4) 合同各条款间必须协调一致,不能相互矛盾。例如,在数量条款规定溢短装时,支付方式为信用证,其保证金额就应规定有增减幅度;又如,贸易术语为 CFR 或 FOB 成交时,在保险条款里就应订明"保险由买方自理"。关于签约后发生的额外费用负担,如运费上涨、港口封冻的绕航费等,也可在合同中明确规定由何方负担。

第二节 电子商务

以微电子和计算机为核心的电子技术的迅猛发展,将商务活动带入了信息时代。电子商务正在成为知识经济时代国际贸易竞争的新热点。作为外贸业务人员,要适应实际工作的需要,就必须了解和掌握电子商务的有关知识和技能。

一、电子商务的概念与特点

电子商务（electronic commerce，EC）也称电子商业（electronic business）或电子贸易（electronic trade），是指个人、企业、国家之间利用简单、快捷、低成本的电子通讯方式，交换各种业务信息（包括货物信息及其订购信息、资金信息及其支付信息、安全及其认证信息等）而进行的各种商贸活动。

从技术方面来看，电子商务是在国际互联网开放的网络环境下，基于浏览器或服务器应用方式，实现消费者的网上购物、商人之间的网上交易和在线支付的一种新型的商业运营模式。人类利用电子通讯方式进行商贸活动已有数十年的历史。早在20世纪60年代，人们就开始采用电报的方式发送商务文件；20世纪70年代方便、快捷的传真机替代了电报，成为商业伙伴之间的主要通讯工具。为了克服传真文件只能通过纸面打印来传递和管理信息，不能将信息直接转入到信息系统中的缺点，20世纪80年代，电子数据交换（EDI）成为企业间电子商务的应用技术。20世纪90年代中期后，国际互联网（Internet）迅速地从大学、科研机构走向企业和百姓家庭，其功能也从信息共享演变为一种大众化的信息传播工具。现在，人们一般所谈的电子商务主要就是指以电子数据交换（EDI）和国际互联网（Internet）方式来完成的商贸活动。

从商贸活动的角度分析，电子商务主要是在虚拟的市场中进行的围绕产品、服务的销售和交易活动。电子商务中交易的货物可以是有形的商品，如书籍、日用品、远程教学等，也可以是无形的商品，如新闻、音乐作品、软件等。电子商务的参与者除了生产者、供应商、中间商、批发商、零售商和消费者以外，还应包括金融机构、运输企业、保险企业、政府机构、认证机构、配送中心等机构。电子商务可以涉及商务活动的多种形式，如电子商情、电子贸易、电子合同、电子支付等。电子商务的最高层次应当是能够利用Internet进行全部的贸易活动，即在网上将信息流、商流、资金流和物流完整地结合起来，使企业或个人实现在网上寻找客户、洽谈交易、订购货物、收付货款、开具电子发票、完成电子报关、电子纳税等整个交易过程。

电子商务的特点是由国际互联网的内在特征所决定的。一般来说，电子商务具有以下四个特征。

（一）电子商务将传统的商务流程电子化、数字化

使用电子商务一方面以电子流代替了实物流，可以大量减少人力、物力，降低成本；另一方面突破了时间和空间的限制，使交易活动可以在任何时间、任何地点进行，大大提高了效率。

（二）电子商务具有开放性和全球性

电子商务使贸易企业可以低成本进入全球电子化交易市场，使得中小企业有可能和大企业拥有同样信息资源，提高中小企业的竞争能力。

（三）电子商务减少交易环节

电子商务替代了传统交易流通模式，减少了中间环节，使得生产者和消费者，供货商与购货商直接进行交易，从而在一定程度上改变了整个社会经济运行方式。由于通过网络进

行商务活动,信息成本低,足不出户,可节省交通费,且减少了中介费用,因此整个活动成本大大降低。

(四) 电子商务不受时间与空间限制

电子商务交易的当事人进行电子化交易时,不受时间和空间限制,可以实现24小时的服务。企业的网址成为永久性的地址,为全球的用户提供不间断的丰富信息源,为社会各种经济要素重新组合提供了更多可能性,使得社会经济布局和结构更加合理化。

二、电子商务交易运作过程

电子商务交易运作分为三个阶段:交易前、交易中和交易后。

交易前阶段:主要是指供货方和购货方在交易合同订立以前的业务活动,包括在各种商务网络和国际互联网上发布供货或购货信息和在网上寻找交易机会,通过交换信息来比较各种交易条件,了解对方的贸易政策,选择交易对象,签订合同。

交易中阶段:主要是指合同订立后为履行合同与各有关方联系与衔接的整个过程,包括与银行、运输、保险、税务、商检、海关、物流等部门办理电子单证、传递与审核。

交易后阶段:在买卖双方办完各种手续后,货物交付运输部门或者配货中心启运,可以通过电子商务跟踪货物,银行按照合同规定提供的电子单证支付货款。

电子商务交易运作整个过程必须有国际互联网的条件和电子认证管理系统,通过私人密钥和公共密钥检查提供各种单证的真伪,否则电子商务难以运行。

三、电子商务的分类

根据交易对象的不同,电子商务可以分为以下四种类型。

(一) 企业对企业的电子商务

企业对企业的电子商务(business to business,B to B)是指企业通过计算机网络,如通过增值网络(value added networks,VANs)进行的电子交易活动。

(二) 企业对消费者的电子商务

企业对消费者的电子商务(business to consumer,B to C)主要通过国际互联网进行,如消费品的在线销售等。这是一种消费者利用互联网直接参与经济活动的形式,类似于商业电子化的零售商务。随着国际互联网技术的发展,全球上网人数的不断增加,此种类型的电子商务发展极为迅速、潜力巨大。

(三) 企业对政府的电子商务

企业对政府的电子商务(business to government,B to G),有时也被称为"business to administrations",是指政府借用国际互联网进行的网上采购、网上招标、网上签发政府批准义件等商务活动。这种类型的电子商务还处于发展的初期,但其示范作用极为明显,显示了政府对电子商务的实际推动。国外一些国家的政府已经明确表示将通过国际互联网实现其绝大部分的政府采购项目,旨在实现网上发放进出口许可证、办理出口退税、进出口清关等手续的我国的金关工程实际上也表现为 B to G 电子商务形式。

（四）消费者对政府的电子商务

消费者对政府的电子商务（consumer to government，C to G），指消费者实现网上申报纳税、支付个人应交付给政府的各种规费等的活动。目前这种形式的电子商务还未真正形成。

此外，消费者对消费者的电子商务（customer to customer，C to C）、消费者对企业的电子商务（customer to business，C to B）等电子商务新概念也已经出现，正在成为业内人士探索研究的重要内容。

在这些电子商务的交易类型中，B to B 是主要形式，约占目前电子商务交易总额的 70%—80%。但是，这种基于电子数据交换（EDI）的电子商务类型与基于国际互联网（Internet）的电子商务类型在技术要求及其商业影响等方面存在着差别。

四、基于 EDI 的电子商务和基于 Internet 的电子商务

电子数据交换（EDI）是将商业数据、信息或业务文件按一个公认的标准从一台计算机传输到另一台计算机上去的电子传输方法。由于 EDI 大大减少了纸张票据的使用，因此人们形象地称之为无纸贸易（paperless trade）或无纸交易（paperless transaction）。

从技术上讲，EDI 包括硬件与软件两大部分。硬件主要是计算机网络，软件包括计算机软件和 EDI 标准。从硬件方面讲，20 世纪 90 年代之前的大多数 EDI 都不通过 Internet，而是通过租用的电脑线在专用网络上实现，这类专用的网络被称为 VAN，这样做的目的主要是考虑到安全问题。从软件方面看，EDI 所需要的软件主要是将用户数据库系统中的信息，翻译成 EDI 的标准格式以供传输交换。由于不同行业的企业是根据自己的业务特点来规定数据库的信息格式的，因此当需要发送 EDI 文件时，从企业专有数据库中提取的信息，必须把它翻译成 EDI 的标准格式才能进行传输，这些工作由 EDI 的转换软件（mapper）、翻译软件（translator）、通信软件（envelope）和 EDI 标准来完成。1987 年联合国主持制定了一个有关行政、商业及交通运输的电子数据交换标准，即国际标准 UN/EDIFACT（UN/EDI for Administration，Commerce and Transportation），这一 EDI 标准为各国进行跨国交流提供了一个统一的商业语言，使国际上用统一标准进行电子数据交换成为现实。作为国际通用标准，EDI 标准已经被世界各国广泛接受。

使用 VAN 的高额费用及其 EDI 复杂的标准问题大大限制了基于 EDI 的电子商务应用范围的扩大。随着 Internet 安全性的日益提高，Internet 已经表现出替代 VAN 而成为 EDI 硬件载体的趋势，有人把通过 Internet 实现的 EDI 直接叫做 Internet EDI。从 1991 年起，一直被排斥在互联网之外的商业贸易活动开始进入网络时代，电子商务成为企业运用国际互联网的最大热点。基于国际互联网的电子商务尽管历史短暂，但发展速度惊人。

与基于 EDI 的电子商务相比，基于国际互联网的电子商务具有以下四个明显的优势。

1. 费用低廉

由于国际互联网是开放性网络，费用较为便宜。一般来说，其费用不到 VAN 的四分之一，这一优势使得许多企业尤其是中小企业对其产生了浓厚的兴趣。

2. 市场覆盖面广

EDI 主要在企业与企业之间进行,其交易伙伴以及运作的市场空间有限;而 Internet 几乎可以遍及全球的各个角落,用户通过普通电话线,甚至移动电话就可以方便地与贸易伙伴传递商业信息和文件,为商务活动提供了无限的商机和更为广阔的市场空间。

3. 功能更加全面

与 EDI 相比,Internet 可以全面支持不同类型的用户实现不同层次的商务目标,如发布电子广告、电子信息、在线洽谈、建立虚拟商场或网上银行等。

4. 运作方式更为灵活

基于 Internet 的电子商务可以不受特殊数据交换协议的限制,任何商业文件或单证都可以直接通过填写与现行的纸面单证格式一致的屏幕单证来完成,不需要再进行翻译,任何人都能看懂或直接使用。

目前,全世界的上网人数正在迅速增加,我国也不例外。因此,可以预见,随着现代网络技术的日益成熟和普及,电子商务的未来发展将更多地建立在网络技术上,因而也有人把电子商务简称为 IC(Internet commerce)。

五、电子商务发展引起的有关法律问题

电子商务的运用,为国际商务领域带来了巨大的商贸机会和利益,促进了国际贸易的发展,但同时也对传统的国际贸易法规形成了强大的冲击,引发了诸多的相关法律问题。

(一) 关于用电子数据拟定合同的问题

采用电子通讯方式进行国际贸易活动时,不同国家或地区的企业之间是通过电子数据进行商务洽谈和达成交易的,而世界许多国家的法律都要求有书面形式的交易文件作为交易有效或作为交易存在的依据和证据,电子数据是否可视为或等同为书面文件,也就成了推广电子商务过程中的一大法律难题。此外,由于电子数据的传递速度快,信息传送不受地点和时间限制,原有的有关要约撤销的法律规定,以及合同成立的时间和地点对确立买卖双方当事人权利和义务的法律意义等,也就不再适应电子商务的实践发展需要。

(二) 关于单据的效力问题

在国际贸易中,许多国家的法律规定,交易的单据,尤其是金融票据,如汇票、支票和本票等必须有出票人的签字方为有效,而采用电子商务方式则很难满足签字确认的规定。在货运单据中,提单必须是做成书面的正本形式才具有提货权,才能够通过背书转让,而电子提单的法律性质如何尚有待研究。

(三) 电子数据的安全问题

在传统国际商务交往过程中,买卖双方都会注意来往文件的保存和保密工作。这一方面是因为这些文件涉及商业秘密,另一方面是由于一旦买卖双方发生商务纠纷,这些文件往往就成为重要的证据。电子数据容易丢失或被修改,其真实性也不容易被证实,这就

发生了如何防止将电子数据内容泄漏给未经授权人,以及电子文件是否可以作为法律证据等问题。

为了解决电子商务,尤其是 EDI 应用过程中提出的一系列法律问题,统一各国对有关 EDI 的法律问题的规定,早在 1982 年,联合国国际贸易法委员会(UNCITRAL,以下简称"贸法会")就正式提出了计算机记录的法律价值问题。从 1991 年开始,"贸法会"属下的国际支付工作组(现改名为电子数据交换工作组)开始致力于 EDI 的法律工作。1993 年 10 月,该工作组在维也纳召开的第 26 届会议上,审议了世界上第一个 EDI 法草案,即《电子数据交换及贸易数据通信有关手段法律方面的统一规则法草案》。在 1995 年第 23 届年会上修改为《电子数据交换 EDI 及有关的数据传递手段法律事项示范法草案》。1996 年 6 月联合国贸法会第 29 届年会上进一步改名为《电子商业示范法》,同年 12 月,联合国大会以 51/162 号决议通过了该示范法。《电子商业示范法》包括总原则和具体贸易适用情况两大部分,共分 17 条。其中,总原则是《电子商业示范法》的核心内容。根据《电子商业示范法》的规定,"商业"包括不论是契约性或非契约性的一切商业性质的关系所引起的种种事项。商业性质的关系包括但不限于下列交易:供应或交换货物或服务的任何贸易交易;分销协议;商业代表或代理;客账代理;租赁;工厂建造;咨询;工程设计;许可贸易;投资;融资;银行业务;保险;开发协议或特许,合营或其他形式的工业或商业合作;空中、海上、铁路或公路的客、货运输。

"数据电文"系指经由电子手段、光学手段或类似手段生成、储存或传递的信息,这些手段包括但不限于电子数据交换(EDI)、电子邮件、电报、电传或传真。

"电子数据交换"系指电子计算机之间使用某种商定标准来规定信息结构的信息电子传输。

此法还明确规定:采用数据电文形式的信息具有法律效力、有效性和可执行性。如法律要求信息须采用书面形式,则假若一项数据电文所含信息可以调取以备日后查用,即满足了该项要求。在任何法律诉讼中,数据电文形式的信息可被接受作为证据,也即具有证据力。

上述《电子商业示范法》还对合同的订立和有效性作出如下规定:就合同的订立而言,除非当事各方另有协议,一项要约以及对要约的承诺均可通过数据电文的手段表示。如使用了一项数据电文来订立合同,则不得仅仅以使用了数据电文为理由而否定该合同的有效性或可执行性。据此规定并结合以上关于数据电文符合法律上采用书面的要求,可以认为,通过以数据电文交换而订立的合同属法律上所要求的书面合同性质。要指出的是,《电子商业示范法》不具有强制力,只对各国制定和完善有关数据电文的传递和存储等法律规定起示范作用。

电子商务在我国的发展极为迅速,迫切需要专门的法律法规对我国电子商务的发展进行保驾护航。2018 年 8 月 31 日,《中华人民共和国电子商务法》由第十三届全国人民代表大会常务委员会第五次会议通过,自 2019 年 1 月 1 日起施行。《中华人民共和国电子商务法》共 89 条,依次分为七章:总则、电子商务经营者、电子商务合同的订立与履行、电子商务争议解决、电子商务促进、法律责任、附则。该法的实施必将促进我国电子商务进一步健康发展。

第三节 电子合同

一、电子合同的概念

电子合同(electronic contract)是双方或多方当事人之间通过电子信息网络以电子的形式达成的设立、变更、终止财产性民事权利义务关系的协议。电子合同的应用给全球经济贸易注入了新的活力,使得传统的"有纸贸易"的法律制度受到挑战和冲击。因此,必须对电子合同的形式和电子合同的法律地位有一个新的认识。

二、电子合同的形式特点

电子合同在形式上具有如下一些特点。

(1) 电子合同的要约和承诺是通过计算机网络进行的,订立合同的双方或多方大多是互不见面,在虚拟市场上运作,其信用依靠密码的辨认或认证机构的认证。

(2) 电子合同产生、修改、储存、传递等过程都是通过计算机和计算机网络进行的,因此电子合同的订立过程比较敏捷、迅速和自动化。签订电子合同的当事人无须直接参与,可由计算机按预定程序自动运作。

(3) 电子合同存在形式和签名电子化。联合国国际贸易法委员会早在1992年关于EDI的研究报告中就提出了解决电子合同与传统书面合同矛盾的两点方法:① 扩大法律对"书面"一词所下的定义,以便把EDI记录纳入书面范畴。《公约》第20条已作了相应的规定,承认了以"电话、电传或其他快速通讯方法"进行的要约。"其他快速通讯方法"应被理解为电子数据交换的方法。② 当事人可在通信协议中一致商定,将EDI电文视为书面文件;或由当事人共同声明,放弃他们各自依据的法律,确认EDI电文的有效性或可强制执行性。在电子合同中,表示合同生效的传统签字盖章方式被数字签名(电子签名)所代替。

三、电子合同的法律问题

(一) 要约与承诺

在普通购物中,货物标价的行为是一种要约。在电子商务中,买方没有可见购买实物的条件,所以在网页上发现已登载自己欲购买货物的价格、图片及价格的有效时间,应认为是要约。但是,如果卖方发布出售货物信息不具备构成要约的条件,应视为要约邀请。电子合同承诺是指买方发出电子邮件同意要约全部内容,并愿意签订合同的一种意思表示。只要买方发出电子邮件,应视为承诺,合同即成立。无论何方不履行合同的义务,都应承担违约责任。

(二) 自动系统订立的电子合同的有效性

合同是当事人意思表示一致的产物,合同当事人的意思表示是否真实一致往往是合同生效要件之一。然而,对于全部或部分由计算机自动订立的电子合同是否是当事人的真实意思的表示被人们怀疑。在电子商务中,当事人的意思表示正是通过其所编制或认可的程序得到反映，计算机的自动处理并不妨碍当事人真实意思的体现，只不过将真实意思格式化、电子化和自动化。所以，通过电子商务系统订立的电子合同，当事人不能以非其真实意思表示为由，对合同成立的效力提出抗辩。对于自动系统故障和第三人干扰破坏，当事人可依据具体情况采取相应方式加以救济和抗辩。

（三）电子合同成立的时间和地点

合同成立的时间和地点对于合同的当事人具有重大现实意义。合同成立的时间决定合同效力的起始与法律关系的确立，是当事人开始受合同内容约束的标志。合同成立地点则是确定合同的司法管辖和法律适用的重要决定因素之一。

联合国国际贸易法委员会制定的《电子商业示范法》第15条对电子要约和承诺的发出和到达的时间作了如下规定："（1）除非发端人与收件人另有协议，一项数据电文的发出时间以它发出发端人或代表发端人发送数据电文的人控制范围之内的某一信息系统的时间为准。（2）除非发端人与发件人另有约定，数据电文的收到时间按下述办法确定：（a）如收件人为接收数据电文而指定了某一信息系统，数据电文进入该指定信息系统的时间为收到时间；如数据电文发给了收件人的一个信息系统但不是指定的信息系统，则以收件人检索到该数据电文的时间为收到时间；（b）如收件人并未指定某一信息系统，则以数据电文进入收件人的任何信息系统的时间为收到时间。"

对电子合同来说，载有承诺信息的数据电文是通过计算机网络来发送的。所谓承诺人和相对人的信息系统是虚拟的，它既可以处于当事人所在地的服务器上，也可处于其他城市，甚至在其他国家服务器上。所以，很难确定发出或是到达地点。

《电子商业示范法》以营业地为标准来确定电子合同的承诺生效地点。在该法第15条第4款对数据电文的发出和到达的地点作如下规定："除非发端人与收件人另有协议，数据电文应以发端人设有营业地的地点视为其发出地点，而以收件人设有营业地的地点视为其收到地点。（a）如发端人或收件人有一个以上的营业地的，应以对其基础交易具有最密切关系的营业地为准，如果并无任何基础交易，则以其主要的营业地为准；（b）如发端人或收件人没有营业地，则以其惯常居住地为准。"

（四）电子证据的收集

电子证据是指以数字信息为表现形式，以证明一定的法律事实为目的的系列数字组合。必须承认，电子证据的不同特性对传统证据理论构成很大冲击。

关于电子证据到底该归入何类的问题，是法学界多年来一直争论未决的问题，主要有两种观点。一种观点认为电子证据应当归入视听资料，其理由是：但凡电子证据的内容必须在计算机等终端上以图形、数字、符号等形式显示，根据传统证据法理论，该种在计算机内存储的信息可以被视为视听资料一类。英国1984年刑事司法法就是将计算机证据归入视听资料。至于对何谓"视听资料"的解释方法，有学者认为可以通过采取"扩张式解释"的方法来涵盖电子证据。另一种观点认为电子证据应当归入书证一类，因为《合同法》等法律已经对"书面"作出了更宽泛的解释，使之涵盖数据电文。

我国2017年修订的《中华人民共和国民事诉讼法》将电子数据列为与书证、物证、视听资料并列的证据种类。《中华人民共和国民事诉讼法》第63条规定："证据包括：（一）当事人的陈述；（二）书证；（三）物证；（四）视听资料；（五）电子数据；（六）证人证言；（七）鉴定意见；（八）勘验笔录。"

可以预见的是，随着互联网技术的飞速发展，电子证据效力问题将会变得更加复杂，解决此问题将是对发展电子商务的有力法律保障。

由于电子证据的易修改性和对电子载体的依赖性，因此在电子合同的磋商、签订、履行、变更、终止等过程中，须注意：（1）事先约定使用某种电子方式传递交易文件；（2）尽量使用企业自己的网站邮箱，不要使用免费邮箱，以免数据丢失；（3）保管好电子密钥；（4）保存全部与交易有关的电子邮件在邮箱服务器中，绝对不能使用OUTLOOK等桌面邮件工具下载删除服务器内容，特别是有争议的交易，在保存的同时还要打印出纸质档案保存，交易履行完毕继续存档；（5）取证时必须通过公证机关登录邮箱服务器或在线网站浏览、下载取证。

思考题

1. 什么是电子商务和电子合同？
2. 电子商务有哪些类型？电子商务有哪些特点？发展电子商务的意义何在？
3. 电子商务交易过程是怎样运作的？
4. 我国《合同法》对数据电文的书面形式是怎么规定的？
5. 在国际贸易中，买卖双方经口头或者书面磋商达成交易后，为何还需签订一份具有一定格式的书面合同？在我国进出口业务中，通常采用的书面合同有哪些形式？其基本内容是什么？
6. 说明电子合同要约与承诺的界定。
7. 传统书面合同和电子合同在成立时间、地点方面有何区别？
8. 何谓EDI？基于EDI的电子商务和基于Internet的电子商务有何区别？
9. 就现阶段而言，在国际贸易中使用电子商务存在哪些法律问题？

案例分析

1. 国外某公司向我某公司购买200万条麻袋，双方签订了"售货确认书"（以下简称"确认书"）。确认书中除规定了数量、单价、总价、价格条件、交货期外，还规定买方应在2020年8月20日前开立百分之百的、保兑的、不可撤销的即期付款信用证。当我方收到买方通过银行开出的信用证时，发现信用证与确认书的规定有重大差异：其一，信用证不是保兑的；其二，增加了不少与确认书不符，且不利于卖方的内容。例如，在信用证中增加了托盘运输并由卖方负担其材料和运输费用的要求，增加了卖方发运货物须经买方批准的条款。卖方在收到上述信用证后，当即电告买方，表示不能接受上述信用证，并将信用证正本通过中国银行退回开证银行。但是，买方坚持不肯修改信用证。于是，卖方坚持不接受买方开具的、与确认书有重大差异的信用证，并不发运货物。双方争执不下，提交仲裁机构仲裁。

试问：合同与信用证是什么关系？案例中卖方的做法是否正确？为什么？

2. 我国某进口企业与某外商磋商进口纺织机械设备交易。经往来电传磋商,已就合同的基本条款初步达成协议,但是我方最后所发的表示接受的电传中写有"以签署确认书为准"的字样。事后,外商拟就合同书,要我方确认,但由于对某些条款我方认为需要修改,且此时该设备的市场价格有下跌趋势,于是我方并未及时对外方予以答复,外商又多次来电催证,我方答复拒绝开证。

试问:拒绝开证是否合理?为什么?

第十三章
出口合同的履行

出口合同的履行是指出口方对买卖合同中所规定的出口方的权利和义务的履行。从理论上讲，出口贸易应采用 CIF 和 CFR 术语和信用证支付方式。以最具有代表性的 CIF 术语和不可撤销即期议付信用证支付的交易为例，履行出口合同一般要经过备货、催证、审证、改证、租船订舱、报检、报关、投保、装船和制单结汇等环节的工作，即货（备货、报检）、证（催证、审证、改证）、船（租船订舱、装船）、款（制单结汇）四个基本环节。它们之间是相互联系又是相互依存的。只有切实做好每一个环节的工作，才能确保合同得以圆满地履行。出口合同的履行如图 13-1 所示。

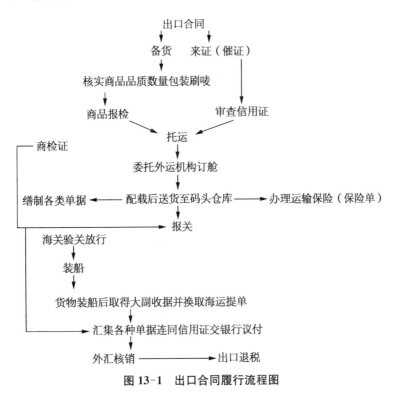

图 13-1　出口合同履行流程图

第一节　备货与报检

备货工作是指卖方根据出口合同的规定，按时、按质、按量地准备好应交的货物，并做好申请报检和领证工作，以保证按时出运，如约履行合同。

一、备货

备货是进出口企业根据合同或信用证的规定,向有关企业或部门采购和准备货物的过程。目前在我国有两种情况:一种是生产型企业;另一种是贸易型企业。

生产型企业备货是向本企业内部的生产加工或仓储部门下达联系单(有些企业称其为加工通知单或信用证分析单等),要求该部门按联系单的要求,对应交的货物进行清点、加工整理、包装、刷制运输标志,以及办理申报检验和领证等项工作。联系单是进出口企业内部各个部门进行备货、出运、制单结汇的共同依据。对于贸易型企业,如果该企业没有固定的生产加工部门,那么就要向国内有关生产企业联系货源,订立国内采购合同。无论是哪种类型的企业,在备货工作中都应注意以下四个问题。

(一)货物的品质必须与出口合同的规定相一致

凡凭规格、等级、标准等文字说明达成的合同,交付货物的品质必须与合同的规格、等级、标准等文字说明相符;如系凭样品达成的合同,则必须与样品相一致;如既凭文字说明,又凭样品达成的合同,则两者均须相符。

(二)货物的包装必须符合出口合同的规定

货物的包装是买卖合同的主要条款,卖方必须按照合同规定的包装方式交付货物。若合同对包装未作具体规定,按《公约》的规定:应按照同类货物通用的方式装箱或包装,如果没有此种通用方式,则应按照足以保全和保护货物的方式装箱或包装。

在备货过程中,对货物的内、外包装和装潢,均须及时进行修正或更换包装,以免在装运时,承运人签发不清洁提单,造成收汇困难。包装标志也应按合同规定或客户要求刷制。刷制运输标志应符合有关进出口国家的规定,包装上的运输标志应与所有出口单据上对运输标志的描述一致,运输标志应既简洁,又能提供充分的运输信息。有些国家海关要求所有的包装箱必须单独注明重量和尺码,甚至用公制,用英语或目的国的语言注明。为此,应注意有关国家的海关规定。

(三)货物的数量必须符合出口合同的规定

货物的数量是国际货物买卖合同的主要条款之一,卖方按合同规定的数量交付货物是卖方的重要义务。能否按合同规定数量交付货物,不仅是衡量买卖合同是否得到充分履行的标志,而且直接关系到订立合同时的预期利益能否实现。卖方如只交付部分货物(短交),买方一般不会宣告合同无效,但有权要求卖方对未交部分的货物继续履行交付。同时,还可要求卖方对因此而引起的损失给予损害赔偿。如果卖方交付的货物数量少于合同规定,构成了根本违约或者卖方完全不交货,则买方可宣告合同无效。如果卖方交付的货物超过合同规定的数量(溢装),对多装的部分,买方既可以拒绝收取,也可以收取其一部分或全部。

因此,在合同中应规定"溢短装条款",以便卖方可在机动幅度范围内伸缩。为便于补足储存中的自然损耗和国内搬运过程中的货损,保证按合同规定数量交付货物,备货数量一般以略多于出口合同规定的数量为宜。

（四）货物备妥时间应与合同和信用证装运期限相适应

交货时间是国际货物买卖合同的主要交易条件，一旦违反，买方不仅有权拒收货物并提出索赔，甚至还可宣告合同无效。因此，货物备妥的时间必须适应出口合同与信用证规定的交货时间和装运期限，并结合船期进行安排。为防止出现船等货的情况，在时间上应适当留有余地，使船货更好地衔接。

二、报检

报检是指出口企业在货物备妥后，根据约定条件或国家规定向货物检验机构申请对出口货物进行检验。

凡属法定检验的出口货物，必须根据《中华人民共和国进出口商品检验法》及其实施条例、《中华人民共和国进出境动植物检疫法》及其实施条例、《中华人民共和国国境卫生检疫法》及其实施细则、《中华人民共和国食品安全法》与国家质量监督检验检疫局制定的《出入境检验检疫报检规定》等有关法律、法规，在规定的地点和期限内，持出口合同、信用证副本、发票、装箱单，以及其他必要的单证向出入境检验检疫机构报检。检验检疫机构应当在不延误装运的期限内，实施或者组织实施检验检疫完毕。检验检疫合格的，按照规定签发检验检疫证书和/或出境货物通关单，或者在报关单上加盖印章，海关凭以放行。在产地检验的出口货物，需要在口岸换证出口的，应向产地检验检疫机构提出申报，由产地检验检疫机构按照规定签发检验检疫换证凭证，发货人应在规定期限内持检验检疫换证凭证和出口合同等证单，向口岸检验检疫机构报请查验。经查验合格的，由口岸检验检疫机构换发检验检疫证书和/或出境货物通关单，或者在报关单上加盖印章。

对于不属于法定检验范围的出口货物，出口合同约定由检验检疫机构检验的，也需按合同规定，持买卖合同等有关单证向检验检疫机构报检，由检验检疫机构实施或组织实施检验或检疫，在取得检验合格并能证明货物符合合同的证书之后，方可凭以向买方收取货款，并以此作为交接货物的依据。

不属于法定检验范围的出口货物，出口合同也未规定由检验检疫机构出证的，则应视不同情况，分别采取委托检验检疫机构检验，由生产部门、供货部门进行检验，或者由出口企业自行检验，合格后装运出口。

凡属危险货物，其包装容器应由生产该容器的企业向检验检疫机构申请包装容器的性能鉴定。包装容器经检验检疫机构鉴定合格并取得性能鉴定证书，方可用于包装危险货物。生产出口危险货物的企业，必须向检验检疫机构申请危险货物包装容器的使用鉴定。使用未经鉴定合格的包装容器的危险货物不准出口。

出口动植物、动植物产品，凡有检疫要求的，出口单位或其代理人应事先填具报检单，向检验检疫机构申请检疫，经检疫合格，取得检疫证书，方可出口。经检疫发现有害病虫的，不准出口，经除害处理后方准出口。

检验检疫机构检验合格的出口货物，发货人应当在检验证书或者放行单签发之日起的有效期限内报运出口。一般货物从发证日起两个月内有效；鲜果、鲜蛋类两星期有效；植物检疫三个星期内有效。如果在规定的有效期内不能装运出口，应向检验局申请展期，并由检验局进行复检，复检合格后才准许出口。

第二节 落实信用证

在采用信用证支付方式时,卖方交货是以买方按约定开来信用证为前提的。买方及时、正确地开出信用证,不仅是卖方安全收汇的保障,同时也是卖方如期履行合同义务的一个重要依据。卖方及时取得信用证,并备妥信用证中规定的各种单据,是履行出口合同的主要内容。出口合同履行中信用证的掌握、管理和使用是业务工作的重要内容。它主要包括催证、审证和改证等内容。

一、催证

在按信用证付款条件成交时,买方按约定的规定开立信用证是卖方履行合同的前提条件。尤其是大宗交易或按买方要求特制的货物交易,买方及时开证更为重要;否则,卖方无法安排生产和组织货源。

在正常情况下,买方信用证最少应在货物装运期前 15 天(有时也规定 30 天)开到卖方手中。在实际业务中,有时会遇到国外进口商拖延开证,或者在行市发生变化或资金发生短缺的情况时,故意不开证,对此我方应催促对方迅速办理开证手续,必要时也可请驻外机构或有关银行协助代为催证。具体讲,在下列四种情况下,应及时催促对方开立信用证。

(1) 合同规定装运期限较长(如 3 个月)而买方应在我方装运期前一定期限(如 15 天)内开证,那么我方应在通知对方预计装运期时,同时催对方按约定时间开证。

(2) 根据我方备货和船舶情况,如果有可能提前装运时,也可与对方商量,要求提前开证。

(3) 国外买方未在合同规定的期限内开证,我方可向对方要求损害赔偿;或催促对方开证;或限期对方开证;或在催证的同时保留索赔权。

(4) 开证期限未到,但发现客户资信不佳,或市场情况有变,也可催促对方开证。

二、审证

信用证是依据买卖合同开立的,信用证内容应该与买卖合同保持一致。在实践中,由于种种原因,如工作的疏忽、电文传递的错误、贸易习惯的不同、市场行情的变化或进口商有意利用开证的主动权加列对其有利的条款,往往会出现开立的信用证条款与合同规定不符;或者在信用证中加列一些出口商看似无所谓但实际是无法满足的信用证付款条件(在业务中也被称为软条款)等,使得出口商根本就无法按该信用证收取货款。为确保外汇收汇安全和合同顺利执行,防止给我方造成不应有的损失,我们应该在国家对外政策的指导下,对不同国家、不同地区以及不同银行的来证,依据合同进行认真的核对与审查。

在实际业务中,银行和进出口公司应共同承担审证任务,但它们在审核的范围和内容上各有侧重。

(一) 银行审核信用证的主要内容

1. 政治性、政策性审核

在我国对外政策的指导下,对不同国家和不同地区的来证从政治上、政策上进行审核。

2. 资信情况审核

银行着重审核信用证的真实性、开证行的政治背景、付款责任和索汇路线等方面的内容。对开证银行和保兑行资信情况的审核,在经济上应要求其本身资力必须与所承担的信用证义务相适应。如发现他们资信不佳,应酌情采取适当的措施。

3. 对信用证本身的审核

为保证安全收汇,信用证内应有明确表示保证付款的责任文句,还要审核开证行的付款责任是否加列了限制性条款或其他保留条件。出口方银行接到开证行的电子信用证后,应核对密押;接到普通信用证时应先核对印鉴(签字),如果没有问题,认定为真实的信用证,一般要打上"印鉴相符"等字样的戳记。

(二) 出口商审核信用证的主要内容

出口商审核信用证时,应侧重审查信用证的内容是否与合同一致。由于交易不同,这些项目所载内容可能会有所差异。一般而言,主要审核下列十点。

1. 审核信用证的种类

信用证种类繁多,要审查来证的具体类型,与合同的约定是否一致。根据《跟单信用证统一惯例》(UCP600)第 3 条的规定:"信用证是不可撤销的,即使信用证中对此未作指示也是如此。"此外,还要审查来证是保兑的还是不保兑的信用证。如保兑,被哪家银行保兑,以及保兑费用由谁负担等都要审核清楚。

2. 审核开证申请人和受益人

要仔细审核开证申请人的名称和地址,以防错发错运。受益人的名称和地址也必须正确无误,而且前后要一致,否则会影响收汇。例如,我某外贸公司印就的发票、合同上的公司名称是"××Corporation",而公司的印章上却是"××Company"。恰逢市场有变,国外客户利用这一词之差拖延付款,致使我外贸公司没能及时结汇。

3. 审核信用证的金额及其采用的货币

信用证的金额应与合同金额一致,总金额的阿拉伯数字和大写数字必须一致。如合同订有溢短装条款,那么信用证金额还应包括最大溢装部分的金额。来证采用的支付货币应与合同规定的货币一致,如果不一致,应按中国银行外汇牌价折算成合同货币,在不低于或相当于原合同货币总金额时方可接受。

4. 审核信用证规定提示单据的有效期限

根据《跟单信用证统一惯例》(UCP600)第 6 条规定,信用证必须规定提示单据的有效期限。由受益人或代表受益人提示的单据必须在到期日当日或在此之前提交。可以有效使用信用证的银行所在的地点是提示单据的地点。对任何银行均为有效的信用证项下单据提示的地点是任何银行所在的地点。不同于开证行地点的提示单据的地点是开证行地点之外提交单据的地点。

5. 审核装运期和有效期

装运期是对货物装运时间的规定，原则上必须与合同一致。如果信用证到达太晚，不能按期装运，应及时电请国外买方延展装运期限；如果由于生产或船舶等原因，不能在装运期限内装运，也可要求对方展延装运期。信用证的有效期与装运期应有一定的合理间隔，以便在货物装船后有足够的时间进行制单结汇等工作。如果信用证有效期与装运期规定在同一天，习惯上称为双到期，这种规定方法不十分合理，受益人应视具体情况提请对方修改。在实务中，如果信用证的到期地点为开证人所在地，出口商要把所有单据在信用证到期日前寄送到国外指定银行，有时难以控制，因此一般要求对方开立信用证的到期地点在中国。如果对方来证列明到期地点为开证行所在地，可要求修改。有时信用证会列明一个交单期，即货物装运日后若干天内须向银行提交单据。出口商要审查交单期是否过短，如果只有2—3天，则根据实际情况要求予以改为7天以上，否则无法在规定期限内交单。

6. 审核有关货物的记载

审核来证中有关品名、品质、规格、数量、包装、单价、金额、佣金、目的港、保险等是否与合同规定一致，有无附加特殊条款及保留条款，如果指定由某轮船公司的船只载运，或要求出具装运船只的船龄不超过15年的证明，商业发票或产地证书须由国外的领事签证等，这些都应慎重审核，视具体情况做出是否接受或提请修改的决策。

7. 审核转船和分批装运

转船是指货物从装运港或发运地或承运人接管货物地至卸货港或目的地运输过程中，从一种运输工具转至另一种相同类型的运输工具上。货物中途转船，不仅延误时间和增加费用开支，而且还有可能出现货损货差，在一般情况下，买方都不愿意对其进口的货物转运。在审核该条款时，应注意它是否与合同的规定一致。合同中如允许转船，还应注意在信用证中允许转船后面有无加列特殊限制或要求，如指定某转运地点、船名或船公司，对这些特殊限制应考虑是否有把握办到，否则应及时通知对方改证。

分批装运是一笔成交的货物分若干批次转运。在海运时，同一航次、同一船只在不同时间或地点分别装运，即使分别签发了若干个不同内容的提单，也不作分批装运。在邮寄时，如多份邮包收据或邮寄证明，由规定发货地同一日期投寄者，也不作分批装运。通过铁路、航空或其他方式运输时，若多份运输单据由同一承运人或其代理人出具，并且表明同一出单日期、同一发运地或接管地和同一目的地者，也不作为分批装运。如合同中规定分批、定期、定量装运，那么在审核来证时，应注意每批装运的时间是否留有适当的间隔。因为按照惯例，若任何一批未按期装运，则信用证对该批和以后各批均告失效。审证时应认真对待。

8. 审核来证规定开立汇票的内容

例如，究竟是即期汇票、还是远期汇票等，应与合同中支付条款的规定相符。

9. 审核装运单据

要仔细审核来证要求提供的单据种类、份数及填制方法等，如果发现有不适当的要求和规定，应酌情做出适当处理。

10. 防范信用证软条款

软条款是指对受益人不利的弹性条款，出口方在审核信用证时对此必须特别注意。

（1）货物检验证明或货物收据由进口商或开证人授权的人出具和签署，其印鉴应由开证行证实方可议付或必须与开证行的档案记录相符等，这些条款对受益人极为不利，因为进口商或进口商授权人如果不履行就不能出具检验证书或货运收据，这必然影响货物出运。即使进口商检验并出具了证书或货运收据，如果检验证书注明不符要求、或未经开证行证实与存档印鉴相符，也会造成单证不符。

（2）国际贸易术语选择。在 FOB 术语下，不规定买方的派船时间；在 CFR 或 CIF 术语下，规定船公司、船名、装运期、目的港须取得开证申请人同意。这是信用证中常见的软条款之一：前者使得买方可以根据自己的意图决定是否派船和派船时间，致使卖方无法主动完成交货，不能按时收汇；后者同样使得卖方在交货、收汇方面受控于买方。对此类条款，应采取删除或在合同中直接规定派船时间、船公司、船名、装运期、目的港等方法。

（3）信用证生效条件。在信用证中规定暂不生效条款，待某条件成熟时信用证方可生效。例如，来证注明"接到我方通知后方能生效"，或者"该证在开证申请人领取进口许可证后生效"等。这种信用证变成了变相的可撤销信用证，原则上不能接受。如果上述限制条文确实是由于进口国的某些规定或者其他客观原因造成的，受益人应在装货前与进口商协商规定一个通知信用证是否生效的最后期限。否则，由于疏忽或急于发运，在信用证未生效前已把货物装运出口，就会造成收汇困难等损失。

以上是审证过程中须注意的几个主要方面。在实际工作中，还应按照买卖合同条款，参照 UCP600 的规定和解释，逐条对照做详细审核。例如，对货物的名称、规格、包装、数量、价格（包括佣金、折扣），单据种类和数量与填制方法等，均须作全面审核。有些条款，在合同中未作规定而在信用证却有要求，如要求提供装运通知的电报或电传副本、货样的邮寄收据，要求刷制指定的运输标志和其他标志等，也都应逐一认真对待。如果能照办的，均须照办。若发现证中规定货物的品质、包装、价格与合同严重不符，单据的要求不正常，如果要求由外国第三者签发产地证、提单目的港要加注指定码头等不能接受或照办的内容，应向国外客户提出要求改正或取消。如果认真仔细地逐条审核来证条款之后，仍有把握不住的内容，一定要向经验丰富的业务人员及有关方面的专家咨询，因为任何疏漏都有可能影响安全结汇。

三、改证

对信用证进行全面细致的审核以后，如果没有发现任何问题，我们就可按信用证条款发货、装运、制单结汇。但是，审证后发现问题也是常有的事。这些问题可能会涉及包装、信用证总金额、装船期、保险乃至一些拼写方面的错误。根据问题性质的不同，就要采取不同的处理方法。一般来说，凡是属于不符合我国对外贸易方针政策、影响合同履行和安全收汇的情况，我们必须要求国外客户通过开证行进行修改；凡不违反政策原则，经过努力可以做到而又不增加太多费用的情况，可以酌情处理，或不作修改，按信用证规定走货。

修改信用证同审证一样，是保证顺利履行合同和安全迅速收汇的重要前提，所以必须给予足够的重视，在改证中应注意以下四点。

（1）同一张信用证中，有时会发现多处地方需要修改，对此应做到一次向国外客户提出，尽量避免由于疏忽或考虑不周而多次提出修改要求。因为，每次修改信用证，国外客户都要向开证行交纳一定的手续费,出口企业也要向通知行交纳一定的修改通知费,它不仅增加了双方的手续和费用;而且,对外影响不好,也影响及时履约。

(2) 对于开证行根据客户申请发出的修改通知的内容,也要认真地进行审核,如果发现修改后的内容仍不能接受时,应及时向客户声明表示拒绝,并再次提请修改。

(3)《跟单信用证统一惯例》(UCP600)第 10 条的规定:"未经开证行、保兑行(如果有的话)以及受益人同意,信用证既不能修改也不能撤销。"如果国外客户来证后,又主动要求修改来证内容,而我方对修改内容不接受时,我方可以拒绝,但是我方应该立即发出拒绝接受修改的通知。发出该通知后,就可按原证各项条款和内容办理出运。

(4) 按惯例的规定:对同一修改通知中的修改内容不允许部分接受,因而对修改内容的部分接受当属无效。国外开证行发来的修改通知中如包括两项或两项以上的内容时,我方对此通知要么全部接受,要么全部拒绝,不能只接受其中一部分而拒绝另一部分。

要求国外客户修改信用证时,为争取时间,一般都以电传通知对方,并要求对方也电改信用证。

第三节 装运货物

在备妥货物和落实信用证以后,出口企业即应按买卖合同和信用证规定,对外履行装运货物的义务。安排装运货物涉及的工作环节甚多,其中以托运、投保、报关、装运和发装运通知等工作尤为重要。本节以履行 CIF 出口合同为例,简要介绍使用班轮运输装运货物出口时上述各环节的具体做法。

一、托运

凡由我方安排运输的出口合同,对外装运货物、租订运输工具和办理具体有关运输的事项,我国出口企业通常都委托中国对外贸易运输公司或其他经营外贸运输代理业务的企业(以下简称"外运机构")办理。所以,在货、证备齐以后,出口企业应立即向外运机构办理托运手续。所谓托运,是指出口企业委托外运机构向实际履行运输的企业即轮船公司、铁路局、航空公司等或其代理办理海、陆、空等出口货物的运输业务。

在 CIF(或 CFR)合同以及使用班轮装运货物出口的情况下,我出口企业向外运机构办理托运的工作步骤如下:

班轮公司或外运机构通常定期编印船期表分发各出口企业。船期表中列有航线、船名及航次、船舶抵港及离港日期、截止收单期(即接受运输委托的最后日期)、沿途停靠港口等内容。出口企业在备妥货物、收到国外开来的信用证经审核(或经修改)无误后,就应根据买卖合同和信用证条款规定,妥善填制海运出口托运单,在截止收单期前送交外运机构,委托其代为订舱。海运出口托运单,又称订舱委托书(shipping note),是出口企业向外运机构所提供的托运货物的必要文件,亦是外运机构向船公司订舱配载的依据。该托运单通常一式数份,分别用于外轮代理公司留存、运费通知、装货单、收货单、外运机构留底、配舱回单、缴纳出口货物港务费申请书等。

倘若采用海运集装箱班轮运输,其订舱手续与一般杂货班轮运输类似。出口企业或外运机构应缮制集装箱货物托运单,其内容、份数与通常的海运出口托运单略有不同。

船公司或其代理人签发装货单。外运机构在收到海运出口托运单后,即以出口企业的代理身份向轮船公司或其代理办理订舱手续,并会同轮船公司或其代理,根据配载原则,结合货运重量、尺码、装运港、目的港等情况,安排船只和舱位;然后,由轮船公司或其代理据以签发装货单。装货单(shipping order)又称关单,俗称下货纸,是船公司或其代理签发给货物托运人的一种通知船方装货的凭证。在法律上,船公司或其代理签发装货单是接受(承诺)出口企业或其代理向其提出订舱要求(要约)的意思表示,所以出口企业或外运机构收到装货单时就意味着运输合同已经订立。

二、投保

在履行 CIF 出口合同时,在配载就绪、确定船名后,出口企业应于货物运离仓库或其他储存处所前,按照买卖合同和信用证的规定向保险公司办理投保手续,以取得约定的保险单据。在办理投保手续时,通常应填写国外运输险投保单(Application for Foreign Transportation Insurance),列明投保人名称、货物的名称、唛头、运输路线、船名或装运工具、开航日期、航程、投保险别、保险金额、投保日期、赔款地点等。保险公司据此考虑接受承保并缮制保险单据。有时也有出口企业利用现成单据副本如出口货物明细表、货物出运分析单来替代。

特别要注意的是,根据《INCOTERMS 2020》规定,使用 CIP 贸易术语出口时,卖方必须按照 CIP 价格的 110% 投保一切险。

三、报关

海关是国家的大门,是国家设在口岸的进出关境的监督管理机关。我国海关的主要任务是:对进出境的运输工具、货物、物品等进行监管,征收关税和其他税费,实施稽查和查缉走私,编制海关统计等业务。按照《中华人民共和国海关法》规定:凡是进出境的货物必须经由设有海关的港口、车站、国际航空站进出,并由货物的所有人向海关申报,经过海关查验放行后,货物方可提取或装运出口。进出口货物的收、发货人向海关申报,请求海关查验放行进出口货物的行为称为报关。报关有进口和出口之分,出口报关是指出口人向海关如实申报货物出口,交验有关单据和证件,接受海关对货物的查验。在出口货物的发货人缴清税费或提供担保后,经海关签印放行称为清关或称通关。

2017 年 7 月 1 日,"通关一体化"改革在我国海关全面推开,进出口企业和报关企业可以任意选择通关或报关地点和口岸,在全国任何一个地方都可以办理相关手续。

根据全国通关一体化改革的要求,全国设立了上海、广州、京津三个税管中心[①],海关总署在上海、青岛、黄埔设立三个风险防控中心。在全国口岸所有运输方式进出口的《中华人民共和国进出口税则》全部章节商品,适用"一次申报、分步处置"的新型通关管理模式。在企业完成报关和税款自报自缴手续后,安全准入风险主要在口岸通关现场处置,税收征管要素风险主要在货物放行后处置。

---

① 上海税管中心主要负责机电大类(机电、仪器仪表、交通工具类)等商品,包括税则共 8 章(第 84—87、89—92 章)、2 286 个税号。广州税管中心负责化工大类(化工原料、高分子、能源、矿产、金属类等)商品,包括税则共 30 章(第 25—29、31—40、68—83 章)、2 800 个税号。京津税管中心负责农林、食品、药品、轻工、杂项、纺织类及航空器等商品,包括税则共 58 章(第 24、30、41—67、88、93—97 章)、3 461 个税号。

(一)一次申报

企业在申报环节选择"自报自缴"模式,一次性完成报关、计税、缴纳。

(1) 通过中国电子口岸 QP 预录入系统如实、规范录入报关单涉税要素及各项目数据。

(2) 利用预录入系统的海关计税(费)服务工具计算应缴纳的相关税费。

(3) 对系统显示的税费计算结果进行确认,连同报关单预录入内容一并提交海关(进出口企业、单位需在当日对税费进行确认,不予确认的,可重新申报)。

(4) 收到海关系统发送的回执后,自行办理相关税费缴纳手续。

(二)分步处置

第一步,风险防控中心分析货物是否存在禁限管制、侵权、品名规格数量伪瞒报等安全准入风险并下达布控指令,由现场查验人员实施查验。对于存在重大税收风险且难以有效稽(核)查或追补税的,由税管中心实施货物放行前的税收征管要素风险排查处置;需要在放行前核验有关单证,留存相关单证、图像等资料的,由现场验估岗进行放行前处置;需要实施实货验估的,由现场查验人员根据实货验估指令要求实施放行前实货验估处置。货物经风险处置后符合放行条件的可予以放行。

第二步,税收征管中心在货物放行后对报关单税收征管要素实施批量审核,筛选风险目标,统筹实施放行后验估、稽(核)查等作业。

税管中心的作业流程为税收征管作业,主要在货物放行后实施。税管中心前置税收风险分析,按照商品分工、加工(研发)、设置参数、指令和模型;对少量存在重大税收风险且放行后难以有效稽(核)查或追补税的,实施必要的放行前排查处置;对存在一定税收风险,但通过放行后批量审核、验估、稽(核)查等手段,能够进行风险排查处置及追补税的,实施放行后风险排查处置。

在实际工作中,通关一体化改革后,出口企业虽然可以任意选择通关或报关地点和口岸,但一般都采用属地报关,口岸查验,纳税和退税属地进行的方式。

四、装运

承运船舶抵港前,出口企业或外运机构根据港区所作的货物进栈计划,将经出口清关的货物存放于港区指定仓库或货场。轮船抵港后,由港区向托运人签收出口货物港杂费申请书后办理提货、装船。装船完毕,即由船长或大副根据装货实际情况签发大副收据(mate's receipt)。大副收据,又称收货单,是船方签发给托运人的、表明货物已装妥的临时收据,载明收到货物的详细情况。出口企业或外运机构可凭此单据向船公司或其代理换取海运提单。

按照我国的操作习惯,海运提单通常由出口企业自己或委托外运机构代为缮制,然后在货物装船后,再由出口企业或外运机构将缮制好的海运提单送交船公司或其代理,请求签字。船公司或代理在审核海运提单所载内容与大副收据内容相符后,正式签发提单,并加注"已装船"字样和加盖装船日期印章,这种提单就是已装船清洁提单。如果大副收据列有货物或包装的不良批注,船公司或其代理在签发提单时就要把所列批注照列于提单上,这种提单就是不清洁提单。如果要求签发的是运费预付提单,出口企业或外运机构应向船公司或其代理缴付海运运费,然后才能从船公司或其代理取得海运提单。

五、发装运通知

货物装船后，出口企业应及时向国外买方发出"装运通知"（shipping advice），以便对方准备付款、赎单，办理进口报关和接货手续。如果为CFR、FOB合同，由买方自办保险，则及时发出装运通知尤为重要。

装运通知的内容一般有定单或合同号、信用证号、货物名称、数量、总值、唛头、装运口岸、装运日期、船名及预计开航日期等。在实际业务中，应根据信用证的要求和对客户的习惯做法，将上述项目适当地列明在电文中。

从以上出口合同履行的环节可以看出，在出口合同履行过程中，货、证、船（运）的衔接是一项极其细致而又复杂的工作。因此，出口企业必须加强对出口合同的管理，建立起能反映出口合同执行情况的进程管理制度，做好"四排队""三平衡"工作。"四排队"是指以买卖合同为对象，根据合同项下的货物是否备妥、信用证是否落实，按四种情况进行分析排队，即"有证有货""有证无货""无证有货""无证无货"。通过排队，摸清货、证情况，及时发现问题，采取措施，解决问题。"三平衡"是指以信用证为依据，根据信用证规定的装运期和到期日的远近，结合货源和运输能力的具体情况，区别轻重缓急，力求做到"货、证、船"三方面的有效衔接，保证按时交付和装运货物，保证出口合同得以顺利履行。

第四节　缮　制　单　据

现代国际贸易绝大部分采用凭单交货、凭单付款方式。因此，在出口业务中做好单据工作，对及时安全收汇有特别重要的意义。在信用证业务中，银行只看信用证不管合同，只看单据不管货物，对单据的要求就更为严格。

一、制单的基本要求

对于出口单据，必须符合正确、完整、及时、简明、整洁的要求。

（一）正确

制作的单据必须正确，才能保证安全和及时收汇。在信用证方式下，单据的正确性集中体现在"单证一致"和"单单一致"，即单据应与信用证条款的规定相一致，单据与单据之间应彼此一致。此外，还应该注意单据的描述与实际装运的货物相一致，只有这样，单据才能真正地代表货物。

（二）完整

单据的完整是指信用证规定的各项单据必须齐全，不能短缺，单据的种类、每种单据的份数和单据本身的必要项目、内容都必须完整。

（三）及时

制作单据必须及时，并应在信用证规定的交单期和/或UCP600规定的交单期内将各项单据送交指定的银行办理议付、付款或承兑手续。如有可能,最好在货物装运前,先将有关单据送交银行预先审核,以便有较充裕的时间来检查单据,提早发现其中的差错并进行改正。必要时,也可及时与进口商联系修改信用证,避免装运出口后因单证不符而被拒付。

(四)简明

单据内容应按信用证和UCP600的规定,以及该惯例所反映的国际标准银行实务填写,力求简单明了,切勿加列不必要的内容,以免弄巧成拙。

(五)整洁

单据的布局要美观、大方,缮写或打印的字迹要清楚,单据表面要洁净,更改的地方要加盖校对章。有些单据如提单、汇票,以及其他一些重要单据的主要项目,如金额、件数、数量、重量等,不宜更改。

二、常用的出口单据

进出口业务中涉及许多单证,总的来说包括三大类:一类是金融单证,主要为信用证、汇票、支票和本票;另一类为商业单证,主要有发票、装箱单、运输单据、保险单等;还有一类是主要用于政府管制的单证,包括许可证、原产地证明、检验证书等。本节对其中部分主要的单证加以介绍。

(一)商业发票

商业发票简称发票(invoice),是国际贸易的最主要单据之一。它是卖方向买方开立的,对所装运货物做全面、详细说明,并凭以向买方收款的货款价目总清单。从商务上说,进口商凭发票核对货物及了解货物的内在品质、规格、品种、价值等情况,它是进出口商记账与核算的依据,在没有汇票的情况下,出口商可凭发票向进口商收款。从国家对进出口的管制上说,发票是报关及征税的基本依据,也是实施其他管制的基础。

商业发票由出口企业自行拟制,无统一格式,但基本栏目大致相同,分首文、本文和结文三部分。首文部分:发票名称、号码、出票日期及制作地点、信用证或合同号码、收货人或抬头人、运输工具及运输线路等。本文部分:唛头、货物描述、单价与总金额等。结文部分:许可证或管汇号、汇票出票条款、信用证要求在发票上证明或声明的其他内容、发票制作人签章等。

(二)装箱单

装箱单(packing list or packing specification)亦称包装单、花色码单、码单,是用于说明货物包装细节的清单。除散装货物和裸装货物外,卖方一般都向买方提供装箱单,作为发票的补充,以便在货物到达目的港后,供海关验货和收货人核对货物。装箱单主要载明货物装箱的详细情况,包括所装货物的名称、规格、数量、花色搭配等。对于不定量包装的货物尤其要逐件列出每件(箱)包装情况。装箱单有时也与重量单以联合形式出具。

出口企业制作的装箱单格式不尽相同,但基本栏目内容相似,主要包括单据名称、编号、出单日期、货物名称、唛头、规格、件数、毛重与净重、签章。有时还涉及包装材料、包装方式、包装规格等。

(三) 提单

海运提单(ocean bill of lading)是船公司或其代理人在收到其承运的货物时或将其承运的货物装船后向托运人签发的单据。

提单是运输合同的证明,它表明承运人应就提单所列明的货物及条款向托运人承担按照提单中所列明的条款将货物运至指定目的港交与提单合法持有人。进出口业务中一般多使用全式提单,该种提单正面列明了必要栏目内容,背面列有承运人与托运人权利、义务和免责的详细条款。

(四) 原产地证书

原产地证书(certificate of origin)又称产地证,是证明货物原产地或制造地的文件。由于各国对跨境货物实施监管的政策常常采取不同的国别政策,因此原产地证的主要作用在于证明货物的原产国,从而根据国别的不同实行差别关税、分配和控制进口配额,或者其他进口管制政策。因此,在出口业务中,买方通常要求卖方提供原产地证。实施被动出口配额管制,通常也需要提供原产地证。

第五节 出口结汇

一、出口结汇

出口人(信用证的受益人)在信用证交单到期日前和交单到期日内向指定银行提交符合信用证规定的单据。这些单据经银行审核确认无误后,根据信用证规定的付款条件,由银行办理出口结汇。

由于银行的付款、承兑和议付均以受益人提交的单据完全符合信用证条款的规定为条件,所以交付单据应严格做到完整、明确、及时的要求。议付银行在收到单据后应即按照信用证规定进行审核。如果审核无误,应即向信用证的开证行或被指定的其他付款银行寄单索偿,同时按照与出口人约定的方法进行结汇。在我国出口业务中的出口结汇是指银行将收到的外汇按当日人民币市场汇价的银行买入价购入,结算成人民币以支付给出口人。

在我国出口业务中,使用议付信用证比较多。对于这种信用证的出口结汇办法,主要有三种:收妥结汇、押汇和定期结汇。

(一) 收妥结汇

收妥结汇又称收妥付款,是指议付行收到出口企业的出口单据后,经审查无误,将单据寄交国外付款行索取货款,待收到付款行将货款拨入议付行账户通知书(credit note)时,即按当时外汇牌价,折成人民币拨给出口企业。

(二) 押汇

押汇(negotiation)又称买单结汇,是指议付行在审单无误的情况下,按信用证条款买入受益人（出口企业）的汇票和单据，从票面金额中扣除从议付日到估计收到票款之日的利息，将余款按议付日外汇牌价折成人民币，拨给出口企业。议付行向受益人垫付资金、买入跟单汇票后，即成为汇票持有人，可凭票向付款行索取票款。银行同意做出口押汇，是为了对出口企业提供资金融通，有利于出口企业的资金周转。

(三) 定期结汇

这是议付行根据向国外付款行索偿所需时间，预先确定一个固定的结汇期限，到期后主动将票款金额折成人民币拨交出口企业。

如前所述，开证行在审核单据与信用证完全相符后，才承担付款的责任。开证行对提交的单据如发现任何不符，均有拒付货款的可能。因此，受益人（出口人）为了安全收汇必须做到单、证一致和单、单一致，而且还必须做到所交付的货物与合同的规定一致。这样环环紧扣，才能保证安全收汇，并避免买方收到货物后提出异议或索赔。

二、出口收汇核销

根据国务院、国家外汇管理局、国家税务总局的有关规定，我国出口企业在办理货物装运出口，以及制单结汇以后，应及时办理出口收汇核销和出口退税手续。

出口收汇核销制度，是国家加强出口收汇管理，确保国家外汇收入、防止外汇流失的一项重要措施。其主要内容是：除少数几种方式的出口（如捐赠、暂时出口等）外，其他一切贸易方式项下的出口，出口企业都必须事先从外汇管理部门领取有顺序编号的核销单，并如实填写。在出口报关时，海关将逐票核对报关单和出口收汇核销单的内容是否一致，报关单上的核销单编号与所附核销单编号是否一致，出口货物经审核验放无误后，海关在专为出口收汇核销用的报关单和核销单上盖"验讫章"。若为信用证、托收项下出口，出口企业在向银行交单时，需在所提交的汇票及/或发票上注明核销单编号；若为汇付方式出口，出口企业应事先向国外进口商说明该批出口货物的核销单编号。当货款汇交至出口地外汇指定银行以后，该银行向出口企业出具结汇水单或收账通知时，将提供出口收汇核销专用联，在办理结汇或收账时，必须在结汇水单或收账通知上填写有关核销单编号。对一票出口多笔收汇者或多票出口一笔收汇者，应将对应的核销单编号全部填上。出口企业即凭出口收汇核销单和出口收汇核销专用联的结汇水单或收账通知及其他规定的单据，到国家外汇管理部门办理核销手续。国家外汇管理部门按规定办理后，将在核销单上加盖"已核销"章，并将其中的出口退税专用联退出口企业。

为进一步促进货物贸易外汇收支便利化，满足外汇指定银行和境内企业办理外汇业务的电子化需求，国家外汇管理局规定，自 2016 年 11 月 1 日起，银行为符合条件的企业办理货物贸易外汇收支时，可以审核其电子单证。

三、出口退税

出口退税（export rebates）是指有出口经营权的企业和代理出口货物的企业，除另有规定外，可在货物报关出口并在企业财务账册做完销售账册后，凭有关凭证按月报送税务机关批准退还或免征增值税和消费税。出口产品退税制度是一个国家税收的重要组成部分，它主要是通过退还出口产品国内已纳税款来平衡国内产品的税收负担，使本国产品以不含税成本进入国际市场,与国外产品在同等条件下竞争,从而增强竞争能力,扩大产品出口创汇。

(一) 出口退税的办法

对外贸企业出口货物实行免税和退税的办法,即对出口货物销售环节免征增值税,对出口货物在前各个生产流通环节已交纳增值税予以退税。

对生产企业自营或委托出口的货物实行免、抵退税办法,对出口货物本道环节免征增值税,对出口货物所采购的原材料、包装物等所含的增值税允许抵减其内销货物的应缴税款,对未抵减完的部分再予以退税。

(二) 出口退税的程序

出口企业的出口退税全部实行了计算机电子化管理,通过计算机申报、审核、审批。我国从 2003 年起启用了"口岸电子执法系统"出口退税系统,对企业申报的报关单、外汇核销单等出口退税凭证,实现了与签发单证的政府机关信息对审的办法,确保了申报单据的真实性和准确性。外贸企业出口退税具体流程如下。

(1) 外贸出口企业通过本企业安装的退税系统,完成出口明细申报数据的录入、审核。

(2) 在增值税发票开票日期后 30 天内,在"发票认证系统"或国税局进行发票信息认证;并通过退税系统完成进货明细申报数据的录入、审核;通过系统中"数据处理"的"进货出口数量关联检查"和"换汇成本检查"后生成预申报数据。

(3) 进行网上预申报,等待、查看预审反馈信息。

(4) 在申报系统中录入单证备案数据。

(5) 预审通过后,进行正式申报,把预申报数据确认到正式申报数据中。

(6) 打印出口明细申报表、进货明细申报表、出口退税申报汇总表各两份;并生成退税申报软盘,且在生成好的退税软盘上写明企业的名称和海关代码。

(7) 准备退税申报资料,到退税科正式申报退税(需要在出口日期算起 90 天内进行正式申报)。所需资料:专用封面、封底打印件;退税进货明细申请表;出口退税出口明细申请表;出口退税专用核销单;税收(出口货物专用)缴款书;增值税票抵扣联及专用货物清单;代理出口证明(如属代理出口的);出口退税专用报关单。上述单据装订成一册。另外,应附两套退税申报表(退税汇总申报表、退税进货明细表、退税出口申报明细表),并加盖公章。

企业到退税机关办理退税正式申报后,退税机关会将一张退税汇总申报表签字盖章后返还给企业。正式申报退税即完成。

(8) 税款的退还。税务局得到退税的批复之后,会将数据上传到税网,同时系统自动发送电子邮件。企业看到邮件信息后,可以到"数据管理"——"退税批复"栏目中查看。企业应认真查看"出口货物税收退还申请书"的内容,仔细核对开户行与账号是否准确。无误后打印表单并盖章,交到退税科,由退税机关办理退库。

出口企业在出口业务中应该注意对出口退税涉及的单证严格把控,特别是目前外贸企业大量代理生产企业出口,由于涉及生产企业数量大,规模不一,有些生产企业经营不善或信誉不好,甚至出于骗税目的找外贸企业代理出口,外贸企业在代理业务中应该加强对委托企业的调查,明确与委托企业的代理关系,杜绝出口骗税和走私行为,以维护国家和企业的经济利益。

思考题

1. 按 CIF 条件成交、信用证结算的出口合同履行的基本环节有哪些？
2. 在备货工作中，必须注意哪几个问题？
3. 出口商审核信用证的主要内容有哪些？
4. 信用证修改时应注意什么问题？
5. 简述报关的主要环节。
6. 出口制单的基本要求有哪些？
7. 议付信用证项下出口结汇的方法有哪些？

案例分析

2017 年 9 月，我某出口分公司与德国一公司就某款服装出口达成交易，单价每件 EUR30（含佣金 3%），合同总金额为 EUR150 000，交货期为 2018 年 7 月。客户于 2018 年 5 月 19 日开出信用证，我方于 5 月 28 日收到，信用证总金额为 EUR145 500（已扣除 3% 佣金），装运期不迟于 7 月 31 日，有效期为 8 月 15 日。分公司于 7 月 17 日制单托运。8 月 31 日，我方公司收到倒签的提单，逾信用证有效期半个月，电告客户要求配合接单。但是，对方表示拒绝接受逾期单据。我方办理装运期间，8 月 3 日和 8 月 13 日，客户曾先后两次来电询问装运情况，要求电告船名。但是，我方公司有关部门两次均未能满意地答复对方的询问。货于 2018 年 11 月中旬到达目的港，已错过销售季节。拖至 2019 年 1 月，我方公司按调整后的新价每件 EUR17，主动向客户提出，希望立即赎单提货，客户坚持不接受，但同意提供样品 5 件，协助另找用户试销，经与我方银行联系，不同意从货中抽样。我方公司为了尽快解决悬案，即航寄一件样品供客户协助推销。对方收到样品后称季节已过，待下一个季节再协助推销。延至 2019 年 6 月，我方公司请总公司驻汉堡代表处与客户协商，终以降价至每件 EUR17 售出。2019 年 12 月 1 日收到货款 EUR82 450。与原售价相比，损失 EUR63 050。

试问：进出口业务中履行合同要注意哪些关键之处？我们从中应吸取怎样的教训？

第十四章 进口合同的履行

进口合同的履行是指在国际货物买卖合同签订后,买方按照合同规定完成接货、付款等一系列行为的整个过程。在进口业务中,我国企业作为买方应当坚持"重合同、守信用"的原则,全面履行合同。在履行进口合同时,我方应特别注意如下环节:适时开出符合规定的信用证;妥善办理租船订舱、做好催装工作;审单付款;接货报关、检验;如果需要索赔,则要分清责任,并在索赔期限内提出。

第一节 办理付款保证

一、信用证的开立和修改

国际货物买卖合同中,买方的主要义务是接货和付款。合同签订后,我国进口企业应立即按合同规定的支付方式办理对外付款保证手续。目前,我国的进口合同一般都采用信用证方式付款,所以在进口合同签订之后,作为进口方的我国企业应在合同规定的期限内向经营外汇业务的银行申请开立信用证,信用证开立之后,如果发现其内容与开证申请不符合,或因客观情况发生变化而需要对信用证进行修改的,应立即向开证行提出修改申请。

(一)申请开立信用证

进口方在向银行申请开立信用证时,应当填写开证申请书。开证申请书是银行开立信用证的依据,也是申请人和银行之间契约关系的法律证明。开证申请书包括两部分。一部分是开证申请人对开证银行所作的保证付款的承诺,它通常是事先印制在开证申请书上的,主要是申请人保证向开证银行提供偿付该证项下货款、手续费、其他费用及利息等费用,在申请人付款赎单前,单据及货物所有权属银行所有;承认开证行有权接受"表面上合格"的单据;承认电讯传递中如有错误、遗漏或单据邮递遗失等,银行不负责任等。另一部分是开证申请人根据合同的规定具体填写的信用证内容,包括受益人的名称和地址,信用证的性质、金额、汇票内容、货物描述、运输条件、所需单据种类以及信用证的交单期、到期日、地点、信用证通知方式等。

开证申请人在申请开证、填写开证申请时应注意以下三点。

1. 按照合同规定的信用证种类,按时开立信用证

开证申请人应根据合同的要求开立信用证,应当注意以下事项:(1)在进口业务中,为减少不必要的风险,一般不宜开立可转让信用证,以防因第二受益人不可靠而造成意外损失。(2)如果合同明确规定了开证日期,进口方应在规定的期限内开立信用证;如果合同只

规定了装运的起止日期,则应让受益人在装运期开始前收到信用证;如果合同只规定了最迟装运日期,则应在合理时间内开证,一般为交货前一个月至一个半月前。如果合同规定在卖方交付履约保证金或者提供银行保函后向银行申请开证,则应在收到保证金或保函后向银行申请开证。(3)信用证金额除必要情况外,不宜在金额前加上"约"或"大约"字样。

2. 完整而且正确地记载所有必要事项,其内容不能互相矛盾

UCP600规定,为防止混淆和误解,不应在信用证中列入过多的细节,但是开立信用证的指示、信用证本身必须完整、明确。为此,在指示开立信用证时,最好不要引用先前开立的信用证。此外,开证申请书的内容要相互一致、没有差错,比如信用证的金额大小写不能冲突。

3. 开证申请书的内容不得违反贸易合同的交易条件

信用证的内容应当严格以合同为依据,货物的品名、品质、规格、数量、包装、价格、交货期、装运条件、付款期限等各种交易条件,所有的内容都应当与合同条款一致。比如,进口合同规定不允许分批装运和转运,则应在信用证中明确注明不准分批装运和转运。但是,这并不是要进口方在开立信用证时,将合同条款全部照抄,而是将合同的有关规定转化为单据。如果合同规定以CFR条件成交,信用证应要求受益人提交的清洁已装船提单上注明运费已付。开立信用证时应当明确列出所有相应的单据。

(二)信用证的修改

根据UCP600的规定,信用证都是不可撤销的。信用证开出后,未经开证行、保兑行(如有)、受益人同意,既不得修改,也不得撤销。所以,申请人在申请开证时须采取审慎的态度。信用证开立之后,如果发现其与开证申请书不符,或者因疏忽与合同内容有出入,或者因其他特殊情况,需要对信用证进行修改的,应立即向开证银行提出修改申请,办理改证手续。修改信用证时,有关修改信用证的指示和修改本身必须完整、明确;所有有关修改的指示和修改本身,必须明确规定凭以付款、承兑或议付的单据。

如果受益人在收到信用证之后,提出修改的请求,应当区别情况决定是否同意。如果进口方同意修改,应及时通知开证行办理修改手续;如果不同意修改,也应及时通知对方,要求其按原来条款履行装货和交单的义务。

总之,不管是开证人主动要求修改,还是受益人请求修改,在实践中都应谨慎对待。因为经过修改的信用证,自发出修改时起,开证行就不可撤销地受该修改的约束。对于修改后的信用证,受益人会作出接受或拒绝的通知,在作出该通知前,原信用证的条款对受益人依然有效;如果受益人没有作出任何通知,而其向银行提交的单据与原信用证的条款相符,则视受益人已拒绝该修改;如果受益人没有作出任何通知,但是其向银行提交的单据符合信用证和尚未被接受的修改,则视为受益人接受该修改的通知,并于该时起信用证已被修改。申请人在修改通知中无权规定受益人必须在某一时间内拒绝修改,否则修改生效。即使修改通知中有这样的规定,银行可以不予理会。

二、其他支付方式下的付款保证

在国际贸易实践中,除了信用证支付方式外,还有汇付、托收等支付方式,有时也会有两

种以上的支付方式结合使用。如果合同规定使用汇付方式,则进口企业应当在合同规定的时间,按合同约定的信汇、电汇或票汇方式将汇款汇出。如果合同规定使用托收作为付款方式,则应按照所采用的具体托收方式及时付款或承兑后再行付款。如果合同要求买方开立进口银行保函以保证进口人在出口人交货后一定如期付款,那么进口企业应当及时申请开立进口保证书,在银行保证书中列明保函的目的和开具的种类(包括保证金额)、受益人、保函有效期、保证责任、付款条件等内容,同时进口企业要向银行保证在保函有效期内,如受益人按合同规定要求银行履行保函义务对外偿付时,银行无须事先征得申请人同意即可对受益人偿付。如果合同规定卖方应当开立出口保证书且买方据此预付合同货款,则进口企业在未收到银行保函以前,应当拒绝预付。

第二节 接 货

接货是国际货物买卖合同中买方的主要义务。由于国际贸易实践中,买卖双方往往是遥隔千里,货物需要经过长途跋涉才能实际到达买方手中,这就需要妥善安排好货物的运输和途中的保险等相关事宜。

一、租船订舱和催装

在我国的进口业务中,通过海洋运输的进口合同,大多是采用 FOB 贸易术语成立的合同;用多式联运方式的,一般以 FCA 贸易术语为成交条件。因此,租船订舱、订立运输合同的工作都由我方来完成。目前,我国外贸企业的大部分货物的租船订舱工作都委托中国对外贸易运输公司、中国租船公司或其他外运代理机构代办运输,并与其订立运输代理协议;也有的直接向中国远洋运输公司或其他对外运输的实际承运人办理托运手续。

作为买方,我国的进口企业应当按照合同规定的时间租船订舱、提交舱单以保证及时配船。如果合同规定,卖方应在交货前一段时间将预计装运期,以及其他一些相关事宜通知买方,而我方却未能按时收到此项通知时,我方应及时发函电询问有关事宜;如果收到了上述通知,我方应及时办理租船订舱手续。在办妥租船订舱手续后,我方还应及时向卖方发出派船通知,告知船名和船期,以便对方备货装船。此外,我方还应随时了解卖方备货和装船的准备工作情况,督促对方按合同履行交货义务,以防船货脱节,造成不必要的麻烦。对于成交量较大的货物或者重要的进口货物,可以委托我国驻外机构就近了解、敦促对方履行合同,必要时可以派人亲自前往实地监督装运。

卖方装船之后,应向我国进口企业发出货物已装船的通知,该装船通知应列明合同号、货名、数量、金额、船名、起航期等,以便我方及时办理保险,并做好接货的必要准备。

如果我方签订的进口合同规定由卖方租船订舱,那么我方也应当及时与卖方联系,了解和掌握有关备货、装运的情况,以便顺利接货。

二、办理保险

如果我国企业是以 FOB、FCA、CFR、CPT 等条件签订的进口合同,我方进口企业应当负责向保险公司办理货物的运输保险。进口人可以根据进口货物的运输方式选择相应的险别,其投保方式可以采取下列两种中的任意一种。

(一) 预约保险

我国外贸公司和有经常性进口业务的企业,为了简化投保手续,做到及时保险,可以采用与保险公司签订预约保险合同(open policy)的方式,投保进口货物运输险。预约保险合同有海运、空运、陆运和邮包运输四种,进口企业可根据需要选择其中一种,也可以签订包括以上四种运输方式在内的综合性预约保险合同。预约保险合同对所投保货物的范围、保险金额和限额、险别和保险费率、保险责任、责任起讫、索赔手续和时效以及合同期限等都作出了具体的规定。

在预约保险合同规定范围内的货物,一经装运,保险公司即自动承担保险责任。进口企业在每次收到国外的发货通知时,即按要求填制进口货物的装货通知,将合同号、起运口岸、船名、起运日期、货物名称、数量、金额等内容一一列明,送至保险公司,即办妥投保手续。

预约保险合同一般对保险公司承担每艘船舶每一航次的最高保险责任作出明确规定,如果承运货物超过此限额时,应当于装货前书面通知保险公司;否则,理赔时将仍按原定限额作为最高赔付金额。

(二) 逐笔投保

在没有和保险公司签订预约保险合同的情况下,如果我国企业一次性或断续几次进口货物时,就需要逐笔交易都事先与保险公司联系,进行投保。进口企业可事先索取空白投保单,一旦收到国外出口人发出的装货通知,就立即向保险公司填交投保单。在实践中,为了简化手续,经双方同意,进口企业可以填交"装货通知"代替投保单交给保险公司,"装货通知"应详细列明货物名称、数量、保险金额、投保险别、船名、起运日期、估计到达日期、装运港、目的港等所有相关内容。保险公司接受承保后,会签发给进口人一份正式保险单作为双方保险合同的证明文件。保险公司出具保险单,投保人缴付保险费后,保险单随即生效。在逐笔投保的情况下,进口方应当及时办理货物运输保险,否则,发生意外损失时将得不到保险公司的赔偿。

在进口合同中,保险公司的保险责任开始于货物装运之时,如海运货物保险的责任就开始于货物装船时,因为货物在装到船上以前,所有权和风险都属于卖方,买方(进口方)不具有保险利益,无法与保险公司之间建立保险合同关系。保险公司的保险责任在货物到达保险单载明的目的地仓库或储存处所时终止。如果货物没有抵达上述仓库或储存处所,则保险责任于被保险货物卸离海轮后60天终止。如有必要,可以向保险公司申请延期,延期最多为60天。但是,散装货物、木材、化肥、粮食等不能延期;而新鲜果蔬、活牲畜等在卸离海轮时,保险责任即告终止。

三、审单和付款

目前,我国的进口合同通常采用信用证方式支付货款,这就要求出口方必须提交与信用证完全相符的单据;而进口企业也应认真做好审单工作,以确保自身利益不受损害。在实际操作中,审单一般由进口地的开证银行与进口企业共同负责,进口企业应与银行密切配合,提供必要信息。

(一) 审单

当国外出口方将货物装运并寄来各项单据后，开证银行（有时可能会由保兑行）必须合理审慎地审核信用证规定的一切单据以确定其表面上是否符合信用证条款，构成相符交单。银行对任何单据的形式、完整性、准确性、真实性、伪造或法律效力，以及对单据上所载的或附加的一般和特殊条件概不负责。在"单证一致""单单一致"的情况下，开证行就必须承付。单据之间出现的表面上的彼此不一致，将被视为单据表面上与信用证条款不符。

对于信用证没有规定的单据，银行将不予审核。如果银行收到此类单据，应该将它们退回交单人或转递而不需承担责任。如果信用证载有某些条件，但并未规定需提交与之相符的单据，银行将视这些条件为未予规定而不予置理。

开证行、保兑行（如有的话）或代表它们的指定银行，应在合理时间内——不超过收到单据次日起的 5 个银行工作日，审核和决定接受或拒绝接受单据，并相应地通知交单方。

(二) 拒付或付款

银行应根据"单证一致"和"单单一致"的原则，对照信用证的条款，核对所有单据的种类、份数和内容。如果发现单证或单单不符，一般先与进口企业联系，征求其是否同意接受不符点。如果进口企业表示可以接受，则银行对外付款；而不能接受时，银行可拒绝接受单据，但是应当毫不迟延地以电讯方式或其他快捷方式通知寄单银行或受益人，并说明银行拒受单据的所有不符点，还须说明单据是否保留以待交单人处理，或退还交单人。拒绝接受单据的通知，应在不迟于自交单次日起 5 个银行工作日结束前发出。如果银行未能按规定时间发出通知，它将无权宣称交单不符。开证行、保兑行如未能保管单据听候交单人处理，或退回交单人，也将无权宣称单据与信用证不符。

开证行经过审核单据无误后，应当及时向国外议付行付款，同时通知我国进口企业向开证行付款赎单。由于开证行的这种付款行为是无追索权的，一经履行付款，即使有问题，货款也将不能追回，所以进口企业对单据的审核也必须认真谨慎。

四、进口货物的通关

当进口方所购货物经过长途跋涉，运送到目的港（地）时，进口企业应当派人亲自到场或委托货运代理公司负责现场监卸货物。监卸时，如发现货损货差，应会同承运人及有关方面填制货损货差报告。卸货后，货物可以在目的港（地）申请报检，也可在用货单位所在地报检。

所有进口的货物都必须向海关申报，办理各项法定手续，只有在办理完全部手续、履行各项法定义务后，海关才能放行货物，货物才能被提取。上述整个过程被称为通关或结关，它一般包括报关（declaration）、查验（inspection）、征税（levy）和放行（release）四个环节。作为进口方，应在所购货物入境时主动向海关交验各种单证并申请查验和放行的手续。进口货物的报关手续必须由具有报关资格的单位和人员办理。进口货物的报关必须在法律规定的时限内进行。进口货物的收货人应自载运该货物的运输工具进境之日起 14 日内，向海关办理报关手续。逾期未申报的，由海关依照《中华人民共和国海关征收进口货物滞报金办法(2018年修订)》的规定,按日计征进口货物滞报金,以自运输工具申报进境之日起第15日为起征日,以海关接受申报之日为截止日,起征日和截止日均计入滞报期间,另有规定的除外。滞报金的日征收金额为进口货物完税价格的千分之零点五,以人民币"元"为计征单位,不足人民币一元的部分免予计征。征收滞报金的计算公式为:进口货物完税价格×0.5‰×滞报期间(天数)。滞报金的起征点为人民币50元。进口货物因收货人在运输工具申报进境之日起超过3个月未向海关申报,被海关提取作变卖处理后,收货人申请发还余款的,仍应计征滞报金,滞报金的截止日为该3个月期限的最后一日。进口货物报关时,应填写《进口货物报关单》,作为向海关申报的书面材料,同时还应提交相关单证,如提货单、装货单或运单;发票;装箱单;进口货物许可证;减、免税证明或免验的证明;有关检验检疫证明书;产地证以及其他海关认为有必要提供的文件。

  海关接受申报后,将在海关监管区域内码头、机场、车站的仓库、场院等场所对进口货物进行检验,以核对单货相符,防止非法货物入境。在特殊情况下,海关可以派员到收货人的仓库、场地查验。对货物的查验采取一般货物和重点货物相结合的方法,一般货物可以粗查,只点数、看唛头、核对品名;对应征高税或重点货物,则应仔细查验,弄清成分、数量、税则号、价格、原产地等。海关查验进口货物时,若损害了查验的货物,海关应当予以赔偿。海关查验货物后交给货主时,如货主没有提出异议,即视为货物完好无损,以后如再发现损坏,海关将不予负责。

  进口货物在履行报关、查验手续后,应当按照海关税则缴纳关税,在完成所有手续后,由海关在货运单据上签印放行。收货人凭此货运单据就可以提取货物了。对于违反国家法律、行政法规规定的进口货物,海关不予放行。未经海关放行的进口货物,任何单位和个人不得提取。

  此外,由于EDI的出现,各国海关都已应用了电子计算机自动化通关系统,报关人可以运用终端系统办理通关手续。我国海关也在进行着这方面的改革,进口企业应当注意这一点。

  当然,并不是每一笔进口业务都要经过这四个程序。例如,经海关批准未办理纳税手续先行进境,在境内储存、加工、装配后复运出境的保税货物。我国海关管理的保税货物有三大类:加工生产类保税货物、储存出境类保税货物、特准缓税类保税货物。所有保税货物未经海关许可,任何单位和个人不得开拆、提取、交付、发运、调换、改装、转让或更换标记。

第三节 验收与索赔

一、进口货物的检验

  国际货物买卖中,当进口货物抵达买方所在地时,一般都要对货物进行检验。这样,一方面有利于维护进口国的国家利益,通过检验可以将有毒有害的货物以及一些病虫害拒于国门之外;另一方面也有利于维护买卖双方的合法利益,防止双方因进口货物的质量、数量等问题发生纠纷。如果货物经检验合格,买方应按合同规定及时提取货物;如果经检验不符合合同的规定,买方则有权向卖方提出索赔请求。进口货物的检验分两类:法定检验和非法定检验。无论是哪种检验,一般都有三个主要环节:报检、抽样和检验。

(一) 法定检验

当需经法定检验的进口货物抵达目的港(地)后,进口方应持合同、发票、货运单据、进口货物报关单,以及有关文件向卸货口岸或者到达站的检验机构申请检验,由检验机构对货物完成检验并在《进口货物报关单》上加盖"已接受报验"印章,申请人凭此向海关办理进口报关,海关则凭上述印章验关放行,准予卸货。

对于进口货物的报检时间,法律无具体规定。在实践中,进口人一般应从货物卸毕之日起算不超过三分之一索赔有效期的时间内向检验机构报检。因为报检时间如果离索赔有效期届满日很近的话,进口人很可能丧失对外索赔权。至于进口货物报检的地点,如果合同有明文规定的,在约定地点申请检验;如果合同没有规定,在卸货口岸、到达站或者检验机构指定的地点申请检验。大宗散装货物、易腐烂变质货物,以及卸货时发现残损或者数量、重量短缺的货物,必须在卸货口岸或到达站申请检验。

检验机构接到申请后,应进行抽样工作并对抽取的样品进行检验。检验机构对已报检的进口货物,应当在索赔期限内检验完毕。对检验合格的货物,出具检验情况通知单;检验不合格的或货物进口合同约定由检验机构出具检验结果的,签发检验证书。法定检验中发现不符合法定的强制性标准或其他必须执行的标准的,必须在检验机构的监督下进行技术处理,经重新检验合格后,方可销售或使用;不能进行技术处理或经技术处理后,重新检验仍不合格的,由检验机构责令收货人退货或者销毁。

(二) 非法定检验

法定检验范围以外的进口货物,买卖双方当事人可以约定检验的时间和方法。如果买卖合同约定或者进口人申请检验机构签发检验证书的,也可以由检验机构实施检验。如果买卖合同并未约定由检验机构检验,但在口岸卸货时已发现货物有残损或者数量、重量短缺需要索赔的情形时,进口人也应及时向检验机构申请检验出证。此外,在必要时,检验机构也可督促收货人验收并进行抽查检验。验收不合格的,收货人应当请求检验机构出具检验证书以备日后向卖方索赔。另外,一般进口合同中都约定有品质保证条款。在品质保证期内,如果发现非买方操作不当、保养不当而造成的质量问题,还可申请检验机构复验。

二、索赔

如果经过检验,货物不符合法定标准或者合同约定的要求,买方有权就此提出索赔。在进口合同的履行中,由于引起索赔的原因不同,买方索赔的对象也会有所不同。

(一) 向卖方索赔

在卖方根本违反合同时,买方可以宣告合同无效,并可以要求卖方赔偿因此而给买方造成的包括利润在内的损失。如果卖方只是一般性的违约,则买方只能要求获得损害赔偿。

买方有权向卖方提出索赔请求的主要情形有:卖方完全不交货物,根本违反合同;卖方所交货物的品质不符合同规定;原装数量不足;包装不符合合同规定或因包装不良致使货物受损;卖方迟延交货或提供的单证种类不齐;卖方不符合合同规定的其他行为致使买方受到损失。

买方应在合同规定的索赔期限内提出索赔请求。如果检验工作确有困难可能需要延长时间,可以在合同规定的索赔期限内向对方要求延长索赔期限,或在合同规定的索赔期限内向对方提出保留索赔权。如果合同没有规定索赔期限,按《公约》的规定,买方行使索赔权的最长期限是其收到货物之日起 2 年。我国《合同法》第 129 条规定,因国际货物买卖合同争议提起诉讼或者申请仲裁的期限为 4 年,自当事人知道或者应当知道其权利受到侵害之日起计算。

买方索赔时应提交索赔清单和有关货运单据,同时应提交检验机构出具的检验证书或公证报告、破损证明等。

(二) 向承运人索赔

如果买方收到的货物数量少于运输单据所载数量,或者由于承运人的原因造成残损、遗失等,可以向承运人提出索赔。买方应当根据不同的运输方式,在索赔期限内及时向承运人提出索赔要求。向船公司索赔期限为货物到达目的港交货后一年之内。向承运人索赔时,应提交理货报告和货损货差证明。

(三) 向保险公司索赔

如果买方收到的货物所遭到的损失在保险公司承保范围内,或者承运人不予赔偿的损失或赔偿额不足以补偿货物的损失而又属于承保范围内的,买方有权向保险公司提出索赔。向保险公司索赔应当提交前述各项证明和由保险公司出具的检验报告。向保险公司提出海运货损索赔的期限,是被保险货物在卸载港全部卸离海轮后两年。

必须注意的是,买方在提出索赔的同时,有义务采取适当措施保持货物原状并妥善保管。按照国际惯例,如果买方不能按实际收到货物的原状归还货物,就失去了宣告合同无效或要求卖方交付替代物的权利。而且,保险公司一般都规定,被保险人有责任采取措施避免损失进一步扩大,否则由此造成的扩大的损失不予理赔。索赔时,买方除可就受损货物价值提出要求,其他有关费用如检验费、装卸费、银行手续费、仓租、利息等,也都可包括在索赔金额之内。

思考题

1. 进口合同的履行一般包括哪些环节?
2. 进口方申请开立或修改信用证时应注意哪些事项?
3. 通常买方接货包括哪些步骤?
4. 如何对进口货物进行检验?
5. 进口索赔可以向哪些对象提出?其各自的索赔期限、依据、金额分别是什么?
6. 买方办理租船订舱和装船时需要注意哪些事项?
7. 预约保险和逐笔投保办理保险有哪些区别?

案例分析

1. 某外贸公司从国外进口150吨可可豆,从沿海某口岸卸毕后运往内地某市,路途转运周期达两个半月之久,时值高温多雨季节,可可豆露天堆放,虽用篷布遮盖,终因通风不良,致使货物受潮发热霉变。货到目的地后,经检验局检验,发现约有1/6的货物外包装有不同程度的水渍和破损,其中90多包已成无包装的散货,部分包装内货物发霉膨胀而鼓凸隆起,污染变色,包内可可豆几乎全部发霉变质,失去了食用价值。据查,这批可可豆的霉变原因,主要在国内方面,由于保管不善和转运周期过长所致。遗憾的是,进口单位未办理国内保险,故得不到保险公司的赔偿。用户与进口单位几经交涉,仍然未能获得满意的结果。

试问:从中我们应当吸取怎样的经验教训?

2. 我国以FOB出口一批时令蔬菜,合同签订后接到买方传真委托我方代为租船。为了方便合同的履行,我方接受了买方的要求。临近装运期,我方无法租到合适的船,但没有及时通知买方。装运期满,买方以销售季节结束,我方未按期履行交货义务为由要求撤销合同。

试问:买方这样做合理吗?我方应吸取什么教训?

3. 中国南方某公司与丹麦M公司在2019年9月按CIF条件签订了一份出口圣诞灯具的商品合同,支付方式为不可撤销即期信用证。M公司于10月通过丹麦日德兰银行开来信用证,经审核与合同相符,其中保险金额为发票金额的110%。就在我方正在备货期间,丹麦商人通过通知行传递给我方一份信用证修改书,内容为将保险金额改为发票金额的120%。我方没有理睬,仍按原证规定投保、发货,并于货物装运后在信用证交单期和有效期内,向议付行议付货款。议付行审单无误,于是放款给受益人,后将全套单据寄丹麦开证行。开证行审单后,以保险单与信用证修改书不符为由拒付。

试问:开证行拒付是否有道理?为什么?

4. 我国北方某化工进出口公司和美国尼克公司以CFR青岛条件订立了进口5 000公吨化肥的合同,依合同规定,我方公司开出以美国尼克公司为受益人的不可撤销的跟单信用证,总金额为280万美元。双方约定如发生争议则提交中国国际经济贸易仲裁委员会上海分会仲裁。2020年3月货物装船后,美国尼克公司持包括提单在内的全套单据在银行议付了货款。货到青岛后,我方公司发现化肥有严重质量问题,立即请当地商检机构进行了检验,证实该批化肥是没有太大实用价值的饲料。于是,我方公司持商检证明要求银行追回已付款项,否则将拒绝向银行支付货款。

试问:(1)银行是否应追回已付货款,为什么?(2)我方公司是否有权拒绝向银行付款?为什么?(3)中国国际经济贸易仲裁委员会上海分会是否有权受理此案?依据是什么?(4)我方公司应采取什么救济措施?

5. 我国华东某公司以 CIF 术语于 2020 年 1 月从澳大利亚进口巧克力食品 2 000 箱,以即期不可撤销信用证为支付方式,目的港为上海。货物从澳大利亚某港口装运后,出口商凭已装船清洁提单和投保一切险及战争险的保险单,向银行议付货款。货到上海港后,经我方公司复验后发现下列情况:(1)该批货物共有 8 个批号,抽查 16 箱,发现其中 2 个批号涉及 300 箱内含沙门氏细菌超过进口国的标准;(2)收货人是实收 1 992 箱,短少 8 箱。(3)有 21 箱货物外表情况良好,但箱内货物共短少 85 千克。

试问:进口商就以上损失情况应分别向谁索赔?并说明理由。

附录一
《联合国国际货物销售合同公约》

(1980年4月11日订于维也纳)

本公约于1988年1月1日生效。1981年9月30日中华人民共和国政府代表签署本公约,1986年12月11日交存核准书。核准书中载明,中国不受公约第1条第1款(b)、第11条及与第11条内容有关的规定的约束。

本公约各缔约国,铭记联合国大会第六届特别会议通过的关于建立新的国际经济秩序的各项决议的广泛目标,考虑到在平等互利基础上发展国际贸易是促进各国间友好关系的一个重要因素,认为采用照顾到不同的社会、经济和法律制度的国际货物销售合同统一规则,将有助于减少国际贸易的法律障碍,促进国际贸易的发展,兹协议如下:

第一部分 适用范围和总则

第一章 适用范围

第一条
(1) 本公约适用于营业地在不同国家的当事人之间所订立的货物销售合同:
(a) 如果这些国家是缔约国;
(b) 如果国际私法规则导致适用某一缔约国的法律。
(2) 当事人营业地在不同国家的事实,如果从合同或从订立合同前任何时候或订立合同时,当事人之间的任何交易或当事人透露的情报均看不出,应不予考虑。
(3) 在确定本公约的适用时,当事人的国籍和当事人或合同的民事或商业性质,应不予考虑。

第二条 本公约不适用于以下的销售:
(a) 购供私人、家人或家庭使用的货物的销售,除非卖方在订立合同前任何时候或订立合同时不知道而且没有理由知道这些货物是购供任何这种使用;
(b) 经由拍卖的销售;
(c) 根据法律执行令状或其他令状的销售;
(d) 公债、股票、投资证券、流通票据或货币的销售;
(e) 船舶、船只、气垫船或飞机的销售;
(f) 电力的销售。

第三条
(1) 供应尚待制造或生产的货物的合同应视为销售合同,除非订购货物的当事人保证供应这种制造或生产所需的大部分重要材料。
(2) 本公约不适用于供应货物一方的绝大部分义务在于供应劳力或其他服务的合同。

第四条 本公约只适用于销售合同的订立和卖方和买方因此种合同而产生的权利和义务。特别是,本公约除非另有明文规定,与以下事项无关:

(a) 合同的效力,或其任何条款的效力,或任何惯例的效力;
(b) 合同对所售货物所有权可能产生的影响。

第五条 本公约不适用于卖方对于货物对任何人所造成的死亡或伤害的责任。

第六条 双方当事人可以不适用本公约,或在第十二条的条件下,减损本公约的任何规定或改变其效力。

第二章 总 则

第七条
(1) 在解释本公约时,应考虑到本公约的国际性质和促进其适用的统一以及在国际贸易上遵守诚信的需要。
(2) 凡本公约未明确解决的属于本公约范围内的问题,应按照本公约所依据的一般原则来解决,在没有一般原则的情况下,则应按照国际私法规定适用的法律来解决。

第八条
(1) 为本公约的目的,一方当事人所作的声明和其他行为,应依照他的意旨解释,如果另一方当事人已知道或者不可能不知道此一意旨。
(2) 如果上一款的规定不适用,当事人所作的声明和其他行为,应按照一个与另一方当事人同等资格、通情达理的人处于相同情况中,应有的理解来解释。
(3) 在确定一方当事人的意旨或一个通情达理的人应有的理解时,应适当地考虑到与事实有关的一切情况,包括谈判情形、当事人之间确立的任何习惯做法、惯例和当事人其后的任何行为。

第九条
(1) 双方当事人业已同意的任何惯例和他们之间确立的任何习惯做法,对双方当事人均有约束力。
(2) 除非另有协议,双方当事人应视为已默示地同意对他们的合同或合同的订立适用双方当事人已知道或理应知道的惯例,而这种惯例,在国际贸易上,已为有关特定贸易所涉同类合同的当事人所广泛知道并为他们所遵守。

第十条 为本公约的目的:
(a) 如果当事人有一个以上的营业地,则以与合同及合同的履行关系最密切的营业地为其营业地,但要考虑到双方当事人在订立合同前任何时候或订立合同时所知道或所设想的情况;
(b) 如果当事人没有营业地,则以其惯常居住地为准。

第十一条 销售合同无须以书面订立或书面证明,在形式方面也不受任何其他条件的限制。销售合同可以用包括人证在内的任何方法证明。

第十二条 本公约第十一条、第二十九条或第二部分准许销售合同或其更改或根据协议终止,或者任何发价、接受或其他意旨表示得以书面以外任何形式做出的任何规定不适用,如果任何一方当事人的营业地是在已按照本公约第九十六条做出了声明的一个缔约国内。各当事人不得减损本条或改变其效力。

第十三条 为本公约的目的,"书面"包括电报和电传。

第二部分 合同的订立

第十四条
(1) 向一个或一个以上特定的人提出的订立合同的建议,如果十分确定并且表明发价人在得到接受时承受约束的意旨,即构成发价。一个建议如果写明货物并且明示或暗示地规定数量和价格或规定如何确定数量和价格,即为十分确定。
(2) 非向一个或一个以上特定的人提出的建议,仅应视为邀请做出发价,除非提出建议的人明确地表示相反的意向。

第十五条

(1) 发价于送达被发价人时生效。

(2) 一项发价,即使是不可撤销的,得予撤回,如果撤回通知于发价送达被发价人之前或同时,送达被发价人。

第十六条

(1) 在未订立合同之前,发价得予撤销,如果撤销通知于被发价人发出接受通知之前送达被发价人。

(2) 但在下列情况下,发价不得撤销:

(a) 发价写明接受发价的期限或以其他方式表示发价是不可撤销的;或

(b) 被发价人有理由信赖该项发价是不可撤销的,而且被发价人已本着对该发价的信赖行事。

第十七条 一项发价,即使是不可撤销的,于拒绝通知送达发价人时终止。

第十八条

(1) 被发价人声明或做出其他行为表示同意一项发价,即是接受,缄默或不行动本身不等于接受。

(2) 接受发价于表示同意的通知送达发价人时生效。如果表示同意的通知在发价人所规定的时间内,如未规定时间,在一段合理的时间内,未曾送达发价人,接受就成为无效,但须适当地考虑到交易的情况,包括发价人所使用的通讯方法的迅速程度。对口头发价必须立即接受,但情况有别者不在此限。

(3) 但是,如果根据该项发价或依照当事人之间确立的习惯做法或惯例,被发价人可以做出某种行为,例如与发运货物或支付价款有关的行为,来表示同意,而无须向发价人发出通知,则接受于该项行为做出时生效,但该项行为必须在上一款所规定的期间内做出。

第十九条

(1) 对发价表示接受但载有添加、限制或其他更改的答复,即为拒绝该项发价,并构成还价。

(2) 但是,对发价表示接受但载有添加或不同条件的答复,如所载的添加或不同条件在实质上并不变更该项发价的条件,除发价人在不过分迟延的期间内以口头或书面通知反对其间的差异外,仍构成接受。如果发价人不做出这种反对,合同的条件就以该项发价的条件以及接受通知内所载的更改为准。

(3) 有关货物价格、付款、货物质量和数量、交货地点和时间、一方当事人对另一方当事人的赔偿责任范围或解决争端等的添加或不同条件,均视为在实质上变更发价的条件。

第二十条

(1) 发价人在电报或信件内规定的接受期间,从电报交发时刻或信上载明的发信日期起算,如信上未载明发信日期,则从信封上所载日期起算。发价人以电话、电传或其他快速通讯方法规定的接受期间,从发价送达被发价人时起算。

(2) 在计算接受期间时,接受期间内的正式假日或非营业日应计算在内。但是,如果接受通知在接受期间的最后一天未能送到发价人地址,因为那天在发价人营业地是正式假日或非营业日,则接受期间应顺延至下一个营业日。

第二十一条

(1) 逾期接受仍有接受的效力,如果发价人毫不迟延地用口头或书面将此种意见通知被发价人。

(2) 如果载有逾期接受的信件或其他书面文件表明,它是在传递正常、能及时送达发价人的情况下寄发,则该项逾期接受具有接受的效力,除非发价人毫不迟延地用口头或书面通知被发价人:他认为他的发价已经失效。

第二十二条 接受得予撤回,如果撤回通知于接受原应生效之前或同时,送达发价人。

第二十三条 合同于按照本公约规定对发价的接受生效时订立。

第二十四条 为公约本部分的目的,发价、接受声明或任何其他意旨表示"送达"对方,系指用口头通知对方或通过任何其他方法送交对方本人,或其营业地或通讯地址,如无营业地或通讯地址,则送交对方惯常居住地。

第三部分 货物销售

第一章 总　则

第二十五条　一方当事人违反合同的结果,如使另一方当事人蒙受损害,以至于实际上剥夺了他根据合同规定有权期待得到的东西,即为根本违反合同,除非违反合同一方并不预知而且一个同等资格、通情达理的人处于相同情况中也没有理由预知会发生这种结果。

第二十六条　宣告合同无效的声明,必须向另一方当事人发出通知,方始有效。

第二十七条　除非公约本部分另有明文规定,当事人按照本部分的规定,以适合情况的方法发出任何通知、要求或其他通知后,这种通知如在传递上发生耽搁或错误,或者未能到达,并不使当事人丧失依靠该项通知的权利。

第二十八条　如果按照本公约的规定,一方当事人有权要求另一方当事人履行某一义务,法院没有义务做出判决,要求具体履行此一义务,除非法院依照其本身的法律对不属本公约范围的类似销售合同愿意这样做。

第二十九条

(1) 合同只需双方当事人协议,就可更改或终止。

(2) 规定任何更改或根据协议终止必须以书面做出的书面合同,不得以任何其他方式更改或根据协议终止。但是,一方当事人的行为,如经另一方当事人寄以信赖,就不得坚持此项规定。

第二章 卖方的义务

第三十条　卖方必须按照合同和本公约的规定,交付货物,移交一切与货物有关的单据并转移货物所有权。

第一节 交付货物和移交单据

第三十一条　如果卖方没有义务要在任何其他特定地点交付货物,他的交货义务如下:

(a) 如果销售合同涉及货物的运输,卖方应把货物移交给第一承运人,以运交给买方;

(b) 在不属于上一款规定的情况下,如果合同指的是特定货物或从特定存货中提取的或尚待制造或生产的未经特定化的货物,而双方当事人在订立合同时已知道这些货物是在某一特定地点,或将在某一特定地点制造或生产,卖方应在该地点把货物交给买方处置;

(c) 在其他情况下,卖方应在他于订立合同时的营业地把货物交给买方处置。

第三十二条

(1) 如果卖方按照合同或本公约的规定将货物交付给承运人,但货物没有以货物上加标记、或以装运单据或其他方式清楚地注明有关合同,卖方必须向买方发出列明货物的发货通知。

(2) 如果卖方有义务安排货物的运输,他必须订立必要的合同,以按照通常运输条件,用适合情况的运输工具,把货物运到指定地点。

(3) 如果卖方没有义务对货物的运输办理保险,他必须在买方提出要求时,向买方提供一切现有的必要资料,使他能够办理这种保险。

第三十三条　卖方必须按以下规定的日期交付货物:

(a) 如果合同规定有日期,或从合同可以确定日期,应在该日期交货;

(b) 如果合同规定有一段时间,或从合同可以确定一段时间,除非情况表明应由买方选定一个日期外,应在该段时间内任何时候交货;或者

(c) 在其他情况下,应在订立合同后一段合理时间内交货。

第三十四条　如果卖方有义务移交与货物有关的单据,他必须按照合同所规定的时间、地点和方式移

交这些单据。如果卖方在那个时间以前已移交这些单据,他可以在那个时间到达前纠正单据中任何不符合同规定的情形,但是,此一权利的行使不得使买方遭受不合理的不便或承担不合理的开支。但是,买方保留本公约所规定的要求损害赔偿的任何权利。

第二节 货物相符与第三方要求

第三十五条

(1) 卖方交付的货物必须与合同所规定的数量、质量和规格相符,并须按照合同所规定的方式装箱或包装。

(2) 除双方当事人业已另有协议外,货物除非符合以下规定,否则即为与合同不符:

(a) 货物适用于同一规格货物通常使用的目的;

(b) 货物适用于订立合同时曾明示或默示地通知卖方的任何特定目的,除非情况表明买方并不依赖卖方的技能和判断力,或者这种依赖对他是不合理的;

(c) 货物的质量与卖方向买方提供的货物样品或样式相同;

(d) 货物按照同类货物通用的方式装箱或包装,如果没有此种通用方式,则按照足以保全和保护货物的方式装箱或包装。

(3) 如果买方在订立合同时知道或者不可能不知道货物不符合同,卖方就无须按上一款(a)项至(d)项负有此种不符合同的责任。

第三十六条

(1) 卖方应按照合同和本公约的规定,对风险移转到买方时所存在的任何不符合同情形,负有责任,即使这种不符合同情形在该时间后方始明显。

(2) 卖方对上一款所述时间后发生的任何不符合同情形,也应负有责任,如果这种不符合同情形是由于卖方违反他的某项义务所致,包括违反关于在一段时间内货物将继续适用于其通常使用的目的或某种特定目的,或将保持某种特定质量或性质的任何保证。

第三十七条 如果卖方在交货日期前交付货物,他可以在那个日期到达前,交付任何缺漏部分或补足所交付货物的不足数量,或交付用以替换所交付不符合同规定的货物,或对所交付货物中任何不符合同规定的情形做出补救,但是,此一权利的行使不得使买方遭受不合理的不便或承担不合理的开支。但是,买方保留本公约所规定的要求损害赔偿的任何权利。

第三十八条

(1) 买方必须在按情况实际可行的最短时间内检验货物或由他人检验货物。

(2) 如果合同涉及货物的运输,检验可推迟到货物到达目的地后进行。

(3) 如果货物在运输途中改运或买方须再发运货物,没有合理机会加以检验,而卖方在订立合同时已知道或理应知道这种改运或再发运的可能性,检验可推迟到货物到达新目的地后进行。

第三十九条

(1) 买方对货物不符合同,必须在发现或理应发现不符情形后一段合理时间内通知卖方,说明不符合同情形的性质,否则就丧失声称货物不符合同的权利。

(2) 无论如何,如果买方不在实际收到货物之日起两年内将货物不符合同情形通知卖方,他就丧失声称货物不符合同的权利,除非这一时限与合同规定的保证期限不符。

第四十条 如果货物不符合同规定指的是卖方已知道或不可能不知道而又没有告知买方的一些事实,则卖方无权援引第三十八条和第三十九条的规定。

第四十一条 卖方所交付的货物,必须是第三方不能提出任何权利或要求的货物,除非买方同意在这种权利或要求的条件下,收取货物。但是,如果这种权利或要求是以工业产权或其他知识产权为基础的,卖方的义务应依照第四十二条的规定。

第四十二条

(1) 卖方所交付的货物,必须是第三方不能根据工业产权或其他知识产权主张任何权利或要求的货物,但以卖方在订立合同时已知道或不可能不知道的权利或要求为限,而且这种权利或要求根据以下国家的法律规定是以工业产权或其他知识产权为基础的:

(a) 如果双方当事人在订立合同时预期货物将在某一国境内转售或做其他使用,则根据货物将在其境内转售或做其他使用的国家的法律;或者

(b) 在任何其他情况下,根据买方营业地所在国家的法律。

(2) 卖方在上一款中的义务不适用于以下情况:

(a) 买方在订立合同时已知道或不可能不知道此项权利或要求;或者

(b) 此项权利或要求的发生,是由于卖方要遵照买方所提供的技术图样、图案、程式或其他规格。

第四十三条

(1) 买方如果不在已知道或理应知道第三方的权利或要求后一段合理时间内,将此一权利或要求的性质通知卖方,就丧失援引第四十一条或第四十二条规定的权利。

(2) 卖方如果知道第三方的权利或要求以及此一权利或要求的性质,就无权援引上一款的规定。

第四十四条　尽管有第三十九条第(1)款和第四十三条第(1)款的规定,买方如果对他未发出所需的通知具备合理的理由,仍可按照第五十条规定减低价格,或要求利润损失以外的损害赔偿。

第三节　卖方违反合同的补救办法

第四十五条

(1) 如果卖方不履行他在合同和本公约中的任何义务,买方可以:

(a) 行使第四十六条至第五十二条所规定的权利;

(b) 按照第七十四条至第七十七条的规定,要求损害赔偿。

(2) 买方可能享有的要求损害赔偿的任何权利,不因他行使采取其他补救办法的权利而丧失。

(3) 如果买方对违反合同采取某种补救办法,法院或仲裁庭不得给予卖方宽限期。

第四十六条

(1) 买方可以要求卖方履行义务,除非买方已采取与此一要求相抵触的某种补救办法。

(2) 如果货物不符合同,买方只有在此种不符合同情形构成根本违反合同时,才可以要求交付替代货物,而且关于替代货物的要求,必须与依照第三十九条发出的通知同时提出,或者在该项通知发出后一段合理时间内提出。

(3) 如果货物不符合同,买方可以要求卖方通过修理对不符合同之处做出补救,除非他考虑了所有情况之后,认为这样做是不合理的。修理的要求必须与依照第三十九条发出的通知同时提出,或者在该项通知发出后一段合理时间内提出。

第四十七条

(1) 买方可以规定一段合理时限的额外时间,让卖方履行其义务。

(2) 除非买方收到卖方的通知,声称他将不在所规定的时间内履行义务,买方在这段时间内不得对违反合同采取任何补救办法。但是,买方并不因此丧失他对迟延履行义务可能享有的要求损害赔偿的任何权利。

第四十八条

(1) 在第四十九条的条件下,卖方即使在交货日期之后,仍可自付费用,对任何不履行义务做出补救,但这种补救不得造成不合理的迟延,也不得使买方遭受不合理的不便,或无法确定卖方是否将偿付买方预付的费用。但是,买方保留本公约所规定的要求损害赔偿的任何权利。

(2) 如果卖方要求买方表明他是否接受卖方履行义务,而买方不在一段合理时间内对此一要求做出答复,则卖方可以按其要求中所指明的时间履行义务。买方不得在该段时间内采取与卖方履行义务相抵触的任何补救办法。

(3) 卖方表明他将在某一特定时间内履行义务的通知,应视为包括根据上一款规定要买方表明决定的要求在内。

(4) 卖方按照本条第(2)和第(3)款做出的要求或通知,必须在买方收到后,始生效力。

第四十九条

(1) 买方在以下情况下可以宣告合同无效:

(a) 卖方不履行其在合同或本公约中的任何义务,等于根本违反合同;或

(b) 如果发生不交货的情况,卖方不在买方按照第四十七条第(1)款规定的额外时间内交付货物,或卖方声明他将不在所规定的时间内交付货物。

(2) 但是,如果卖方已交付货物,买方就丧失宣告合同无效的权利,除非:

(a) 对于迟延交货,他在知道交货后一段合理时间内这样做;

(b) 对于迟延交货以外的任何违反合同事情:

(一) 他在已知道或理应知道这种违反合同后一段合理时间内这样做;或

(二) 他在买方按照第四十七条第(1)款规定的任何额外时间满期后,或在卖方声明他将不在这一额外时间履行义务后一段合理时间内这样做;或

(三) 他在卖方按照第四十八条第(2)款指明的任何额外时间满期后,或在买方声明他将不接受卖方履行义务后一段合理时间内这样做。

第五十条 如果货物不符合同,不论价款是否已付,买方都可以减低价格,减价按实际交付的货物在交货时的价值与符合合同的货物在当时的价值两者之间的比例计算。但是,如果卖方按照第三十七条或第四十八条的规定对任何不履行义务做出补救,或者买方拒绝接受卖方按照该两条规定履行义务,则买方不得减低价格。

第五十一条

(1) 如果卖方只交付一部分货物,或者交付的货物中只有一部分符合合同规定,第四十六条至第五十条的规定适用于缺漏部分及不符合同规定部分的货物。

(2) 买方只有在完全不交付货物或不按照合同规定交付货物等于根本违反合同时,才可以宣告整个合同无效。

第五十二条

(1) 如果卖方在规定的日期前交付货物,买方可以收取货物,也可以拒绝收取货物。

(2) 如果卖方交付的货物数量大于合同规定的数量,买方可以收取也可以拒绝收取多交部分的货物。如果买方收取多交部分货物的全部或一部分,他必须按合同价格付款。

第三章 买方的义务

第五十三条 买方必须按照合同和本公约规定支付货物价款和收取货物。

第一节 支付价款

第五十四条 买方支付价款的义务包括根据合同或任何有关法律和规章规定的步骤和手续,以便支付价款。

第五十五条 如果合同已有效地订立,但没有明示或暗示地规定价格或规定如何确定价格,在没有任何相反表示的情况下,双方当事人应视为已默示地引用订立合同时此种货物在有关贸易的类似情况下销售的通常价格。

第五十六条 如果价格是按货物的重量规定的,如有疑问,应按净重确定。

第五十七条

(1) 如果买方没有义务在任何其他特定地点支付价款,他必须在以下地点向卖方支付价款:

(a) 卖方的营业地;或者

(b) 如凭移交货物或单据支付价款,则为移交货物或单据的地点。

(2) 卖方必须承担因其营业地在订立合同后发生变动而增加的支付方面的有关费用。

第五十八条

(1) 如果买方没有义务在任何其他特定时间内支付价款,他必须于卖方按照合同和本公约规定将货物

或控制货物处置权的单据交给买方处置时支付价款。卖方可以支付价款作为移交货物或单据的条件。

(2) 如果合同涉及货物的运输,卖方可以在支付价款后方可把货物或控制货物处置权的单据移交给买方作为发运货物的条件。

(3) 买方在未有机会检验货物前,无义务支付价款,除非这种机会与双方当事人议定的交货或支付程序相抵触。

第五十九条 买方必须按合同和本公约规定的日期或从合同和本公约可以确定的日期支付价款,而无须卖方提出任何要求或办理任何手续。

第二节 收取货物

第六十条 买方收取货物的义务如下:

(a) 采取一切理应采取的行动,以期卖方能交付货物;

(b) 接收货物。

第三节 买方违反合同的补救办法

第六十一条

(1) 如果买方不履行他在合同和本公约中的任何义务,卖方可以:

(a) 行使第六十二条至第六十五条所规定的权利;

(b) 按照第七十四至第七十七条的规定,要求损害赔偿。

(2) 卖方可能享有的要求损害赔偿的任何权利,不因他行使采取其他补救办法的权利而丧失。

(3) 如果卖方对违反合同采取某种补救办法,法院或仲裁庭不得给予买方宽限期。

第六十二条 卖方可以要求买方支付价款、收取货物或履行他的其他义务,除非卖方已采取与此一要求相抵触的某种补救办法。

第六十三条

(1) 卖方可以规定一段合理时限的额外时间,让买方履行义务。

(2) 除非卖方收到买方的通知,声称他将不在所规定的时间内履行义务,卖方不得在这段时间内对违反合同采取任何补救办法。但是,卖方并不因此丧失他对迟延履行义务可能享有的要求损害赔偿的任何权利。

第六十四条

(1) 卖方在以下情况下可以宣告合同无效:

(a) 买方不履行其在合同或本公约中的任何义务,等于根本违反合同;或

(b) 买方不在卖方按照第六十三条第(1)款规定的额外时间内履行支付价款的义务或收取货物,或买方声明他将不在所规定的时间内这样做。

(2) 但是,如果买方已支付价款,卖方就丧失宣告合同无效的权利,除非:

(a) 对于买方迟延履行义务,他在知道买方履行义务前这样做;

(b) 对于买方迟延履行义务以外的任何违反合同情况:

(一) 他在已知道或理应知道这种违反合同后一段合理时间内这样做;或

(二) 他在卖方按照第六十三条第(1)款规定的任何额外时间满期后或在买方声明他将不在这一额外时间内履行义务后一段合理时间内这样做。

第六十五条

(1) 如果买方应根据合同规定订明货物的形状、大小或其他特征,而他在议定的日期或在收到买方的要求后一段合理时间内没有订明这些规格,则卖方在不损害他可能享有的任何其他权利的情况下,可以依照他所知的买方的要求,自己订明规格。

(2) 如果卖方自己订明规格,他必须把订明规格的细节通知买方,而且必须规定一段合理时间,让买方可以在该段时间内订出不同的规格。如果买方在收到这种通知后没有在该段时间内这样做,卖方所订的规格就具有约束力。

第四章 风 险 移 转

第六十六条 货物在风险移转到买方承担后遗失或损坏,买方支付价款的义务并不因此解除,除非这种遗失或损坏是由于卖方的行为或不行为所造成。

第六十七条
(1) 如果销售合同涉及货物的运输,但卖方没有义务在某一特定地点交付货物,自货物按照销售合同交付给第一承运人以转交给买方时起,风险就移转到买方承担。如果卖方有义务在某一特定地点把货物交付给承运人,在货物于该地点交付给承运人以前,风险不移转到买方承担。卖方有权保留控制货物处置权的单据,并不影响风险的移转。
(2) 但是,在货物以货物上加标记,或以装运单据,或向买方发出通知或其他方式清楚地注明有关合同以前,风险不移转到买方承担。

第六十八条 对于在运输途中销售的货物,从订立合同时起,风险就移转到买方承担。但是,如果情况表明有此需要,从交货付给签发载有运输合同单据的承运人时起,风险就由买方承担。尽管如此,如果卖方在订立合同时已知或理应知道货物已经遗失或损坏,而他又不将这一事实告知买方,则这种遗失或损坏应由卖方负责。

第六十九条
(1) 在不属于第六十七条和第六十八条规定的情况下,从买方接收货物时起,或如果买方不在适当时间内这样做,则从货物交给他处置但他不收取货物从而违反合同时起,风险移转到买方承担。
(2) 但是,如果买方有义务在卖方营业地以外的某一地点接收货物,当交货时间已到而买方知道货物已在该地点交给他处置时,风险方始移转。
(3) 如果合同指的是当时未加识别的货物,则这些货物在未清楚注明有关合同以前,不得视为已交给买方处置。

第七十条 如果卖方已根本违反合同,第六十七条、第六十八条和第六十九条的规定,不损害买方因此种违反合同而可以采取的各种补救办法。

第五章 卖方和买方义务的一般规定
第一节 预期违反合同和分批交货合同

第七十一条
(1) 如果订立合同后,另一方当事人由于下列原因显然将不履行其大部分重要义务,一方当事人可以中止履行义务:
(a) 他履行义务的能力或他的信用有严重缺陷;
(b) 他在准备履行合同或履行合同中的行为。
(2) 如果卖方在上一款所述的理由明显化以前已将货物发运,他可以阻止将货物交给买方,即使买方持有其有权获得货物的单据。本款规定只与买方和卖方间对货物的权利有关。
(3) 中止履行义务的一方当事人不论是在货物发运前还是发运后,都必须立即通知另一方当事人,如经另一方当事人对履行义务提供充分保证,则他必须继续履行义务。

第七十二条
(1) 如果在履行合同日期之前,明显看出一方当事人将根本违反合同,另一方当事人可以宣告合同无效。
(2) 如果时间许可,打算宣告合同无效的一方当事人必须向另一方当事人发出合理的通知,使他可以对履行义务提供充分保证。
(3) 如果另一方当事人已声明他将不履行其义务,则上一款的规定不适用。

第七十三条
(1) 对于分批交付货物的合同,如果一方当事人不履行对任何一批货物的义务,便对该批货物构成根本违反合同,则另一方当事人可以宣告合同对该批货物无效。

(2) 如果一方当事人不履行对任何一批货物的义务,使另一方当事人有充分理由断定对今后各批货物将会发生根本违反合同,该另一方当事人可以在一段合理时间内宣告合同今后无效。

(3) 买方宣告合同对任何一批货物的交付为无效时,可以同时宣告合同对已交付的或今后交付的各批货物均为无效,如果各批货物是互相依存的,不能单独用于双方当事人在订立合同时所设想的目的。

第二节 损害赔偿

第七十四条 一方当事人违反合同应负的损害赔偿额,应与另一方当事人因他违反合同而遭受的包括利润在内的损失额相等。这种损害赔偿不得超过违反合同一方在订立合同时,依照他当时已知道或理应知道的事实和情况,对违反合同预料到或理应预料到的可能损失。

第七十五条 如果合同被宣告无效,而在宣告无效后一段合理时间内,买方已以合理方式购买替代货物,或者卖方已以合理方式把货物转卖,则要求损害赔偿的一方可以取得合同价格和替代货物交易价格之间的差额以及按照第七十四条规定可以取得的任何其他损害赔偿。

第七十六条

(1) 如果合同被宣告无效,而货物又有时价,要求损害赔偿的一方,如果没有根据第七十五条规定进行购买或转卖,则可以取得合同规定的价格和宣告合同无效时的时价之间的差额以及按照第七十四条规定可以取得的任何其他损害赔偿。但是,如果要求损害赔偿的一方在接收货物之后宣告合同无效,则应适用接收货物时的时价,而不适用宣告合同无效时的时价。

(2) 为上一款的目的,时价指原应交付货物地点的现行价格,如果该地点没有时价,则指另一合理替代地点的价格,但应适当地考虑货物运费的差额。

第七十七条 声称另一方违反合同的一方,必须按情况采取合理措施,减轻由于该另一方违反合同而引起的损失,包括利润方面的损失。如果他不采取这种措施,违反合同一方可以要求从损失赔偿中扣除原可以减轻的损失数额。

第三节 利 息

第七十八条 如果一方当事人没有支付价款或任何其他拖欠金额,另一方当事人有权对这些款额收取利息,但不妨碍要求按照第七十四条规定可以取得的损害赔偿。

第四节 免 责

第七十九条

(1) 当事人对不履行义务,不负责任,如果他能证明此种不履行义务,是由于某种非他所能控制的障碍,而且对于这种障碍,没有理由预期他在订立合同时能考虑到或能避免或克服它或它的后果。

(2) 如果当事人不履行义务是由于他所雇用履行合同的全部或一部分规定的第三方不履行义务所致,该当事人只有在以下情况下才能免除责任:

(a) 他按照上一款的规定应免除责任。

(b) 假如该款的规定也适用于他所雇用的人,这个人也同样会免除责任。

(3) 本条所规定的免责对障碍存在的期间有效。

(4) 不履行义务的一方必须将障碍及其对他履行义务能力的影响通知另一方。如果该项通知在不履行义务的一方已知道或理应知道此一障碍后一段合理时间内仍未为另一方收到,则他对由于另一方未收到通知而造成的损害应负赔偿责任。

(5) 本条规定不妨碍任一方行使本公约规定的要求损害赔偿以外的任何权利。

第八十条 一方当事人因其行为或不行为而使得另一方当事人不履行义务时,不得声称该另一方当事人不履行义务。

第五节 宣告合同无效的效果

第八十一条

(1) 宣告合同无效解除了双方在合同中的义务,但应负责的任何损害赔偿仍应负责。宣告合同无效不影响合同中关于解决争端的任何规定,也不影响合同中关于双方在宣告合同无效后权利和义务的任何其他规定。

(2) 已全部或局部履行合同的一方,可以要求另一方归还他按照合同供应的货物或支付的价款,如果双方都须归还,他们必须同时这样做。

第八十二条

(1) 买方如果不可能按实际收到货物的原状归还货物,他就丧失宣告合同无效或要求卖方交付替代货物的权利。

(2) 上一款的规定不适用于以下情况:

(a) 如果不可能归还货物或不可能按实际收到货物的原状归还货物,并非由于买方的行为或不行为所造成;或者

(b) 如果货物或其中一部分的毁灭或变坏,是由于按照第三十八条规定进行检验所致;或者

(c) 如果货物或其中一部分,在买方发现或理应发现与合同不符以前,已为买方在正常营业过程中售出,或在正常使用过程中消费或改变。

第八十三条 买方虽然依第八十二条规定丧失宣告合同无效或要求卖方交付替代货物的权利,但是根据合同和本公约规定,他仍保有采取一切其他补救办法的权利。

第八十四条

(1) 如果卖方有义务归还价款,他必须同时从支付价款之日起支付价款利息。

(2) 在以下情况下,买方必须向卖方说明他从货物或其中一部分得到的一切利益:

(a) 如果他必须归还货物或其中一部分;或者

(b) 如果他不可能归还全部或一部分货物,或不可能按实际收到货物的原状归还全部或一部分货物,但他已宣告合同无效或已要求卖方交付替代货物。

第六节 保 全 货 物

第八十五条 如果买方推迟收取货物,或在支付价款和交付货物应同时履行时,买方没有支付价款,而卖方仍拥有这些货物或仍能控制这些货物的处置权,卖方必须按情况采取合理措施,以保全货物。他有权保有这些货物,直至买方把他所付的合理费用偿还他为止。

第八十六条

(1) 如果买方已收到货物,但打算行使合同或本公约规定的任何权利,把货物退回,他必须按情况采取合理措施,以保全货物。他有权保有这些货物,直至卖方把他所付的合理费用偿还给他为止。

(2) 如果发运给买方的货物已到达目的地,并交给买方处置,而买方行使退货权利,则买方必须代表卖方收取货物,除非他这样做需要支付价款而且会使他遭受不合理的不便或需承担不合理的费用。如果卖方或授权代表他掌管货物的人也在目的地,则此一规定不适用。如果买方根据本款规定收取货物,他的权利和义务与上一款所规定的相同。

第八十七条 有义务采取措施以保全货物的一方当事人,可以把货物寄放在第三方的仓库,由另一方当事人担负费用,但该项费用必须合理。

第八十八条

(1) 如果另一方当事人在收取货物或收回货物或支付价款或保全货物费用方面有不合理的迟延,按照第八十五条或第八十六条规定有义务保全货物的一方当事人,可以采取任何适当办法,把货物出售,但必须事前向另一方当事人发出合理的意向通知。

(2) 如果货物易于迅速变坏,或者货物的保全牵涉到不合理的费用,则按照第八十五条或第八十六条规定有义务保全货物的一方当事人,必须采取合理措施,把货物出售,在可能的范围内,他必须把出售货物的打算通知另一方当事人。

(3) 出售货物的一方当事人,有权从销售所得收入中扣回为保全货物和销售货物而付的合理费用。他必须向另一方当事人说明所余款项。

第四部分　最后条款

第八十九条　兹指定联合国秘书长为本公约保管人。

第九十条　本公约不优于业已缔结或可能缔结并载有与属于本公约范围内事项有关的条款的任何国际协定,但以双方当事人的营业地均在这种协定的缔约国内为限。

第九十一条

(1) 本公约在联合国国际货物销售合同会议闭幕会议上开放签字,并在纽约联合国总部继续开放签字,直至 1981 年 9 月 30 日为止。

(2) 本公约须经签字国批准、接受或核准。

(3) 本公约从开放签字之日起开放给所有非签字国加入。

(4) 批准书、接受书、核准书和加入书应送交联合国秘书长存放。

第九十二条

(1) 缔约国可在签字、批准、接受、核准或加入时声明它不受本公约第二部分的约束或不受本公约第三部分的约束。

(2) 按照上一款规定就本公约第二部分或第三部分做出声明的缔约国,在该声明适用的部分所规定事项上,不得视为本公约第一条第(1)款范围内的缔约国。

第九十三条

(1) 如果缔约国具有两个或两个以上的领土单位,而依照该国宪法规定、各领土单位对本公约所规定的事项适用不同的法律制度,则该国得在签字、批准、接受、核准或加入时声明本公约适用于该国全部领土单位或仅适用于其中的一个或数个领土单位,并且可以随时提出另一声明来修改其所做的声明。

(2) 此种声明应通知保管人,并且明确地说明适用本公约的领土单位。

(3) 如果根据按本条做出的声明,本公约适用于缔约国的一个或数个但不是全部领土单位,而且一方当事人的营业地位于该缔约国内,则为本公约的目的,该营业地除非位于本公约适用的领土单位内,否则视为不在缔约国内。

(4) 如果缔约国没有按照本条第(1)款做出声明,则本公约适用于该国所有领土单位。

第九十四条

(1) 对属于本公约范围的事项具有相同或非常近似的法律规则的两个或两个以上的缔约国,可随时声明本公约不适用于营业地在这些缔约国内的当事人之间的销售合同,也不适用于这些合同的订立。此种声明可联合做出,也可以相互单方面声明的方式做出。

(2) 对属于本公约范围的事项具有与一个或一个以上非缔约国相同或非常近似的法律规则的缔约国,可随时声明本公约不适用于营业地在这些非缔约国内的当事人之间的销售合同,也不适用于这些合同的订立。

(3) 作为根据上一款所做声明对象的国家如果后来成为缔约国,这项声明从本公约对该新缔约国生效之日起,具有根据第(1)款所做声明的效力,但以该新缔约国加入这项声明,或做出相互单方面声明为限。

第九十五条

任何国家在交存其批准书、接受书、核准书或加入书时,可声明它不受本公约第一条第(1)款(b)项的约束。

第九十六条　本国法律规定销售合同必须以书面订立或书面证明的缔约国,可以随时按照第十二条的规定,声明本公约第十一条、第二十九条或第二部分准许销售合同或其更改或根据协议终止,或者任何发价、接受或其他意旨表示得以书面以外任何形式做出的任何规定不适用,如果任何一方当事人的营业地是在该缔约国内。

第九十七条

(1) 根据本公约规定在签字时做出的声明,须在批准、接受或核准时加以确认。

(2) 声明和声明的确认,应以书面提出,并应正式通知保管人。

(3) 声明在本公约对有关国家开始生效时同时生效。但是,保管人于此种生效后收到正式通知的声明,应于保管人收到声明之日起六个月后的第一个月第一天生效。根据第九十四条规定做出的相互单方面声明,应于保管人收到最后一份声明之日起六个月后的第一个月第一天生效。

(4) 根据本公约规定做出声明的任何国家可以随时用书面正式通知保管人撤回该项声明。此种撤回于保管人收到通知之日起六个月后的第一个月第一天生效。

(5) 撤回根据第九十四条做出的声明,自撤回生效之日起,就会使另一个国家根据该条所做的任何相互声明失效。

第九十八条　除本公约明文许可的保留外,不得作任何保留。

第九十九条

(1) 在本条第(6)款规定的条件下,本公约在第十件批准书、接受书、核准书或加入书、包括载有根据第九十二条规定做出的声明的文书交存之日起十二个月后的第一个月第一天生效。

(2) 在本条第(6)款规定的条件下,对于在第十件批准书接受书、核准书或加入书交存后才批准、接受、核准或加入本公约的国家,本公约在该国交存其批准书、接受书、核准书或加入书之日起十二个月后的第一个月第一天对该国生效,但不适用的部分除外。

(3) 批准、接受、核准或加入本公约的国家,如果是 1964 年 7 月 1 日在海牙签订的《关于国际货物销售合同的订立统一法公约》(《1964 年海牙订立合同公约》)和 1964 年 7 月 1 日在海牙签订的《关于国际货物销售统一法的公约》(《1964 年海牙货物销售公约》)中一项或两项公约的缔约国。应按情况同时通知荷兰政府声明退出《1964 年海牙货物销售公约》或《1964 年海牙订立合同公约》或退出该两公约。

(4) 凡为《1964 年海牙货物销售公约》缔约国并批准、接受、核准或加入本公约和根据第九十二条规定声明或业已声明不受本公约第二部分约束的国家,应于批准、接受、核准或加入时通知荷兰政府声明退出《1964 年海牙货物销售公约》。

(5) 凡为《1964 年海牙订立合同公约》缔约国并批准、接受、核准或加入本公约和根据第九十二条规定声明或业已声明不受本公约第三部分约束的国家,应于批准、接受、核准或加入时通知荷兰政府声明退出《1964 年海牙订立合同公约》。

(6) 为本条的目的,《1964 年海牙订立合同公约》或《1964 年海牙货物销售公约》的缔约国的批准、接受、核准或加入本公约,应在这些国家按照规定退出该两公约生效后方始生效。本公约保管人应与 1964 年两公约的保管人荷兰政府进行协商,以确保在这方面进行必要的协调。

第一百条

(1) 本公约适用于合同的订立,只要订立该合同的建议是在本公约对第一条第(1)款(a)项所指缔约国或第一条第(1)款(b)项所指缔约国生效之日或其后作出的。

(2) 本公约只适用于在它对第一条第(1)款(a)项所指缔约国或第一条第(1)款(b)项所指缔约国生效之日或其后订立的合同。

第一百零一条

(1) 缔约国可以用书面正式通知保管人声明退出本公约,或本公约第二部分或第三部分。

(2) 退出于保管人收到通知十二个月后的第一个月第一天起生效。凡通知内订明一段退出生效的更长时间,则退出于保管人收到通知后该段更长时间满时起生效。

1980 年 4 月 11 日订于维也纳,正本一份,其阿拉伯文本、中文本、英文本、法文本、俄文本和西班牙文本都具有同等效力。

下列全权代表,经各自政府正式授权,在本公约上签字,以资证明。

附录二
《跟单信用证统一惯例(UCP600)》

第一条　统一惯例的适用范围

《跟单信用证统一惯例》，2007年修订本，国际商会第600号出版物，适用于所有在正文中明确表明按本惯例办理的跟单信用证(包括本惯例适用范围内的备用信用证)。除非信用证中另有规定，本惯例对一切有关当事人均具有约束力。

第二条　定义

就本惯例而言：

通知行意指应开证行要求通知信用证的银行。

申请人意指发出开立信用证申请的一方。

银行日意指银行在其营业地正常营业，按照本惯例行事的行为得以在银行履行的日子。

受益人意指信用证中受益的一方。

相符提示意指与信用证中的条款及条件、本惯例中所适用的规定及国际标准银行实务相一致的提示。

保兑意指保兑行在开证行之外对于相符提示做出兑付或议付的确定承诺。

保兑行意指应开证行的授权或请求对信用证加具保兑的银行。

信用证意指一项约定，无论其如何命名或描述，该约定不可撤销并因此构成开证行对于相符提示予以兑付的确定承诺。

兑付意指：

a. 对于即期付款信用证即期付款。

b. 对于延期付款信用证发出延期付款承诺并到期付款。

c. 对于承兑信用证承兑由受益人出具的汇票并到期付款。

开证行意指应申请人要求或代表其自身开立信用证的银行。

议付意指被指定银行在其应获得偿付的银行日或在此之前，通过向受益人预付或者同意向受益人预付款项的方式购买相符提示项下的汇票(汇票付款人为被指定银行以外的银行)及/或单据。

被指定银行意指有权使用信用证的银行，对于可供任何银行使用的信用证而言，任何银行均为被指定银行。

提示意指信用证项下单据被提交至开证行或被指定银行，抑或按此方式提交的单据。

提示人意指做出提示的受益人、银行或其他一方。

第三条　释义

就本惯例而言：

在适用的条款中，词汇的单复数同义。

信用证是不可撤销的，即使信用证中对此未作指示也是如此。

单据可以通过手签、签样印制、穿孔签字、盖章、符号表示的方式签署，也可以通过其他任何机械或电子证实的方法签署。

当信用证含有要求使单据合法、签证、证实或对单据有类似要求的条件时，这些条件可由在单据上签字、标注、盖章或标签来满足，只要单据表面已满足上述条件即可。

一家银行在不同国家设立的分支机构均视为另一家银行。

诸如"第一流""著名""合格""独立""正式""有资格""当地"等词语用于描述单据出单人的身份时,单据的出单人可以是除受益人以外的任何人。

除非确需在单据中使用,银行对诸如"迅速""立即""尽快"之类词语将不予置理。

"于或约于"或类似措辞将被理解为一项约定,按此约定,某项事件将在所述日期前后各五天内发生,起讫日均包括在内。

词语"×月×日止"(to)、"至×月×日"(until)、"直至×月×日"(till)、"从×月×日"(from)及"在×月×日至×月×日之间"(between)用于确定装运期限时,包括所述日期。词语"×月×日之前"(before)及"×月×日之后"(after)不包括所述日期。

词语"从×月×日"(from)以及"×月×日之后"(after)用于确定到期日时不包括所述日期。

术语"上半月"和"下半月"应分别理解为自每月"1日至15日"和"16日至月末最后一天",包括起讫日期。

术语"月初""月中""月末"应分别理解为每月1日至10日、11日至20日和21日至月末最后一天,包括起讫日期。

第四条 信用证与合同

a. 就性质而言,信用证与可能作为其依据的销售合同或其他合同,是相互独立的交易。即使信用证中提及该合同,银行亦与该合同完全无关,且不受其约束。因此,一家银行作出兑付、议付或履行信用证项下其他义务的承诺,并不受申请人与开证行之间或与受益人之间在已有关系下产生的索偿或抗辩的制约。

受益人在任何情况下,不得利用银行之间或申请人与开证行之间的契约关系。

b. 开证行应劝阻申请人将基础合同、形式发票或其他类似文件的副本作为信用证整体组成部分的做法。

第五条 单据与货物/服务/行为

银行处理的是单据,而不是单据所涉及的货物、服务或其他行为。

第六条 有效性、有效期限及提示地点

a. 信用证必须规定可以有效使用信用证的银行,或者信用证是否对任何银行均为有效。对于被指定银行有效的信用证同样也对开证行有效。

b. 信用证必须规定它是否适用于即期付款、延期付款、承兑抑或议付。

c. 不得开立包含有以申请人为汇票付款人条款的信用证。

d. ⅰ. 信用证必须规定提示单据的有效期限。规定的用于兑付或者议付的有效期限将被认为是提示单据的有效期限。

ⅱ. 可以有效使用信用证的银行所在的地点是提示单据的地点。对任何银行均为有效的信用证项下单据提示的地点是任何银行所在的地点。不同于开证行地点的提示单据的地点是开证行地点之外提交单据的地点。

e. 除非如二十九(a)中规定,由受益人或代表受益人提示的单据必须在到期日当日或在此之前提交。

第七条 开证行的承诺

a. 若规定的单据被提交至被指定银行或开证行并构成相符提示,开证行必须按下述信用证所适用的情形予以兑付:

ⅰ. 由开证行即期付款、延期付款或者承兑;

ⅱ. 由被指定银行即期付款而该被指定银行未予付款;

ⅲ. 由被指定银行延期付款而该被指定银行未承担其延期付款承诺,或者虽已承担延期付款承诺但到期未予付款;

ⅳ. 由被指定银行承兑而该被指定银行未予承兑以其为付款人的汇票,或者虽已承兑以其为付款人的汇票但到期未予付款;

ⅴ. 由被指定银行议付而该被指定银行未予议付。

b. 自信用证开立之时起,开证行即不可撤销地受到兑付责任的约束。

c. 开证行保证向对于相符提示已经予以兑付或者议付并将单据寄往开证行的被指定银行进行偿付。无论被指定银行是否于到期日前已经对相符提示予以预付或者购买,对于承兑或延期付款信用证项下相符提示的金额的偿付于到期日进行。开证行偿付被指定银行的承诺独立于开证行对于受益人的承诺。

第八条 保兑行的承诺

a. 若规定的单据被提交至保兑行或者任何其他被指定银行并构成相符提示,保兑行必须:

ⅰ. 兑付,如果信用证适用于:

a) 由保兑行即期付款、延期付款或者承兑;

b) 由另一家被指定银行即期付款而该被指定银行未予付款;

c) 由另一家被指定银行延期付款而该被指定银行未承担其延期付款承诺,或者虽已承担延期付款承诺但到期未予付款;

d) 由另一家被指定银行承兑而该被指定银行未予承兑以其为付款人的汇票,或者虽已承兑以其为付款人的汇票但到期未予付款;

e) 由另一家被指定银行议付而该被指定银行未予议付。

ⅱ. 若信用证由保兑行议付,无追索权地议付。

b. 自为信用证加具保兑之时起,保兑行即不可撤销地受到兑付或者议付责任的约束。

c. 保兑行保证向对于相符提示已经予以兑付或者议付并将单据寄往开证行的另一家被指定银行进行偿付。无论另一家被指定银行是否于到期日前已经对相符提示予以预付或者购买,对于承兑或延期付款信用证项下相符提示的金额的偿付于到期日进行。保兑行偿付另一家被指定银行的承诺独立于保兑行对于受益人的承诺。

d. 如开证行授权或要求另一家银行对信用证加具保兑,而该银行不准备照办时,它必须不延误地告知开证行并仍可通知此份未经加具保兑的信用证。

第九条 信用证及修改的通知

a. 信用证及其修改可以通过通知行通知受益人。除非已对信用证加具保兑,通知行通知信用证不构成兑付或议付的承诺。

b. 通过通知信用证或修改,通知行即表明其认为信用证或修改的表面真实性得到满足,且通知准确地反映了所收到的信用证或修改的条款及条件。

c. 通知行可以利用另一家银行的服务("第二通知行")向受益人通知信用证及其修改。通过通知信用证或修改,第二通知行即表明其认为所收到的通知的表面真实性得到满足,且通知准确地反映了所收到的信用证或修改的条款及条件。

d. 如一家银行利用另一家通知行或第二通知行的服务将信用证通知给受益人,它也必须利用同一家银行的服务通知修改书。

e. 如果一家银行被要求通知信用证或修改但决定不予通知,它必须不延误通知向其发送信用证、修改或通知的银行。

f. 如果一家被要求通知信用证或修改,但不能确定信用证、修改或通知的表面真实性,就必须不延误地告知向其发出该指示的银行。如果通知行或第二通知行仍决定通知信用证或修改,则必须告知受益人或第二通知行其未能核实信用证、修改或通知的表面真实性。

第十条 修改

a. 除本惯例第三十八条另有规定外,凡未经开证行、保兑行(如有)以及受益人同意,信用证既不能修改也不能撤销。

b. 自发出信用证修改书之时起,开证行就不可撤销地受其发出修改的约束。保兑行可将其保兑承诺扩展至修改内容,且自其通知该修改之时起,即不可撤销地受到该修改的约束。然而,保兑行可选择仅将修改通知受益人而不对其加具保兑,但必须不延误地将此情况通知开证行和受益人。

c. 在受益人向通知修改的银行表示接受该修改内容之前,原信用证(或包含先前已被接受修改的信用证)的条款和条件对受益人仍然有效。受益人应发出接受或拒绝接受修改的通知。如受益人未提供上述通知,当其提交至被指定银行或开证行的单据与信用证以及尚未表示接受的修改的要求一致时,则该事实即视为受益人已作出接受修改的通知,并从此时起,该信用证已被修改。

d. 通知修改的银行应当通知向其发出修改书的银行任何有关接受或拒绝接受修改的通知。

e. 不允许部分接受修改,部分接受修改将被视为拒绝接受修改的通知。

f. 修改书中作出的除非受益人在某一时间内拒绝接受修改,否则修改将开始生效的条款将被不予置理。

第十一条 电讯传递与预先通知的信用证和修改

a. 经证实的信用证或修改的电讯文件将被视为有效的信用证或修改,任何随后的邮寄证实书将被不予置理。

若该电讯文件声明"详情后告"(或类似词语)或声明随后寄出的邮寄证实书将是有效的信用证或修改,则该电讯文件将被视为无效的信用证或修改。开证行必须随即不延误地开出有效的信用证或修改,且条款不能与电讯文件相矛盾。

b. 只有准备开立有效信用证或修改的开证行,才可以发出开立信用证或修改预先通知书。发出预先通知的开证行应不可撤销地承诺将不延误地开出有效的信用证或修改,且条款不能与预先通知书相矛盾。

第十二条 指定

a. 除非一家被指定银行是保兑行,对被指定银行进行兑付或议付的授权并不构成其必须兑付或议付的义务,被指定银行明确同意并照此通知受益人的情形除外。

b. 通过指定一家银行承兑汇票或承担延期付款承诺,开证行即授权该被指定银行预付或购买经其承兑的汇票或由其承担延期付款的承诺。

c. 非保兑行身份的被指定银行接受、审核并寄送单据的行为既不使该被指定银行具有兑付或议付的义务,也不构成兑付或议付。

第十三条 银行间偿付约定

a. 如果信用证规定被指定银行("索偿行")须通过向另一方银行("偿付行")索偿获得偿付,则信用证中必须声明是否按照信用证开立日正在生效的国际商会《银行间偿付规则》办理。

b. 如果信用证中未声明是否按照国际商会《银行间偿付规则》办理,则适用于下列条款:

ⅰ. 开证行必须向偿付行提供偿付授权书,该授权书须与信用证中声明的有效性一致。偿付授权书不应规定有效日期。

ⅱ. 不应要求索偿行向偿付行提供证实单据与信用证条款及条件相符的证明。

ⅲ. 如果偿付行未能按照信用证的条款及条件在首次索偿时即行偿付,则开证行应对索偿行的利息损失以及产生的费用负责。

ⅳ. 偿付行的费用应由开证行承担。然而,如果费用系由受益人承担,则开证行有责任在信用证和偿付授权书中予以注明。如偿付行的费用系由受益人承担,则该费用应在偿付时从支付索偿行的金额中扣除。如果未发生偿付,开证行仍有义务承担偿付行的费用。

c. 如果偿付行未能于首次索偿时即行偿付,则开证行不能解除其自身的偿付责任。

第十四条 审核单据的标准

a. 按照指定行事的被指定银行、保兑行(如有)以及开证行必须对提示的单据进行审核,并仅以单据为基础,以决定单据在表面上看来是否构成相符提示。

b. 按照指定行事的被指定银行、保兑行(如有)以及开证行,自其收到提示单据的翌日起算,应各自拥有最多不超过五个银行工作日的时间以决定提示是否相符。该期限不因单据提示日适逢信用证有效期或最迟提示期或在其之后而被缩减或受到其他影响。

c. 提示若包含一份或多份按照本惯例第十九条、二十条、二十一条、二十二条、二十三条、二十四条或二十五条出具的正本运输单据,则必须由受益人或其代表按照相关条款在不迟于装运日后的二十一个公历日内提交,但无论如何不得迟于信用证的到期日。

d. 单据中内容的描述不必与信用证、信用证对该项单据的描述以及国际标准银行实务完全一致,但不得与该项单据中的内容、其他规定的单据或信用证相冲突。

e. 除商业发票外,其他单据中的货物、服务或行为描述若须规定,可使用统称,但不得与信用证规定的描述相矛盾。

f. 如果信用证要求提示运输单据、保险单据和商业发票以外的单据,但未规定该单据由何人出具或单据的内容。如信用证对此未做规定,只要所提交单据的内容看来满足其功能需要且其他方面与第十四条(d)款相符,银行将对提示的单据予以接受。

g. 提示信用证中未要求提交的单据,银行将不予置理。如果收到此类单据,可以退还提示人。

h. 如果信用证中包含某项条件而未规定需提交与之相符的单据,银行将认为未列明此条件,并对此不予置理。

i. 单据的出单日期可以早于信用证开立日期,但不得迟于信用证规定的提示日期。

j. 当受益人和申请人的地址显示在任何规定的单据上时,不必与信用证或其他规定单据中显示的地址相同,但必须与信用证中述及的各自地址处于同一国家内。用于联系的资料(电传、电话、电子邮箱及类似方式)如作为受益人和申请人地址的组成部分将被不予置理。然而,当申请人的地址及联系信息作为按照十九条、二十条、二十一条、二十二条、二十三条、二十四条或二十五条出具的运输单据中收货人或通知方详址的组成部分时,则必须按照信用证规定予以显示。

k. 表明在任何单据中的货物的托运人或发货人不必是信用证的受益人。

l. 假如运输单据能够满足本惯例第十九条、二十条、二十一条、二十二条、二十三条或二十四条的要求,则运输单据可以由承运人、船东、船长或租船人以外的任何一方出具。

第十五条　相符提示

a. 当开证行确定提示相符时,就必须予以兑付。

b. 当保兑行确定提示相符时,就必须予以兑付或议付并将单据寄往开证行。

c. 当被指定银行确定提示相符并予以兑付或议付时,必将单据寄往保兑行或开证行。

第十六条　不符单据及不符点的放弃与通知

a. 当按照指定行事的被指定银行、保兑行(如有)或开证行确定提示不符时,可以拒绝兑付或议付。

b. 当开证行确定提示不符时,可以依据其独立的判断联系申请人放弃有关不符点。然而,这并不因此延长第十四条(b)款中述及的期限。

c. 当按照指定行事的被指定银行、保兑行(如有)或开证行决定拒绝兑付或议付时,必须一次性通知提示人。

通知必须声明:

ⅰ. 银行拒绝兑付或议付;及

ⅱ. 银行凭以拒绝兑付或议付的各个不符点;及

ⅲ. a) 银行持有单据等候提示人进一步指示;或

b) 开证行持有单据直至收到申请人通知弃权并同意接受该弃权,或在同意接受弃权前从提示人处收到进一步指示;或

c) 银行退回单据;或

d) 银行按照先前从提示人处收到的指示行事。

d. 第十六条(c)款中要求的通知必须以电讯方式发出,或者,如果不可能以电讯方式通知时,则以其他快捷方式通知,但不得迟于提示单据日期翌日起第五个银行工作日终了。

e. 按照指定行事的被指定银行、保兑行(如有)或开证行可以在提供第十六条(c)款(ⅲ)、(a)款或(b)款要求提供的通知后,于任何时间将单据退还提示人。

f. 如果开证行或保兑行未能按照本条款的规定行事,将无权宣称单据未能构成相符提示。

g. 当开证行拒绝兑付或保兑行拒绝兑付或议付,并已经按照本条款发出通知时,该银行将有权就已经履行的偿付索取退款及其利息。

第十七条 正本单据和副本单据

a. 信用证中规定的各种单据必须至少提供一份正本。

b. 除非单据本身表明其不是正本,银行将视任何单据表面上具有单据出具人正本签字、标志、图章或标签的单据为正本单据。

c. 除非单据另有表明,银行将接受单据作为正本单据,如果该单据:

ⅰ. 表面看来由单据出具人手工书写、打字、穿孔签字或盖章;或

ⅱ. 表面看来使用单据出具人的正本信笺;或

ⅲ. 声明单据为正本,除非该项声明表面看来与所提示的单据不符。

d. 如果信用证要求提交副本单据,则提交正本单据或副本单据均可。

e. 如果信用证使用诸如"一式两份""两张""两份"等术语要求提交多份单据,则可以提交至少一份正本,其余份数以副本来满足。但单据本身另有相反指示者除外。

第十八条 商业发票

a. 商业发票:

ⅰ. 必须显示系由受益人出具(第三十八条另有规定者除外);

ⅱ. 必须做成以申请人的名称为抬头[第三十八条(g)款另有规定者除外];

ⅲ. 必须将发票币种作成与信用证相同币种。

ⅳ. 无须签字。

b. 按照指定行事的被指定银行、保兑行(如有)或开证行可以接受金额超过信用证所允许金额的商业发票,倘若有关银行已兑付或已议付的金额没有超过信用证所允许的金额,则该银行的决定对各有关方均具有约束力。

c. 商业发票中货物、服务或行为的描述必须与信用证中显示的内容相符。

第十九条 至少包括两种不同运输方式的运输单据

a. 至少包括两种不同运输方式的运输单据(即多式运输单据或联合运输单据),不论其称谓如何,必须显示:

ⅰ. 表明承运人名称并由下列人员签署:

承运人或承运人的具名代理或代表,或

船长或船长的具名代理或代表。

承运人、船长或代理的任何签字必须分别表明承运人、船长或代理的身份。

代理的签字必须表明其是否作为承运人或船长的代理或代表签署提单。

ⅱ. 通过下述方式表明货物已在信用证规定的地点发运、接受监管或装载:

预先印就的措词,或

注明货物已发运、接受监管或装载日期的图章或批注。

运输单据的出具日期将被视为发运、接受监管或装载以及装运日期。然而,如果运输单据以盖章或批注方式标明发运、接受监管或装载日期,则此日期将被视为装运日期。

ⅲ. 表明信用证中规定的发运、接受监管或装载地点以及最终目的地的地点,即使:

a) 运输单据另外表明了不同的发运、接受监管或装载地点或最终目的地的地点,或

b) 运输单据包含"预期"或类似限定有关船只、装货港或卸货港的指示。

ⅳ. 系仅有的一份正本运输单据,或者,如果出具了多份正本运输单据,应是运输单据中显示的全套正本份数。

ⅴ. 包含承运条件须参阅包含承运条件条款及条件的某一出处(简式或背面空白的运输单据)者,银行

对此类承运条件的条款及条件内容不予审核。

ⅵ. 未注明运输单据受租船合约约束。

b. 就本条款而言,转运意指货物在信用证中规定的发运、接受监管或装载地点到最终目的地的运输过程中,从一个运输工具卸下并重新装载到另一个运输工具上(无论是否为不同运输方式)的运输。

c. ⅰ. 只要同一运输单据包括运输全程,则运输单据可以表明货物将被转运或可被转运。

ⅱ. 即使信用证禁止转运,银行也将接受注明转运将发生或可能发生的运输单据。

第二十条 提单

a. 无论其称谓如何,提单必须显示:

ⅰ. 表明承运人名称并由下列人员签署:

承运人或承运人的具名代理或代表,或

船长或船长的具名代理或代表。

承运人、船长或代理的任何签字必须分别表明其承运人、船长或代理的身份。

代理的签字必须表明其是否作为承运人或船长的代理或代表签署提单。

ⅱ. 通过下述方式表明货物已在信用证规定的装运港装载上具名船只:

预先印就的措词,或

注明货物已装船日期的装船批注。

提单的出具日期将被视为装运日期,除非提单包含注明装运日期的装船批注,在此情况下,装船批注中显示的日期将被视为装运日期。

如果提单包含"预期船"字样或类似有关限定船只的词语时,装上具名船只必须由注明装运日期以及实际装运船只名称的装船批注来证实。

ⅲ. 表明装运从信用证中规定的装货港至卸货港。

如果提单未注明以信用证中规定的装货港作为装货港,或包含"预期"或类似有关限定装货港的标注者,则需要提供注明信用证中规定的装货港、装运日期以及船名的装船批注。即使提单上已注明印就的"已装船"或"已装具名船只"措词,本规定仍然适用。

ⅳ. 系仅有的一份正本提单,或者,如果出具了多份正本,应是提单中表明的全套正本份数。

ⅴ. 包含承运条件须参阅包含承运条件条款及条件的某一出处(简式或背面空白的提单)者,银行对此类承运条件的条款及条件内容不予审核。

ⅵ. 未注明运输单据受租船合约约束。

b. 就本条款而言,转运意指在信用证规定的装货港到卸货港之间的海运过程中,将货物由一艘船卸下再装上另一艘船的运输。

c. ⅰ. 只要同一提单包括运输全程,则提单可以表明货物将被转运或可被转运。

ⅱ. 银行可以接受注明将要发生或可能发生转运的提单。即使信用证禁止转运,只要提单上证实有关货物已由集装箱、拖车或子母船运输,银行仍可接受注明将要发生或可能发生转运的提单。

d. 对于提单中包含的声明承运人保留转运权利的条款,银行将不予置理。

第二十一条 非转让海运单

a. 无论其称谓如何,非转让海运单必须显示:

ⅰ. 表明承运人名称并由下列人员签署:

承运人或承运人的具名代理或代表,或

船长或船长的具名代理或代表。

承运人、船长或代理的任何签字必须分别表明其承运人、船长或代理的身份。

代理的签字必须表明其是否作为承运人或船长的代理或代表签署提单。

ⅱ. 通过下述方式表明货物已在信用证规定的装运港装载上具名船只:

预先印就的措词,或

注明货物已装船日期的装船批注。

非转让海运单的出具日期将被视为装运日期,除非非转让海运单包含注明装运日期的装船批注,在此情况下,装船批注中显示的日期将被视为装运日期。

如果非转让海运单包含"预期船"字样或类似有关限定船只的词语时,装上具名船只必须由注明装运日期以及实际装运船只名称的装船批注来证实。

ⅲ. 表明装运从信用证中规定的装货港至卸货港。

如果非转让海运单未注明以信用证中规定的装货港作为装货港,或包含"预期"或类似有关限定装货港的标注者,则需要提供注明信用证中规定的装货港、装运日期以及船名的装船批注。即使非转让海运单上已注明印就的"已装船"或"已装具名船只"措词,本规定仍然适用。

ⅳ. 系仅有的一份正本非转让海运单,或者,如果出具了多份正本,应是非转让海运单中表明的全套正本份数。

ⅴ. 包含承运条件须参阅包含承运条件条款及条件的某一出处(简式或背面空白的提单)者,银行对此类承运条件的条款及条件内容不予审核。

ⅵ. 未注明运输单据受租合约约束。

b. 就本条款而言,转运意指在信用证规定的装货港到卸货港之间的海运过程中,将货物由一艘船卸下再装上另一艘船的运输。

c. ⅰ. 只要同一非转让海运单包括运输全程,则非转让海运单可以表明货物将被转运或可被转运。

ⅱ. 银行可以接受注明将要发生或可能发生转运的非转让海运单。即使信用证禁止转运,只要非转让海运单上证实有关货物已由集装箱、拖车或子母船运输,银行仍可接受注明将要发生或可能发生转运的非转让海运单。

d. 对于非转让海运单中包含的声明承运人保留转运权利的条款,银行将不予置理。

第二十二条 租船合约提单

a. 无论其称谓如何,倘若提单包含有提单受租船合约约束的指示(即租船合约提单),则必须显示:

ⅰ. 由下列当事方签署:

船长或船长的具名代理或代表,或

船东或船东的具名代理或代表,或

租船人或租船人的具名代理或代表。

船长、船东、租船人或代理的任何签字必须分别表明其船长、船东、租船人或代理的身份。

代理的签字必须表明其是否作为船长、船东或租船人的代理或代表签署提单。

代理人代理或代表船东或租船人签署提单时必须注明船东或租船人的名称。

ⅱ. 通过下述方式表明货物已在信用证规定的装运港装载上具名船只:

预先印就的措词,或

注明货物已装船日期的装船批注。

租船合约提单的出具日期将被视为装运日期,除非租船合约提单包含注明装运日期的装船批注,在此情况下,装船批注中显示的日期将被视为装运日期。

ⅲ. 表明货物由信用证中规定的装货港运输至卸货港。卸货港可以按信用证中的规定显示为一组港口或某个地理区域。

ⅳ. 系仅有的一份正本租船合约提单,或者,如果出具了多份正本,应是租船合约提单中表明的全套正本份数。

b. 即使信用证中的条款要求提交租船合约,银行也将对该租船合约不予审核。

第二十三条 空运单据

a. 无论其称谓如何,空运单据必须显示:

ⅰ. 表明承运人名称并由下列当事方签署:

承运人，或

承运人的具名代理或代表。

承运人或代理的任何签字必须分别表明其承运人或代理的身份。

代理的签字必须显示其是否作为承运人的代理或代表签署空运单据。

ⅱ．表明货物已收妥待运。

ⅲ．表明出具日期。这一日期将被视为装运日期，除非空运单据包含注有实际装运日期的专项批注，在此种情况下，批注中显示的日期将被视为装运日期。

空运单据显示的其他任何与航班号和起飞日期有关的信息不能被视为装运日期。

ⅳ．表明信用证规定的起飞机场和目的地机场。

ⅴ．为开给发货人或托运人的正本，即使信用证规定提交全套正本。

ⅵ．载有承运条款和条件，或提示条款和条件参见别处。银行将不审核承运条款和条件的内容。

b. 就本条而言，转运是指在信用证规定的起飞机场到目的地机场的运输过程中，将货物从一飞机卸下再装上另一飞机的行为。

c. ⅰ．空运单据可以表明货物将要或可能转运，只要全程运输由同一空运单据涵盖。

ⅱ．即使信用证禁止转运，注明将要或可能发生转运的空运单据仍可接受。

第二十四条　公路、铁路或内陆水运单据

a. 公路、铁路或内陆水运单据，无论名称如何，必须显示：

ⅰ．表明承运人名称，并且

由承运人或其具名代理人签署，或者

由承运人或其具名代理人以签字、印戳或批注表明货物收讫。

承运人或其具名代理人的售货签字、印戳或批注必须证明其承运人或代理人的身份。

代理人的收货签字、印戳或批注必须表明代理人系代表承运人签字或行事。

如果铁路运输单据没有指明承运人，可以接受铁路运输公司的任何签字或印戳作为承运人签署单据的证据。

ⅱ．表明货物在信用证规定地点的装运日期，或者收讫代运或代发运的日期。运输单据的出具日期将被视为装运日期，除非运输单据上盖有带日期的收货印戳，或表明了收货日期或装运日期。

ⅲ．表明信用证规定的装运地及目的地。

b. ⅰ．公路运输单据必须显示为开给发货人或托运人的正本，或没有任何标记表明单据开给何人。

ⅱ．注明"第二联"的铁路运输单据将被作为正本接受。

ⅲ．无论是否注明正本字样，铁路或内陆水运单据都被作为正本接受。

c. 如运输单据上未注明出具的正本数量，提交的份数即视为全套正本。

d. 就本条而言，转运是指在信用证规定的发运、发送或运送的地点到目的地之间的运输过程中，在同一运输方式中从一运输工具卸下再装上另一运输工具的行为。

e. ⅰ．只要全程运输由同一运输单据涵盖，公路、铁路或内陆水运单据可以表明货物将要或可能被转运。

ⅱ．即使信用证禁止转运，注明将要或可能发生转运的公路、铁路或内陆水运单据仍可接受。

第二十五条　快递收据、邮政收据或投邮证明

a. 证明货物收讫待运的快递收据，无论名称如何，必须显示：

ⅰ．表明快递机构的名称，并在信用证规定的货物装运地点由该具名快递机构盖章或签字；并且

ⅱ．表明取件或收件的日期或类似词语。该日期将被视为装运日期。

b. 如果要求显示快递费用付讫或预付，快递机构出具的表明快递费由收货人以外的一方支付的运输单据可以满足该项要求。

c. 证明货物收讫待运的邮政收据或投邮证明，无论名称如何，必须显示在信用证规定的货物装运地点

盖章或签署并注明日期。该日期将被视为装运日期。

第二十六条 "货装舱面""托运人装载和计数""内容据托运人报称"及运费之外的费用

a. 运输单据不得表明货物装于或者将装于舱面。声明货物可能被装于舱面的运输单据条款可以接受。

b. 载有诸如"托运人装载和计数"或"内容据托运人报称"条款的运输单据可以接受。

c. 运输单据上可以以印戳或其他方式提及运费之外的费用。

第二十七条 清洁运输单据

银行只接受清洁运输单据。清洁运输单据指未载有明确宣称货物或包装有缺陷的条款或批注的运输单据。"清洁"一词并不需要在运输单据上出现,即使信用证要求运输单据为"清洁已装船"的。

第二十八条 保险单据及保险范围

a. 保险单据,例如保险单或预约保险项下的保险证明书或者声明书,必须显示由保险公司或承保人或其代理人或代表出具并签署。

代理人或代表的签字必须标明其系代表保险公司或承保人签字。

b. 如果保险单据表明其以多份正本出具,所有正本均须提交。

c. 暂保单将不被接受。

d. 可以接受保险单代替预约保险项下的保险证明书或声明书。

e. 保险单据日期不得晚于装运日期,除非保险单据表明保险责任不迟于装运日生效。

f. i. 保险单据必须表明投保金额并以与信用证相同的货币表示。

ii. 信用证对于投保金额为货物价值、发票金额或类似金额的某一比例的要求,将被视为对最低保额的要求。

如果信用证对投保金额未作规定,投保金额须至少为货物的 CIF 或 CIP 价格的 110%。

如果从单据中不能确定 CIF 或者 CIP 价格,投保金额必须基于要求承付或议付的金额,或者基于发票上显示的货物总值来计算,两者之中取金额较高者。

iii. 保险单据须表明承保的风险区间至少涵盖从信用证规定的货物监管地或装运地开始到卸货地或最终目的地为止。

g. 信用证应规定所需投保的险别及附加险(如有的话)。如果信用证使用诸如"通常风险"或"惯常风险"等含义不确切的用语,则无论是否有漏保之风险,保险单据将被照样接受。

h. 当信用证规定投保"一切险"时,如保险单据载有任何"一切险"批注或条款,无论是否有"一切险"标题,均将被接受,即使其声明任何风险除外。

i. 保险单据可以援引任何除外责任条款。

j. 保险单据可以表明受免赔率或免赔额(减除额)约束。

第二十九条 截止日或最迟交单日的顺延

a. 如果信用证的截止日或最迟交单日适逢接受交单的银行非因第三十六条所述原因而歇业,则截止日或最迟交单日,根据具体情况,将顺延至其重新开业的第一个银行工作日。

b. 如果在顺延后的第一个银行工作日交单,指定银行必须在其致开证行或保兑行的面函中声明交单是在根据第二十九条(a)款顺延的期限内提交的。

c. 最迟装运日不因第二十九条(a)款规定的原因而顺延。

第三十条 信用证金额、数量与单价的增减幅度

a. "约"或"大约"用于信用证金额或信用证规定的数量或单价时,应解释为允许有关金额或数量或单价有不超过 10% 的增减幅度。

b. 在信用证未以包装单位件数或货物自身件数的方式规定货物数量时,货物数量允许有 5% 的增减幅度,只要总支取金额不超过信用证金额。

c. 如果信用证规定了货物数量,而该数量已全部装运,及如果信用证规定了单价,而该单价又未降低,或当第三十条(b)款不适用时,则即使不允许分批装运,也允许支取的金额有 5% 的减幅。若信用证规定有

特定的增减幅度或使用第三十条(a)款提到的用语限定数量,则该减幅不适用。

第三十一条 分批支款或分批装运

a. 允许分批支款或分批装运。

b. 标明使用同一运输工具并经由同次航程运输的数套运输单据在同一次提交时,只要显示相同目的地,将不视为分批装运,即使运输单据上表明的装运日期不同或装卸港、接管地或发运地点不同。如果交单由数套运输单据构成,其中最晚的一个装运日将被视为装运日。

含有一套或数套运输单据的交单,如果标明在同一种运输方式下经由数件运输工具运输,即使运输工具在同一天出发运往同一目的地,仍将被视为分批装运。

c. 含有一份以上快递收据、邮政收据或投邮证明的交单,如果单据显示由同一快递或邮政机构在同一地点和日期加盖印戳或签字并且表明同一目的地,将不视为分批装运。

第三十二条 分期支款或分期装运

如信用证规定在指定的时间段内分期支款或分期装运,任何一期未按信用证规定期限支取或装运时,信用证对该期及以后各期均告失效。

第三十三条 交单时间

银行在其营业时间外无接受交单的义务。

第三十四条 关于单据有效性的免责

银行对任何单据的形式、充分性、准确性、内容真实性、虚假性或法律效力,或对单据中规定或添加的一般或特殊条件,概不负责;银行对任何单据所代表的货物、服务或其他履约行为的描述、数量、重量、品质、状况、包装、交付、价值或其存在与否,或对发货人、承运人、货运代理人、收货人、货物的保险人或其他任何人的诚信与否,作为或不作为,清偿能力、履约或资信状况,也概不负责。

第三十五条 关于信息传递和翻译的免责

当报文、信件或单据按照信用证的要求传输或发送时,或当信用证未作指示,银行自行选择传送服务时,银行对报文传输或信件或单据的递送过程中发生的延误、中途遗失、残缺或其他错误产生的后果,概不负责。

如果指定银行确定交单相符并将单据发往开证行或保兑行,无论指定的银行是否已经承付或议付,开证行或保兑行必须承付或议付,或偿付指定银行,即使单据在指定银行送往开证行或保兑行的途中,或保兑行送往开证行的途中丢失。

银行对技术术语的翻译或解释上的错误,不负责任,并可不加翻译地传送信用证条款。

第三十六条 不可抗力

银行对由于天灾、暴动、骚乱、叛乱、战争、恐怖主义行为或任何罢工、停工或其无法控制的任何其他原因导致的营业中断的后果,概不负责。

银行恢复营业时,对于在营业中断期间已逾期的信用证,不再进行承付或议付。

第三十七条 关于被指示方行为的免责

a. 为了执行申请人的指示,银行利用其他银行的服务,其费用和风险由申请人承担。

b. 即使银行自行选择了其他银行,如果发出指示未被执行,开证行或通知行对此亦不负责。

c. 指示另一银行提供服务的银行有责任负担被指示方因执行指示而发生的任何佣金、手续费、成本或开支("费用")。

如果信用证规定费用由受益人负担,而该费用未能收取或从信用证款项中扣除,开证行依然承担支付此费用的责任。

信用证或其修改不应规定向受益人的通知以通知行或第二通知行收到其费用为条件。

d. 外国法律和惯例加诸银行的一切义务和责任,申请人应受其约束,并就此对银行负补偿之责。

第三十八条 可转让信用证

a. 银行无办理转让信用证的义务,除非该银行明确同意其转让范围和转让方式。

b. 就本条款而言：

转让信用证意指明确表明其"可以转让"的信用证。根据受益人（"第一受益人"）的请求,转让信用证可以被全部或部分地转让给其他受益人（"第二受益人"）。

转让银行意指办理信用证转让的被指定银行,或者,在适用于任何银行的信用证中,转让银行是由开证行特别授权并办理转让信用证的银行。开证行也可担任转让银行。

转让信用证意指经转让银行办理转让后可供第二受益人使用的信用证。

c. 除非转让时另有约定,所有因办理转让而产生的费用（诸如佣金、手续费、成本或开支）必须由第一受益人支付。

d. 倘若信用证允许分批支款或分批装运,信用证可以被部分地转让给一个以上的第二受益人。

第二受益人不得要求将信用证转让给任何次序位居其后的其他受益人。第一受益人不属于此类其他受益人之列。

e. 任何有关转让的申请必须表明是否以及在何种条件下可以将修改通知第二受益人。转让信用证必须明确表明这些条件。

f. 如果信用证被转让给一个以上的第二受益人,其中一个或多个第二受益人拒绝接受某个信用证修改并不影响其他第二受益人接受修改。对于接受修改的第二受益人而言,信用证已做相应的修改；对于拒绝接受修改的第二受益人而言,该转让信用证仍未被修改。

g. 转让信用证必须准确转载原证的条款及条件,包括保兑（如有）,但下列项目除外：

——信用证金额,

——信用证规定的任何单价,

——到期日,

——单据提示期限,

——最迟装运日期或规定的装运期间。

以上任何一项或全部均可减少或缩短。

必须投保的保险金额的投保比例可以增加,以满足原信用证或本惯例规定的投保金额。

可以用第一受益人的名称替换原信用证中申请人的名称。

如果原信用证特别要求开证申请人名称应在除发票以外的任何单据中出现时,则转让信用证必须反映出该项要求。

h. 第一受益人有权以自己的发票和汇票（如有）,替换第二受益人的发票和汇票（如有）,其金额不得超过原信用证的金额。在如此办理单据替换时,第一受益人可在原信用证项下支取自己发票与第二受益人发票之间产生的差额（如有）。

i. 如果第一受益人应当提交其自己的发票和汇票（如有）,但却未能在收到第一次要求时照办；或第一受益人提交的发票导致了第二受益人提示的单据中本不存在的不符点,而其未能在收到第一次要求时予以修正,则转让银行有权将其从第二受益人处收到的单据向开证行提示,并不再对第一受益人负责。

j. 第一受益人可以在其提出转让申请时,表明可在信用证被转让的地点,在原信用证的到期日之前（包括到期日）向第二受益人予以兑付或议付。本条款并不损害第一受益人在第三十八条(h)款下的权利。

k. 由第二受益人或代表第二受益人提交的单据必须向转让银行提示。

第三十九条　款项让渡

信用证未表明可转让,并不影响受益人根据所适用的法律规定,将其在该信用证项下有权获得的款项让渡与他人的权利。本条款所涉及的仅是款项的让渡,而不是信用证项下执行权利的让渡。

附录三
《跟单托收统一规则》第522号

(1995年修订本,自1996年1月1日生效)

一、总则和定义

第一款 《托收统一规则》第522号的应用

(1) 国际商会第522号出版物《托收统一规则》1995年修订本将适用于第二款所限定的、并在第四款托收指示中列明适用该项规则的所有托收项目。除非另有明确的约定,或与某一国家、某一政府,或与当地法律和尚在生效的条例有所抵触,本规则对所有的关系人均具有约束力。

(2) 银行没有义务必须办理某一托收或任何托收指示或以后的相关指示。

(3) 如果银行无论出于何种理由选择了不办理它所收到的托收或任何相关的托收指示,它必须毫不延误地采用电讯,或者如果电讯不可能时采用其他快捷的工具向他收到该项指示的当事人发出通知。

第二款 托收的定义

就本条款而言:

(1) 托收是指银行依据所收到的指示处理下述(2)款所限定的单据,以便于:

a. 取得付款和/或承兑;或

b. 凭以付款或承兑交单;或

c. 按照其他条款和条件交单。

(2) 单据是指金融单据和/或商业单据。

a. 金融单据是指汇票、本票、支票或其他类似的可用于取得款项支付的凭证;

b. 商业单据是指发票、运输单据、所有权文件或其他类似的文件,或者不属于金融单据的任何其他单据。

(3) 光票托收是指不附有商业单据的金融单据项下的托收。

(4) 跟单托收是指:

a. 附有商业单据的金融单据项下的托收;

b. 不附有金融单据的商业单据项下的托收。

第三款 托收的关系人

(1) 就本条款而言,托收的关系人有:

a. 委托人即委托银行办理托收的有关人;

b. 寄单行即委托人委托办理托收的银行;

c. 代收行即除寄单行以外的任何参与处理托收业务的任何银行。

(2) 付款人即根据托收指示向其提示单据的人。

二、托收的形式和结构

第四款 托收指示

(1) a. 所有送往托收的单据必须附有一项托收指示,注明该项托收将遵循《托收统一规则》第522号文件并且列出完整和明确的指示。银行只准允根据该托收指示中的命令和本规则行事;

b. 银行将不会为了取得指示而审核单据;

c. 除非托收指示中另有授权,银行将不理会来自除了他所收到托收的有关人/银行以外的任何有关人/银行的任何指令。

(2) 托收指示应当包括下述适宜的各项内容:

a. 收到该项托收的银行详情,包括全称、邮和SWIFT地址、电传、电话和传真号码和编号;

b. 委托人的详情包括全称、邮政地址或者办理提示的场所以及(如果有的话)电传、电话和传真号码;

c. 付款人的详情包括全称、邮政地址或者办理提示的场所以及(如果有的话)电传、电话和传真号码;

d. 提示银行(如有的话)的详情,包括全称、邮政地址以及(如果有的话)电传和传真号码;

e. 待托收的金额和货币;

f. 所附单据清单和每份单据的份数;

g. ⅰ. 凭以取得付款和/或承兑的条件和条款;

　　ⅱ. 凭以交付单据的条件

付款和/或承兑

h. 其他条件和条款

缮制托收指示的有关方应有责任清楚无误地说明,确保单据交付的条件,否则的话,银行对此所产生的任何后果将不承担责任;

待收取的手续费指明是否可以放弃;

i. 待收取的利息(如有的话)指明是否可以放弃,包括利率、计息期、适用的计算期基数(如一年按360天还是365天);

j. 付款方法和付款通知的形式;

k. 发生不付款、不承兑和/或与其他批示不相符时的指示。

(3) a. 托收指示应载明付款人或将要办理提示场所的完整地址。如果地址不全或有错误,代收银行可尽力去查明恰当的地址,但其本身并无义务和责任。

b. 代收银行对因所提供地址不全或有误所造成的任何延误将不承担责任或对其负责。

三、提示的形式

第五款　提示

(1) 就本条款而言,提示是表示银行按照指示使单据对付款人发生效用的程序。

(2) 托收指示应列明付款人将要采取行动的确切期限。

诸如首先、迅速、立即和类似的表述不应用于提示,或付款人赎单采取任何其他行动的任何期限。如果采用了该类术语,银行将不予理会。

(3) 单据必须以银行收到时的形态向付款人提示,除非被授权贴附任何必需的印花、除非另有指示费用由向其发出托收的有关方支付以及被授权采取任何必要的背书或加盖橡皮戳记,或其他托收业务惯用的和必要的辨认记号或符号。

(4) 为了使委托人的指示得以实现,寄单行将以委托人所指定的银行作为代收行。在未指定代收行时,寄单行将使用他自身的任何银行或者在付款或承兑的国家中,或在必须遵守其他条件的国家中选择另外的银行。

(5) 单据和托收指示可以由寄单行直接或者通过另一银行作为中间银行寄送给代收行。

(6) 如果寄单行未指定某一特定的提示行,代办行可自行选择提示行。

第六款 即期/承兑

如果是见单即付的单据,提示行必须立即办理提示付款不得延误;如果不是即期而是远期付款单据,提示行必须在不晚于应到期日,如是要承兑立即办理提示承兑、如是付款时立即办理提示付款。

第七款 商业单据的交单(承兑交单D/A和付款交单D/P)

(1) 附有商业单据必须在付款时交出的托收指示,不应包含远期付款的汇票。

(2) 如果托收包含有远期付款的汇票,托收指示应列明商业单据是凭承兑不是凭付款交给付款人。如果未有说明,商业单据只能是付款交单,而代收行对由于交付单据的任何延误所产生的任何后果将不承担责任。

(3) 如果托收包含有远期付款的汇票而且托收指示列明应凭付款交出商业单据时,则单据只能凭该项付款才能交付,而代收行对由于交单的任何延误所产生的任何结果将不承担责任。

第八款 代制单据

在寄单行指示或者是代收行或者是付款人应代制托收中未曾包括的单据(汇票、本票、信托收据、保证书或其他单据)时,这些单据的格式和词句应由寄单行提供,否则的话,代收行对由代收行和/或付款人所提供任何该种单据的格式和词句将不承担责任或对其负责。

四、义务和责任

第九款 善意和合理的谨慎

银行将以善意和合理的谨慎办理业务。

第十款 单据与货物/服务/行为

(1) 未经银行事先同意,货物不得以银行的地址直接发送给该银行,或者以该行作为收货人或者以该行为抬头人。然而,如果未经银行事先同意而将货物以银行的地址直接发送给了该银行,或以该行作为收货人或抬头人,并请该行凭付款或承兑或凭其他条款将货物交付给付款人,该行将没有提取货物的义务,其风险和责任仍由发货方承担。

(2) 银行对与跟单托收有关的货物即使接到特别指示也没有义务采取任何行动包括对货物的仓储和保险,银行只有在个案中如果同意这样做时才会采取该类行动。撇开前述第一款(3)的规定,即使对此没有任何特别的通知,代收银行也适用本条款。

(3) 然而,无论银行是否收到指示,它们为保护货物而采取措施时,银行对有关货物的结局和/或状况和/或对受托保管和/或保护的任何第三方的行为和/或疏漏概不承担责任。但是,代收行必须毫不延误地将其所采取的措施通知对其发出托收指示的银行。

(4) 银行对货物采取任何保护措施所发生的任何费用和/或花销将由向其发出托收的一方承担。

(5) a.撇开第十款(1)条的规定,如果货物是以代收行作为收货人或抬头人,而且付款人已对该项托收办理了付款、承兑或承诺了其他条件和条款,代收行因此对货物的交付作了安排时,应认为寄单行已授权代收行如此办理。

b.若代收行按照寄单行的指示按上述第十款(1)条的规定安排交付货物,寄单行应对该代收行所发生的全部损失和花销给予赔偿。

第十一款 对被指示的免责

(1) 为使委托人的指示得以实现,银行使用另一银行或其他银行的服务是代该委托人办理的,因此,其风险由委托人承担;

(2) 即使银行主动地选择了其他银行办理业务,如该行所转递的指示未被执行,该行不承担责任或对其负责；

(3) 一方指示另一方去履行服务,指示方应受到被指示方的法律和惯例所加诸的一切义务和责任的制约,并承担赔偿的责任。

第十二款 对收到单据的免责

(1) 银行必须确定它所收到的单据应与托收指示中所列表面相符,如果发现任何单据有短缺或非托收指示所列,银行必须以电讯方式,如电讯不可能时,以其他快捷的方式通知从其收到指示的一方,不得延误。银行对此没有更多的责任。

(2) 如果单据与托收指示所列表面不相符,寄单行对代收行收到的单据种类和数量应不得有争议。

(3) 根据第五款(3)和第十二款式,以及上述(2),银行将按所收到的单据办理提示而无须做更多的审核。

第十三款 对单据有效性的免责

银行对任何单据的格式、完整性、准确性、真实性、虚假性或其法律效力,或对在单据中载明或在其上附加的一般性和/或特殊性的条款不承担责任或对其负责;银行也不对任何单据所表示的货物的描述、数量、重量、质量、状况、包装、交货、价值或存在,或对货物的发运人、承运人、运输行、收货人和保险人或其他任何人的诚信或行为和/或疏忽、清偿力、业绩或信誉承担责任或对其负责。

第十四款 对单据在传送中的延误和损坏以及对翻译的免责

(1) 银行对任何信息、信件或单据在传送中所发生的延误和/或损坏,或对任何电讯在传递中所发生的延误、残损或其他错误,或对技术条款的翻译和/或解释的错误不承担责任或对其负责。

(2) 银行对由于收到的任何指示需要澄清而引起的延误将不承担责任或对其负责。

第十五款 不可抗力

银行对由于天灾、暴动、骚乱、战争或银行本身不能控制的任何其他原因、任何罢工或停工使银行营业中断所产生的后果不承担责任或对其负责。

五、付　　款

第十六款 立即汇付

(1) 收妥的款项(扣除手续费和/或支出和/或可能的花销)必须按照托收指示中规定的条件和条款不延误地付给从其收到托收指示的一方,不得延误；

(2) 撇开第一款(3)的规定和除非另有指示,代收行仅向寄单行汇付收妥的款项。

第十七款 以当地货币支付

如果单据是以付款地国家的货币(当地货币)付款,除托收指示另有规定外,提示行必须凭当地货币付款,交单给付款人,只要该种货币按托收指示规定的方式能够随时处理。

第十八款 用外汇付款

如果单据是以付款地国家以外的货币(外汇)付款,除托收指示中另有规定外,提示行必须凭指定的外汇付款,交单给付款人,只要该外汇是按托收指示规定能够立即汇出的。

第十九款 分期付款

(1) 在光票托收中可以接受分期付款,前提是分期的金额和条件是付款当地的现行法律所允许的。只有在全部货款已收妥的情况下,才能将金融单据交付给付款人。

(2) 在跟单托收中,只有在托收指示有特别授权的情况下,才能接受分期付款。然而,除非另有指示,提示行只能在全部货款已收妥后才能将单据交付给付款人。

(3) 在任何情况下,分期付款只有在符合第十七款或第十八款中的相应规定时才会被接受。

如果接受分期付款将按照第十六款的规定办理。

六、利息、手续费和费用

第二十款　利息

(1) 如果托收指示中规定必须收取利息,但付款人拒付该项利息时,提示行可根据具体情况在不收取利息的情况下凭付款或承兑或其他条款和条件交单,除非适用本款(3)条。

(2) 如果要求收取利息,托收指示中应明确规定利率、计息期和计息方法。

(3) 如托收指示中明确地指明利息不得放弃而付款人拒付该利息,提示行将不交单,并对由此所引起的延迟交单所产生的后果将不承担责任。当利息已被拒付时,提示行必须以电讯,当不可能时可用其他便捷的方式通知曾向其发出托收指示的银行,不得延误。

第二十一款　手续费和费用

(1) 如果托收指示中规定必须收取手续费和(或)费用须由付款人承担,而后者拒付时,提示行可以根据具体情况在不收取手续费和 A(或)费用的情况下凭付款或承兑或其他条款和条件交单,除非适用第廿一款(2)条。

每当托收手续费和(或)费用被这样放弃时,该项费用应由发出托收的一方承担,并可从货款中扣减。

(2) 如果托收指示中明确指明手续费和(或)费用不得放弃而付款人又拒付该项费用时,提示行将不交单,并对由此引起的延误所产生的后果将不承担责任。当该项费用已被拒付时,提示行必须以电讯,当不可能时可用其他便捷的方式通知曾向其发出托收指示的银行,不得延误。

(3) 在任何情况下,若托收指示中清楚地规定或根据本《规则》,支付款项和(或)费用和(或)托收手续费应由委托人承担,代收行应有权从向其发出托收指示的银行立即收回所支出的有关支付款、费用和手续费,而寄单行不管该托收结果如何应有权向委托人立即收回它所付出的任何金额连同它自己的支付款、费用和手续费。

(4) 银行对向其发出托收指示的一方保留要求事先支付手续费和(或)费用用以补偿其拟执行任何指示的费用支出的权利,在未收到该项款项期间有保留不执行该项指示的权利。

七、其他条款

第二十二款　承兑

提示行有责任注意汇票承兑形式看来是完整和正确的,但是,对任何签字的真实性或签署承兑的任何签字人的权限不负责任。

第二十三款　本票和其他凭证

提示行对在本票、收据或其他凭证上的任何签字的真实性或签字人的权限不负责任。

第二十四款　拒绝证书

托收指示对当发生不付款或不承兑时的有关拒绝证书应有具体的指示(或代之以其他法律程序)。

银行由于办理拒绝证书或其他法律程序所发生的手续费和(或)费用将由向其发出托收指示的一方承担。

第二十五款　预备人(Case-of-need)

如果委托人指定一名代表作为在发生不付款和(或)不承兑时的预备人,托收指示中应清楚地、详尽地指明该预备人的权限。在无该项指示时,银行将不接受来自预备人的任何指示。

第二十六款 通知

代收行应按下列规则通知托收状况：

(1) 通知格式

代收行对向其发出托收指示的银行给予所有通知和信息必须要有相应的详情,在任何情况下都应包括后者在托收指示中列明的银行业务编号。

(2) 通知的方法

寄单行有责任就通知的方法向代收行给予指示,详见本款(3)a,(3)b和(3)c的内容。在无该项指示时,代收行将自行选择通知方法寄送有关的通知,而其费用应由向其发出托收指示的银行承担。

(3) a. 付款通知

代收行必须无延误地对向其发出托收指示的银行寄送付款通知,列明金额或收妥金额、扣减的手续费和(或)支付款和(或)费用额以及资金的处理方式。

b. 承兑通知

代收行必须无延误地对向其发出托收指示的银行寄送承兑通知;

c. 不付款或不承兑的通知

提示行应尽力查明不付款或不承兑的原因,并据以向对其发出托收指示的银行无延误地寄送通知。

提示行应无延误地对向其发出托收指示的银行寄送不付款通知和(或)不承兑通知后60天内未收到该项指示,代收行或提示行可将单据退回给向其发出指示的银行,而提示行方面不承担更多的责任。

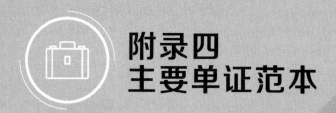
附录四
主要单证范本

1. 商业发票

×××××× IMPORT AND EXPORT CORPORATION INVOICE

TO：   INVOICE NO. _____

　　　　S/C NO. _____

　　　　L/C NO. _____

　　　　DATE _____

From _____ To _____

MARKS & NUMBERS	QUANTITIES AND DESCRIPTIONS	UNIT PRICE	AMOUNT

×××××× Import & Export Corporation
Suzhou, China

2. 海运提单

Shipper	BILL OF LADING DIRECT OR WITH TRANSHIPMENT		
Consignee or Assigns			
Notify Party			
Ocean Vessel　　Voy. No.	S/O No.		B/L NO.
Port of Loading	Port of Discharge		
Nationality	Freight payable at		
Particulars furnished by the Shipper			
Marks & Nos.	Number of packages	Description of goods	Gross weight kos.	Measurement

TOTAL PACKACES(IN WORDS)

　　Shipped on board the vessel named above in apparent good order and condition (unless otherwise indicated) the goods or packages specified herein and to be discharged at the above mentioned port of discharge or as near thereto as the vessel may safely get and be always afloat.
　　The weight, measure, marks, numbers, quality, contents and value, being particulars furnished by the Shipper, are not checked by the Carrier on loading.
　　The shipper, Consignee and the Holder of this Bill of Lading hereby expressly accept and agree to all printed, written or stamped provisions, exceptions and conditions of this Bill of Lading, including those on the back hereof.

Freight and Charges	In witness whereof, the Carrier or his Agents has signed Bills of Lading all of this tenor and date, one of which being accomplished, the others to stand void. 　　Dated ＿＿＿＿＿＿＿ at ＿＿＿＿＿＿ 　　＿＿＿＿＿＿＿ For the Master
Shippers are requested to note particularly the exceptions and conditions of this Bill of Lading with reference to the validity of the insurance upon their goods.	

3. 海运单

Matson NON-NEGOTIABLE SEA WAYBILL

PAGE 1 OF 1

SHIPPER	TARIFF	LOAD/DISCHARGE	BOOKING NUMBER
MTC TRANSPORTATION CO., LTD ADDR: RM706-9, GOLDEN LAND BUSSINESS BLDG., 735 SIPING ROAD, SHANGHAI, 200102, P.R.C. TEL:86-21-65656565 FAX:86-21-65756575	C1546	CY-RAMP	7782505
	EXPORT REFERENCES		
CONSIGNEE JT WORLDWIDE COPORATION ADDR: 100 EASTERN AVENUE BENSENVILLE, IL 60106 USA TEL:0016302279858 FAX: 0016302279850 ATTN:JUNYUAN TSANG	**FORWARDING AGENT/THIRD PARTY**		
NOTIFY PARTY SAME AS CONSIGNEE	**POINT AND COUNTRY OF ORIGIN** SHANGHAI, CHINA		
	ALSO NOTIFY PARTY		

INITIAL CARRIAGE	PLACE OF RECEIPT	
VESSEL VOYAGE MANUKAI 120E	**PORT OF LOADING** SHANGHAI	**DOMESTIC ROUTING EXPORT INSTRUCTIONS**
PORT OF DISCHARGE	**PLACE OF DELIVERY** SAN ANTONIO, TX	

PARTICULARS FURNISHED BY SHIPPER

MKS & NOS/CONTAINOR NOS	NO. OF PKGS	DESCRIPTIONS OF PACKAGES AND GOODS	GRESS WEIGHT	MEASUREMENT
N/M	1,340 CTNS TYPE D40H	TEMP	WGT 15,095.00KGS	MEASURE 68.17CBM

ITEM	DESCRIPTIONS OF CHARGES	RB	QUANTITY	RATE	PREPAID	COLLECT
A	FREIGHT AS ARRANGED					

NOTICE

Matson Navigation Company, Inc. hereby acknowledge receipt of the sealed container of packages or other shipping units said to contain the Goods described above in apparent external good order and condition unless otherwise stated. The Shipper agrees and the Consignee and every person purchasing this instrument for value, if negotiable, or otherwise having an interest in the Goods is advised that the receipt, custody, carriage and delivery of the Goods are subject to all the terms and conditions set forth and incorporated by reference on this side and the reverse hereof, whether written, stamped or printed.

A set of 1 originals of this bill of lading is hereby issued by the Carrier. Upon surrender to the Carrier of any one negotiable bill of lading properly endorsed all others shall stand void.

Matson shipping (shanghai) co., LTD

By _____

Title Vice President, As agent of the carrier Matson Navigation company Inc.

LIABILITY OF CARRIER IS LIMITED. SEE NOTICE ON REVERSE SIDE.

PLACE OF ISSUE	MON/DAY /YEAR
SHANGHAI	OCT/12/2018
B/L NO.	
MATS 7782505-000	

4. 装箱单

PACKING LIST

L/C No._____ No._____

INVOICE No. _____ DATE _____

Contract No. _____ Marks & Nos. _____

Packing list of _____

Marks & Nos.	Description	Quantity	Net Weight	Gross Weight	Measurement

5. 货物运输保险单

中国人民财产保险股份有限公司
(PICC Property and Casualty Company Limited)
出口货物运输保险投保单
(APPLICATION FORM FOR EXPORTING CARGO TRANSPORTATION INSURANCE)

投保日期(Date)：20191112

发票号码(Invoice NO.) F01LCB05162 合同号(Contract NO.) CT5132 信用证号(L/C NO.) SUE7345			投保条款和险别 (Insurance clauses and risks)
A statement Insurance is required on the following commodities：兹有下列物品投保：			( ) PICC CLAUSE 中国人民保险公司保险条款 ( ) ICC CLAUSE 英国协会货物险条款 (√) ALL RISKS 一切险 ( ) W.A. 水渍险 ( ) F.P.A. 平安险 ( ) WAR RISKS 战争险 ( ) S.R.C.C. 罢工，暴动，民变险 ( ) ICC Clause B 英国协会货物险条款 B ( ) ICC Clause C 英国协会货物险条款 C ( ) Air TPT All Risk 航空运输综合险 ( ) Air TPT Risk 航空运输险 ( ) O/L TPT All Risk 陆路运输综合险 ( ) O/L TPT Risk 陆路运输险 ( ) Transshipment Risks 转运险 ( ) W/W 仓至仓条款 ( ) TPND 偷窃提货不着险 ( ) FREC 火险责任扩展条款 ( ) IOP 无免赔率 (√) RFWD 淡水雨淋险
唛头 (MARKS & NOS.)	包装及其数量 (packing and quantity)	货物描述 (description of goods)	
Datung San Francisco 旧金山 CT5132 Totally 500 cartons 总共 500 箱	500 cartons Each set packed in one carton, 500 cartons transported in one 40ft container. 500 箱 每个集装一箱，500 箱运输一个 40 英尺集装箱	25 英寸××牌彩电 ×× Color TV sets, 25 inches	
保险金额 (Insured amount)	USD($5,000,000,000.00)		
起运港 (The Loading Port)	(Yang Shan Port) Shanghai		
开航日期(Date of Commencement)	2019.11.20	船名 (Conveyance)	SUNNY
转内陆 Via	UPTO (Hong Kong, China)		
目的港(Destination)	(San Francisco, America)		
赔款地点 (Claims Payable At)	(Shanghai, China)		
赔付币种 (Claims Payable At)	(USD) in the currency of draft (credit)		
保单份数 (Original NO.s)	(2+1)张		

续表

其他特别条款 (Other Clauses)	THE INSURED CONFIRMS HEREWITH THE TERMS AND CONDITIONS OF THESE INSURANCE CONTRACT FULLY UNDERSTOOD 被保险人确认本保险合同条款和内容已经完全了解。 The interpretation of this proposal shall be subject to English version. 本投保单内容以英文为准。 Only the written form contract will be operated, any other form will be not approved. 本保险合同一律采用书面形式,双方不认可其他形式的约定。 This Insurance contract will be effective when the policy is issued by the underwriter and when the insurance premium is received according to the terms of the contract by this company. 本保险合同自保险人核保并签发保险单后成立,自投保人依约缴费后生效,保险人自本保险合同生效后开始承担保险责任。 In the event of any dispute arising from its implementation or enforcement, either of the parties to the Contract of Insurance may make application to the China International Arbitration Committee, whose judgements shall be given in accordance with such rules of arbitration as are then in effect. 因履行保险合同发生争议的,一方可向中国国际仲裁委员会依该会届时有效的仲裁规则申请仲裁。
Together With The Following Documents 随附产品资料 (1) Manual 产品说明书 (2) Certification of Quality 质量合格证书 (3) Safety Warning Mark 安全警告标记 (4) License(s) 许可证 (5) Quality Inspection Report 质量检验报告 (6) Sales Contract 销售合同 (7) Design Drawing 设计图纸 (8) Else 其他	
以下由保险公司填写 Following insurance companies to fill	
保单号码(Proposal NO.) 0101172159	签单日期(Date) 20191113

投保人(The Insured)××××电子科技有限公司
××××Electronic Technology Co.,LTD

6. 预约保险协议书

中国人民财产保险股份有限公司
进出口货物运输预约保险协议书

编号：

甲方：
乙方：

为使甲方具有保险利益的进出口货物在运输过程中，遭受保险责任范围内的损失时能及时得到经济补偿，经甲、乙双方协商一致，乙方对甲方进出口货物采用预约方式予以承保，同时双方订立以下进出口货物运输预约保险协议，以资共同遵守。

被保险人：

一、保险标的

甲方凡需在国际贸易中自行办理保险的货物，不论以何种运输方式运输，均属本预约保险协议可承保范围。货物的包装应符合安全运输的要求。

甲方投保的货物名称或类别：_____

二、适用条款及承保险别

乙方按照
■ 陆路运输：陆上运输货物保险条款（火车、汽车）（2009 版）
■ 水路运输：海洋运输货物保险条款（2009 版）
■ 航空运输：航空运输货物保险条款（2009 版）
■ 协会货物保险 A 条款、协会空运条款、协会战争险条款
承保一切险，附加战争、罢工险条款。

三、责任起讫

■ 出口货物从<u>全国</u>至<u>国外门点</u>(仓至仓)。
■ 进口货物从<u>国外门点</u>至<u>全国门点</u>(仓至仓)。

四、运输工具

甲方须选择或要求客户选择适合于安全运输的船舶（参照 2001 年 1 月 1 日英国协会船级条款）或经乙方认可的其他运输工具，若甲方违反上述规定，乙方有权解除本保险协议或拒绝承担部分或全部经济赔偿责任。

对超过 15 年（或 20 年）船龄的运输船舶，甲方应事先通知乙方，乙方将另加收老船加费。承运船舶船龄如超 25 年，甲方应在启运前提前 5 个工作日向乙方申报，乙方视船舶的具体状况决定是否接受承保。乙方不接受 30 年船龄以上的承运船舶。

五、保险金额

本协议项下的总保险金额按甲方上一年度全年进出口贸易额的 <u>80%</u> 计算，预计人民币 _____ 万元。期末结算时按实际投保数据计算实际保额。

每一保单出口货物的保险金额，按发票金额的 110% 或信用证要求确定，一般最高不超过发票金额的

130%;如单笔货物的保险金额超过1 000万元,甲方应在启运前通知乙方,经乙方书面同意后保险合同方有效。

本协议单次运输最高责任限额:人民币_____万元。

六、保险费率
综合费率为0.02%。
每张小保单最低收费为:人民币_____元、美元_____元、欧元_____元、日元_____元、港币_____元。

七、免赔额/率
每次事故绝对免赔额为损失金额的5%。

八、投保手续
E-CARGO方式承保:甲方运出的每批货物须在启运前将货物名称、货单号码、保险金额、运输工具名称、运输工具号码、启运港、启运地、启运日期、目的地及目的地港口名称等资料通过乙方E-CARGO系统录入投保单,并将投保单提交乙方核保,核保通过保单生成后,保险合同方生效。未经乙方核保通过的货物所发生的损失,乙方不负赔偿责任。

当单次运输货物价值超过人民币_____万元时,甲方必须于货物启运前五天书面通知乙方,承保条件双方另行特别商议,经乙方逐笔确认出单后,保险合同方可生效。

如遇实际装货货名、数量、金额、启运时间等要素与原投保内容不符的,甲方应保证在获悉上述变更事项后立即向保险人书面申报,以便乙方审核、批改,否则乙方有权拒保该业务或拒绝承担赔偿责任。

九、保险费
每月结算一次保险费。

乙方每月5日前根据甲方向乙方实际投保的清单开具保费通知书,甲方在收到乙方保险费通知书十日内,应将保险费汇入乙方指定的银行账户。乙方在收到保险费后,应在十日内出具保险费发票。

甲方如未按双方约定履行支付保险费义务,如未支付保险费的,出险后乙方有权拒赔不承担赔偿责任;如欠交部分保险费的,或按出险时的实收保费与出险时本保险协议约定的应收取保费之比例承担赔偿责任(赔款=应赔偿金额×出险时实际已收保险费÷保险协议约定的应收取保险费)。

十、损失与索赔
被保险货物如发生保险范围内的损失时,甲方应立即通知保单上指定的机构进行现场查勘;根据法律法规等应当由承运人或其他第三方负责赔偿的,甲方应首先向承运人或其他第三方提出书面索赔。对受损货物,甲方负有及时施救的义务。

甲方就保险责任范围内的货损向乙方提出赔偿时,应提供如下单证:保险单、发票、提单、装箱单、磅码单、货损货差证明、检验报告及有关照片、索赔清单、向责任方索赔的书面单证及保险合同或条款规定的其他单证。

乙方应按本协议及保险条款规定及时赔偿。

十一、特别约定
乙方放弃对甲方的追偿,但不放弃对实际承运人的追偿。

十二、争议处理
因本协议发生争议,由双方协商解决。协商不成的,向中华人民共和国有管辖权的法院起诉。

本保险合同的争议处理适用保险条款规定的法律及惯例,保险条款没有规定的,则应适用中华人民共和国法律。

十三、协议期限

本协议有效期自____年____月____日零时起至____年____月____日____时止。如一方因故终止合同,应提前____天书面通知对方解约。

十四、其他事项

本协议规定的内容与适用条款内容相抵触之处,以协议内容为准。

本协议一式两份,甲乙双方各执一份留存。

甲方声明: 乙方已向甲方提供并详细介绍了本协议所适用的所有保险条款,并对其中免除保险人责任的条款(包括但不限于责任免除、投保人、被保险人义务、赔偿处理、其他事项等),以及本保险合同中付费约定和特别约定的内容向甲方做了明确说明,甲方已充分理解并接受上述内容,同意以此作为订立保险合同的依据,自愿投保本保险。

甲方:(签章)	乙方:(签章)
负责人或授权签字人(签字):	负责人或授权签字人(签字):
地址:	地址:
电话:	电话:
传真:	传真:
邮编:	邮编:
年　月　日	年　月　日

销售渠道:　　　　　经办人员:　　　　　联系方式:

销售人员工号:　　　销售网点:

7. 不可撤销信用证

中國銀行
新加坡分行
BANK OF CHINA
(Incorporated in China with Limited Liability)

SINGAPORE
TELEGRAPHIC ADDRESS: "CHUNGKUO"
TELEX NO AS 23046 BK CHINA
SWIFT CODE: BKCHSGSGA

Irrevocable Documentary Credit	Number

Place and Date of Issue:	Expiry Date and Place for Presentation of Documents Expiry Date Place for presentation
Applicant:	
Advising Bank:　　　Reference No.	Beneficiary:
	Amount:
Partial Shipments ☐allowed ☐not allowed	Credit available with Nominated Bank: ☐by payment at sight ☐by deterred payment at ☐by acceptance of drafts at ☐by negotiation Against the documents detailed herein ☐and Beneficiary draft(s) drawn on
Transshipment ☐allowed ☐not allowed	
☐Insurance covered by buyers	
Shipment as defined in UCP 500 Article 46 From For transportation to Not later than	

Documents to be presented within ☐ days after the date of shipment but within the validity of the Credit.

We hereby issue the Irrevocable Documentary Credit in your favour. It is subject to the Uniform Customs and Practice for Documentary Credits (1993 Revision, International Chamber of Commerce Paris France, Publication No. 500) and engages us in accordance with the terms thereof. The number and the date of the Credit and the name of our bank must be quoted on all drafts required. If the Credit is available by negotiation each presentation must be noted on the reverse side of this advice by the bank where the Credit is available.

　　　　　　　　　　　　　　　　　　　　　　　Your Faithfully
　　　　　　　　　　　　　　　　　　FOR BANK OF CHINA, SINGAPORE

This document consists of ☐ signed page(s)

8. 汇票

凭 　　　　　　　　　　　　　信用证或购买证
Drawn under _____ L/C or A/P NO.

日期
Dated _____ 支取 Payable with interest@ _____% _____按_____息 付款

号码　　　　　汇票金额
NO. _____ Exchange for [　　　　] SUZHOU _____

见票 _____ 日后（本汇票之副本未付）付交
_____ Sight of this FIRST of Exchange (Second of Exchange being unpaid)
Pay to the order of BANK OF CHINA　　　　　　　　　　　　　　　　the sum of

款已收讫
Value received _____
_____
此致：
To _____
_____

参考文献

1. 吴百福:《进出口贸易实务教程》(第三版),上海人民出版社,2001年。
2. 吴百福:《进出口贸易实务教程》(第六版),格致出版社、上海人民出版社,2011年。
3. 李左东:《国际贸易理论、政策与实务》,高等教育出版社,2002年。
4. 温厉:《国际贸易卷(MBA案例系列教材)》,中国人民大学出版社,2002年。
5. 吴国新:《国际贸易理论与实务》,机械工业出版社,2004年。
6. 黎孝先:《国际贸易实务》(第二版),对外经济贸易大学出版社,2002年。
7. 贾建华、阚宏:《新编国际贸易理论与实务》,对外经济贸易大学出版社,2004年。
8. 张卿:《国际贸易实务》,对外经济贸易大学出版社,2002年。
9. 韩玉珍:《现代国际贸易实务》(第二版),首都经济贸易大学出版社,2003年。
10. 王益平:《国际支付与结算》,北京交通大学出版社,2004年。
11. 徐景霖:《国际贸易实务》,东北财经大学出版社,2002年。
12. 石玉川:《国际贸易实务》,中国商务出版社,2004年。
13. 冯世崇:《国际贸易实务》,华南理工大学出版社,2001年。
14. 叶德万:《国际贸易实务》,华南理工大学出版社,2003年。
15. 王达政:《国际贸易实务》,高等教育出版社,2003年。
16. 国际商会(ICC)编写,中国国际商会/国际商会中国国家委员会组织翻译:《国际贸易术语解释通则2020》(中英文本),对外经济贸易大学出版社,2020年。

图书在版编目(CIP)数据

国际贸易实务/袁建新主编. —5 版. —上海：复旦大学出版社，2020.6(2022.1 重印)
(创优.经管核心课程系列)
ISBN 978-7-309-14989-0

Ⅰ.①国… Ⅱ.①袁… Ⅲ.①国际贸易-贸易实务-高等学校-教材 Ⅳ.①F740.4

中国版本图书馆 CIP 数据核字(2020)第 059841 号

国际贸易实务(第五版)
袁建新　主编
责任编辑/鲍雯妍

复旦大学出版社有限公司出版发行
上海市国权路 579 号　邮编：200433
网址：fupnet@ fudanpress.com　　http://www.fudanpress.com
门市零售：86-21-65102580　　团体订购：86-21-65104505
出版部电话：86-21-65642845
上海新艺印刷有限公司

开本 787×1092　1/16　印张 18.25　字数 444 千
2022 年 1 月第 5 版第 3 次印刷

ISBN 978-7-309-14989-0/F·2686
定价：48.00 元

如有印装质量问题,请向复旦大学出版社有限公司出版部调换。
版权所有　　侵权必究